Christian Klicpera, Barbara Gasteiger Klicpera
Soziale Dienste

WUV STUDIENBÜCHER
Psychologie • Band 1

Christian Klicpera, Barbara Gasteiger Klicpera

Soziale Dienste

Anforderungen, Organisationsformen und Perspektiven

3. Auflage

WUV-Universitätsverlag

Die Deutsche Bibliothek – CIP-Einheitsaufnahme

Klicpera, Christian:
Soziale Dienste : Anforderungen, Organisationsformen und Perspektiven / Christian Klicpera ;
Barbara Gasteiger Klicpera. - 3. Aufl. - Wien : WUV-Univ.-Verl., 1997
(WUV-Studienbücher Psychologie ; Bd. 1)
ISBN 3-85114-332-9

3. Auflage 1997

Umschlaggestaltung: A+H Haller
Druck: WUV-Universitätsverlag
Printed in Austria
ISBN 3-85114-332-9

Inhaltsverzeichnis

Vorwort

Dieses Buch ist das Ergebnis eines mehrjährigen Bemühens, als Psychologen etwas zur strukturellen Weiterentwicklung der sozialen Dienste beizutragen. Anlaß dazu war zum einem die Mitarbeit an einem Auftrag der Südtiroler Landesregierung, die Situation behinderter Menschen in Südtirol zu analysieren und Vorschläge für eine Verbesserung der Behindertendienste zu erarbeiten. Im Verlauf dieses Forschungsprojekts wurde deutlich, daß Maßnahmen für behinderte Menschen an die allgemeinen Rahmenbedingungen sozialer Dienstleistungen gebunden sind und die Fortentwicklung eines Sektors im Gleichklang mit den übrigen sozialen Diensten erfolgen sollte.

Ein weiterer Anstoß für das Schreiben dieses Buches kam aus dem Auftrag, jene sozialen Dienste in Wien darzustellen, die für die Arbeit mit jugendlichen Problemgruppen relevant sind. Als Ergebnis dieser Recherchen, die im Rahmen des L.Boltzmann-Instituts für Präventions- und Rehabilitationspsychologie im Jugendalter durchgeführt wurden, ergab sich eine Darstellung von mehreren hundert sozialen Diensten in Wien. Angesichts der großen Zahl an Einrichtungen und Initiativen stellte sich die Frage, wieweit es überhaupt sinnvoll sein kann, all diese Einrichtungen für eine größere Gruppe von Lesern im Detail darzustellen. Diese Frage drängte sich vor allem deshalb auf, da abzusehen war, daß eine Reihe von Einrichtungen bei Drucklegung einer Broschüre nicht mehr vorhanden sein werden und daß sich in anderen Einrichtungen die Bedingungen soweit geändert haben könnten, daß sie mit der beschriebenen Situation nur mehr begrenzt übereinstimmen. Aus diesen Überlegungen resultierte der Plan, eine allgemeine Darstellung der Anforderungen an soziale Dienste, ihrer Arbeitsweise und Organisationsformen zu schreiben.

Die Darstellung wendet sich insbesondere an Psychologen und Psychologiestudenten, um sie zu motivieren, ihrerseits etwas zu dem Arbeitsfeld der sozialen Dienste beizutragen. Dies scheint besonders angesichts der Tendenz wesentlich, Entwicklungsmöglichkeiten für Psychologen nur mehr in der Wirtschaft und in anderen Bereichen der angewandten Psychologie zu sehen.

Der Aufgabenbereich der sozialen Dienste verdient heute aus mehreren Gründen die besondere Beachtung der Psychologen. Ein wesentlicher Grund liegt darin, daß es zu einer zunehmenden Verflechtung der sozialen und gesundheitsbezogenen Dienste kommen wird. Anzeichen dafür gibt es viele, an dieser Stelle soll nur auf die Pilotversuche mit integrierten Sozial- und Gesundheitssprengel hingewiesen werden. Ursache für diese Tendenz ist einerseits der starke Trend zur Spezialisierung in der Medizin und die damit verbundene Kostenexplosion im Gesundheitswesen, andererseits die zunehmende

Bedeutung chronischer Krankheiten und Behinderungen, schon allein auf Grund der Altersentwicklung in der Bevölkerung.

Auch das Unbehagen an einer immer stärkeren Spezialisierung und Technisierung der Medizin ruft Gegenkräfte wach, die die verlorene Ganzheit der Hilfe, die Berücksichtigung der Persönlichkeit und der individuellen Lebenslage erhalten bzw. in neuer Form ermöglichen wollen. Dies bedeutet, daß die Psychologie neben den speziellen Formen psychischer Störungen sich auch um die Situation kranker Menschen stärker annehmen muß. Zum Teil wird dies in Form einer Unterstützung der Ärzte bzw. der Angehörigen medizinischer Berufe geschehen können, zum Teil in Zusammenarbeit mit Selbsthilfegruppen bzw. als Unterstützung von Selbsthilfe im familiären Kontext.

Veränderungen im Charakter der Krankheiten und in der Bevölkerungsstruktur führen, neben anderen Einflüssen, auch zu einer Stärkung präventiver Ansätze. Die klinische Psychologie, in einem schon traditionellen Verständnis als psychologische Intervention im klinischen, der ärztlichen Praxis nachempfundenen Setting, muß so ergänzt werden durch Ansätze, die unter verschiedenen Stichworten bekannt geworden sind: Gemeindepsychologie, Gesundheitspsychologie, Präventivpsychologie. Gemeinsam ist diesen Ansätzen, daß sie

- stärker dem Gedanken der Prävention verpflichtet sind,
- die Probleme nicht in erster Linie in der Lebensgeschichte des einzelnen Klienten begründet sehen, sondern in bestimmten Lebenssituationen, in sozialen Umständen,
- die individuelle Sichtweise, die eigenständige Definition einer Problemsituation durch die unmittelbar Beteiligten betonen sowie Wert darauf legen, daß die Definition eines Problems nicht zu einer Abwertung der Betroffenen führt und mit den kulturellen Normen verträglich ist,
- skeptisch den Möglichkeiten von Experten gegenüberstehen, vielmehr den Wert der Eigenaktivität hervorheben.

Es ist der heutigen Situation, aber auch der Eigenart psychologischer Tätigkeit gemäß, daß die psychologische Tätigkeit sich als spezielle Hilfsdisziplin für alle Berufe begreift, die im psychosozialen Bereich tätig sind, daß sie ihre Aufgabe nicht allein, vielleicht sogar nicht in erster Linie als direkte Hilfe für von psychischen Problemen Betroffene versteht, sondern als Hilfe für die Helfer, also etwa im Schulbereich als Hilfe für die Lehrer, im Erziehungsbereich als Hilfe für die Eltern und die Erzieher. Hier haben sich defacto in den letzten Jahren mit der zunehmenden Forderung nach Supervision neue Aufgabenbereiche für Psychologen erschlossen. Das Modell der psychotherapeutischen Klient-Therapeut-Beziehung kann dabei nur teilweise als Vorbild dienen, es wird durch andere Rollen und Leitbilder ergänzt werden müssen. Voraussetzung dafür ist allerdings, daß sich die Psychologen intensiv mit den

Arbeitsfeldern dieser Berufe auseinandersetzen und sowohl durch Selbsterfahrung wie durch spezielle Kenntnisse und die Beherrschung geeigneter Methoden die Reflexion über die Arbeitstätigkeit anzuregen vermögen.

Es kann allerdings in Zukunft nicht vorausgesetzt werden, daß Stellen für Psychologen in ausreichender Anzahl zur Verfügung stehen, vielmehr müssen diese Stellen über die Initiierung von Projekten erst geschaffen werden. Schon jetzt ergibt sich für Psychologen, die im psychosozialen Bereich arbeiten wollen, ein Einstieg in die Berufsaufgabe zunehmend durch die Mitarbeit an Projekten, die eine Mischung aus Aktionsforschung, Übernahme von Betreuungsaufgaben, Fortbildungsaktivitäten und Unterstützung von Selbsthilfe darstellen. Um derartige Projekte initiieren zu können, benötigen die Psychologen neben Vorerfahrungen in Projektarbeit auch Kenntnisse über die sozialen Problemlagen unserer Gesellschaft sowie über die Funktionsweise der sozialen Dienste und das Zusammenwirken von Selbsthilfe, freiwilligem Engagement und öffentlichen Diensten.

Das Buch versucht, einen Überblick über das derzeit vorhandene Spektrum sozialer Dienste zu geben. Einleitend und nochmals gegen Ende des Buches wird auf einige allgemeine Gesichtspunkte Bezug genommen, die allen sozialen Diensten gemeinsam sind. Diese Gesichtspunkte betreffen sowohl die Arbeitsweise wie die Organisationsform und umfassen jene Aspekte der sozialen Dienste, die in der heutigen Diskussion um die Fortentwicklung dieser Dienste eine besondere Rolle spielen.

Im Hauptteil des Buches werden dann - jeweils in eigenen Kapiteln - die sozialen Dienste dargestellt, die für verschiedene Zielgruppen bzw. Problemlagen relevant sind. Dabei wird versucht, zunächst die Anliegen darzustellen, die eine Unterstützung durch soziale Dienste erfordern. Aufbauend auf dieser Darstellung werden dann die verschiedenen Dienste beschrieben, die diesen Anliegen Rechnung tragen sollen. Soweit es geht, wurden in die Beschreibung der Dienste Informationen eingebaut, die dazu dienen sollen, die Arbeitsweise dieser Dienste und die organisatorischen Probleme bzw. die Schwierigkeiten, den in sie gesetzten Erwartungen gerecht zu werden, zu verstehen. Dabei wird in erster Linie auf Erfahrungen aus Österreich und der BRD Bezug genommen. Dort, wo es angebracht erscheint, werden auch Erfahrungen aus anderen Ländern, vor allem aus dem englischsprachigen Raum, ausführlicher dargestellt. Dies erschien besonders dann angezeigt, wenn aus dem deutschen Sprachraum nur wenige Analysen vorliegen oder wenn sich in anderen Ländern beispielhafte Entwicklungen abzeichnen. In einem dritten, abschliessenden Teil wird schließlich auf die Situation der Mitarbeiter in den sozialen Diensten eingegangen. Dabei werden einerseits kurz die Berufsbilder der in den sozialen Diensten tätigen Berufsgruppen dargestellt, andererseits Probleme angesprochen, die allen in den sozialen Diensten Tätigen gemeinsam sind.

Für die 2.Auflage wurden neben einer Aktualisierung der Informationen, etwa in Bezug auf die Entwicklung am Arbeitsmarkt, einige Bereiche ausführlicher dargestellt, die für die weitere Entwicklung bedeutsam erscheinen, dies betrifft etwa die Maßnahmen zur Qualitätssicherung, die Supervision in den sozialen Diensten und die für Psychologen relevanten Ausbildungen im psychosozialen Bereich. Am Aufbau bzw. der Gliederung des Buches wurde jedoch festgehalten.

I Allgemeine Gesichtspunkte zur Organisation sozialer Dienste

1 Was sind soziale Dienste? Versuch einer Definition

Das Netz sozialer Sicherungssysteme: Der moderne Sozialstaat weist verschiedene soziale Sicherungssysteme auf, die gleichsam wie soziale Netze einen solidarischen Ausgleich innerhalb der Gesellschaft und ein gewisses Maß an Sicherheit gegenüber gesellschaftlich oder individuell bedingten Notsituationen ermöglichen sollen.

Ein erstes Netz soll gegen die negativen Folgen häufigerer und damit in gewissem Maß vorhersehbarer Risiken schützen (Krankheit, Unfälle, Arbeitslosigkeit) bzw. den Einkommensverlust in Folge dieser Risiken sowie der nachlassenden Arbeitskraft im Alter und der reduzierten Chancen, sich wegen der Kindererziehung am Erwerbsleben zu beteiligen, ausgleichen. Dieses erste soziale Netz beruht vielfach auf dem Prinzip der (heute zumeist zwangsweise gestifteten) Solidargemeinschaft von Versicherungen.

Hinter diesem ersten sozialen Netz ist ein zweites Netz gespannt, das in allen jenen Fällen, in denen sich das erste Netz als lückenhaft erweist, ein Abgleiten in Not und Elend verhindern soll. Beide Netze zusammengenommen machen unser System der sozialen Sicherheit aus und sie sind in vielerlei Hinsicht als zusammengehörig zu verstehen. Das zweite soziale Netz, als Sozialhilfe oder Sozialfürsorge bezeichnet, ist als nachrangiges System vom Funktionieren des ersten Netzes abhängig. Wenn sich das System der Sozialversicherung zu bestimmten Zeiten (etwa in Zeiten hoher Arbeitslosigkeit) nicht als wirksamer Schutz bewährt oder zurückgenommen wird, so wird auch die Sozialhilfe bald überlastet, eine Entwicklung, die in den letzten Jahren in Europa zu beobachten war (Köppl und Steiner 1989).

Der Sozialhilfe kommt jedoch nicht nur die Funktion eines Schutzes gegenüber Risikofällen zu, sie soll ganz allgemein allen Mitgliedern der Gesellschaft die Möglichkeit zu einem den gesellschaftlichen Standards entsprechenden, angemessenen Leben bieten.

Was wird unter sozialen Diensten verstanden? Der Begriff soziale Dienste wird in der Literatur bislang noch immer recht uneinheitlich verwendet (Wirth 1982). Von einigen werden darunter die gesamten Leistungen der Sozialhilfe und der Sozialfürsorge zusammengefaßt oder alle Arten von Sozialeinrichtungen.

Eine engere und präzisere Bedeutung hat der Begriff sozialer Dienste seit Mitte der siebziger Jahre bekommen, als die Personenbezogenheit der sozialen Dienste herausgestellt wurde und als entscheidende Merkmale der sozialen Dienste hervorgehoben wurde, daß in diesen Diensten (dem Anspruch nach) die Besonderheit individueller Bedürfnisse und spezielle Problemlagen berücksichtigt werden sollen. Soziale Dienste üben also die Funktion einer persönlichen Hilfestellung aus. In einer weiteren Einschränkung werden oft nur jene persönliche Dienstleistungen als soziale Dienste bezeichnet, die Teil des Systems der sozialen Sicherung sind und somit von der öffentlichen Hand oder von gemeinnützigen Verbänden bereitgestellt oder mitfinanziert werden (Badura und Gross 1976, zitiert nach Wirth 1982).

In Bezug auf ihre gesellschaftliche Funktion wird als Charakteristikum der sozialen Dienste die Verhütung von Ausnahmezuständen, Störungen und Risiken gesehen. Soziale Dienste sollen die Aufrechterhaltung des gesellschaftlich als angemessen betrachteten Lebensstandards in allen Segmenten der Gesellschaft gewährleisten, zumindest das Unterschreiten minimaler Standards verhindern. Dienstleistungsarbeit ist somit Gewährleistungsarbeit (Jaffe 1986). Soziale Dienste springen dann ein, wenn die Fähigkeit einzelner Mitglieder der Gesellschaft, ihr Leben an den von der Gesellschaft erwarteten Normen und Standards zu orientieren, überfordert ist und somit eine Ausnahmesituation, eine krisenhaft Entwicklung droht.

Die spezifische Eigenart sozialer Dienste kann weiter dadurch bestimmt werden, daß man sich auf ihre Funktion im Rahmen des Spektrums öffentlicher Sozialleistungen besinnt. Unter den öffentlichen Sozialleistungen können zwei Grundformen differenziert werden (Antalovsky et al. 1988). Die eine Grundform, die das eine Extrem dieses Spektrums darstellt, wären Geldzahlungen an jene Personen, die besonderen Belastungen oder Einschränkungen ausgesetzt sind. Diese monetären Leistungen setzen den Empfänger in die Lage, sich jene Güter oder Leistungen auf dem Markt zu erwerben, die er zur Führung eines angemessenen Lebens bedarf und die er auf Grund der besonderen Belastung andernfalls nicht erwerben könnte. Es handelt sich hier um Transferleistungen, um eine Umverteilung zugunsten sozial schwächerer Gruppen. Diese Leistungen schränken den Empfänger in seiner Wahl, wie er mit den ihm zugeteilten Mitteln umgeht, nicht ein, geben ihm ein hohes Maß an Freiheit und Selbstbestimmung. (Die Wahlfreiheit ist allerdings in den meisten Fällen nicht vollständig, die Zahlungen werden oft mit Kontrollen und Auflagen verbunden.)

Im anderen Extrem handelt es sich um die Betreuung in einer geschlossenen Anstalt und die vollständige Versorgung mit allem, was für die Lebensführung notwendig ist. Hier ist dem Hilfsbedürftigen jede Art von Entscheidung, aber auch jede Notwendigkeit einer Selbstversorgung abgenommen, alles wird für ihn getan. Im äußersten Extrem wird dem Versorgten damit auch jede Freiheit genommen, er darf die für ihn vorgesehene Unterbringung nicht mehr verlassen. Der Betreute wird für unfähig gehalten, selbst eine angemessene Entscheidung zu treffen, diese Aufgabe ist an Experten übertragen, die zu seinem Wohl alles das in die Wege leiten, was für ihn richtig und nützlich ist.

Soziale Dienste wären durch eine Mittelstellung zwischen diesen Extremen gekennzeichnet. Sie würden einerseits bestimmte Leistungen vorgeben und damit die Wahlfreiheit der Betroffenen notwendigerweise einschränken. Andererseits sollte die selbständige Lebensführung durch diese Dienste gerade gestützt werden.

Die eben genannten Ansätze gehen davon aus, daß die Bewältigung des Alltags im Regelfall von dem Einzelnen bzw. den Familien selbst geleistet werden kann und keiner Mithilfe oder Unterstützung durch andere bedarf. Die gesellschaftlichen Veränderungen, die in folgenden Kapiteln ausführlicher dargestellt werden, brachten jedoch Veränderungen mit sich, die die Fähigkeit, aber auch die Bereitschaft, alle privaten, alltäglichen Aufgaben und Verpflichtungen selbst zu übernehmen und zu lösen, wesentlich verminderten. Das Zutrauen in die eigene Kompetenz - etwa in der Erziehung von Kindern, in der Vorbereitung der Kinder auf einen Beruf etc. - hat angesichts der für viele nicht mehr übersehbaren gesellschaftlichen Veränderungen und den Veränderungen der Arbeitswelt deutlich abgenommen. Soziale Dienste sind damit nicht mehr auf eine begrenzte Randgruppe der Gesellschaft hin orientiert, sondern üben zunehmend eine wichtige Funktion für alle sozialen Gruppen aus. Unter diesem Gesichtspunkt können sie im Kern als eine Rationalisierung und Ausdifferenzierung familiärer Hilfeformen in bezahlte Arbeit betrachtet werden (Hörl 1989).

Die sozialen Dienste stellen einen Teil des tertiären oder Dienstleistungssektors der Wirtschaft dar, der allerdings so heterogene Tätigkeiten wie etwa die Tätigkeit der Friseure, der Ärzte, der Putz- und Reinigungsdienste und die Tätigkeit der Banken und Versicherungen umfaßt. Innerhalb des Dienstleistungssektors kann man daher nochmals eine Gruppe von Tätigkeiten eingrenzen, deren Funktion nicht darin besteht, Güter zu produzieren, sondern den Menschen zu ermöglichen, produktive Mitglieder der Gesellschaft zu werden bzw. zu bleiben, die also die "Reproduktion der Arbeitskräfte" ermöglichen. Berger und Offe (1980) sprechen in diesem Sinn vom Dienstleistungssektor als der organisierten Sicherung der Formen gesellschaftlicher Reproduktion. Die Tätigkeit der Dienstleistungen ist daher immer Arbeit am Menschen. Folgende Merkmale dieser Arbeit können hervorgehoben werden:

- Ein wichtiges Merkmal ist die Gleichzeitigkeit von Produktion und Konsumption (uno actu-Prinzip). Es entsteht nicht ein neues Produkt, das mit nach Hause genommen oder umgetauscht werden kann, sondern die Arbeit verändert den Menschen.

- Die Dienstleistungen werden persönlich erbracht und begründen eine Beziehung zwischen dem Klienten/ dem Konsumenten und dem Erbringer der Dienstleistungen bzw. bauen auf einer bereits bestehenden Beziehung auf und sind ohne diese Beziehung nicht denkbar. Diese Beziehung ist allerdings keine rein spontane, sondern eine, die zum Zweck des Erbringens einer spezifischen Leistung gestiftet wurde. Gross (1983) hebt daher als ein entscheidendes Merkmal der sozialen Dienste hervor, daß hier eine unmittelbare soziale Beziehung mit einem ökonomischen Tauschakt bzw. einem bürokratischen Vorgang verbunden wird.

Wir werden in dieser Darstellung einen weiten Begriff von sozialen Diensten verwenden, der in stationären Einrichtungen erbrachte Leistungen ebenso einschließt wie ambulante Dienstleistungen. Ein soziales Element sehen wir in Dienstleistungen immer dann gegeben, wenn diese Dienste auf kritische Situationen im Leben abgestimmt sind, unabhängig davon, ob diese Situationen nun alle betreffen, wie etwa das Älterwerden, oder nur einzelne Mitglieder der Gesellschaft, etwa behinderte Menschen. Deshalb soll die Darstellung auch nicht auf öffentlich finanzierte soziale Dienste eingeengt werden, sondern auch privatwirtschaftlich organisierte Dienstleistungen, ehrenamtlich erbrachte Dienste und nachbarschaftliche Hilfen umfassen. Außerdem wollen wir die persönlichen Dienstleistungen immer in den Kontext der gesamten öffentlichen Unterstützungsmaßnahmen stellen, also auch auf finanzielle Transferleistungen wie Familienbeihilfen etc. hinweisen (für eine ausführlichere Darstellung der öffentlichen Sozialleistungen siehe Natter und Reinprecht 1992).

Zunehmende Bedeutung sozialer Dienste: Sozialhilfe übt ihre Funktion zunehmend durch soziale Dienste aus. Der Wohlfahrtsstaat hat sich aus einem Sozialversicherungsstaat zu einem gemischten Dienstleistungsstaat gewandelt (Hörl 1989). Ein Grund dafür kann darin gesehen werden, daß sich Geldzahlungen als nur bedingt geeignet zur Abwendung sozialer Notlagen erweisen. Vielfach ist nicht kontrollierbar, wieweit die Geldzahlungen für einen anderen als den vorgesehenen Zweck verwendet werden. Obwohl persönliche Leistungen bürokratisch schwer regulierbar sind, muß es die Aufgabe der öffentlichen Hand sein, durch soziale Dienste das gehäufte Auftreten sozialer Notlagen zu verhindern und so die Legitimität der öffentlichen Ordnung zu sichern.

2 Entwicklung der Betreuungsstrukturen

Die Betreuungsstrukturen in den sozialen Diensten haben sich über lange Zeit herausgebildet. In manchen Ländern kommt Wohlfahrtsverbänden, meist unter kirchlicher Trägerschaft, in den sozialen Diensten eine sehr große Bedeutung zu. Dies gilt in besonderem Maße z.B. für die Niederlande, in etwas geringerem Ausmaß auch für die BRD (Bauer und Thränhardt 1987). Auch in Regionen (z.B. in Südtirol), wo die öffentliche Hand aus verschiedenen Gründen lange wenig Initiativen im Sozialbereich ergriffen hat, waren private Wohlfahrtsvereine Initiatoren und Träger wichtiger Dienste. In anderen Ländern bzw. Regionen ging die Initiative bei der Einrichtung von sozialen Diensten frühzeitig auf die öffentliche Hand über, dies gilt vor allem für Länder bzw. Regionen mit einer starken sozialdemokratischen Bewegung (z.B. für Schweden, in Österreich besonders für Wien).

In den letzten Jahrzehnten wurde das soziale Netz in allen westeuropäischen Ländern sowohl durch gesamtstaatliche wie durch Landes- bzw. Gemeindeinitiativen wesentlich ausgebaut. Obwohl in den meisten Ländern ähnliche Tendenzen erkennbar sind, unterscheiden sich die verschiedenen Staaten und - soweit die Kompetenzen im Sozialbereich bei den Bundesländern bzw. Regionen und Gemeinden liegen - auch verschiedene Regionen innerhalb der Staaten beträchtlich voneinander.

Im Vergleich zu anderen westeuropäischen Ländern war z.B. in Italien die Zuständigkeit der sozialen Dienste über lange Zeit sehr stark aufgesplittert und auf bestimmte Personengruppen (z.B. Waisenkinder) eingeschränkt. In manchen Provinzen gibt es auch heute noch nur wenige Sozialarbeiter, die ihrerseits auf verschiedene Dienste (Sanität, Fürsorge, private Verbände) aufgeteilt sind. In Großbritanien haben hingegen soziale Dienste eine lange Tradition, nach dem 2.Weltkriege gab es mehrere weitgehende Strukturreformen, die einen einheitlichen Sozialdienst entstehen ließen. Trotzdem ist in den meisten Ländern gegenwärtig die Frage, nach der optimalen Organisationsform der sozialen Dienste erneut aufgetaucht und wird entweder an einer globalen Neustrukturierung gearbeitet (wie z.B. in manchen Provinzen Italiens) oder mit neuen Organisationsformen experimentiert.

Die Diskussion um die Organisation der sozialen Dienste hat in den letzten Jahren eine Reihe von grundsätzlichen Fragen neu aufgeworfen. Obwohl weitgehende Einigkeit über die Notwendigkeit von sozialen Sicherungssystemen und über ein angemessenes Angebot an sozialen Diensten besteht, wird doch vielfach von einer Krise des Wohlfahrtsstaates gesprochen. Als Anzeichen dieser Krise werden zum einen die zunehmenden Kosten der sozialen Dienste angeführt, die die Frage nach der weiteren Finanzierbarkeit unseres sozialen Systems aufwerfen. Zum anderen wird auf das Hervortreten negativer

Erscheinungen, die angebliche Produktion einer Anspruchshaltung dem Staat gegenüber etc., hingewiesen. Von anderen wird in diese Diskussion die Feststellung eingebracht, daß die Erwartungen in die positiven Auswirkungen des Wohlfahrtsstaates überzogen waren und daß die Grenzen der öffentlichen Wohlfahrtspflege immer deutlicher werden.

In die Kritik an den öffentlichen sozialen Diensten werden aber noch eine Reihe weiterer Gesichtspunkte eingebracht, die wir hier nur kurz erwähnen wollen, da auf sie später noch ausführlicher eingegangen wird:

- *Entmündigung der Bürger:* Durch die Organisation sozialer Dienste durch die öffentliche Hand wird der Selbsthilfe die Basis entzogen. Die Betroffenen haben nur mehr eine begrenzte Mitsprache über die Art und das Ausmaß der geleisteten Hilfe.
- *Bürokratisierung der sozialen Dienste:* Als öffentliche Dienstleistungen unterliegen die sozialen Dienste den Gesetzmäßigkeiten der Verwaltung. Damit ist eine Unpersönlichkeit der Dienstleistungen und die Austauschbarkeit der Dienstleistenden (man kann nicht damit rechnen, daß die Dienste von Personen erbracht werden, zu denen ein persönliches Vertrauensverhältnis besteht) und die Einschränkung der Dienstleistungen auf ganz bestimmte standardisierte Leistungen verbunden. Um eine verwaltungsmäßige Kontrolle zu erreichen, werden in einem weiteren Schritt für die verschiedenen Dienstleistungen bestimmte Normzeiten vorgegeben, die zu ihrer Abwicklung nötig sind. Weiters wird unterschieden, welche Leistungen Mitarbeiter mit verschiedener Ausbildung erbringen können. Um unterschiedlich qualifizierte Mitarbeiter ökonomisch einsetzen zu können, werden daher die verschiedenen Dienstleistungen von mehreren Mitarbeitern erbracht (Krankenschwester für die Krankenpflege, Heimhilfe für die Fortführung des Haushalts, Besuchsdienst für soziale Kontakte). Diese Tendenz wird als "Taylorisierung" der sozialen Dienste bezeichnet. Soziale Dienste vollziehen hier eine ähnliche Entwicklung, wie sie für die Arbeitsteilung in der Industrie charakteristisch ist. Diese Entwicklung hat allerdings, wie später zu zeigen ist, ihre Grenzen.

Ein Gedanke, der von vielen geäußert wurde, besagt, daß die sozialen Dienste notwendigerweise auf ein Zusammenwirken staatlicher Einrichtungen, privater Wohlfahrtsverbände, marktwirtschaftlicher Kräfte und der Familie bzw. des lokalen Gemeinwesens angewiesen sind. Dieses Zusammenwirken funktioniert in verschiedenen Teilbereichen der sozialen Dienste unterschiedlich, durch die gesellschaftlichen Veränderungen ist aber eine Neuverteilung der Aufgaben dieser Sozialen Wohlfahrtsträger notwendig. Die Diskussion darüber, wie diese Neuverteilung vor sich gehen soll, bezieht sich auf verschiedene Fragen:

- Wieweit ist eine Privatisierung der sozialen Dienste möglich?

- Wie kann die informelle Selbsthilfe der Betroffenen in der Familie, in der Nachbarschaft und in der Gemeinde gestärkt werden? Wieweit kann sie formelle soziale Dienste der öffentlichen Hand ersetzen?
- Welche Aufgabe kommt den traditionellen Trägern der öffentlichen Wohlfahrt zu? Wieweit sind die traditionellen Träger in der Lage, neuen Formen der Selbsthilfe einen organisatorischen Rahmen zu bieten?

In der Diskussion um die Neuordnung der sozialen Dienste darf nicht übersehen werden, daß die sozialen Dienste in den letzten 30 Jahren in den industrialisierten Ländern durch ein gewaltiges Wachstum gekennzeichnet waren. Schätzungen sprechen davon, daß etwa in der BRD zwischen 1960 und dem Ende der achziger Jahre die Zahl der in den sozialen Diensten, im Gesundheits- und Unterrichtswesen Beschäftigten sich von 1.5 auf über 3 Millionen mehr als verdoppelt hat (Fink 1988). Von Mitte der siebziger bis Mitte der achziger Jahre nahm hingegen die Zahl der im verarbeitenden Gewerbe Beschäftigten um 1.3 Millionen ab. Der Ausbau der sozialen Dienste stellt also einen wesentlichen Beitrag zur Schaffung von Arbeitsplätzen in unserer Gesellschaft dar.

In der Beurteilung der Ausweitung von Beschäftigungsmöglichkeiten im Dienstleistungssektor gehen die Meinungen allerdings auseinander. Nach Ansicht von Berger und Offe (1980) handelt es sich hier um einen Scheinbedarf. Es werden nur Leistungen, die früher in der Familie erbracht wurden, öffentlich organisiert und es werden hierbei strukturell überschüssige Arbeitskräfte beschäftigt. Aus diesem Grund müssen die sozialen Dienste auch offiziell subventioniert werden.

Sicher wird man der Feststellung zustimmen müssen, daß es sich bei der Ausweitung des Dienstleistungssektors um einen sich selbst unterhaltenden Kreislauf handelt. Auf der einen Seite werden immer mehr Frauen berufstätig und finden gerade in den sozialen Diensten eine Beschäftigung. Auf der anderen Seite werden die sozialen Dienste gerade deshalb immer mehr benötigt, weil zunehmend mehr Frauen einer Berufstätigkeit nachgehen.

Der pessimistischen Haltung wird entgegengehalten, daß die sozialen Dienste ebenso wie die Veränderungen in der Struktur der Familie Ausdruck der Entwicklung unserer Gesellschaft sind, die eine umfassende Rationalisierung der Lebensweise anstrebt (Hörl 1989). Nach dieser Ansicht haben die sozialen Dienste aufgrund der Entwicklung unserer Gesellschaft bereits weitgehend die frühere Lückenbüßerfunktion verloren und sind zu Instrumenten der Lebensführung geworden, deren man sich selbstverständlich bedient (Hörl 1989).

3 Anforderungen an die Organisation der sozialen Dienste

In der Organisation der sozialen Dienste gibt es eine Reihe von grundsätzlichen Fragen, die durch die Spannung zwischen gegensätzlichen Ordnungsprinzipien entstehen:

Individuelle Hilfe versus formale Regelung: In allen sozialen Diensten besteht eine Spannung zwischen dem Prinzip der individuellen Hilfestellung und der formalen Gleichbehandlung aller Betroffenen, die durch Richtlinien und Verwaltungsregelungen gewährleistet werden soll.

In den sozialen Diensten sind die Betroffenen selbst im Prinzip die Experten, da es um Hilfestellungen für ihr Leben geht. Hilfe hat auch nur dann einen Sinn, wenn sie von den Betroffenen angenommen wird und wenn die Betroffenen sich zur Mitarbeit bereit finden. Es muß daher immer die Art der Hilfestellung in der Beziehung zwischen dem Klienten und dem Dienstleistenden ausgehandelt werden.

In vielen Diensten werden daher die Ausführenden einen großen Bereich der Autonomie haben müssen, der ihnen gestattet, ihre Beziehung zu den Klienten den Situationsanforderungen entsprechend zu gestalten. Die sozialen Dienste müssen jedoch auf die Wahrung der Regelgebundenheit in der Dienstausübung achten. Dies stellt auch einen Schutz der Dienstleistenden vor den Ansprüchen der Klienten dar, die sonst allzu sehr in den Privatbereich der Dienstleistenden eingreifen.

Da die Ausübung der Dienstleistungen schwer kontrollierbar ist, kommt der Aktenmäßigkeit der Verwaltungsabläufe eine besondere Bedeutung zu. Allerdings erscheint die Aktenführung in der Verwaltung vielfach gerade in den sozialen Diensten der eigentlichen Dienstleistung sehr entfremdet und wie aufgesetzt. So muß sich die Verwaltung in der Steuerung der sozialen Dienste persönlicher Mittel bedienen: Entscheidungen werden an ein Team gebunden und nicht mehr von dem einzelnen Dienstleistenden getroffen. Die Dienstleistenden unterliegen einer Supervision, in der die Tätigkeiten regelmäßig durchbesprochen werden.

Die sozialen Dienste haben jedoch auch zu einem veränderten Verständnis von Bürokratie beigetragen. Durch ihre individualisierte Arbeitsweise verändern sie den Charakter der Bürokratie und führen ein auf persönliche Zufriedenheit zielendes Moment ein. Ihr Ziel ist es, Geborgenheit herzustellen. Manche Entwicklungen, die für die Bürokratie charakteristisch sind, kehren sich in ihnen um. So kommt es zu einer Re-Dilettantisierung der Experten, die Beziehung zu den Klienten gewinnt einen persönlich-intimen, fast familiären Charakter oder nimmt den akzeptierenden Charakter der Therapeut-Klient-

Beziehung an (Hörl 1989). Die formale Organisation der sozialen Dienste wird durch eine informelle Gegenkultur ergänzt. Dazu trägt nicht zuletzt auch das starke Engagement von Frauen in den sozialen Diensten bei, die eine Überwindung des Bruchs zwischen öffentlichem und privatem Bereich anstreben.

Kategorielle soziale Dienste versus allgemeiner Sozialdienst: Im Allgemeinen haben sich spezielle soziale Einrichtungen für bestimmte Gruppen von Bedürftigen entwickelt, wobei die Tendenz festzustellen war, daß derartige spezialisierte Dienste immer weiter ausgebaut wurden. Für diese Dienste entwickelte sich zudem eine zentralisierte Verwaltung. Durch die Spezialisierung und den fortwährenden Ausbau der sozialen Dienste ergibt sich einmal das Problem, daß sich die Weiterentwicklung der sozialen Dienste insgesamt einer Planung entzieht, bestenfalls können Planungen in Teilbereichen stattfinden. Eine Abstimmung der sozialen Dienste ist auf den verschiedenen Ebenen (von der Peripherie bis hin zur Zentrale) zumindest erschwert. Dies wirkt sich in mehrerer Hinsicht negativ für die Betroffenen aus: einmal ergeben sich dadurch für den einzelnen Fall Lücken, zum anderen kann dadurch auch ein Ungleichgewicht in der Versorgung bestehen, indem Gruppen, die eine geringere Lobby hinter sich haben, weniger Hilfestellungen erhalten.

Ein weiteres Problem, das sich aus der Spezialisierung der sozialen Dienste ergibt, betrifft die Ausbildung von Versorgungsketten (Cramer 1982). Verschiedene soziale Dienste haben ganz bestimmte Muster der Überweisung und Behandlung eines Falls, die mehr mit dem Dienst als mit den Betroffenen zu tun haben. Wohin ein Klient durch eine Einrichtung überwiesen wird, hängt dann weniger von dem Problem ab, wegen dessen er um Beratung und Hilfe nachsucht, sondern mehr mit der Einrichtung, die er aufsucht.

Zudem besteht die Tendenz, verschiedene Detailprobleme der Verantwortung verschiedener spezialisierter Dienste zuzuweisen. Die Gesamtverantwortung geht dabei leicht verloren. Um dieses Problem zu lösen, wird vorgeschlagen, daß die Verantwortung für die Betreuung eines Betroffenen immer bei dem allgemeinen Sozialdienst zu belassen oder wenigstens die selbständige Überweisung von einer Betreuungseinrichtung in weitere spezialisierte Dienste zu verhindern (Cramer 1982).

Bei der Einführung eines allgemeinen Sozialdienstes besteht allerdings die Gefahr, daß die Probleme jener Gruppen von Bedürftigen zu kurz kommen, die nicht zur Kerngruppe der Personen zählen, die traditionell vom Sozialdienst Hilfestellungen erhalten und zu deren Betreuung spezielle Kenntnisse nötig sind. Die Einführung des allgemeinen Sozialdienstes in Großbritannien hat z.B. gezeigt, daß der Dienst von einem beträchtlichen Teil der behinderten Menschen und ihrer Angehörigen als unzureichend betrachtet wird, weil vielen Mitarbeitern die nötige Erfahrung und das erforderliche Wissen um die möglichen Hilfsmaßnahmen fehlt (Glendinning 1983).

Integration von sozialer und medizinischer Versorgung: Die Trennung von sozialer und medizinischer Betreuung bringt eine Reihe an Nachteilen mit sich. Einer dieser Nachteile liegt darin, daß hochspezialisierte und teure medizinische Einrichtungen nicht wegen des Bedarfs an speziellen medizinischen Behandlungsmaßnahmen in Anspruch genommen werden, sondern weil einfache soziale Hilfestellungen nicht verfügbar sind.

(Um dieses Problem deutlicher bewußt zu machen, wurde in Großbritannien vor kurzem die Regelung erlassen, daß die Herkunftsgemeinden die Kosten des weiteren Krankenhausaufenthalts zu übernehmen haben, wenn sich ein Krankenhausaufenthalt nur aus dem Grund verlängert, weil keine entsprechende Pflege- und Betreuungsmöglichkeit in der Heimatgemeinde vorhanden ist oder organisiert werden kann (Baldock und Evers 1990)).

In anderen Fällen, etwa bei chronischen Krankheiten, sollten medizinische Behandlungsmaßnahmen durch soziale Hilfestellungen ergänzt werden.

Besonders deutlich zeigt sich die Notwendigkeit einer Integration der beiden Bereiche bei der Frage nach dem geeigneten Rahmen für Pflegemaßnahmen bei chronischen Krankheiten, wenn durch rehabilitative Maßnahmen keine entscheidende Besserung des Gesundheitszustandes mehr zu erreichen ist. Pflegeabteilungen weisen oft eine deutliche Orientierung auf die gesundheitliche Versorgung auf, obwohl eine Aktivierung der Betreuten durch soziale Dienste auch hier von Bedeutung wäre. Auf der anderen Seite wird in diesen Fällen oft die Entscheidung getroffen, daß eine Finanzierung der Betreuung durch die Krankenversicherung bzw. den Gesundheitsfonds nicht mehr in Frage kommt. Dies führt meist zu einer deutlichen Schlechterstellung in finanzieller Hinsicht und bedeutet, daß sich die Betreuten in einem größeren Ausmaß an den Betreuungskosten beteiligen müssen. Um dieses Problem zu lösen, wird eine getrennte Finanzierung von Pflegekosten durch eine Pflegeversicherung diskutiert.

Ein Problem anderer Art stellen psychisch kranke Menschen dar. Hier gehören soziale Hilfestellungen in vielen Fällen unmittelbar zu den auch von medizinisch-psychiatrischer Seite erforderlichen Therapiemaßnahmen. Die Behandlung muß notwendigerweise in einem multidisplinären Team erfolgen, in dem neben Psychiatern auch Psychologen, Sozialarbeiter und andere psychosoziale Berufsgruppen vertreten sind. Therapien stellen hier oft auch keine kurzfristigen Behandlungsmaßnahmen dar, sondern Langzeitmaßnahmen. Therapie ist von lebensbegleitender Betreuung nicht ohne weiteres abzugrenzen.

Ein weiteres Problem ergibt sich dadurch, daß in der medizinischen Betreuung die Kluft zwischen der professionellen Betreuung und den Selbsthilfemaßnahmen besonders groß ist. Hier steht ein hochspezialisiertes Fachwissen einer Selbsterfahrung gegenüber, die sich in einer anderen Sprache artikuliert als die Fachsprache der Medizin und andere Erfahrungen akzentuiert. Die

Lebenswelt der Patienten gerät in der Medizin, die ja vielfach eine Krankenhausmedizin ist, allzu leicht in Vergessenheit. Es scheint dann nur mehr zu zählen, wieweit die Patienten die Anordnungen des Arztes einhalten. Die Integration von medizinischen und sozialen Diensten dürfte besser in der Lage sein, das Selbsthilfepotential der Patienten anzusprechen.

Bei der Integration von medizinischer und sozialer Betreuung ist allerdings die Gefahr nicht zu übersehen, daß die medizinischen Aspekte in der Betreuung über Gebühr an Bedeutung gewinnen und es auch in der Zusammenarbeit der verschiedenen Berufsgruppen zu einer Dominanz der Mediziner kommt. Dies wird besonders dann von Bedeutung, wenn es für die Bezahlung der medizinisch angezeigten Pflegemaßnahmen und der sozialen Dienste unterschiedliche Finanzierungsmodi gibt. Die bisherige Erfahrung etwa in der BRD hat gezeigt, daß es für die medizinischen Erfordernisse weitaus leichter ist, öffentliche Zuschüsse zu gewinnen als für die sozialen Dienste und daß die medizinisch erforderliche Pflege oft sehr eng definiert wird.

Auch bei psychiatrischen Patienten ergeben sich für die Finanzierung der erforderlichen Behandlungsmaßnahmen beträchtliche Probleme, wenn unterschiedliche Kostenträger für die sozialen und die (eng definierten) medizinischen Behandlungs- bzw. Betreuungsmaßnahmen zuständig sind, wie etwa das Beispiel der BRD zeigt. Es ist sehr die Frage, ob längerfristig genügend Mittel für eine angemessene Betreuung psychisch Kranker zur Verfügung gestellt werden, wenn das Problem in erster Linie als ein Problem der Sozialfürsorge definiert wird. Dabei ist auch zu bedenken, daß hier natürlich auch die Frage der sozialen Stigmatisierung psychisch Kranker auftritt, wenn in der Betreuung psychisch Kranke als Sozialfälle definiert werden.

Lokale Selbstverwaltung versus zentrale Planung und Kontrolle: Auch in den sozialen Diensten stellt sich die Frage, wie sich lokale Selbstverwaltung mit einer zentralen Planung und Kontrolle vereinbaren läßt. Zentrale Planung dürfte notwendig sein, um eine gleichmäßige Versorgung mit sozialen Diensten zu gewährleisten, allerdings ist sie keine Garantie dafür. Für die Übertragung der Verantwortung für die sozialen Dienste an die Peripherie spricht in erster Linie, daß an Ort und Stelle besser entschieden werden kann, welche Dienste und welche Organisationsform für die vorhandenen Bedürfnisse am angemessensten sind.

Die lokalen Einheiten sind allerdings zu klein, um in den speziellen Diensten, etwa den Behindertendiensten, eine fachlich zureichende Unterstützung, Beratung und Supervision zu gewährleisten. Auch die Organisation der Aus- und Fortbildung wird übergreifend geschehen müssen. Neben den lokalen Einheiten wird daher immer eine zentrale Planungs- und Koordinierungsstelle vorhanden sein müssen. Diese zentrale Stelle sollte auch Mindeststandards für die einzelnen sozialen Dienste definieren und deren Einhaltung kontrollieren.

Durchsichtigkeit der Kosten in den sozialen Diensten: Eine Voraussetzung für eine stärkere Effizienz der sozialen Dienste dürfte es sein, die Kosten für die Erbringung der sozialen Dienste durchschaubarer zu machen.

Es sollte nicht dazu kommen, daß bestimmte Angebote in den sozialen Diensten von den Entscheidungsträgern (seien diese die Mitarbeiter der sozialen Dienste oder die Betroffenen selbst) nur deshalb bevorzugt werden, weil der Kostenanteil, der von einer Körperschaft oder den Betroffenen getragen werden muß, geringer ist. Die Offenlegung der Kosten für eine Maßnahme sollte dazu führen, daß immer auch die voraussichtlichen Gesamtkosten, die mit einer Maßnahme verbunden sind, bewußt werden. In einem weiteren Schritt sollte es möglich sein, die entstehenden Kosten für die Betreuung nicht an eine bestimmte Einrichtung zu binden, sondern diese Mittel dazu zu verwenden, die individuell günstigste Betreuungsform zu finanzieren.

In einigen Ländern (z.B. Großbritannien) wird dabei mit individuellen Sozialplänen für einzelne Klienten der sozialen Dienste gearbeitet, um im Einzelfall die günstigste Lösung zu finden. So können beispielsweise bei Behinderten die Mittel, die bisher dazu nötig waren, um die Unterbringung in einer Anstalt zu finanzieren, vom Gesundheitsresort in das Sozialresort überwiesen werden, um mit diesen Mitteln die Betreuung in einer Wohngemeinschaft zu finanzieren.

Manche Gruppen von Behinderten, vor allem unter den jüngeren Körperbehinderten, fordern, daß ihnen die für ein angemessenes Leben erforderliche Unterstützung direkt ausbezahlt wird, damit sie selbst entscheiden können, wie sie mit diesem Geld die für sie günstigste Lösung finanzieren können.

Organisation der sozialen Dienste im Rahmen von Wohlfahrtsverbänden bzw. als öffentlicher Dienst: In der BRD ist eine Vorrangigkeit der Wohlfahrtsverbände bei der Organisation sozialer Dienste im Sinn des Subsidiaritätsprinzips gesetzlich festgeschrieben. In Österreich wird die Heranziehung der Wohlfahrtsverbände in den verschiedenen Bundesländern unterschiedlich geregelt. Eine gesetzliche Leitlinie zur bevorzugten Befassung privater Träger der Wohlfahrtspflege gibt es nicht. Im Wiener Sozialhilfegesetz heißt es in Artikel 40 lediglich, daß diese Träger "zur Mitarbeit in der Sozialhilfe eingeladen" werden können.

Bei den Überlegungen zur Betreuung von Wohlfahrtsverbänden mit Aufgaben in den sozialen Diensten wird oft übersehen, daß die Wohlfahrtsverbände selbst die gleichen Veränderungen erfahren haben, die an den öffentlichen sozialen Diensten kritisiert werden, vor allem das Übergewicht der professionellen Mitarbeiter und eine Bürokratisierung der Hilfestellungen.

Private Verbände weisen trotzdem einige Vorteile auf, die im Prinzip eine stärker an den Bedürfnissen der Betroffenen orientierte Organisation der Hilfsdienste ermöglichen. Zum einen sind die Wohlfahrtsverbände Organisationen, die aus einer Tradition der Solidarität ihrer Mitglieder heraus entstanden sind und deshalb auf die Rekrutierung freiwilliger und ehrenamtlicher Mitarbeiter zählen können. Als Organisationen mit einer breiteren gesellschaftlichen Basis können sie zudem eine direktere Einflußnahme von Betroffenen ermöglichen.

Ein weiterer Vorteil ergibt sich daraus, daß der Staat durch die Übertragung von sozialen Diensten an Wohlfahrtsverbände sich auf die Vorgabe von allgemeinen Richtlinien für die Durchführung der sozialen Dienste beschränken kann und dadurch ein höheres Maß an Flexibilität gewinnt. Negativ wurde dies allerdings auch so formuliert, daß die politischen Entscheidungsträger sich der unmittelbaren Einflußnahme begeben und sich damit weniger einer Kritik aussetzen, wenn die Dienste nicht oder nur unzureichend funktionieren. Eine alle zufriedenstellende Arbeitsweise der sozialen Dienste ist aber realistisch gesehen nicht zu erwarten.

Durch die Betrauung von Wohlfahrtsverbänden kann von Seiten des Staates weiters leichter erreicht werden, daß die Kosten überschaubar bleiben, indem die öffentliche Hand die Einhaltung bestimmter finanzieller Rahmenbedingungen vorschreibt. Auch ist damit eher eine Finanzierung der sozialen Dienste aus freiwilligen Beiträgen und nicht ausschließlich aus Steuermittel erreichbar. Die Finanzierung sozialer Dienste durch Zwangsbeiträge sollte aber ein Mittel der letzten Wahl bleiben.

Wohlfahrtsverbände sind zudem weniger den Bestimmungen unterworfen, die die öffentliche Hand für die Führung der Verwaltungsdienste erläßt und die oft eine starke Einschränkung bei der Anstellung von Dienstnehmern mit sich bringen, etwa was die Qualifikation und die Anrechnung von Ausbildungen betrifft. Auch dies erhöht die Mobilität der Dienste.

Die traditionellen Wohlfahrtsverbände konnten bisher allerdings neuen Ansätzen, wie sie sich in der Selbsthilfebewegung herausgebildet haben, nur sehr begrenzt einen Rahmen geben. Vielfach stehen Selbsthilfegruppen den traditionellen Verbänden zurückhaltend und distanziert gegenüber. Schon altersmäßig ist ein Unterschied zu bemerken. Während sich in den Wohlfahrtsverbänden überwiegend ältere Leute ehrenamtlich engagieren, so werden die Selbsthilfegruppen meist von jüngeren Gruppen getragen.

Um die Mobilität, die mit einer Trägerschaft durch gemeinnützige Vereine gegeben ist, zu erreichen, gleichzeitig jedoch einen bestimmenden Einfluß und eine Kontrolle der Aktivitäten durch die öffentliche Hand zu erreichen, hat man z.B. in Wien in einem größeren Ausmaß zu der Lösung gegriffen, Vereine und Kuratorien zu gründen, deren Vorstand mit Vertretern der öffentlichen Verwaltung besetzt ist und die dann in der Folge mit der Führung von sozialen Diensten betraut werden.

Die Finanzierung der sozialen Dienste, die von den Wohlfahrtsverbänden getragen werden, erfolgt nach unterschiedlichen Modellen. Im Allgemeinen wird von der öffentlichen Hand eine Finanzierung der erbrachten Leistungen bevorzugt, wobei dies nach Tages- oder Stundensätzen oder durch Bezahlung pro betreutem Fall abgerechnet wird. Dabei zeigt sich die Tendenz, daß die Sätze, die verschiedene Träger mit der öffentlichen Hand verrechnen können, auch für ähnliche Leistungen recht unterschiedlich sind. Bei dem Aushandeln der Sätze ist auch der Einfluß und das Gewicht des Trägers von Bedeutung.

Es wird zuwenig beachtet, daß die Art der Abrechnung von Leistungen auch für die Arbeitsweise der Einrichtungen von Bedeutung ist. Fallbezogenes Abrechnen führt fast immer dazu, daß sich die Einrichtungen bemühen, die Anzahl der betreuten Klienten zu steigern, wobei Fälle bevorzugt werden, die nur eine geringe Belastung bei der Betreuung darstellen.

Oft werden die Aufwendungen von Verbänden für die Trägerschaft sozialer Dienste von der öffentlichen Hand nicht voll abgedeckt. Wenn dies der Fall ist, sind die Verbände gezwungen, entweder das Defizit über andere von ihnen angebotenen Dienste zu finanzieren oder sie müssen die Fehlbeträge durch Spenden aufbringen. Selbst größere Verbände haben aber oft nicht die personellen Resourcen Spendensammlungen zu organisieren. Dies führt dazu, daß sie die Spendensammlungen privaten Firmen übergeben, die dafür mitunter beträchtliche Quoten am Spendenaufkommen verlangen und in ihrer Vorgehensweise gelegentlich zweifelhafte Methoden verwenden.

Selbsthilfe versus Fremdhilfe: Ein Prinzip der Sozialhilfe ist es, daß sie nur dann wirksam werden soll, wenn die Fähigkeit der Betroffenen, sich selbst zu helfen, erschöpft ist. Ist dieser Anspruch schon bei den finanziellen Leistungen der Sozialhilfe nicht so ohne weiteres einzulösen, so ist dies bei den persönlichen Dienstleistungen noch um einiges schwieriger. Bereits bei den finanziellen Leistungen der Sozialhilfe bedeutet dieser Anspruch nicht nur, daß der um Hilfe Ansuchende seine finanzielle Situation offenlegen muß und diese Angaben auch kontrolliert werden sollen. Verschiedene Länder sehen auch vor, daß die Verwandten (zum Teil etwa bis zum dritten Grad) zu einer Unterhaltsleistung und einem Beitrag für die Notlage verpflichtet werden, bevor die öffentliche Hand finanzielle Beiträge leistet.

Die Schwierigkeiten bei der Bereitstellung einer öffentlichen ambulanten Pflegehilfe haben in den letzten Jahren zu einer Reihe von Untersuchungen über die Selbsthilfe im Gesundheits- und Pflegebereich geführt (im deutschen Sprachraum vor allem Grunow et al. 1983, 1985). Diese Untersuchungen haben Folgendes deutlich gemacht:

- Selbsthilfe im Gesundheitsbereich erbringt einen wesentlichen Beitrag zur Gesundheitsversorgung. Der überwiegende Teil aller Beschwerden, der akuten Krankheiten wie der chronischen Beschwerden, werden ohne Einbeziehung von professionellen Diensten bewältigt.
- Das Ausmaß an Selbsthilfe ist in einem hohen Maß von den Vorerfahrungen der Betroffenen, ihrer Selbsteinschätzung, aber auch von den familiären

Bedingungen und der Situation des Haushalts abhängig. Je größer der Haushalt und je größer und dichter das soziale Netz ist, desto eher werden auftretende Beschwerden in Selbsthilfe bewältigt.

- Der größte Teil der Selbsthilfe wird von den Betroffenen selbst durchgeführt. Als Ratgeber und für praktische Hilfen werden in erster Linie Haushaltsmitglieder und Verwandte herangezogen. Nicht-verwandte Personen werden viel seltener um Rat und Hilfe gebeten und dies auch nur in bestimmten Situationen.
- Die Bereitschaft, anderen zu helfen, wenn man darum gebeten wird, ist größer als die Bereitschaft, selbst um Hilfe zu bitten. Etwa die Hälfte der Bevölkerung lehnt es prinzipiell ab, nicht-professionelle Hilfe von Menschen außerhalb des eigenen Haushalts und der eigenen Familie anzunehmen.
- Das Bitten um Hilfe löst die Vorstellung aus, jemand anderem lästig zu fallen. Hilfe kann von vielen deshalb nur angenommen werden, wenn sie spontan und ohne Anfrage geleistet wird. Selbst die Annahme von Hilfe wird aber vielfach noch mit dem Gefühl der Verpflichtung verbunden, sich selbst revanchieren zu müssen, aber nicht zu können.
- Mit der Annahme von Hilfe im Verwandtschaftskreis gewährt man dem anderen das Recht, auf das eigene Leben Einfluß zu nehmen. Dies ist besonders dann der Fall, wenn es sich um persönliche Probleme handelt. Deshalb ist die Bereitschaft, bei anderen wegen persönlicher Probleme um Hilfe nachzusuchen, besonders gering.
- Viele sehen sich bei Aufgaben der persönlichen Hilfestellung (auch bei einfachen Aufgaben der Grundpflege) nicht als kompetent an. Die Annahme von Hilfe durch andere Personen setzt außerdem in vielen Fällen voraus, daß man bereit ist, darauf zu verzichten, daß Dinge so gemacht werden, wie man es selbst gewohnt ist. Viele sind selbst bei großer Belastung nicht bereit, darauf zu verzichten.
- Die Möglichkeit, Selbsthilfe in einem höheren Ausmaß als derzeit zur Entlastung der sozialen Dienste einzusetzen, beurteilen viele Autoren recht skeptisch.

Selbsthilfegruppen versus Betreuung durch professionelle Mitarbeiter: Es hat sich gezeigt, daß in vielen Bereichen wirksamere Hilfe von den Betroffenen selbst ausgehen kann als von professionellen Helfern. Viele dieser Selbsthilfegruppen benötigen allerdings Hilfestellungen, um sich selbst organisieren können.

Der Terminus Selbsthilfegruppen bezeichnet allerdings eine Vielzahl von unterschiedlichen Organisationsformen und von Gruppen mit sehr unterschiedlicher Zielsetzung. Trojan et al. (1987) unterscheiden 5 Arten von Anliegen:

- Selbsthilfe im engeren Sinn, wobei die gegenseitige Hilfe im Vordergrund steht
- Beratung von anderen in gleicher Weise Betroffener, die jedoch nicht Mitglied der Gruppe sind
- Interessensvertretung
- Geselligkeit und gemeinsame Freizeitgestaltung
- Bemühen um Selbsterhaltung der Gruppe

Nach den jeweils dominierenden Zielsetzungen und Tätigkeiten kann man danach 4 Typen unterscheiden: Selbsthilfegruppen im engeren Sinn, Helfergruppen, Bürgerinitiativen und Freizeitgruppen.

Trotz des unbestreitbaren Werts von Selbsthilfegruppen muß man sehen, daß heute nur sehr wenige Personen an diesen Gruppen teilnehmen und daß auch die Bereitschaft, sich in dieser Form zu engagieren, nicht allzu groß ist. Für die BRD wird geschätzt, daß nur etwa 2-3% der Bevölkerung in Selbsthilfegruppen aktiv sind oder einmal an einer solchen Gruppe beteiligt waren.

Ehrenamtliche und semi-professionelle Arbeit versus professionelle Arbeit: Professionelle Arbeit bringt einige Probleme mit sich: Sie ist oft mit einer größeren Distanz zwischen den professionellen Helfern und den auf Hilfe angewiesenen Personen verbunden. Weiters führt sie dazu, daß die Hilfestellungen stärker an den Richtlinien professionellen Verhaltens als an den Bedürfnissen der Betroffenen orientiert werden. Schließlich führt sie zu einer Spezialisierung der Hilfestellungen und damit zu einer Zersplitterung der Hilfen.

In der Bevölkerung herrscht zwar die Meinung vor, daß es sich bei den sozialen Diensten um eine notwendige Arbeit handelt und daß sie deshalb auch bezahlt werden müßte. Diese Ansicht vertreten in Österreich in einer neuen repräsentativen Umfrage immerhin zwei Drittel der Befragten, in Wien sogar 78% (Antalovsky et al. 1988). Nur eine kleine Minderheit (19%) ist in Österreich der Ansicht, daß es keine besondere Ausbildung braucht, um alten, behinderten oder chronisch kranken Menschen zu helfen. Auf der anderen Seite wird der professionellen Hilfe aber von der überwiegenden Mehrheit abgesprochen, daß sie die einzige zuverlässige Form von Hilfe in einer sozialen Notlage ist.

Ausmaß ehrenamtlicher Tätigkeit: In der BRD gibt es derzeit einen Kern von etwa 800.000 kontinuierlich in den sozialen Einrichtungen arbeitenden ehrenamtlichen Mitarbeitern (ca. 2% der erwachsenen Bevölkerung). Etwa 70-85% der ehrenamtlichen Mitarbeiter sind Frauen, das Durchschnittsalter beträgt gegenwärtig 53 Jahre bei steigender Tendenz (Schöpf-Schilling 1988). Die größte Gruppe stellen Frauen über 50 Jahre, die keiner Berufstätigkeit nachgehen und keine Kinder unter 18 Jahren haben. Im Durchschnitt widmet diese Kerngruppe 20 Stunden pro Monat der ehrenamtlichen Tätigkeit.

Bei einer etwas weiteren Definition der ehrenamtlichen Tätigkeit und basierend auf der Selbstdarstellung von Befragten kommen Antalovsky et al. (1988) für Österreich auf 10%, die im letzten Jahr freiwillig und unbezahlt soziale Hilfe und Betreuung für Personen außerhalb ihrer eigenen Familie geleistet haben. Bei einem Drittel geschah dies nicht nur im privaten Bekanntenkreis, sondern im Rahmen einer Organisation, überwiegend bei einem Träger von Wohlfahrtseinrichtungen. Die Mitarbeit in diesen Vereinen war bei nahezu der Hälfte mit einem beträchtlichen zeitlichen Engagement verbunden. Im Unterschied zu den eben berichteten Ergebnissen aus der BRD sind es nach dieser Untersuchung vor allem jüngere Personen unter 30 Jahren, die sich bei Trägern sozialer Dienste ehrenamtlich engagieren.

Ehrenamtliche Tätigkeit ist derzeit in den verschiedenen sozialen Diensten sehr ungleich verteilt. Die größte Bedeutung kommt ihr im Bereich der Jugendarbeit zu (Schöpf-Schilling 1988).

Einstellung zu ehrenamtlicher Tätigkeit: In den industrialisierten Ländern ist in den letzten 30 Jahren eine Abnahme der Bereitschaft festzustellen, ehrenamtlich Aufgaben im Sozialbereich zu übernehmen. Trotzdem gibt in Umfragen in der BRD immerhin noch ein Drittel der Erwachsenen an, daß sie unter gewissen Voraussetzungen bereit wären, sich in einer ehrenamtlichen Tätigkeit zu engagieren. Als Voraussetzung für ein derartiges Engagement wird vor allem die Möglichkeit genannt, sich die Zeit für diese Tätigkeit selbst einteilen und die ehrenamtliche Tätigkeit mit anderen Verpflichtungen verbinden zu können (Schöpf-Schilling 1988).

In Österreich sind 38% der Bevölkerung der Ansicht, daß es selbstverständlich sein sollte, auch ohne Bezahlung regelmäßig soziale Hilfen zu leisten und Betreuungsaufgaben zu übernehmen. Ein gleich großer Teil meint, daß die Träger sozialer Dienste nicht in der Lage wären, alle ihre Helfer zu bezahlen und damit ohne freiwillige Mitarbeit ihre Aufgaben nicht erfüllen könnten (Antalovsky et al. 1988). Allerdings bestehen hier gewisse regionale Unterschiede, die auf unterschiedlichen Erfahrungen mit freiwilliger Engagement und unterschiedlichen Möglichkeiten dazu beruhen dürften. So ist eine positive Einstellung im Westen Österreichs häufiger anzutreffen als im Osten und speziell in Wien.

Eigene Bereitschaft zu einem stärkeren Engagement im sozialen Bereich zeigen in Österreich unter jenen, die sich nicht ohnehin bereits engagieren, etwa die Hälfte der Befragten, allerdings sind nur 5% dazu in einem größeren zeitlichen Umfang bereit (Antalovsky et al. 1988). Bevorzugt unter den Organisationsformen wird neben der Mitarbeit bei Wohlfahrtsverbänden (18%) und der Kirche (5%) zu immerhin 10% die Mitarbeit in einer Selbsthilfegruppe (die meisten möchten sich allerdings eher in privater Form engagieren).

Eine der wichtigsten Hürden für ein stärkeres Engagement stellt der Informationsmangel dar. Drei Viertel der Befragten in der BRD äußerten die Meinung, daß es zuwenig bekannt ist, wo und wie man sich engagieren könne (Schöpf-Schilling 1988).

Bei diesem Informationsmangel setzen auch viele Bemühungen um eine stärkere Aktivierung der ehrenamtlichen Arbeit an. Kontaktstellen und Informationsbüros sollen über die vorhandenen Möglichkeiten einer ehrenamtlichen Tätigkeit informieren.

Von der Bevölkerung wird der ehrenamtlichen Hilfe ein relativ großes Vertrauen geschenkt. Nach einer neuen Umfrage in Berlin ist mehr als die Hälfte der Bevölkerung der Ansicht, daß hilfsbedürftigen Personen von ehrenamtlichen Helfern größeres persönliches Interesse entgegengebracht wird als von professionellen Helfern (Fink 1988). In Österreich vertritt ebenfalls fast die Hälfte der Erwachsenen die Meinung, daß freiwillige Helfer rascher und unbürokratischer Hilfe leisten als professionelle Mitarbeiter sozialer Dienste. Allerdings zeigt sich dabei ein starkes regionales Gefälle: in Vorarlberg sind fast zwei Drittel dieser Ansicht, in Wien hingegen nur ein Drittel (Antalovsky et al. 1988).

In der BRD ist festzustellen, daß die ehrenamtliche Tätigkeit in den traditionellen Wohlfahrtsverbänden für jüngere Menschen nicht sehr attraktiv ist. 30-40-Jährige werden eher durch die Mitarbeit in Selbsthilfegruppen als in den großen Verbänden angesprochen. Die Anzahl der in Selbsthilfegruppen Tätigen hat mit etwa einer halben Million Menschen auch schon fast das gleiche Ausmaß erreicht wie die Anzahl der ehrenamtlichen Mitarbeiter in den Wohlfahrtsverbänden (Schöpf-Schilling 1988). In geringerem Grad gelten diese Tendenzen auch für Österreich (Antalovsky et al. 1988). Allerdings ist die Mitarbeit in Selbsthilfegruppen weniger stabil und bei den meisten mit einem geringeren zeitlichen Engagement verbunden als die Mitarbeit in den fester gefügten Wohlfahrtsverbänden.

Motivation zum freiwilligen sozialen Engagement: Die Motivation zur ehrenamtlichen Arbeit ist eine sehr unterschiedliche. Als hauptsächliche Motive werden meist angegeben, daß man selbst auch Hilfe erhalten hat und daß dadurch der freien Zeit ein Sinn gegeben werden kann. Auch das Bedürfnis nach Kontakt zu anderen Menschen und jenes nach Anerkennung sind ein gewisser Beweggrund, für religiöse Menschen ist diese Arbeit in ihrer religiösen Einstellung begründet (Antalovsky et al. 1988).

Für einen Teil der ehrenamtlich Arbeitenden stellt diese Arbeit eine Art Einstieg in eine berufliche Arbeit im Sozialbereich dar. Sie gibt ihnen die Möglichkeit, sich selbst in der Rolle eines Helfers zu erfahren, vermittelt damit erste Berufserfahrungen. Für andere, vor allem für Frauen, die bis dahin im Haushalt tätig waren, ist die ehrenamtliche Tätigkeit eine Brücke zu einem Wiedereinstieg in eine berufliche Tätigkeit.

Wenn die Angebote an ehrenamtliche Mitarbeiter die Motivationslage berücksichtigen, ist die Wahrscheinlichkeit groß, daß eine engagierte Gruppe ehrenamtlicher Mitarbeiter gefunden werden kann. Ein Mittel dazu ist sicher, ehrenamtlichen Mitarbeitern Fortbildungsmöglichkeiten und Supervision anzubieten.

Mitsprache der Betroffenen versus bürokratische Organisation: Soziale Dienste werden im Allgemeinen von Experten, Mitgliedern bestimmter Berufsgruppen geführt, die aufgrund ihrer Ausbildung und ihres Fachwissens entscheiden, was für die Betroffenen gut ist. Hierbei ergibt sich die Gefahr, daß die von den Experten formulierten Bedürfnisse und die von ihnen gesetzten Prioritäten nicht mit dem übereinstimmen, was die Betroffenen selbst für richtig und notwendig erachten. Aus dieser Erfahrung heraus ergibt sich die Forderung nach einer Mitsprache der Betroffenen bei der Planung, der Prioritätensetzung und der Durchführung der sozialen Dienste. Diese Mitsprache setzt allerdings voraus, daß die Betroffenen in die Lage versetzt werden, genügend Einblick in die Organisationsweise der sozialen Dienste zu gewinnen.

Einen Schritt weiter geht die Forderung, daß die sozialen Dienste letztlich an die Betroffenen zurückgegeben werden sollen. Mit dem Stichwort des Empowerment wird ausgedrückt, daß es die Aufgabe professioneller Helfer sein soll, Betroffenen die Möglichkeit zu einer Selbstbestimmung wiederzuverschaffen.

Anwaltschaft für Menschen, die Schwierigkeiten haben, ihre Rechte selbst durchzusetzen: Aus der Erfahrung heraus, daß es für bestimmte Gruppen sehr schwer ist, ihre Bedürfnisse selbst zu artikulieren und sich gegen Benachteiligungen zu wehren, ergibt sich die Forderung, daß diese Menschen Vertrauenspersonen brauchen, die sie in der Wahrnehmung ihrer Rechte unterstützen und unter Ausnutzung der in unserer Gesellschaft üblichen Wege versuchen, ungebührliche Einschränkungen und Benachteiligungen zu beseitigen.

Zurecht wird dabei darauf hingewiesen, daß eine Verquickung von professioneller Hilfestellung und Anwaltschaft für Betroffene zu Interessenskonflikten führen kann, da die Interessen vielfach gerade gegenüber professionellen Diensten zu wahren sind (Forster 1985, 1989). Zum Teil geht es hier also um eine besondere Art des Konsumentenschutzes, nämlich des Schutzes jener Personen, die auf die Hilfe der sozialen und medizinischen Einrichtungen angewiesen sind. Traditionell sind die Rechte der Klienten dieser Einrichtungen wenig abgesichert, Wahlmöglichkeiten sind nur beschränkt gegeben, sodaß die Klienten gegenüber den Anbietern von Diensten in einer äußerst ungünstigen Situation sind.

Die herkömmliche Form der Rechtsberatung durch Anwälte erscheint für diese Aufgabe nur bedingt geeignet. Zum einen haben die Anwälte mit diesen Gruppen (z.B. psychiatrische Patienten, behinderte Menschen) wenig Erfahrung und tendieren dazu, sich allzu stark auf das Urteil anderer Experten zu verlassen. Zum anderen zeigt die Erfahrung, daß die Vertretung der Interessen dieser Klienten sich auch anderer Mittel der Durchsetzung bedienen muß als des formellen Rechtssystems.

Abbau von Schranken beim Zugang zu den sozialen Diensten: Es wird vermutet, daß ein größerer Teil der Bevölkerung soziale Dienste und Unterstützungsleistungen nicht in Anspruch nimmt, weil sie die damit verbundene Stigmatisierung vermeiden und nicht als Sozialfall gelten wollen. In einigen Fällen sind von diesem Verzicht auf öffentliche Unterstützung nicht nur Einzelpersonen, sondern auch Familien mit Kindern betroffen. Genaue Zahlen über die Häufigkeit eines derartigen Verhaltens liegen keine vor.

Manche Experten sprechen davon, daß manche Regelungen für die Antragstellung um soziale Beihilfen darauf hinauslaufen, daß sich die Betroffenen wie Bittsteller und Schmarotzer vorkommen müssen. Auch das Verhalten der Beamten soll diesen Eindruck noch verstärken.

Wenn der Nachweis von Bedürftigkeit für die Betroffenen entwürdigend wirkt, so werden mit Sicherheit Bedürftige abgeschreckt. Dies kann nicht im Sinn der sozialen Dienste sein. Die dadurch stattfindende Auswahl unter den von einer Notsituation Betroffenen dürfte darauf hinauslaufen, daß nur jene die ihre Notsituation überzeugend und hartnäckig vorbringen, Unterstützungsleistungen erhalten. Dies dürfte wohl ebenfalls nicht im Sinn angemessener sozialpolitischer Maßnahmen sein.

Gemeindeorientierung versus personenbezogene Dienste: Es besteht seit längerer Zeit die Vorstellung, daß es nicht primär oder zumindestens nicht ausschließlich die Aufgabe der sozialen Dienste sein kann, einzelnen Personen Hilfestellung zu leisten. Vielmehr sollen die sozialen Dienste die Fähigkeit der lokalen Gemeinschaft stärken, selbst ihre Kräfte zu mobilisieren.

Eine ähnliche Zielsetzung für die sozialen Dienste ist in den letzten Jahren klarer formuliert worden, nämlich die Zielsetzung, daß die sozialen Dienste das soziale Netzwerk von Hilfebedürftigen mobilisieren oder ein Netz von Personen, die als Nachbarn oder Mitglieder der Lebenswelt der Betroffenen Hilfe leisten können, mitaufbauen und nicht von außen professionelle Hilfestellungen einführen sollten.

Unter dem Begriff Netzwerkförderung werden eine Reihe von Ansätzen zusammengefaßt, in denen von Seiten der sozialen Dienste aus versucht wird, gegenseitige Hilfestellungen in der Gemeinde zu fördern. In einer sehr allgemeinen Weise kann dies durch Medienkampagnen angeregt und durch Verbände oder die öffentliche Hand unterstützt werden. Beispiele derartiger Kampagnen sind vor allem aus den USA bekannt ("Be a good neighbour", "Friends can be a good medicine"). Bestimmte Personengruppen können aber auch direkter angesprochen werden, etwa Eltern, die ihr erstes Kind bekommen, Verwitwete, Alleinerzieher. Als Form einer derartigen Mobilisierung gegenseitiger Hilfestellungen haben sich Seminare bewährt. Diese Bemühungen werden als direkte Netzwerkförderung bezeichnet.

Adressaten können aber auch jene Personen sein, die aufgerufen sind, Hilfestellungen zu leisten bzw. die in den Gemeinden Einfluß haben und als Ansprechpartner vieler Personen informelle und formelle Unterstützung leisten. Hierher gehören Gruppen, die sich an Angehörige von Kranken richten und diese in ihrer Aufgabe unterstützen wollen. Zu der indirekten Netzwerkförderung gehört auch die Einflußnahme auf Planungsvorhaben, die für den Alltag vieler Menschen von Bedeutung sind (Stadtplanung), und die Beratung von Institutionen.

Privatwirtschaftliches Angebot sozialer Dienste und Angebote öffentlicher bzw. nicht-profitorientierter Träger: Soziale Dienste können in vielen Bereichen auch marktwirtschaftlich organisiert werden.

- Sowohl die Betriebe wie die Verkaufsorganisationen müssen ihre Dienste so ausrichten, daß sie den Bedürfnissen der Familien und der alleinlebenden Personen gerecht werden. Die veränderte Lage der Familien hat zu einer Umstellung der Haushaltsführung beigetragen, die etwa Auswirkungen auf die Einkaufsgewohnheiten haben (z.B. Konzentration des Einkaufens auf wenige Geschäfte, um Zeit zu sparen). Die privatwirtschaftlich geführten Betriebe bemühen sich im Allgemeinen diesen Trends gerecht zu werden (z.B. Kinderbetreuungsangebote in Einkaufszentren). Die öffentliche Hand muß diesen Trends aber ebenfalls Rechnung tragen und ihre Marktregulierungsmechanismen diesen Trends anpassen (z.B. in den Bestimmungen bezüglich der Ladenschlußzeiten).
- Betriebe bieten ihren Beschäftigten derzeit bereits soziale Dienste zusätzlich zu dem Gehalt an oder leisten einen Beitrag für die Inanspruchnahme sozialer Dienste. Beispiele hierfür sind Erholungseinrichtungen und Kinderbetreuungseinrichtungen von Betrieben, aber auch Maßnahmen zur Förderung der psychischen Gesundheit wie etwa Beratung und Hilfen für Alkoholiker. Die Betriebe folgen hier durchaus eigenem Interesse, um Fehlzeiten zu reduzieren, aber auch die Beschäftigten stärker an den Betrieb zu binden. Dieser Trend wird sich verstärken. Nur große Betriebe sind in der Lage, derartige Einrichtungen selbst zu unterhalten. Selbst von großen Betrieben wird jedoch mitunter vorgezogen, Einrichtungen außerhalb des Betriebs mit solchen Maßnahmen zu betrauen.
- Die meisten Familien sind heute nicht mehr in der Lage, alle sozialen Dienstleistungen selbst zu organisieren und zu erbringen. Für Beratungen etwa in Erziehungsfragen, aber auch für Hilfen in der Betreuung von Kindern werden zunehmend auch kompetente Dienste gegen Bezahlung in Anspruch genommen. Das Gleiche gilt natürlich für den Bereich der Psychotherapie. Die öffentliche Hand hat hier die Aufgabe, durch entspre-

chende Regelungen den Konsumenten dieser Dienste zu schützen und eine angemessene Qualität der Dienstleistungen zu gewährleisten.
- Es ist klar, daß sozial schwächere Familien nicht in der Lage sind, die benötigten sozialen Dienste zu bezahlen, daß sie diese Dienste aber in einem größeren Ausmaß als andere Familien benötigen. Die öffentliche Hand hat hier dafür zu sorgen, daß diese Dienste auch für sozial schwächere Familien zur Verfügung stehen. Sie muß nicht in allen Bereichen diese Dienste selbst führen, sie kann auch über einen Kostenersatz die Inanspruchnahme derartiger Dienste bei privaten Trägern und Einrichtungen ermöglichen.

In den letzten Jahren ist aus verschiedenen Gründen die Forderung nach einer stärkeren Privatisierung der sozialen Dienste erhoben worden. Hinter dieser Forderung steht die Überzeugung, daß der Markt und die Konkurrenz am Markt zu einer effizienteren Führung von sozialen Diensten führen wird und daß dies den Menschen, die soziale Dienste in Anspruch nehmen, mehr Wahlmöglichkeiten und damit Dienste garantiert, die eher ihren Bedürfnissen entsprechen.

Gegen diese Forderung sind mehrere Einwände geltend gemacht worden (Walker 1989):
- Soziale Dienste sind von der Angebotsseite her in ihrem Umfang beschränkt. Eine realistische Wahlmöglichkeit ist daher kaum gegeben.
- Soziale Dienste erfordern, auch wenn sie von privater Seite angeboten werden, ein hohes Ausmaß an finanzieller Unterstützung durch die Öffentlichkeit. Um den Betroffenen eine Wahlmöglichkeit zu geben, müßte die öffentliche Hand mehrere konkurrierende Dienste finanzieren - eine Lösung, die wenig wahrscheinlich ist.
- Während der Käufer einer Ware durch Versuch und Irrtum schließlich zu einer Kaufentscheidung kommen kann, die seinen Bedürfnissen entspricht, ist dies im Bereich der sozialen Dienstleistungen kaum möglich. Die Inanspruchnahme sozialer Dienste wird oft durch eine Krise, zumindest durch Belastungen ausgelöst, die die Wahlmöglichkeiten einschränken.

Eine Möglichkeit, die Trägerschaft sozialer Dienste nicht auf bestimmte Träger zu beschränken, besteht darin, soziale Dienste auszuschreiben und dabei gleichzeitig die Rahmenbedingungen bekanntzugeben, unter denen diese Dienste geführt werden sollen. Auf diese Weise können sich verschiedene Träger um die Führung dieser Dienste bewerben, Privatpersonen bzw. private Träger mit einer Gewinnorientierung ebenso wie gemeinnützige Verbände und öffentliche Körperschaften. Dies setzt allerdings voraus, daß die Bedingungen, unter denen die sozialen Dienste geführt werden sollen, relativ genau bekannt sind oder daß eine unabhängige Instanz existiert, die Richtlinien für die Führung von sozialen Diensten festlegt. Man würde damit in der Führung sozialer Dienste eine ähnliche Organisationsform anstreben, wie sie heute bereits im

Gesundheitsdienst teilweise gegeben ist, wo ein Teil der Versorgung durch niedergelassene Ärzte und private Einrichtungen übernommen wird, die Verträge mit der öffentlichen Hand eingegangen sind.

Definition von Standards für soziale Dienste - ein Mittel zur Verbesserung der Qualität der Dienste für die Betroffenen? Um die Qualität der sozialen Dienste zu verbessern, wurde in den letzten Jahren wiederholt vorgeschlagen, Standards zu definieren, an die sich die Anbieter sozialer Dienste zu halten hätten. Diese Maßnahme scheint insbesondere dann sinnvoll, wenn verschiedene Träger bei der Erbringung sozialer Dienstleistungen mitwirken und soziale Dienste auch für private Anbieter geöffnet werden sollen. Die öffentliche Hand könnte dann die Kostenübernahme an die Erfüllung dieser Standards binden und sich auf die Aufgabe konzentrieren, über die Definition derartiger Standards sowie eine Kontrolle ihrer Einhaltung ein angemessenes Angebot an sozialen Dienstleistungen sicherzustellen. Dies scheint immer dann sinnvoll, wenn die Konsumenten selbst nicht oder nur unzureichend in der Lage sind, eine rationale Entscheidung bzw. Auswahl unter den angebotenen Dienstleistungen zu treffen.

In der Praxis liegen zu der Definition von Standards sehr unterschiedliche Erfahrungen vor. Wohl am weitesten gehen derartige Bemühungen bisher in den Behindertendiensten sowie in den Betreuungseinrichtungen für Kinder. Für die Kinderbetreuungseinrichtungen wurden in den USA zu Beginn der 80-er Jahre von Experten Empfehlungen für Standards erarbeitet, die von der Bundesregierung dann jedoch nicht übernommen wurden, sodaß unter den Bundesstaaten sehr unterschiedliche Regelungen vorherrschen. Eine Überprüfung der Auswirkungen der unterschiedlichen Regelungen in den Bundesstaaten zeigte, daß diese einen deutlichen Einfluß auf die Qualität des Angebots in den Kinderbetreuungseinrichtungen haben. Je höhere Standards, z.B. für den Betreuerschlüssel in den Gruppen, vorgegeben waren, desto mehr konnte auf die Bedürfnisse der Kinder eingegangen werden (Phillips et al. 1992).

Auch für die sozialen Dienste für behinderte Menschen können Standards die Funktion von Leitlinien haben, vor allem wenn sie von der professionellen Gemeinschaft und die Interessensvertretungen behinderter Menschen gemeinsam formulieren und die somit gleichsam den Code guter Praxis darstellen. Dabei ist es notwendig, daß diese Standards intensiv diskutiert und immer wieder überarbeitet werden, um dem jeweiligen Kenntnisstand über Kriterien für eine gute Praxis zu entsprechen. Ein Bespiel derartiger Standards stellen die in den USA vom Accreditation Council on Services for People with Developmental Disabilities (1990, 1992) herausgegebenen Standards dar. Diese, von der Regierung unabhängige Organisation arbeitet sowohl mit den Berufsverbänden der in den sozialen Diensten tätigen Fachleute (Behindertenpädagogen, Psychologen, Sozialarbeiter etc.) als auch mit wissenschaftlichen Vereinigungen und Interessensvertretungen zusammen. Die Standards geben für verschiedenen Einrichtungen konkrete Richtlinien vor, deren Einhaltung eine Selbstverpflichtung darstellt, die gute Einrichtungen freiwillig auf sich nehmen und die dem Ruf der Einrichtungen förderlich ist. Die Richtlinien betreffen sowohl allgemeine Zielsetzungen und Werte als auch recht konkrete und detaillierte Empfehlungen für die Arbeit der verschiedenen Formen von Dienstleistungen.

Einrichtungen können sich bei dem Accreditation Council akkreditieren lassen, wenn sie bereit sind, diesen Richtlinien zu entsprechen, und müssen sich dann einer regelmäßigen Überprüfung unterziehen, deren Kosten von den Einrichtungen selbst getragen werden. Dort, wo die Einrichtungen den Richtlinien nicht entsprechen, werden Vorschläge gemacht, wie die Einrichtungen ihre Arbeitsweise verändern können, um den Richtlinien zu entsprechen und es werden z.B. Fortbildungen für die Mitarbeiter angeboten.

Gerade in den Behindertendiensten mehren sich auf der anderen Seite Stimmen, die auf negative Auswirkungen von rigiden Qualitätssicherungsmaßnahmen hinweisen. In diesem Bereich wurden vor allem in den USA viele Regelungen erlassen, um geistig behinderte Menschen vor Vernachlässigung und unzumutbaren Bedingungen in Anstalten zu schützen und die Einbeziehung in Fördermaßnahmen sicherzustellen. Da die Finanzierung dieser Verbesserungen zum Teil aus Mitteln der Gesundheitsfürsorge stammten, orientierte man sich dabei stark am medizinischen Modell, d.h. es wurde besonderer Wert auf Diagnostik, Ausarbeitung von Betreuungs- und Förderplänen, Überwachen und Dokumentation der Fortschritte gelegt. Ursprünglich waren diese Maßnahmen dazu gedacht, finanzielle Anreize zur Qualitätsverbesserung zu geben. Mit der Zeit wurde jedoch ein immer größerer Kreis von Einrichtungen in diese Regelungen einbezogen und die von der Erfüllung der Standards abhängigen Mittel machen bereits etwa die Hälfte des Budgets von Wohneinrichtungen für behinderte Menschen aus. Teams von Qualitätskontrolleuren besuchen in regelmäßigen Abständen die Wohneinrichtungen und überwachen das Einhalten der Standards. Für die Einrichtungen ist daher die Erfüllung der Kriterien unbedingt notwendig. Ein beträchtlicher Teil der Energie wird darauf verwandt, den Anforderungen zu entsprechen. Von Kritikern werden vor allem zwei negative Auswirkungen hervorgehoben:

- einmal die starke Verbürokratisierung der Betreuung, da alle Aktivitäten dokumentiert werden müssen und das Vorliegen von schriftlich ausgearbeiteten Förderplänen bereits als wesentliches Qualitätsmerkmal angesehen wird. Allein die Anforderungen an die schriftliche Dokumentation führt zu einer beträchtlichen Kostensteigerung. Hinzu kommt, daß sinnvolle Betreuungsangebote entweder umformuliert werden müssen, damit sie in die vorgegebenen Kategorien passen (z.B. müssen die Tätigkeiten, die ein geistig behinderter Erwachsener an einem Arbeitsplatz ausübt, als Förderziele bezeichnet werden), oder nicht honoriert werden.

- Fehler werden stärker beachtet als positive Ansätze. Der Schwerpunkt der Betreuungstätigkeit wird dadurch eindeutig darauf gelegt, Risiken zu vermeiden. Holburn (1992) macht dies etwa an dem Beispiel deutlich, welche Sicherheitsvorkehrungen bei einer Bootsfahrt getroffen werden müssen, um ein Risiko auszuschließen (von der Ausarbeitung eines schriftlichen Plans, in dem alle möglichen Risiken sowie die Vorkehrungen dagegen aufgelistet werden, bis zum Einholen des Einverständnisses übergeordneter Dienststellen und dem verpflichtenden Anlegen von Schwimmwesten). Die einzig mögliche Folgerung: keine Bootsfahrten mehr. Schwerwiegender noch ist die Tendenz, daß schwierige Klienten in kleinere Einrichtungen nicht mehr aufgenommen werden, da es durch sie zu Schwierigkeiten in der Betreuung kommen könnte. Für diese Klienten bleibt dann als einzige Möglichkeit die Unterbringung in einer der großen, traditionellen Anstalten für Geistigbehinderte.

Es gibt auch eine Reihe empirischer Belege dafür, daß rigide Regelungen und Kontrollen in Wohneinrichtungen für behinderte Menschen keine allzu positiven und zum Teil sogar negative Auswirkungen haben. So dürften gerade in kleineren Wohneinrichtungen die Aktivitäten der Bewohner und vor allem die Vielfältigkeit der Aktivitäten abnehmen. Zudem läßt sich bei systematischer Beobachtung des Alltags nicht nachweisen, daß die Betreuer mehr an der Förderung der Bewohner arbeiten, und dies, obwohl detaillierte schriftliche Förderpläne vorliegen (Holburn 1992).

Trotz der Kritik an der bisherigen Praxis der Qualitätssicherung durch die Definition von Standards und Qualitätskontrollen wird die Notwendigkeit derartiger Maßnahmen nahezu einhellig anerkannt. Die Auswirkungen, die diese Maßnahmen auf die Betreuung haben, müßten jedoch im Einzelnen untersucht werden. Ähnlich den Gutachten über die Umweltverträglichkeit von Baumaßnahmen wird eine vorausschauende Evalution von Maßnahmen zur Qualitätssicherung gefordert, die die direkten und indirekten Folgen (z.B. über Pilotversuche) zu erheben hätten (Mulick und Meinhold 1992). Wichtiger noch erscheint es, bürokratische Modelle der Qualitätssicherung, in der einheitliche, leicht überprüfbare Kriterien von einer zentralen Behörde festgelegt werden, durch Modelle zu ersetzen oder zumindest zu ergänzen, in denen den Betroffenen bzw. deren Familien selbst stärkere Mitspracherechte eingeräumt werden oder durch Fürsprecher ("Anwälte" für die Betroffenen, wie z.B. Patientenanwälte), Befragung der Betroffenen etc. eine Bewertung der Dienste vorgenommen wird.

Wesentlich erscheinen auch Maßnahmen zur internen Qualitätssicherung, die kontinuierlich konkrete Ziele formuliert und sicherstellt, daß die vorgegebenen Ziele erreicht und vereinbarte Maßnahmen durchgeführt werden. Um Betriebsblindheit zu verhindern, ist es allerdings empfehlenswert, auch die Beurteilung durch Außenstehende, die eine unabhängige Position haben und ihre Einschätzungen frei wiedergeben können, zu ermöglichen. Dies kann am besten dadurch verwirklicht werden, daß regelmäßig Außenstehende eingeladen werden, die Einrichtung zu besuchen, mit den Klienten bzw. Mitarbeitern zu sprechen und sich dadurch ein Bild über die Arbeitsweise der Einrichtung zu bilden. In diesem Zusammenhang ist besonders auf das Modell hinzuweisen, das in Connecticut praktiziert wird (Connecticut Department of Mental Retardation 1989). Dort werden Teams von Klienten anderer Einrichtungen, von Angehörigen behinderter Menschen und von Mitarbeitern gebildet, die regelmäßig die Einrichtungen für behinderte Menschen für zwei Tage besuchen und dann über ihre Eindrücke Rückmeldung geben, eventuell auch gemeinsam Empfehlungen für eine Verbesserung der Arbeit ausarbeiten.

Zusammenfassend können wir festhalten, daß es eine Reihe grundsätzlicher Anforderungen gibt, die heute an die sozialen Dienste und deren Arbeitsweise gerichtet werden. Diese Anforderungen gelten für alle sozialen Dienste. In den Kapiteln des nächsten Abschnitts, die verschiedenen Aufgabenbereiche der sozialen Dienste gewidmet sind, werden wir daher immer wieder auf diese Anforderungen zurückkommen und sie abschließend in einer Gesamteinschätzung der Betreuung durch soziale Dienste nochmals explizit ansprechen.

II Aufgabenbereiche sozialer Dienste

1 Soziale Dienste für Kinder, Jugendliche und deren Familien

Unter den sozialen Diensten nehmen jene, die sich der Anliegen von Kindern, Jugendlichen und deren Familien annehmen, einen besonderen Stellenwert ein. Zum einen handelt es sich bei diesen Diensten um einen der umfangreichsten, wenn nicht den umfangreichsten Bereich innerhalb der öffentlichen wie der privaten Fürsorge, zum anderen aber auch um einen der komplexesten Bereiche, der durch eine Vielzahl von beteiligten Professionen (Erzieher, Kindergärtnerinnen, Lehrer, Psychologen, Sozialarbeiter, Ärzte etc.) und durch eine oft verwirrende und zum Teil wenig kohärente Organisationsstruktur gekennzeichnet ist. Die Darstellung der verschiedenen Dienste, Hilfs- und Betreuungsangebote soll mit einer kurzen Reflexion über die Situation der Familie in unserer Gesellschaft eingeleitet werden.

1.1 Familienunterstützende Maßnahmen

Die gegenwärtige Situation der Familie

Veränderung der gesellschaftlichen Leitbilder: Soziologen registrieren seit längerer Zeit eine Veränderung der gesellschaftlichen Rahmenbedingungen des Familienlebens (siehe z.B. Gisser et al. 1990, Lüscher et al. 1988, Nave-Herz 1988, Pross 1979, Rosenmayr 1986). Waren die 50-er und 60-er Jahre ein Höhepunkt in der Durchsetzung eines bürgerlichen Familienideals - mit einer bis dahin beispiellosen Quote an Verheirateten, so findet seit Ende der 60-er Jahre dieses Familienideal nicht mehr die volle Akzeptanz. Diese Veränderungen werden auf Änderungen in den gesellschaftlichen Leitbildern über das Zusammenleben und die Rolle des Einzelnen in der Gesellschaft zurückgeführt.

Das zentrale Moment dieser gesellschaftlichen Veränderungen wird darin gesehen, daß sich die Lebensformen immer stärker individualisieren und bisher anerkannte gesellschaftliche Strukturen zur individuellen Disposition stehen. In Fortwirkung der Aufklärung werden alle auf Dauer gerichteten Institutionen, und damit auch das traditionelle Leitbild einer auf Lebenszeit geschlossenen Ehe, in Frage gestellt. Die Mitglieder der Gesellschaft werden aus den traditionellen Rollen (z.B. fixen Geschlechterrollen) freigesetzt.

Jeder soll nach einer eigenen Form für sein Leben suchen. Der Einzelne findet nicht mehr eine fraglos akzeptierte Vorstellung über wesentliche Inhalte der Lebensgestaltung vor, sondern hat unter verschiedenen, von der Gesellschaft mehr oder weniger als gleichwertig betrachteten Lebensformen zu wählen. Damit nimmt für den Einzelnen die Zahl der von ihm persönlich zu treffenden Entscheidungen beträchtlich zu.

- Der Einzelne ist nicht mehr nur einer einheitlichen Lebenswelt verbunden, vielmehr gehört er verschiedenen, ihn nur jeweils partiell bindenden Gruppen an. Da die Anforderungen der verschiedenen Gruppen nicht aufeinander abgestimmt sind, wird von jedem eine hohe Flexibilität verlangt beim Bemühen, die Ansprüche zu koordnieren.
- So wie gesellschaftliche Institutionen ständig hinterfragt werden, so soll auch der Einzelne seine Bindungen hinterfragen und nicht als dauerhaft ansehen. Die Biographie verliert so an Kontinuität und Geradlinigkeit, dem gesellschaftlichen Pluralismus vergleichbar, kommt es zu einem biographischen Pluralismus.

Für die Familie ergeben sich daraus eine Reihe an Konsequenzen. Auf der einen Seite scheint die Institution Familie zunehmend hinterfragt zu werden und an Bedeutung zu verlieren:

- Andere Strukturen übernehmen frühere Funktionen der Familie.
- Die Familie bzw. die Bindung in Form einer ehelichen Lebensgemeinschaft ist eine Option geworden. Andere Lebensformen, nicht-eheliche Lebensgemeinschaft, Single-Dasein, werden von der Gesellschaft zunehmend als gleichwertig akzeptiert.
- Dem Pluralismus der Lebensformen entspricht auch ein Pluralismus der Weltanschauungen und Werthaltungen. Dies erschwert es, in der Familie bzw. in einer Partnerschaft einen gemeinsamen Sinn zu finden.
- Ein Wertewandel läßt Pflicht und Bindung weniger wichtig erscheinen, stattdessen erscheint die Selbstverwirklichung als Ideal (Rosenmayr 1986). Partner erscheinen damit austauschbar und dem Ideal der Selbstverwirklichung untergeordnet.
- In der Gesellschaft wird ein Zustand eines "relativen" Mangels an sozialer Ungleichheit angestrebt. Für die traditionelle Familie ist hingegen ein Ungleichgewicht der Rollen charakteristisch. Dies läßt die Familie als anachronistische Einrichtung erscheinen.

Auf der anderen Seite sind die Erwartungen an die Familie gestiegen:

- Die Partnerwahl wird zunehmend emotionalisiert und die Erwartungen an die Bedeutung der Partnerschaft für das persönliche Glück haben zugenommen.
- Bei der Partialisierung der gesellschaftlichen Teilsysteme und ihrer ausschließlichen Orientierung an bestimmten Funktionen bleibt die Familie als

der einzige Ort übrig, an dem der Einzelne als Gesamtpersönlichkeit erlebt und gestützt wird.

Die Veränderungen in den gesellschaftlichen Leitbildern lassen somit ambivalente Entwicklungen erkennen, einerseits einen Bedeutungsverlust der Familie, andererseits gestiegene Erwartungen. Für die Sozialhilfe und die sozialen Dienste sind dabei vor allem zwei Entwicklungen relevant, die sinkende Rate an Eheschließungen sowie die abnehmende Geburtenrate, die wir im Folgenden an Zahlen aus Österreich darstellen wollen.

Familiengründung - Scheidung - Wiederverheiratung: Die Eheschließungsraten sind seit Anfang des vorigen Jahrhunderts deutlich angestiegen. Blieben von den um 1820 in Österreich geborenen Männern noch 23% ledig und von den Frauen 26%, so heirateten von den in den 30-er Jahren unseres Jahrhunderts geborenen Männern und Frauen etwa 92%. Ab dem Geburtsjahrgang 1951 ist jedoch ein Rückgang der Eheschließungsraten festzustellen. Gleichzeitig - besonders stark in den 80-er Jahren und unter den jüngeren Altersgruppen - nahm die Anzahl der nicht-ehelichen Lebensgemeinschaften zu (Stich 1988). Schätzungen kommen zu dem Schluß, daß von den in den 60-er Jahren geborenen Männern und Frauen nur 75% heiraten werden.

Mitte der 70-er Jahre war in Österreich ein historischer Tiefstand im Eheschließungsalter festzustellen, das durchschnittliche Heiratsalter von Frauen betrug 21.4 Jahre, jenes der Männer 24.4 Jahre. Dieser Trend zu frühzeitigen Eheschließungen hat sich seither nicht fortgesetzt. 1988 war das durchschnittliche Heiratsalter wieder um etwa 2 Jahre angestiegen.

Gegenwärtig werden in Österreich etwa 30% der geschlossenen Ehen wieder geschieden. Die Scheidungsrate ist seit dem Krieg deutlich angestiegen, hat sich in den letzten Jahren aber stabilisiert. Österreich liegt dabei unter den industrialisierten Ländern etwa im Durchschnitt. Vor allem in den USA sind deutlich höhere Scheidungsraten festzustellen (gegenwärtig etwa 50%), aber auch dort scheint eine Stablisierung eingetreten zu sein.

Ein größerer Teil der Geschiedenen geht neuerlich ein Ehe ein. Die Wiederverheiratungsrate Geschiedener beträgt derzeit in Mitteleuropa noch etwa 50% (innerhalb von 5 Jahren nach der Scheidung heiratet etwa ein Drittel erneut), in den USA ist die Rate mit 75% deutlich höher. Allerdings ist die Wiederverheiratungsrate sowohl in Europa wie den USA rückläufig.

Geburtenentwicklung, Familien mit bzw. ohne Kinder: In den letzten 100 Jahren erfuhr unsere Gesellschaft eine erhebliche Reduktion der Geburtenrate, die in zwei Phasen verlief. Die 1.Phase setzte bald nach der Jahrhundertwende ein und erlebte ihren Höhepunkt Mitte der 30-er Jahre. Eine zweite Phase setzte nach dem Babyboom Ende der 60-er Jahre ein und dürfte ihren Höhepunkt noch nicht erreicht haben. In Österreich liegt die Kinderzahl bereits seit

Mitte der 70-er Jahre um etwa 30% unter jener Quote, die eine Erhaltung der Bevölkerungszahl garantieren würde.

Der Anteil kinderloser Paare unter 40 Jahren stieg in Österreich von 1971 auf 1988 von 16 auf 21% (Gisser et al. 1990). Etwa 24% der Frauen, die jetzt im gebährfähigen Alter sind, dürften keine Kinder bekommen. Neben der markanten Abnahme von Familien mit mehr als drei Kindern ist der Anstieg der kinderlosen Frauen die bemerkenswerteste Erscheinung bei dieser Entwicklung. Es zeichnet sich damit eine zunehmende Differenzierung der Bevölkerung ab: ein Teil der Bevölkerung nimmt die Belastungen, die mit dem Großziehen von Kindern verbunden sind, nicht mehr auf sich, während von den übrigen Familien meist zwei Kinder großgezogen werden.

Die abnehmende Geburtenzahl hat - verbunden mit der höheren Lebenserwartung - auch deutliche Auswirkungen auf die Ausgabenstruktur der Volkswirtschaft. Der Anteil des Sozialbudgets am BIP wird beträchtlich ansteigen, vor allem dann, wenn (was abzusehen ist) auf Grund der verminderten Kinderzahlen mögliche Ausgabenkürzungen bei den Bildungs- und Erziehungseinrichtungen nicht durchsetzbar sind.

Finanzielle Belastungen der Familien - Familienpolitik als Lastenausgleich

Die abnehmende Bereitschaft eines Teils der Gesellschaft, die Belastungen, die mit der Erziehung und Betreuung von Kindern verbunden sind, auf sich zu nehmen, macht es notwendig, die konkreten, auch finanziellen, Belastungen, die Kinder mit sich bringen, näher zu betrachten und auf einen Lastenausgleich hinzuwirken.

Finanzielle Belastungen von Familien mit Kindern: Das Pro-Kopf-Einkommen von Familien mit Kindern liegt in allen Sozialschichten deutlich unter jenem von Familien ohne Kinder. Die Reduktion des verfügbaren Einkommens ist besonders in den unteren Randbereichen der Einkommensverteilung deutlich (Badelt 1990). Gleichzeitig erwachsen den Haushalten mit Kindern beträchtliche Ausgaben. Sie liegen bei einem Kind (abhängig vom Alter der Kinder) zwischen einem Viertel und einem Drittel der Gesamtausgaben einer Familie, bei drei Kindern machen die Ausgaben für die Kinder bereits etwa die Hälfte der Gesamtausgaben aus. Von Interesse ist dabei, daß der Anteil der Kinderaufwendungen an den Gesamtausgaben einer Familie unabhängig von der Einkommenshöhe der Familie relativ konstant bleibt. Familien mit einem geringen Einkommen steht damit für die Kinder deutlich weniger Geld zur Verfügung als besser verdienenden Familien.

Einige Indikatoren weisen darauf hin, daß die finanziellen Lasten, die von den Familien getragen werden, deutlich gespürt werden. Familien mit jüngeren Kindern haben durch mehrere Jahre höhere Ausgaben als Einnahmen. So sind etwa zwei Drittel dieser Familien durch Konsumentenkredite verschuldet

(Badelt 1990). Familien mit Kindern müssen einen größeren Anteil ihres Einkommens für Miete, Heizung und Ernährung ausgeben als Familien ohne Kinder. Die Pro-Kopf-Ausgaben für die Ernährung sinken zudem mit steigender Kinderzahl. Familien mit mehreren Kindern müssen bei den Aufwendungen für Fleisch, Obst/ Gemüse sowie bei Getränken deutlich einsparen. Aufgrund hoher Mietbelastungen sind kinderreiche Familien nicht so selten gezwungen, im Verhältnis zur Familiengröße relativ kleine Wohnungen zu nehmen. Die pro Person zur Verfügung stehende qm-Anzahl sinkt mit steigender Kinderanzahl deutlich ab (in der BRD: Haushalte ohne Kinder 42 qm pro Person, Haushalte mit einem Kind 29 qm, mit zwei Kindern 25 qm, mit drei Kindern 21 qm, mit vier und mehr Kinder 17 qm, Textor 1990). In Ballungszentren hält über ein Viertel der Familien mit Kindern die Wohnung für zu klein.

Finanzielle Leistungen für die Familien: Gegenwärtig werden in den meisten Industriestaaten beträchtliche Transferzahlungen zugunsten von Familien geleistet. In Österreich wurden diese Zahlungen für 1987 auf 103 Mrd. öS geschätzt, wobei der größte Teil (44.5 Mrd.) durch Mitversicherungen von Angehörigen seitens der Sozialversicherungsträger aufzubringen war. Immerhin 38.7 Mrd. wurden durch den Familienlastenausgleichsfond erbracht, drei Viertel dieser Beträge entstanden durch direkte Zahlungen an Familien mit Kindern (Familien- und Geburtenbeihilfen).

Haushaltsproduktion: In den Haushalten wird durch die Haushaltsarbeit eine beträchtliche, monetär nicht bewertete Arbeit erbracht. Selbst wenn man nur die Haushaltsproduktion im engeren Sinn (Kochen, Einkaufen, Kinderbetreuung etc.) berücksichtigt, so würde diese Arbeit zu marktgängigen Preisen etwa ein Drittel des BIP ausmachen (Badelt 1990).

Die letzten Jahrzehnte sind durch eine starke Technisierung der Haushalte gekennzeichnet. Trotzdem ist keine wesentliche Verringerung der Haushaltsarbeit festzustellen. Vielmehr werden heute Arbeiten wie etwa das Wäschewaschen, die früher - wenigstens in Mittelschichtfamilien - außerhalb der Familie vergeben wurden, nun (aufgrund der allgemeinen Verfügbarkeit von Waschmaschinen) wieder vermehrt in der Familie ausgeführt. Zudem sind die Ansprüche an die Wohnqualität und den Lebensstandard gestiegen, was ebenfalls zu einer Mehrarbeit im Haushalt beiträgt (Glatzer und Berger-Schmidt 1986).

1.2 Das Jugendamt als zentrale Einrichtung der sozialen Dienste

Die meisten Länder haben in eigenen Gesetzen Rahmenbedingungen für die sozialen Dienste zugunsten von Kindern, Jugendlichen und deren Familien geschaffen (Österreich - Jugendwohlfahrtsgesetz, BRD seit 1.1.1991 Kinder- und Jugendhilfegesetz) sowie Institutionen eingerichtet, die die Interessen von Kindern, Jugendlichen und deren Familien schützen sollen. In Österreich wie in der BRD ist das Jugendamt die zentrale Einrichtung für die sozialen Dienste der öffentlichen Hand.

Traditionell wird in den öffentlichen Maßnahmen vor allem die Hilfe zur Erziehung außerhalb der Familie (Inobhutnahme von Kindern und Jugendlichen) betont (Stockinger 1990). Solche "klassischen" Formen der Erziehungshilfe stellen die Heimunterbringung und die Erziehung in einer Pflegefamilie dar. Daneben übt das Jugendamt eine kontrollierende Fürsorgefunktion für Kinder und Jugendliche aus. Nach dem traditionellen Versorgungsmuster kommt dabei in den sozialen Diensten des Jugendamts den Sozialarbeitern bzw. Amtsvormündern der Bezirksjugendämter eine zentrale Rolle zu. Sie sollen vor Ort Erziehungsprobleme erkennen, als Kontaktpersonen den Erziehungsberechtigten beistehen und bei der Organisation des Haushalts helfen, die Tätigkeit der Pflegeeltern kontrollieren etc.

Die Aufgabe der Amtsvormünder (Rechtsfürsorger) ist die rechtliche Beratung und Betreuung der Klienten (Sachwalterschaften für uneheliche Kinder aufgrund einer pflegschaftsgerichtlichen Bestellung, Alimentationszahlungen, Berechnung und Einhebung des Kostenersatzes z.B. bei Heimunterbringung). Die Sozialarbeiter sind hingegen für die persönliche Betreuung und den erzieherischen Beistand in einem umschriebenen Einzugsgebiet (Sprengel) zuständig, wobei in Wien ein Sprengel durchschnittlich ein Gebiet von etwa 7.000 Einwohnern umfaßt. Das Arbeitsfeld der Sprengelsozialarbeiter ist weitgestreut und umfaßt folgende Aufgaben:

- Die Sozialarbeiter übernehmen Aufgaben im Rahmen der Sozialfürsorge, die sie frühzeitig mit den Eltern zusammenbringen, wie z.B. die Mitarbeit in den Wöchnerinnenschulen (Mutterschulen) und den Mutterberatungstellen, die Ausgabe des Säuglingswäschepakets und die Bearbeitung von Anträgen für die Aufnahme von Kindern in Kindergärten, Kinderhorte der Gemeinde etc. sowie für die Teilnahme an Kindererholungen
- Zusammenarbeit mit den Kindergärten und den Schulen: Jeder Sprengelsozialarbeiter betreut eine bestimmte Anzahl von Schulen und Kindergärten. Er soll sich dabei um die sozialen Probleme der Kinder und der Familien kümmern. Um eine regelmäßige Zusammenarbeit zwischen den Schulen und den Bezirksjugendämtern zu gewährleisten, wurden z.B in Wien vor

einigen Jahren Schulteams gebildet, die sich im Allgemeinen etwa zweimal im Jahr treffen.

- Auswahl und Betreuung der Pflegeeltern und Tagesmütter
- Betreuung von Familien bzw. Kindern und Jugendlichen im Rahmen der freiwilligen und der gerichtlichen Erziehungshilfe
- Stellen von Anträgen an die Sozialreferate zur finanziellen Unterstützung von Familien
- Nachgehen von Meldungen über Verwahrlosung und Mißhandlung von Kindern: Bei Verdacht auf Mißhandlung muß ein "Gefahrenbogen" angelegt werden, der sehr detailliert Hinweise über mögliche Gefährdungen erhebt. Außerdem ist in diesem Fall von den Sozialarbeitern jeder Schritt, den sie unternehmen, genau zu begründen.
- Setzen von Initiativen, wenn ein Kind von zuhause wegläuft oder der Schulbesuch unentschuldigt unterlassen wird: Wiederholtes unentschuldigtes Fernbleiben von mehr als drei Tagen wird von der Schule oder der Polizei dem zuständigen Sozialarbeiter gemeldet und kann bei einer Anzeige zu einer Geldstrafe der Eltern führen.
- Zusammenarbeit mit den Gerichten: Bei Scheidungen können von den Gerichten Stellungnahmen der Sozialarbeiter eingeholt werden. Solche Stellungnahmen werden in letzten Jahren allerdings nur mehr selten angefordert, die Gerichte verlangen sie nur mehr in Pflegschaftsfällen oder bei Streitigkeiten über die Besuchsregelung.

Allgemeines zur Klientenbetreuung: Aufgabe ist es, das Wohl der Kinder von 0-19 Jahren zu gewährleisten. Dies geschieht durch Beratungs-, Vermittlungs- und Kontrolltätigkeit. Die Sozialarbeiter haben ein Selbstverständnis als Anwalt der Kinder (Schutzfunktion ist gesetzlicher Auftrag). Es wird in erster Linie versucht, der ganzen Familie zu helfen und damit indirekt den Kindern.

Der Erstkontakt kommt meist über Kindergarten bzw. Schule zustande. Anlässe für eine Betreuung durch den Sozialarbeiter sind schulische Probleme der Kinder und finanzielle Probleme der Familien, Mißhandlungen und sehr häufig Verwahrlosung (meist von der Schule oder dem Kindergarten gemeldet). Die Probleme bilden einen ineinander übergehenden Komplex.

Betreuungsfälle sind hauptsächlich Klienten, die aus sog. "amtsbekannten Familien" stammen, d.h. sie haben schon seit Jahren Kontakt zu Sozialarbeitern. Der erste Einstieg war oft unfreiwillig (z.B. wegen Vernachlässigung der Kinder), in der Folge gibt es ein breites Spektrum von freiwilliger bis zwangsweiser Betreuung. Betreut wird wegen finanziellen, Partner- und Erziehungsproblemen.

Als Barriere wirkt der jahrzehntelange Ruf des Jugendamtes "als Kinderverzahrer, als Leute, die überall ihre Nasen drinnen haben, als böse, alte Hexen....". Der Amtscharakter und die Angst, als sozialer Problemfall betrachtet zu werden, spielt auch eine Rolle. Die meisten Klienten kommen daher erst dann zur Beratung, wenn die Probleme schon so gravierend sind, daß sie ohne Hilfe nicht mehr zurechtkommen. Sie sind dann froh eine Ansprache zu finden.

Krisensituationen gibt es besonders in der Ablösungsphase der Jugendlichen. Vielfach kommen die Eltern alleine, weil sie es mit den Jugendlichen nicht mehr aushalten und weil sie über das Jugendamt Druck auf den Jugendlichen ausüben möchten. Unsicherheit und Mißtrauen der Jugendlichen führt jedoch bei der Hälfte zur Verweigerung einer Mitarbeit. Nicht allzu selten kommen Jugendliche in dieser Phase auch selbst, wenn sie das Jugendamt von früher bereits kennen und nicht mehr nach Hause wollen. Diese benutzen das Jugendamt oft als Hilfe gegen die Eltern. Sie haben Selbstständigkeitsbestrebungen, denen sich die Eltern widersetzen.

Von "Amts wegen" wird das Jugendamt bei Verdacht auf Kindesmißhandlung tätig. In so einem Fall wird das Kind zur Untersuchung zum Amtsarzt gebracht. Sollte sich der Verdacht bestätigen, wird es vorläufig woanders untergebracht, bis sich die Situation beruhigt hat. Beratung wird durchgeführt, evtl. finanzielle Unterstützung beantragt etc. Die Familie wird durch Hausbesuche beobachtet, um eine Wiederholung zu verhindern. Auch über Kindergarten und Schule erfolgt eine Kontrolle.

Beispiel einer intensiven Betreuung: Eine Mutter, die selbst Heimkind war, wird fast wöchentlich betreut: Hausbesuche, Kontrolle und Pflege des Kindes, Finanzen einteilen, bezahlte Rechnungen überprüfen, Ansuchen um Stundung von Schulden, Einkaufszettel schreiben, Anleitung zur Wohnungspflege, Zuspruch und Aussprachemöglichkeit bei Partnerproblemen.

Arbeitssituation der Sozialarbeiter: Die Arbeit teilt sich zu je einem Drittel in Parteienverkehr, Außendienst und Aktenaufarbeitung (Stellungnahmen, Berichte, etc.). Der Außendienst besteht vor allem in Hausbesuchen. Gründe für Hausbesuche sind - auch anonyme - Anzeigen, die Erziehungsaufsicht z.B. bei nicht-volljährigen Müttern. Im Durchschnitt werden heute pro Sozialarbeiter etwa 10 Hausbesuche pro Monat gemacht. Früher waren dies viel mehr, etwa 70-80 Hausbesuche pro Monat. In den letzten Jahren wurde der Schwerpunkt der Beratung auf Beratungsgespräche im Amt verlegt.

Beim regulären Parteienverkehr steht höchstens 1/4 Stunde pro Klient für Beratung zur Verfügung. Eventuell muß ein extra Termin ausgemacht werden. Jeder Kontakt wird in den Kinderkarten, die für alle betreuten Kinder geführt werden müssen, stichwortartig festgehalten, ca. halbjährlich gibt es kurze Zwischenberichte, beim Übernehmen oder Abgeben eines Falles ausführliche Berichte. Es wird die Ist-Situation und die Zielvorstellung festgehalten. Pro voller Sozialarbeiterin werden mindest 15-20 Betreuungsfälle geführt und für etwa 40 Kinder eine Kinderkarte geführt.

Jeder Sozialarbeiter verwaltet seinen eigenen Sprengel (außer in Großsprengeln), die Fälle werden nur informell untereinander besprochen. Regelmäßige Teambesprechungen mit allen Sozialarbeitern eines Bezirksjugendamts sind nicht üblich, außer in den wenigen Großsprengeln. Monatlich ist eine Besprechung mit der leitenden Sozialarbeiterin des Bezirksjugendamts vorgesehen.

Nach verschiedenen Studien über die Arbeitssituation der Sozialarbeiter in den Bezirksjugendämtern (Hartmann 1986, Frassine und Achleitner 1977) ist etwa die Hälfte der Arbeitszeit dem direkten Klientenkontakt gewidmet, wobei fast die Hälfte dieser Zeit für den regulären Parteienverkehr verwendet wird und ein weiteres Viertel (12% der Gesamtzeit) für Hausbesuche. Ein Viertel bis ein Drittel der Arbeitszeit ist mit Verwaltungs- bzw. Bürotätigkeiten ausgefüllt. Vor allem das Halten von Kontakten zu den diversen Institutionen (Schule, Kindergärten, Jugendgericht, Sozialamt etc.) nehmen einen beträchtlichen Teil der zur Verfügung stehenden Zeit in Anspruch.

Veränderungen in der Arbeitsweise und Organisationsform des Jugendamts: Eine Reihe von Veränderungen haben zu einer Auflösung der traditionellen Struktur des Jugendamts geführt. Eine wichtige gesetzliche Weichenstellung stellte dabei die Abschaffung der Erziehungsaufsicht und Vormundschaft des Jugendamts über uneheliche Kinder dar, die an die Mütter übergegangen ist.

In den letzten Jahrzehnten wird zudem die Unterstützung der Erziehungsfunktion der Familien stärker betont und damit einhergehend die Schaffung eines breiten Spektrums an ambulanten Diensten für Kinder und Jugendliche und deren Familien. Mit der Ausweitung des Angebots an sozialen Diensten hat in mnachen Ländern die Funktion des Bezirks- bzw. Sprengelsozialarbeiters des Jugendamts an Bedeutung verloren, dessen Funktion vielfach (z.B. in der BRD, in Großbritanien) vom allgemeinen Sozialdienst übernommen wurde, der nun nicht mehr nur Kindern und Jugendlichen sowie deren Familien, sondern allen in dem Bezirk Ansässigen zur Verfügung steht.

Mit den neuen Ansätzen der öffentlichen Jugendhilfe sind auch andere traditionelle Unterscheidungen fragwürdig geworden, etwa jene zwischen Jugendfürsorge und Jugendpflege bzw. Jugendarbeit (Stockinger 1990). De facto waren die Übergänge immer schon fließend, sie sind es in den letzten Jahren noch stärker geworden, da Jugendfürsorge immer stärker den Charakter eines offenen, auf Freiwilligkeit basierenden Angebots angenommen hat, Merkmale, die früher als charakteristisch für die Jugendarbeit galten.

Ein weiterer Anstoß zur Umgestaltung war der Rückgang des Bedarfs an Heimplätzen und die stärkere Wertschätzung der Erziehung in der Familie. Aufenthalte in den Heimen werden nun so kurz wie möglich gehalten. Durch diese Entwicklung ist einerseits der Personalbedarf der Heime rückläufig, wodurch sich neue Einsatzfelder für die früher in erster Linie in den Heimen beschäftigten Erzieher ergeben. Andererseits erfordert die Unterstützung der

Familien zusätzliche Kräfte. Dies führte innerhalb des Jugendamts zu einer Umschichtung des Personals, in manchen Ländern auch zu einer grundsätzlicheren Reorganisation, durch die die Betreuung von Kindern in den Familien und die Heimerziehung stärker miteinander verbunden werden sollen.

In Großbritanien wurden in manchen Regionen die gesamten Aufgaben neu geschaffenen Familienzentren übergeben, die für ein kleineres Einzugsgebiet sowohl die offene Erziehungsarbeit, die Unterstützung der Familien wie die stationären Unterbringungsmöglichkeiten von Kindern und Jugendlichen organisieren und betreuen sollen. Die Familienzentren sollen also für ein überschaubares Einzugsgebiet die gesamten öffentlichen Dienste zusammenfassen und entsprechend den lokalen Bedürfnissen die Ressourcen den verschiedenen Aufgaben zuteilen. Wie jede Reorganisation kann dies zu Spannungen führen (Stewart et al. 1990), vor allem die Anforderungen an die Planung im lokalen Bereich steigen beträchtlich (Fells und DeGruchy 1991). Familienzentren sollen verschiedene Aufgaben wahrnehmen:

- intensive ambulante Arbeit mit Kindern und Jugendlichen
- längere Unterstützung einzelner Familien
- Organisation zeitweiser Entlastung der Familien
- Führung von Tagesbetreuungsstätten bzw. eines Nachmittagshorts
- Aufnahme von Kindern und Jugendlichen in ein lokales Heim bzw. eine Wohngemeinschaft
- Elternerziehung, Elterntraining
- Elternberatung und intensive therapeutische Arbeit mit Familien
- Führung einer Einrichtung, die gegenseitigen Austausch von Eltern und die niederschwellige Inanspruchnahme von Hilfe ermöglicht (Familiy Center Drop-in, Cigno 1988)

Die Reform des Jugendamts und der Gesamtorganisation der Jugendhilfe ist freilich in den verschiedenen europäischen Ländern nicht gleichzeitig verlaufen. Sie wird auch davon bestimmt, wieweit die verschiedenen Aufgaben gesamtstaatlichen Regelungen unterworfen sind oder aber Sache der Länder bzw. Gemeinden sind.

1.3 Unterstützung der Familien bei der Kinderbetreuung

Hilfen für die Kinderbetreuung werden von den Familien zunehmend in Anspruch genommen, wobei die Nachfrage in vielen Bereichen größer als das vorhandene Angebot ist.

Ursachen für einen zunehmenden Bedarf

Zunahme von Kernfamilien: Maßnahmen zur Unterstützung der Erziehungsaufgabe von Familien kommt in unserer Zeit eine immer größere Bedeutung zu, da die Familien immer mehr auf Kernfamilien reduziert werden und die Belastungen der Kinderbetreuung und Erziehung innerhalb der Familien damit immer stärker von den Eltern selbst - ohne größere Unterstützung durch andere Mitglieder der weiteren Familie - getragen werden müssen.

In Österreich hat die Anzahl der Kernfamilien von 1971 auf 1988 deutlich zugenommen, während die Anzahl von 3-Generationen-Haushalten (Großeltern-Eltern-Kinder) im gleichen Zeitraum um ein Drittel abgenommen hat (Gisser et al. 1990). Derzeit leben in Österreich nur mehr 9.6% der Bevölkerung in 3-Generationen-Haushalten. Zudem führt die zunehmende Mobilität der Bevölkerung dazu, daß Verwandte weiter entfernt voneinander wohnen und einander deshalb bei tagtäglich anfallenden Betreuungsaufgaben weniger beistehen können.

Großeltern sind allerdings immer noch die größte Hilfe für Familien bei der Beaufsichtigung und Betreuung der Kinder und in etwas geringerem Ausmaß auch bei der Haushaltsführung. In Österreich hilft gegenwärtig etwa ein Fünftel der über 60-Jährigen wenigstens einmal wöchentlich bei der Beaufsichtigung der Enkelkinder, 11% sogar täglich (Denk 1988 zitiert nach Scholta 1990). Allerdings gibt es hier größere regionale Unterschiede. In kleineren ländlichen Gemeinden ist vor allem die Mithilfe von Großeltern bei der Haushaltsführung, bedingt durch das häufigere Zusammenleben mehrerer Generationen, um vieles häufiger als in der Großstadt.

Private Haushaltshilfen sind für die meisten Familien nicht mehr erschwinglich. Statistische Zahlen liegen darüber aus dem deutschen Sprachraum allerdings keine vor, in den USA wurden Mitte der 70-er Jahre Kleinkinder von ganztägig berufstätigen Frauen zu 19% von Kindermädchen zuhause betreut (Scarr 1987).

Zunehmende Berufstätigkeit von Müttern: Ein zunehmend größerer Anteil der Frauen absolviert heute eine Berufsausbildung und ist in der Folge neben der Haushaltsführung und der Kindererziehung selbst berufstätig. Statistische Erhebungen in industrialisierten Ländern belegen zudem, daß auch ein relativ großer Teil der Mütter mit Kindern unter dem 4.Lebensjahr berufstätig ist. Familien mit zwei berufstätigen Elternteilen machen einen zunehmend großen Anteil unter den Familien mit Kindern aus. In Österreich haben derzeit etwa 30% der Kinder unter 3 Jahren berufstätige Mütter. Vor allem nach der Geburt des ersten Kindes gibt nur ein Teil der Mütter die Berufstätigkeit vorübergehend auf, der Anteil der nicht-berufstätigen Müttern steigt allerdings in Familien mit mehreren Kindern deutlich an (Wilk und Beham 1990). Sobald die Kinder das Kindergartenalter erreicht haben, nimmt die Berufstätigkeit der Mütter deutlich zu. Nur 20% der Mütter von Einzelkindern im Kindergartenalter kümmern sich ganztägig um die Kinder, in Familien mit mehreren Kindern sind es allerdings noch mehr als die Hälfte (Findl et al. 1985).

Trotz der zunehmenden Berufstätigkeit der Frauen hat sich in Österreich das Idealbild kaum verändert, daß die eigentliche Aufgabe für eine verheiratete Frau mit Kindern der Haushalt und die Kinderbetreuung ist (Haller und Holm 1987). Hier besteht ein deutliches Zurückbleiben der Einstellungen gegenüber der realen Situation einer zunehmenden Berufstätigkeit der Frauen. Diese Diskrepanz dürfte sich für berufstätige Frauen belastend auswirken und zu Schuldgefühlen oder wenigstens zu ambivalenten Gefühlen gegenüber der Berufstätigkeit führen.

Zunahme von Alleinerzieher-Familien: Die Erwartungen an die persönliche Befriedigung durch Ehe und Partnerschaft sind gestiegen. Wenn diese Erwartungen nicht oder nicht mehr erfüllt werden, sind immer mehr Erwachsene bereit, die Ehegemeinschaft zu lösen. Hinzu kommt, daß die Berufstätigkeit der Frau eine unabhängige finanzielle Basis gibt, sodaß wirtschaftliche Gründe für die Fortführung der Ehe geringer werden. Durch die Zunahme der Scheidungen steigt die Anzahl der Alleinerzieher, die in vielen Fällen berufstätig sein müssen und dadurch in besonderem Maß auf Hilfen bei der Kinderbetreuung angewiesen sind.

Anfang der 70-er Jahre war im deutsch-sprachigen Raum ein historischer Tiefststand in der Anzahl der Kinder in Alleinerzieher-Familien zu verzeichnen. Dies war besonders in der Alpenregion auffällig, wo in manchen Regionen traditionell ein hoher Anteil der Kinder unehelich geboren wird. Seither nimmt der Anteil der Kinder lediger Mütter wieder deutlich zu. In Österreich stieg die Zahl lediger Mütter von 1971 auf 1988 um 42%.

Gegenwärtig stellen Alleinerzieher im deutschsprachigen Raum etwa 13% aller Familien mit Kindern unter 15 Jahren, 1970 betrug der Anteil noch 8%. In mehr als 90% der Fälle handelt es sich dabei um alleinerziehende Mütter. Zu drei Viertel haben Alleinerzieher nur ein Kind zu betreuen, während der Anteil der Familien mit nur einem Kind bei Verheirateten etwa 50% beträgt. Kinder von Alleinerziehern wachsen also nicht nur mit einem Elternteil als erwachsene Bezugsperson auf, sie haben auch selten Geschwister als Spielgefährten und Stütze.

Die alleinige Verantwortung eines Elternteils für die Erziehung bedeutet auch eine starke ökonomische Belastung, das Durchschnittseinkommen von Alleinerziehern ist deutlich geringer als jenes von Ehepaaren mit Kindern. Ein nicht unerheblicher Teil der Alleinerzieher ist auf Unterstützung durch die Sozialhilfe angewiesen. In Wien lebt ein doppelt so großer Anteil der Alleinerzieherfamilien unter der Armutsgrenze (1985: gewichtetes Pro-Kopf-Einkommen von weniger als 5.000 öS) als unter den Vollfamilien (29% gegen 15%, IFES 1986). Mit zunehmender Kinderanzahl steigt dieser Anteil bei den Alleinerzieherfamilien besonders stark an. Während unter den Alleinerzieherfamilien mit einem unversorgten Kind 23.5% unter der Armutsgrenze leben, sind es in den Alleinerzieherfamilien mit zwei und mehr Kindern bereits 41.4%.

Im internationalen Vergleich sind hier allerdings beträchtliche Unterschiede festzustellen. In Italien ist z.B. die Anzahl der Ehescheidungen und der gesetzlich getrennten Ehen nach wie vor weit geringer als in den meisten anderen europäischen Ländern. In den letzten 15 Jahren ist allerdings ein kontinuierlicher Anstieg festzustellen und es ist möglich, daß es längerfristig zu einer stärkeren Angleichung der Situation in den industrialisierten Ländern kommt.

Unverminderte Belastung durch die Haushaltstätigkeit: Trotz der zunehmenden Berufstätigkeit der Frauen hat sich ihre Belastung durch die Haushaltstätigkeit kaum vermindert. Nach wie vor wird die Hausarbeit und die Beaufsichtigung der Kinder in erster Linie von den Frauen getragen. Die Mithilfe der Männer bei der Kinderbetreuung dürfte allerdings in den letzten 20 Jahren nach Umfrageergebnissen beträchtlich zugenommen haben. Männer übernehmen aber nur bestimmte Aufgaben häufiger, vor allem Vorlesen, Spielen, mit den Kindern etwas Unternehmen und das Ermahnen und Disziplinieren der Kinder (Münz 1985, Wilk und Beham 1990).

Rückgang der Kinderzahl und Zunahme von Einzelkindern: Eine weitere Tendenz, die bei der Konzeption von sozialen Diensten für die Familien berücksichtigt werden muß, stellt der deutliche Rückgang in der Anzahl der Kinder pro Familie dar. Ein wesentlich größerer Teil der Kinder, bereits fast ein Drittel der Kinder unter 15 Jahren, wächst heute ohne Geschwister auf. Es ist abzusehen, daß der Rückgang der Kinderzahl in den kommenden Jahrzehnten weiter zunehmen wird. Diese Kinder haben innerhalb der Familie keine Möglichkeit mehr, mit anderen Kindern zu spielen, von anderen Kindern zu lernen und die Erfahrung des Mit-anderen-Teilens zu machen. Hinzu kommt, daß vielfach auch in der unmittelbaren Nachbarschaft keine gleichaltrigen Kinder leben, die als Spielgefährten in Frage kommen. Wegen der Verkehrsbelastung der Wohnumgebung und der dadurch gegebenen Unfallgefahr können kleinere Kinder zudem nur unter Aufsicht die Wohnung verlassen, um draußen mit anderen Kindern zu spielen. Es ist daher verständlich, daß Mütter in dieser Situation den Kontakt zu anderen Familien mit Kindern suchen, um ihren Kindern Kontaktmöglichkeiten zu eröffnen.

Unterstützende Angebote und Maßnahmen

Die Zeit der größten Belastungen für die Familie ist heute im Allgemeinen jene Zeit, in der die Kinder noch nicht den Kindergarten besuchen. In dieser Zeit benötigen die Kinder am meisten die Hilfe und Betreuung durch eine nahestehende, vertraute Bezugsperson. Für diese Zeit sind verschiedene Unterstützungsmaßnahmen vorzusehen, um den Eltern eine ihren Vorstellungen entsprechende Betreuung ihrer Kinder zu ermöglichen:

- Einerseits sind gesetzliche Regelungen sinnvoll, die den Eltern ein vorübergehendes Aufgeben der beruflichen Tätigkeit mit der Chance des späteren Wiedereinstiegs ermöglichen (Karenzzeit). Frauen, die nach Zeiten der Kindererziehung wieder eine berufliche Tätigkeit aufnehmen wollen, benötigen zudem besondere Unterstützungsmaßnahmen in Form von bezahlten Fortbildungs- und Umschulungsmöglichkeiten. Auch bei der Konzeption von Ausbildungsmöglichkeiten im Bereich der sozialen Dienste sollte man auf diese Gruppe besondere Rücksicht nehmen.

  In Österreich wurde 1973 ein vom Einkommen des Mannes unabhängiges Karenzurlaubsgeld für das 1.Lebensjahr des Kindes eingeführt, das allerdings an eine vorausgehende Berufstätigkeit der Frau gebunden ist, und ein erhöhtes Karenzurlaubsgeld für alleinstehende Frauen. 1990 wurde diese Regelung bis zum Ende des 3.Lebensjahres erweitert und die Voraussetzungen zur Inanspruchnahme des Karenzurlaubsgeldes reduziert. Auf einen vollständigen Verzicht der Bindung des Karenzurlaubsgeldes an eine vorausgehende Berufstätigkeit der Frau und damit auf die Einführung eines Erziehungsgeldes (nach dem Muster der BRD, wo eine derartige Regelung, allerdings nur bis zum 18.Lebensmonat des Kindes, bis zum 7.Monat auch unabhängig vom Einkommen der Familie, seit 1985 in Kraft ist) konnte man sich österreichweit nicht verständigen. Einige Bundesländer (z.B. Vorarlberg) haben jedoch ein Erziehungsgeld eingeführt.

  Die Erfahrungen in der BRD und Vorarlberg zeigen, daß das Erziehungsgeld bzw. der Erziehungsurlaub von fast allen anspruchsberechtigten Frauen genutzt wird und zu einem deutlichen Rückgang bei der Nachfrage nach Tagesbetreuungsplätzen im 1.Lebensjahr geführt hat (Pettinger 1990).
- Arbeitszeitregelungen, die sich mit der Haushaltsführung und Kindererziehung vereinbaren lassen, würden die finanzielle Situation der Familien verbessern und die psychische Belastung der Mütter reduzieren. Hierzu zählt vor allem die Ausweitung von Möglichkeiten zur Teilzeitarbeit und die Flexibilisierung der Arbeitszeit (Job-sharing, Gleitzeiten, Flexibiliserung der Jahresarbeitszeit etc.).
- Und schließlich ist ein angemessenes Angebot an Betreuungseinrichtungen für Kleinkinder wichtig, die auf deren besondere Bedürfnisse Rücksicht nehmen. Mütter sollten die Wahlmöglichkeit haben, ob sie zuhause bei den Kindern bleiben oder einer Berufstätigkeit nachgehen wollen. Auch wenn sich dies aufgrund der bisherigen Untersuchungen nicht eindeutig belegen läßt, so erscheint es plausibel, daß Mütter, die nur mangels entsprechender Gelegenheit auf eine Berufstätigkeit verzichten und gezwungener Maßen zuhause bleiben, von dieser Situation besonders belastet werden und ihre Erziehungsaufgabe nicht gut wahrnehmen können. Im Vergleich zu anderen

Industrienationen ist das Angebot an Tagesbetreuungsplätzen für Kleinkinder in den deutschsprachigen Ländern relativ gering (Pettinger 1990). Außerfamiliäre Tagesbetreuungsplätze werden von wenigen Trägern (in Österreich vor allem Großstadtgemeinden und Kinderfreunde, daneben auch Elterninitiaven) bereitgestellt. Angesichts dieses Mangels ist eine Koordination der Trägerorganisationen von Bedeutung, die den Familien die Suche nach einem geeigneten Betreuungsplatz erleichtern kann.

Tagesmütter: Das Modell der Betreuung durch Tagesmütter greift ein informelles Betreuungssystem auf, das durch die häufigere Berufstätigkeit der leiblichen Mütter heute eine besondere Bedeutung bekommen hat. Informell wurden wahrscheinlich immer schon kleine Kinder tagsüber anderen Müttern mit kleinen Kindern anvertraut, wenn die Mütter selbst keine Zeit hatten, nach den Kindern zu schauen. Als formelles Betreuungsmodell lehnt sich die Betreuung durch Tagesmütter im deutschen Sprachraum an die Tagesfamilienpflege in Schweden an (der Begriff Tagesmutter wurde in einem Bericht über die schwedische Tagesfamilienpflege in der Zeitschrift "Brigitte" geprägt).

Die Betreuung durch Tagesmütter wird von Kinderpsychologen für Kleinkinder wegen ihrer familienähnlichen Atmosphäre und der individuelleren Betreuung empfohlen (Scarr 1987). Gegenüber Kleinkinderkrippen zeichnen sie sich durch flexiblere Gestaltung des Tagesablaufs aus, auch wird von den Kindern weniger Selbständigkeit verlangt, da ein individuelles Eingehen und Hilfestellungen für die Kinder bei einer kleinen Gruppe von Kindern eher möglich ist. Für die Eltern der Kinder ist von Vorteil, daß flexiblere Absprachen über die Betreuungszeiten möglich sind als in einem Kleinkinderhort und daß es leichter möglich ist, diese Betreuung wohnortnahe zu organisieren.

Das Funktionieren dieser Betreuungsform ist in hohem Maß davon abhängig, wie sich Mutter und Tagesmutter verstehen, wieweit sie in ihren Erziehungsauffassungen übereinstimmen, sowie natürlich von den konkreten Bedingungen, die die Kinder bei der aufnehmenden Familie vorfinden.

Als Nachteil wird beschrieben, daß sich Eltern und Tagesmutter häufiger in einer emotionalen Konkurrenzsituation um das Kind befinden und daß mitunter ein Konflikt schon dadurch angebahnt ist, daß sich Mutter und Tagesmutter für eine unterschiedlichen Lebensform (Berufstätigkeit versus Hausfrau) entschieden haben (Pettinger 1990).

Tagesmütter können nicht nur Mütter mit anderen kleineren Kindern sein, sondern auch ältere Frauen, deren Kinder bereits größer und unter Tags in der Schule sind und die es vorziehen, zuhause zu bleiben. Im Allgemeinen werden von den Tagesmüttern ein bis drei Kinder fremder Eltern betreut.

Diese Betreuungsform wird in vielen Ländern durch öffentliche und private Träger unterstützt, indem der Kontakt zwischen den berufstätigen Müttern und Müttern, die bei ihren Kindern zuhause bleiben, vermittelt wird. Über den

Träger werden die Kinder für die Betreuungszeit versichert. Den Tagesmüttern wird entweder eine Anstellung über einen Träger vermittelt oder eine andere vertragliche Vereinbarung getroffen. Die Träger eines derartigen Dienstes bieten zum Teil auch Aus- und Fortbildungen für die Tagesmütter an und übernehmen eine Supervision und Kontrolle. Einige Träger bieten den betreuten Tagesmüttern auch Spielmaterialien, die Möglichkeit zur Teilnahme an organisierten Aktivitäten für die Kinder an einem Tag in der Woche, damit die Tagesmütter selbst einmal ausspannen können, sowie eine Vertretung bei Urlaub oder Krankheit der Tagesmutter (Scarr 1987).

Die Betreuung durch Tagesmütter wird als Betreuungsform für Kleinkinder von der Bevölkerung in einem hohen Ausmaß akzeptiert und als geeignet angesehen (Beham et al. 1990). Derzeit dürften in Österreich etwa 5-8% der Kleinkinder berufstätiger Frauen von Tagesmüttern betreut werden (Wilk und Beham 1990). In der BRD wird geschätzt, daß 25% der Kleinkinder berufstätiger Mütter von Tagesmüttern in deren Wohnung betreut werden (Scarr 1987). Bei einem Großteil dürfte es sich dabei allerdings um informelle Betreuungsverhältnisse handeln, die nicht der Aufsicht der zuständigen öffentlichen Jugendämter unterliegen (Pettinger 1990). In den USA wird mehr als die Hälfte der Kleinkinder von ganztägig berufstätigen Müttern von Tagesmüttern betreut (Scarr 1987).

Einer Ausweitung der Betreuung durch Tagesmütter steht allerdings im Weg, daß die öffentliche Hand der Förderung der Betreuung durch Tagesmütter bisher recht zurückhaltend gegenübergestanden ist. In Östereich wird zwar die Betreuung in Kinderkrippen von der öffentlichen Hand unterstützt, die Kosten der Betreuung durch Tagesmütter müssen jedoch von den Familien vielfach selbst getragen werden. In den letzten Jahren bahnt sich hier eine Änderung an, indem einerseits die Länder vermehrt Zuschüsse für die Betreuungskosten zahlen, andererseits die Arbeitsmarktverwaltung sowohl die Kosten der Ausbildung übernimmt als auch die Träger von Tagesmütterorganisationen unterstützt und die Anstellung von Tagesmüttern fördert (über die Arbeitsmarktförderung, Aktion 8000, Lutter 1989). Zudem wird seitens des Sozialministeriums an die berufstätigen Mütter großzügiger eine Kinderbetreuungsbeihilfe bezahlt. Organisationen, die Tagesmütter beschäftigen, haben sich in Österreich 1983 zu einem Dachverband zusammengeschlossen und gemeinsam ihre Interessen artikuliert.

Für die offizielle Ausübung einer Tätigkeit als Tagesmutter ist in Österreich derzeit (ähnlich wie bei Pflegeeltern) die Bewilligung durch das Jugendamt zur Führung einer Pflegestelle erforderlich (Lutter 1989).

Ersatzoma's: Auch hier handelt es sich um einen Ersatz für Dienste, die in vielen Familien nicht mehr in der eigenen Familie erbracht werden können. Als Bezugs- und Betreuungsperson für die Kinder werden hier nicht andere Mütter mit kleinen Kindern vermittelt, sondern ältere Frauen.

Kinderkrippen, Kleinkinderhorte: Kleinkinderhorte erfahren heute noch immer eine sehr unterschiedliche Einschätzung. Dies liegt zum Teil daran, daß diese Betreuungseinrichtungen früher eher Aufbewahrungsstellen für Kleinkinder als Erziehungseinrichtungen waren und aufgrund von Personalmangel wenig kindgerecht geführt wurden. Die Kritik an diesen Einrichtungen betont jedoch auch, daß für kleine Kinder die Familie das natürliche Zuhause ist und daß ein Hort die Intimität einer Familie nicht ersetzen kann. Auf der anderen Seite darf nicht übersehen werden, daß sich in den letzten 20 Jahren die Qualität der Betreuung in den meisten derartigen Einrichtungen deutlich verbessert hat. Sie bieten darüber hinaus durch fest angestelltes, speziell ausgebildetes Personal die Garantie einer Kontinuität in der Betreuung und eines qualitativen Standards, wie er bei einer familiären Betreuung nur schwer zu gewährleisten ist (Scarr 1987). Zwischen verschiedenen Einrichtungen bestehen allerdings große Unterschiede in der Ausstattung und der Qualität der Betreuung. Dies liegt zum Teil daran, daß die öffentliche Hand recht zurückhaltend Empfehlungen von Psychologen über die personelle Ausstattung aufgegriffen hat. Für die USA ist nachgewiesen worden, daß Kinderbetreuungseinrichtungen in Bundesstaaten, die strengere Regelungen bezüglich des Personalschlüssels (z.B. in Massachusetts für Kinder im 1.Lebensjahr 2 Betreuer auf 7 Kinder, vom 2.-4.Lebensjahr 1:4 und im Vorschulalter 1:10), der Gruppengröße (z.B. in Massachusetts für Kinder im 1.Lj. maximal 7 Kinder, vom 2.-4.Lj. max. 9, im Vorschulalter max. 20) und der erforderlichen Ausbildung der Betreuer haben, auch eine qualitativ bessere Betreuung aufweisen (Phillips et al. 1992).

Probleme bestehen im deutschen Sprachraum neben einem unzureichenden Personalschlüssel in vielen Einrichtungen nach wie vor im Mangel an spezifischen pädagogischen Konzepten für diese Altersgruppe sowie in Aus- und Fortbildungsmängel. Ein relativ großer Teil des Personals besteht aus Mitarbeiterinnen mit einer (relativ kurzen und weniger auf pädagogisch-psychologische Förderung konzentrierten) Ausbildung als Kinderpflegerin (Pettinger 1990).

Das Angebot an Kinderkrippen ist regional sehr unterschiedlich. In Wien nutzen derzeit etwa 40% der berufstätigen Frauen mit Kleinkindern das Angebot von Kinderkrippen, allerdings befinden sich auch 85% aller Krippenplätze Österreichs in Wien (Wilk und Beham 1990). Eine ähnliche Konzentration der Krippenplätze auf die Großstädte ist auch in der BRD gegeben (Pettinger 1990).

Mütter-Zentren und Eltern-Kind-Zentren: Die Belastung, die die Erziehung von Kindern mit sich bringt, resultiert zum Teil auch aus der Isolation, die die Beschränkung auf die Kernfamilie mit sich bringt. Ein weiteres belastendes Moment liegt darin, daß die Kinderbetreuung in der Kleinfamilie den Müttern kaum Gelegenheit läßt, auch einmal ihren eigenen Interessen nachzugehen. Aus diesem Grund kommt sozialen Treffpunkten für Mütter eine besondere

Bedeutung zu. Vor allem wenn diese Treffpunkte mit einer Kinderbetreuung verbunden sind, geben sie den Müttern Gelegenheit zu Kontakten und zu einem gegenseitigen Austausch von Erfahrungen sowie Zeit für sich selbst. Kennzeichen dieser Zentren ist, daß sie nicht von Fachkräften, sondern von den Frauen selbst geführt werden.

Entstanden sind die Mütterzentren aus der Selbsthilfe von nicht-berufstätigen Müttern. Sie entsprangen sowohl dem Wunsch nach einer Erweiterung der sozialen Kontakte wie dem Bedürfnis nicht-berufstätiger Mütter nach einer zeitweisen Tagesbetreuung für Kinder im Kleinkindalter. Mittlerweile sind, seit Beginn der 80-er Jahre, im deutsch-sprachigen Raum bereits weit über 100 derartige Initiativen gegründet worden.

In der BRD gehören zum durchschnittlichen Stamm eines Mütterzentrums etwa 100-150 Frauen, etwa die doppelte Zahl sind Besucherinnen. Teilweise wird den Frauen in den Zentren die Möglichkeit gegeben, über Serviceleistungen gegen ein Stundenhonorar etwas hinzuzuverdienen (Jaeckel und Tüllmann 1988, Scarr 1987). Außerdem sind pro Zentrum einige Frauen halbtags oder mit einer geringen Stundenverpflichtung angestellt. Diese Frauen tragen vielfach als Team einen Hauptteil der organisatorischen Arbeit. Das Verhältnis von ehrenamtlicher zu bezahlter Arbeit wird mit 2:1 angegeben.

Mütterzentren sind in der BRD gewöhnlich unter der Woche ganztägig geöffnet, mit einer Art Cafébetrieb, teilweise auch an den Abenden und am Wochenende. Sie stehen jederzeit jungen Müttern mit Kindern, aber auch älteren Frauen offen. Es werden Kurse angeboten, Dienste vermittelt, Spielstunden für Kinder organisiert etc. Durch öffentliche Subvention von Gemeinden bzw. freien Trägern werden Grundkosten (Räume, Personal) gedeckt, das Budget wird teilweise durch Eigenmittel (z.B. über einen Basar) ergänzt.

Familienhelferinnen: Wenn eine Mutter krank wird oder andere belastende Situationen in einer Familie auftreten, kann in Österreich wie in anderen Ländern kurzfristig (i.A. für sechs bis acht Wochen) eine Familienhelferin die Aufgaben der Kinderbetreuung und der Haushaltsführung übernehmen. Familienhelferinnen werden zumeist von kirchlichen Sozialorganisationen (Caritas), die in Österreich auch eine entsprechende zweijährige Ausbildung anbieten, zum Teil auch von den Landesregierungen angestellt. Die Kosten für den Einsatz in den Familien werden bei geringem Familieneinkommen von der Sozialhilfe übernommen.

Kinder- und Familienerholungen: Urlaubsaktionen für Kinder und Familien haben eine längere Tradition. War es früher in erster Linie die Armut vieler Familien, die Wohlfahrtsverbände zu besonderen Erholungsmaßnahmen für Kinder veranlaßte, so ist in den letzten Jahren die Berufstätigkeit beider Elternteile ein weiterer Anlaß für Kindererholungswochen geworden. Die Anforderungen an diese Kindererholungen sind gestiegen. Die Träger dieser Erholungen sehen sich häufiger mit Anpassungsschwierigkeiten von Kindern konfrontiert und müssen deshalb mehr pädagogisches Personal einstellen.

Ferien- und Freizeitaktionen für Kinder und Familien: Ferienzeiten stellen für berufstätige Eltern generell ein Problem dar, da die Kinder in dieser Zeit ja nicht alleingelassen werden können. Vor allem im städtischen Bereich sind in dieser Zeit besondere Aktionen und eine zusätzliche Betreuung notwendig, um die Betreuungsaufgabe der Schule zu ersetzen.

1.4 Kindergärten und vorschulische Erziehung

Die Kindergärten werden in manchen Ländern, wie in Italien, zu den schulischen Bildungseinrichtungen gerechnet, in anderen Ländern, wie in Österreich und der BRD, sind die öffentlichen Kindergärten organisatorisch den sozialen Diensten zugeordnet und unterstehen der Aufsicht des Jugendamtes.

In Österreich wie in der BRD werden die meisten Kindergärten von der öffentlichen Hand geführt. Dabei ist nicht uninteressant, daß Fröbel (einer der Gründungsväter der Kindergärten im 19.Jhd.) als Träger der Kindergärten ursprünglich an freiwillige Assoziationen von Eltern, sogenannte Erziehungsvereine, dachte (Liegle 1988). Fröbel ging davon aus, daß die gesellschaftlichen Veränderungen die traditionelle Erziehungsform in Frage stellen und die Anforderungen an die Erziehung erhöhen. Durch die gemeinsame Arbeit in den Kindergärten sowie unter Anleitung von Pädagogen sollten die Eltern die Bedürfnisse der Kinder wahrzunehmen lernen, um ihre Erziehungsaufgabe besser erfüllen zu können. Dieser Gedanke ist heute weitgehend in den Hintergrund getreten, ähnliche Gedanken haben allerdings auch die Kinderladen-Bewegung der 70-er Jahre geprägt und sind z.T. noch in den autonomen Kindergruppen lebendig.

Die Kindergärten haben sowohl eine Erziehungs- wie eine Unterrichtsaufgabe (Vorbereitung auf die Schule, am deutlichsten im letzten Jahr vor der Einschulung durch das Bearbeiten von "Vorschulblättern"), wobei der Erziehung (Förderung des Kontakts zu anderen Kindern, Anregung des Spiels) im Vergleich zur Schule ein deutlich größeres Gewicht zukommt. Im Kindergarten wird für viele Kinder unter pädagogischer Leitung erstmals der Raum der Familie für längere Zeit verlassen und Kontakt mit Gleichaltrigen aufgenommen.

In der BRD wurden die Kindergärten Anfang der 70-er Jahre in ihrer pädagogischen Funktion formell aufgewertet und als erste Stufe des Bildungswesens bezeichnet. Dies ging mit einer Reform der Ausbildung der Kindergärtnerinnen einher, die mit der Erzieherausbildung verbunden wurde. In Modellversuchen wurde ein sozialpädagogisches Konzept für die erzieherische Arbeit entwickelt, in dem die Orientierung an den Lebenssituationen der

Kinder und das Ausgehen von den alltäglichen Erfahrungen betont wurde. Durch das Zusammenleben in altersgemischten, familienähnlichen Gruppen und die Mitarbeit der Eltern soll eine eigenständige, von dem Fächerkanon der Schule abgehobene Erziehungsform realisiert werden (8.Jugendbericht der BRD, 1990).

Durch die Vorbereitung der Kinder auf die Schule sollen die Kindergärten kompensatorisch Unterschiede in den Lernvoraussetzungen ausgleichen. Auch für die Betreuung behinderter und von Behinderung bedrohter Kinder kommt den Kindergärten eine wichtige Funktion zu. Durch eine integrative Betreuung können die Kinder bereits frühzeitig die Erfahrung machen, daß es wichtig ist, aufeinander Rücksicht zu nehmen und daß jedes Kind seine besonderen Stärken und Schwächen hat.

Gegenüber einer familiären Betreuung hat die Betreuung im Kindergarten den Vorteil, daß im Allgemeinen die Selbständigkeit der Kinder stärker gefördert und besonderer Wert auf eine Förderung der intellektuellen Fähigkeiten gelegt wird. Zudem entwickeln sich die sozialen Fertigkeiten der Kinder durch das Miteinander der Kinder in der Kindergruppe in einem größeren Ausmaß als in der Familie.

In den letzten Jahrzehnten hat die Bedeutung des Kindergartens als Betreuungseinrichtung deutlich zugenommen. So hat sich etwa in der BRD der Anteil der 3-5-jährigen Kinder, die den Kindergarten besuchen, von 32% im Jahr 1965 auf 79% im Jahr 1986 erhöht (8.Jugendbericht der BRD, 1990). Ähnliche Entwicklungen sind in Österreich festzustellen (ÖSTAT 1991). In den letzten Jahren ist vor allem ein Anstieg des Kindergartenbesuchs bei den 3-jährigen Kindern festzustellen, bereits derzeit besuchen in der BRD 40% der 3-Jährigen den Kindergarten und der Bedarf für diese Altersklasse ist zunehmend.

In den letzten Jahren ist in Österreich ein Anstieg der selbstverwalteten Kindergärten festzustellen, allerdings ist ihre Bedeutung selbst in Wien, das die größte Zahl freier Kindergruppen aufweist, noch immer recht gering (Fischer-Kowalski et al. 1991). Ein wesentlicher Vorteil dieser Einrichtungen liegt sicher in der größeren Flexibilität, da sie an keine starren Regelungen etwa bezüglich der Betreuungszeit gebunden sind. In diesen Gruppen sind die Eltern weit stärker in die Betreuung eingebunden, da sie zumeist über "Elterndienste" (z.B. Kochen, Aufräumen, Begleitung) einen Teil der Arbeit selbst übernehmen und durch regelmäßige Elternabende auch an der Führung der Gruppen beteiligt sind.

Die pädagogischen Aufgaben des Kindergartens können nur wahrgenommen werden, wenn auch genügend qualifiziertes Personal zur Verfügung steht. Dies ist jedoch derzeit vielfach nicht der Fall, die Kindergarten-Gruppen sind noch immer relativ groß und für die Unterstützung und Beratung des Kindergartenpersonals stehen kaum Kräfte zur Verfügung.

Die Qualität der Betreuung in den Kindergärten ist recht unterschiedlich. Mitverantwortlich dafür sind auch die unterschiedlichen Rahmenbedingungen, die durch die Träger, aber auch durch staatliche Regelungen vorgegeben werden. Vergleichende Untersuchungen in den USA haben gezeigt, daß die Gruppengröße dabei ebenso von Bedeutung ist wie die Ausbildung und das Wissen der Betreuer über die kindliche Entwicklung (Scarr 1987, Phillips et al. 1992).

Die Verfügbarkeit von Kindergärten bedeutet eine große Entlastung für die Eltern. Voraussetzung ist allerdings, daß Kindergärten leicht erreichbar sind und daß eine genügende Anzahl an Plätzen auch ganztags zur Verfügung steht. Ganztagsplätze in den Kindergärten stehen allerdings in Österreich, ebenso wie in der BRD, viel zu wenige zur Verfügung und das Angebot ist praktisch auf die Großstädte beschränkt.

Eine Barriere für den Kindergartenbesuch stellt auch der Elternbeitrag dar, weshalb der Besuch des Kindergarten mit höherem Familieneinkommen zunimmt (8.Jugendbericht der BRD, 1990). Selbst wenn Kostenbeiträge des Jugendamts geleistet werden, scheint die Einhebung von Elternbeiträgen einkommensschwächere Familien von einem Besuch des Kindergartens abzuhalten. Deutlich unterrepräsentiert in den Kindergärten sind insbesondere ausländische Kinder, obwohl der Anteil der ausländischen Kinder, die einen Kindergarten besuchen, im letzten Jahrzehnt deutlich zugenommen hat.

1.5 Hilfen bei Erziehungsproblemen und familiären Krisensituationen

Bei größeren Krisen und Belastungen reichen die allgemeinen Hilfsangebote für Familien nicht aus, da die Möglichkeiten der Familien zur Selbsthilfe durch die Krise selbst oder bereits vor der akuten Belastung beschränkt sind. Ohne intensivere Unterstützung besteht in diesen Fällen die Gefahr, daß die Familien die Erziehungsaufgaben nicht mehr bewältigen können.

Zudem wirken sich frühzeitig erworbene Schädigungen, chronische Krankheiten und Temperamentsunterschiede auf die Entwicklung der Kinder aus, sodaß die Erziehung mancher Kinder frühzeitig besondere Probleme verursacht. Nicht alle Eltern sind in der Lage, die Schwierigkeiten aufzufangen und auszugleichen. Oft bildet sich hier ein sich selbst ungünstig verstärkender Kreislauf heraus, der Eltern und Kinder in negativen Interaktionen gefangenhält.

Epidemiologische Untersuchungen im deutschsprachigen Raum zeigen, daß etwa 10-20% der Kinder psychische Probleme bzw. Verhaltensauffälligkeiten und Anpassungsschwierigkeiten aufweisen. Eine der bekannteren Untersuchungen ist jene von Castell und Mitarbeitern in einer Region in Oberbayern (Dilling et al. 1984). Von Psychologen und Kinderpsychiatern wurden in dieser

Untersuchung bei Kindern zwischen 3 und 14 Jahren in 18% der persönlich untersuchten Fälle eine psychiatrische Diagnose gestellt. Bei 5% handelt es sich dabei um psychische Störungen komplexerer Art, vor allem um länger anhaltende emotionale Störungen. Bei den übrigen 13% um isolierte Verhaltensauffälligkeiten wie Stottern, Tics, Schlafstörungen und Einnässen. Bei 15% der Kinder war zudem die Entwicklung verzögert und bei 5% eindeutig gestört, wobei dies in den meisten Fällen die Sprachentwicklung betraf.

Obwohl diese Kinder und die Familien Hilfestellungen benötigt hätten, war nur ein sehr geringer Prozentsatz der Kinder mit psychischen Problemen und Verhaltensauffälligkeiten in Behandlung (6%) (Dilling et al. 1984). Auch Kinder mit Entwicklungsstörungen erhielten sehr selten eine Behandlung, so war etwa kein einziges Kind mit einer Sprachentwicklungsstörung in logopädischer Behandlung. Mit eine Ursache für die geringe Häufigkeit von psychologischer Behandlung dürfte (neben einem unzureichenden Angebot an Therapieeinrichtungen) gewesen sein, daß die praktischen Ärzte und die Kinderärzte die Probleme der Kinder unterschätzten. Nur bei einem Drittel der Kinder, die nach dem Urteil der Untersucher psychische Probleme oder Verhaltensauffälligkeiten hatten, war dies den behandelnden Ärzten aufgefallen.

Veränderungen in der Erziehungshaltung der Eltern: Man kann von einer teilweisen Auflösung der traditionellen Orientierungsmuster in der Kindererziehung sprechen. Der Grund dafür liegt einerseits darin, daß das Vertrauen in die traditionellen Erziehungshaltungen im Schwinden ist und damit die Erwartung steigt, daß sich die Erziehung an neuen Erfahrungen und an wissenschaftlich gesicherten Kenntnissen über die Entwicklung der Kinder orientieren muß. Andererseits haben durch das Kleinerwerden der Familien und die Beschränkung der Geburten auf einen kürzeren Zeitraum im Lebenszyklus der Frau immer weniger Frauen Gelegenheit, selbst Erfahrung in der Kinderbetreuung zu sammeln oder von anderen Familienmitgliedern zu lernen, wie sie die eigenen Kinder erziehen sollen.

Befragungen von Eltern zeigen, daß sich in Mitteleuropa bereits ein etwa gleich großer Anteil der Eltern in der Erziehung ihrer Kinder am Vorbild der eigenen Eltern wie an Büchern und Medienberichten mit pädagogisch-psychologischer Thematik orientiert (Fauser 1982 zit.nach Textor 1990). Klarer noch wird der Bruch mit traditionellen Erziehungshaltungen, wenn Themen wie Strenge in der Erziehung angesprochen werden. Hier berichtet mehr als die Hälfte der Eltern, daß sie mit dem Erziehungsstil ihrer Eltern gebrochen haben (Jugendwerk der Deutschen Shell 1985 zit. nach Textor 1990).

Nach einer Anfang der 80-er Jahre in Bayern durchgeführten Befragung betrachtet mehr als die Hälfte der Eltern die Erziehung von Kindern heute als eine schwierige Aufgabe, bei der sie wenigstens zeitweise an Grenzen stoßen (Dietrich 1985). Etwa ein Drittel fühlt sich auch persönlich dadurch belastet, wobei der Erfolg ihrer Erziehungsbemühungen ebenfalls von einem Drittel als nur teilweise befriedigend oder unbefriedigend erlebt wird.

Erziehungsberatung: Spezielle Erziehungsberatungsstellen sollen jenen Eltern, die in ihrer Erziehung unsicher oder mit der Erziehungsaufgabe überfordert sind und Rat bzw. fachliche Hilfe und Therapie benötigen, einen raschen Zugang zu fachlich kompetenter Hilfe ermöglichen. Ihnen kommt damit die Aufgabe einer fachgerechten Diagnostik von Erziehungsproblemen und Verhaltensschwierigkeiten sowie Entwicklungsverzögerungen, der Beratung und der Behandlung zu. Daneben sollen sie durch Fortbildung und Beratung anderer Einrichtungen wie der Schulen und Kindergärten und durch Aufklärung und Fortbildung der Eltern zur Prävention von Entwicklungsproblemen beitragen.

Nach der Empfehlung der Weltgesundheitsorganisation sollte eine Erziehungsberatungsstelle pro 50.000 Einwohner vorhanden sein (Rössler et al. 1985). Selbst in der BRD ist diese Zahl jedoch nicht annähernd erreicht, dort kommt derzeit etwa eine Erziehungsberatungsstelle auf 100.000 Einwohner (Zygowski 1984). Als Grundausstattung einer Erziehungsberatungsstelle ist in der BRD die Besetzung mit zwei Psychologen, einem Arzt, einem Pädagogen und einem Sozialarbeiter vorgesehen. Dieser Personalschlüssel konnte jedoch in der BRD bei weitem nicht realisiert werden. Derzeit sind an Erziehungsberatungsstellen vor allem Psychologen und Sozialarbeiter fest angestellt, Ärzte arbeiten nur als Honorarkräfte mit.

Ansätze zu einer institutionalisierten Erziehungsberatung hat es im deutschen Sprachraum bereits in der Zwischenkriegszeit gegeben, wobei Anregungen der Individualpsychologie und der Psychoanalyse von Bedeutung waren. Träger dieser Einrichtungen waren neben den Gemeinden vielfach auch die Verbände der Arbeiterbewegung. Nach dem zweiten Weltkrieg war das Vorbild der Child Guidance Kliniken aus dem anglo-amerikanischen Raum für die Weiterentwicklung der Erziehungsberatung von großer Bedeutung. Von diesem Vorbild wurde vor allem auch die multidisziplinäre Teamarbeit übernommen (Smid und Armbruster 1980). In der BRD sind neben den Gemeinden vor allem die Wohlfahrtsverbände ein bedeutender Träger von Erziehungsberatungseinrichtungen. Es wurde bewußt die Distanz zu amtlichen Einrichtungen gesucht. In Österreich hingegen hat das Modell der Child Guidance Kliniken nur teilweise Nachahmung gefunden, in Wien etwa in dem von der Gemeinde Wien finanzierten Institut für Erziehungshilfe. Erziehungsberatung wird als Teil des Angebots des Jugendamts verstanden, eine räumliche und organisatorische Trennung erschien den Verantwortlichen nicht vordringlich, die für diese Aufgabe zur Verfügung gestellten Mittel sind begrenzt. Verglichen mit den Richtlinien der WHO erscheint ein Ausbau der Erziehungsberatung in allen österreichischen Bundesländern recht dringlich. Es ist mir allerdings keine Analyse der Arbeit der Erziehungsberatungsstellen aus Österreich bekannt, sodaß sich die folgenden Angaben auf Analysen aus der BRD stützen.

- Untersuchungen in der BRD aus der Mitte der 70-er Jahre zeigten eine starke Mittelschichtsorientierung der Erziehungsberatungsstellen. Zwei Drittel der Klienten gehören der Mittelschicht an (Smid und Armbruster 1980).
- In etwa der Hälfte der Fälle suchen die Eltern von sich aus die Beratungsstellen auf, bedeutende Überweisungsstellen sind neben der Schule bzw. dem Kindergarten, verschiedenen Ämtern (vor allem das Jugendamt) auch Ärzte.
- Im Vordergrund stehen neben allgemeinen Erziehungsschwierigkeiten vielfach auch Schulfragen.
- Bei dem Großteil der Kinder, für die die Beratung gesucht wird, handelt es sich auch um Schulkinder.
- In etwa der Hälfte der Fälle wird eine kurze Beratung (weniger als 3 Stunden) angeboten, bei einem Viertel eine intensive Beratung und beim restlichen Viertel eine längere Therapie.
- Seit den 70-er Jahren ist eine immer stärkere Orientierung an dem Modell der Familientherapie in den Erziehungsberatungsstellen festzustellen.

In den letzten Jahren zeichnet sich die Tendenz ab, daß sich die Beratungsstellen immer stärker als ein umfassenderes Beratungs- und Therapieangebot verstehen, das nicht spezifisch auf Kinder und Jugendliche beschränkt ist, sondern eine Form allgemeiner Lebensberatung für ein bestimmtes Einzugsgebiet darstellt (Hutter 1989).

Neben der Einzelfall-orientierten Arbeitsweise wurde als Aufgabe der Erziehungsberatungsstellen immer schon auch die präventive Tätigkeit hervorgehoben. Viele Erziehungsberatungsstellen in der BRD bieten Elterngruppen am Abend an und organisieren Vorträge und Kurse im Rahmen der Erwachsenenbildung (Smid und Armbruster 1980). Auch die Institutionenberatung soll der Prävention dienen. In den letzten Jahren hat sich auch hier ein Trend zu einer stärkeren Gemeinwesenorientierung bemerkbar gemacht, bei der nicht darauf gewartet wird, daß Klienten um Beratung nachsuchen (Hutter 1989), sondern Betreuungsangebote für Kinder, Mütterrunden u.ä. organisiert werden, Angebote, die die Schwelle zur Kontaktaufnahme mit den Beratungseinrichtungen herabsetzen.

Kinder- und jugendpsychiatrische Einrichtungen sowie Einrichtungen der Heilpädagogik und Sozialpädiatrie: Medizinische Einrichtungen für Kinder und Jugendliche mit Verhaltensauffälligkeiten, psychischen Problemen und Entwicklungsstörungen haben zwei Ursprünge. Ein erstes Bemühen um die Anliegen dieser Kinder wurde von Kinderärzten getragen. Unter dem Namen Heilpädagogik entstanden verschiedene Einrichtungen, in denen Mediziner, Erzieher und Psychologen in der Betreuung verhaltensgestörter und entwicklungsgefährdeter Kinder zusammenarbeiteten. Einen neuen Ansatz nahmen diese Bemühungen von Kinderärzten in den letzten Jahrzehnten, als erneut die enge Verbindung von gesundheitlichen, psychischen und sozialen Problemen deutlich wurde. Die Kinderärzte, die nun diese Anliegen aufgriffen, nannten sich in der BRD häufig Sozialpädiater.

Eine zweite Entwicklung ging von der Psychiatrie bzw. der Neuropsychiatrie aus, wobei allerdings erst relativ spät eine organisatorische Verselbständigung der Einrichtungen und eine Etablierung einer eigenen Ausbildung zum Kinder- und Jugendpsychiater erfolgte.

Während in der BRD - wie auch in anderen Ländern - eine Verselbständigung des Fachs Kinder- und Jugendpsychiatrie mit einer eigenen Facharztausbildung stattgefunden hat, wurde in Österreich ein Kompromiß gesucht und die Ausbildung zum Kinderneuropsychiater als Zusatzausbildung festgelegt, die nach einer postgraduellen Ausbildung als Kinderarzt oder als Psychiater bzw. Neurologe (Dauer insgesamt 9 Jahre) eingeschlagen werden kann. Diese Lösung wird zwar derzeit von den unmittelbar betroffenen Ärzten kaum in Frage gestellt (Forster und Stumm 1991), trägt aber dazu bei, daß es in Österreich nur wenige Ärzte mit dieser Ausbildung gibt.

Die kinder- und jugendpsychiatrische Versorgung nimmt aus mehreren Gründen eine wichtige Stellung im Rahmen der sozialen Dienste für Kinder und Jugendliche ein. Zum einen ist ein Zusammentreffen von Verhaltensauffälligkeiten und körperlichen Krankheiten kein seltenes Phänomen und eine adäquate Hilfestellung muß in diesem Fall beidem Rechnung tragen. Zum anderen sind manche Verhaltensprobleme und Anpassungsprobleme von Kindern und Jugendlichen durch Veranlagung (etwa von Temperamentseigenschaften) oder durch eine organisch bedingte Beeinträchtigung der Entwicklung mitverursacht. Ein Verständnis für die individuelle Eigenart und ein Annehmen dieser Eigenart dürfte eine wesentliche Voraussetzung für angemessene Hilfestellungen sein. Der Kinderpsychiatrie kommt hier eine wichtige diagnostische und beratende Funktion zu. Zum dritten kann man davon ausgehen, daß Ärzte in unserer um die Gesundheit besorgten und in der Erziehungshaltung verunsicherten Gesellschaft eine wesentliche Ansprechstelle für Eltern sind. Praktische Ärzte und Kinderärzte gehören deshalb vielfach zu den ersten Personen, denen Sorgen um Entwicklungs- und Verhaltensproblemen von Kindern mitgeteilt werden. Für Ärzte stellen kinderpsychiatrische Dienste jedoch eine naheliegendere Ansprechstelle dar als psychologische Beratungsstellen.

Spezielle medizinische Einrichtungen zur Diagnostik und Behandlung von psychischen Störungen bei Kindern sind auch heute noch sowohl im deutschsprachigen Raum wie in anderen Ländern fast ausschließlich als Universitätskliniken oder als Teil größerer Landeskrankenhäuser vorhanden. Sie verbinden im Allgemeinen eine kleine Abteilung zur stationären Unterbringung und eine größere ambulante Betreuungseinrichtung. Getrennte ambulante kinder- und jugendpsychiatrische Einrichtungen sind ebenso selten wie niedergelassene Kinder- und Jugendpsychiater in eigener Praxis. Von vielen wird in dem Mangel an ambulanten kinderpsychiatrischen Einrichtungen (mit geeigneten Therapiemöglichkeiten) die größte Versorgungslücke in diesem Bereich gesehen (Pelikan et al. 1991). Dies gilt insbesondere für den ländlichen Raum, wo nur eine mobile kinderpsychiatrische Betreuung mit Außenstellen, in denen zu gewissen Zeiten Sprechstunden angesetzt sind, die Versorgung sicherstellen kann (Remschmidt und Walter 1989). Ein weiterer Mangel im derzeitigen Angebot besteht in einem Mangel an teilstationären (Tages-) Betreuungseinrichtungen. Vielfach müssen Kinder nur deshalb für längere Zeit stationär aufgenommen werden, weil geeignetere Betreuungseinrichtungen nicht vorhanden sind.

Von der Kinderpsychiatrie wird vor allem die Aufgabe der diagnostischen Abklärung von Verhaltensauffälligkeiten bei Kindern und Jugendlichen wahrgenommen, wobei Kinderpsychiater für diese Aufgabe dadurch besonders kompetent sind, daß sie bei einer großen Zahl von Fällen zugezogen werden und in ihre Beurteilung sowohl konstitutionelle als auch psychodynamische und soziale Faktoren einbeziehen. Diese Aufgabe wie auch die Aufgabe der Therapie von Verhaltensauffälligkeiten kann die Kinder- und Jugendpsychiatrie allerdings nicht allein wahrnehmen, sondern ist auf die Kooperation mit vielen anderen Berufsgruppen angewiesen. Es wird daher nicht zu Unrecht gesagt, daß die Teamarbeit in diesem Bereich besonders notwendig ist. Darüber hinaus muß ein wesentlicher Teil der Tätigkeit von Kinder- und Jugendpsychiatern auch darin bestehen, andere Institutionen und Berufsgruppen zu beraten. Dies gilt sowohl für Ärzte (praktische Ärzte und Kinderärzte) als auch für jene Institutionen, in denen eine Beratung durch Psychologen nicht oder nur sehr unzureichend vorhanden ist (z.B. manche Heime, Kindergärten etc.) (Remschmidt und Walter 1989).

In den letzten Jahren entwickelte sich im deutschsprachigen Raum, vor allem in der BRD, ein gewisses Spannungsverhältnis zwischen der Kinder- und Jugendpsychiatrie und den traditionellen Einrichtungen der Jugendhilfe, weil von medizinischer Seite der Aufbau eigener therapeutischer Einrichtungen gefordert und zum Teil auch in Angriff genommen wurde. Problematisch wurde dabei von manchen empfunden, daß von ärztlicher Seite eine Art Führungsanspruch in der Jugendhilfe angemeldet wurde, der auch deutliche standespolitische Akzente hatte. Mit der Betonung des therapeutischen Aspekts in der Arbeit mit Kindern und Jugendlichen soll die Besonderheit der Arbeitsweise der Kinder- und Jugendpsychiatrie gegenüber der pädagogischen Arbeit in den Einrichtungen der Jugendhilfe herausgestrichen werden. Diese Auseinandersetzungen zeigen, daß die Abklärung der Aufgaben und Rollen verschiedener Berufsbilder in diesem Bereich noch keineswegs abgeschlossen ist.

Sozialpädagogische Familienhilfe, Familienintensivbetreuung: Seit Anfang der Siebzigerjahre ist in der BRD ein Dienst für die Familien eingerichtet, der eine vorübergehende Unterstützung von Familien mit minderjährigen Kindern in Problemsituationen vorsieht (Nielsen et al. 1986). Ein ähnlicher Dienst wurde Mitte der 80-er Jahre auch in Wien geschaffen. Ausgangspunkt für die Einrichtung dieses Dienstes war das Bemühen, Heimunterbringungen zu vermeiden. Die längsten Erfahrungen mit diesem Dienst bestehen in Berlin, 1984 wurden dort 684 Familien durch diesen Dienst betreut. Der Antrag wird von den Familien an das zuständige Jugendamt gestellt, das einen Vertrag mit Honorarkräften für jeweils 6 Monate bei einem wöchentlichen Einsatz von maximal 19 Stunden abschließt. Neben diesem Berliner Modell gibt es andere Organisationsformen, die diesen Dienst mit hauptamtlichen Mitarbeitern durchführen. Anlaß für den Einsatz von Familienhelfern sind sowohl manifeste Probleme bei den Kindern wie Verhaltensstörungen, Schulprobleme und Schulschwänzen als auch Probleme in den Familien wie Krankheit der Eltern, Eheprobleme oder Alkoholismus und Drogenprobleme, die dazu führen, daß eine angemessene Betreuung und Erziehung der Kinder nicht mehr gewährleistet wird. Es handelt sich vielfach um sozial benachteiligte Familien mit einer Vielzahl von Problemen, die bereits seit längerer Zeit immer wieder auf soziale Unterstützung angewiesen waren. Etwa die Hälfte der Familien sind Alleinerzieher-Familien. Neben der praktischen Unterstützung in Alltagsbelangen sollen die Familienhelfer längerfristig zu einer Verbesserung der Familienorganisation und zu einer Stabilisierung der Familien beitragen. Familienhilfe ist zwar keine Therapie, sie übt allerdings pädagogische Funktionen aus.

Die Arbeit der Familienhelfer ist eine schwierige, weil an sie - auch von Seiten der Familien - große Erwartungen geknüpft werden. Die Familienhelfer müssen lernen sich in die Familien einzufügen, sie sollen sich letztlich ersetzbar machen. Ein Gefühl der Überforderung bei den Familienhelfern ist häufig. Von der Ausbildung handelt es sich zumeist um Sozialpädagogen (Sozialassistenten), Psychologen und Erzieher, in der BRD (nicht in Wien) werden auch Hausfrauen und Studenten von den Jugendämtern häufig mit diesen Aufgaben betraut.

1.6 Hilfen bei schulischen Problemen, schulergänzende Tätigkeiten

Schulversagen und Schulprobleme haben viele Ursachen. Einer genauen Abklärung der Art und der Ursachen von Schulproblemen sowie in der Folge geeigneten Interventionsmaßnahmen kommt eine große Bedeutung für die Entwicklung der Kinder und Jugendlichen zu. Die Bemühungen der Schule und der psychologischen und medizinischen Einrichtungen müssen durch die sozialen Dienste ergänzt werden. Die Schule ist in ihrem Hilfsangebot überfordert, wenn die schulischen Probleme durch familiäre Probleme mitbedingt sind oder darin ihre eigentlichen Ursachen haben. Hier kommt der Zusammenarbeit von Schule und den Angeboten der Jugendhilfe eine große Bedeutung zu.

In der Art, wie schulische Probleme betrachtet werden, gibt es naturgemäß gewisse Unterschiede zwischen Lehrern und Mitarbeitern psychosozialer Dienste. Während für die Lehrer im Allgemeinen die Leistungsprobleme der Schüler im Vordergrund stehen, sind für Psychologen die emotionalen Belastungen der Kinder und ihre sozialen Anpassungsschwierigkeiten von primärer Bedeutung. In der Praxis zeigt sich zwar, daß Leistungsversagen und Anpassungsschwierigkeiten oft Hand in Hand gehen, eine wechselseitige Einflußnahme ist jedoch nicht ohne weiteres nachzuweisen (Klicpera und Gasteiger-Klicpera 1993). Ebenso kann man nicht davon ausgehen, daß Hilfestellungen und Interventionen, die zu einem besseren Zurechtkommen in der Klassengemeinschaft führen, automatisch auch eine Leistungsverbesserung der Schüler mit sich bringen (Kolvin et al. 1981). Umgekehrt gilt das Gleiche, ein Aufholen des Leistungsrückstands in der Schule muß nicht zu einer bedeutsamen Verminderung der emotionalen und sozialen Schwierigkeiten der Kinder führen. Aus diesem Grund sind psychologische Hilfen immer durch spezielle Lern- und Unterrichtsangebote zu ergänzen (Klicpera und Gasteiger-Klicpera 1993, 1995).

Eines der gravierendsten Probleme für die Schule stellt zweifelsohne der unregelmäßige Schulbesuch mancher Schüler dar. Dieses Problem, das - nach anfänglichen Eingewöhnungsschwierigkeiten zu Beginn der Schullaufbahn - vor allem in der Sekundarstufe auftritt, kann sowohl auf einer Schulunlust (Schulschwänzen) wie auf Schulangst (Schulphobie) beruhen und erfordert ein differenziertes Vorgehen (Klicpera 1983). Eine Einschaltung der sozialen Dienste des Jugendamts ist in jenen Fällen vorgesehen, wo die Kinder der Schulpflicht nicht nachkommen.

Schulpsychologischer Dienst: Der schulpsychologische Dienst hat im deutschen Sprachraum bereits eine längere Tradition. Von Seite der Schule aus wurde ihm zunächst in erster Linie eine beratende Funktion zugesprochen. Er sollte mittels objektiver Tests Schullaufbahnentscheidungen (Einschulung, Versetzung in eine Sonderschule, Übertritt in eine weiterführende Schule etc.) erleichtern. Im Lauf der Jahre hat dieser Dienst auch therapeutische Aufgaben übernommen, zum Teil in Form eines Kursangebots (z.B. in der Legasthenikerbetreuuung), zum Teil in Form von Einzeltherapien.

Im Allgemeinen ist der schulpsychologische Dienst eine zentrale Einrichtung der Schulbehörde. Es ist zwar teilweise vorgesehen, daß Sprechstunden in Außenstellen gehalten werden, die Verbindung zu einzelnen Schulen ist jedoch nicht sehr eng. Damit sind den Möglichkeiten eines Zusammenwirkens zwischen schulpsychologischem Dienst und den Lehrern einer Schule enge Grenzen gesetzt, die noch durch eine geringe Vertrautheit der Psychologen mit der Unterrichtssituation sowie umgekehrt auch der Lehrer mit den psychologischen Interventionsmöglichkeiten verstärkt werden. Die mangelnde Zusammenarbeit verhindert ein Einwirken der Schulpsychologen auf das Klassengeschehen und wird so den Möglichkeiten der Schulpsychologie nicht gerecht.

Als Alternative ist in der BRD in den 70-er Jahren die integrierte Schulberatung entstanden, in der Psychologen, Beratungslehrer, Sonderschullehrer und Sozialarbeiter in Teamform in einer Schule (meist in Gesamtschulen) bzw. in einem Schulzentrum arbeiten. Ihnen obliegt in dieser Schule die gesamte pädagogisch-psychologische und soziale Beratung sowie Förderung (Schreckling-Kirchhof 1983). Mit der Ansiedlung der Beratungseinrichtung an der Schule erhofft man sich, unmittelbarer auf die Schulwirklichkeit einwirken zu können. Ihr Anliegen ist weniger die Einzelbetreuung von Schülern, sondern die Beratung und Unterstützung der Lehrer als alltägliche Bezugspersonen der Schüler. Dadurch daß das Beratungsteam Teil des Schulpersonals ist, ergeben sich neben den formellen auch informelle Kontakte mit den Lehrern und damit mehr Chancen, auf die Unterrichtsbedingungen einwirken zu können.

Trotz eines gewissen Ausbaus der schulpsychologischen Einrichtungen in den letzten Jahrzehnten besteht nach wie vor ein sehr großes regionales Ungleichgewicht in der Versorgung. In der BRD ist erst in einigen Ballungszentren ein Stand von einem Schulpsychologen auf 5.000 Schüler erreicht, für manche Bundesländer wird dies als Richtzahl genannt, die in den 90-er Jahren erreicht werden soll (Schreckling-Kirchhof 1983). International besteht bei der Nutzung des Angebots die Erfahrung, daß es vor allem jüngere Kinder sind, die den Schulpsychologen vorgestellt werden (Catterall 1983).

Spezielle psychologisch-pädagogische Betreuungsangebote an den Schulen: In den letzten Jahren sind in den industrialisierten Ländern spezielle schulische Betreuungsangebote für Kinder mit emotionalen Problemen, Verhaltensschwierigkeiten und Lernproblemen aufgebaut worden, die den regulären Unterricht ergänzen sollen. In den meisten Fällen wird diese Betreuung von Lehrern wahrgenommen, die sich durch eine Zusatzausbildung auf diese Aufgaben vorbereitet haben. Die Betreuung besteht entweder in einem den Schülern frei zugänglichen Beratungsangebot oder in der Arbeit mit einzelnen Kindern bzw. einer kleinen Gruppe von Kindern, die von den Klassenlehrern vorgeschlagen werden, parallel zum Unterricht.

Diese Betreuungsangebote haben die sonderpädagogischen Einrichtungen für Kinder mit Verhaltensschwierigkeiten, die in vielen Ländern in den 50-er und 60-er Jahren aufgebaut wurden, bereits teilweise ersetzt.

Schulen bieten die Chance, Hilfen für Kinder mit Anpassungsschwierigkeiten und emotionalen Problemen einer großen Anzahl von Kindern zugänglich zu machen und so eine bedeutsame Funktion in der Prävention von späteren psychischen Problemen wahrzunehmen. Einige wenige kontrollierte Untersuchungen zeigen, daß diese Hoffnung nicht unbegründet ist und daß im zeitlichen Umfang begrenzte Interventionen an den Schulen langfristig günstige Auswirkungen auf die seelische Entwicklung von Kindern haben können (Kolvin et al. 1981). Positive Auswirkungen sind sowohl für verhaltenstherapeutische Interventionen durch die Klassenlehrer wie für psychodynamisch orientierte Gruppentherapien nachgewiesen. Für den Erfolg dieser Bemühungen dürfte entscheidend sein, daß sie einen festen Ort an den Schulen haben, von motivierten Lehrern getragen werden, die eine angemessene Aus- bzw. Fortbildung für diese Aufgaben erhalten, und daß sie von einer klinisch-psychologischen bzw. psychiatrischen Einrichtung, die die Supervision bzw. die kontinuierliche Beratung übernimmt, unterstützt werden.

Intensivierung der Zusammenarbeit zwischen Schule und Elternhaus: Traditionell hat die Schule ihre Unterrichts- und Erziehungsaufgabe mehr oder weniger unabhängig vom Elternhaus wahrgenommen, eine direkte Zusammenarbeit wurde nicht gesucht, auch wenn von den Eltern eine Unterstützung, etwa bei der Erledigung und Kontrolle der Hausaufgaben, erwartet wurde. In den letzten Jahren ist die Mitverantwortung und das Recht der Eltern auf Mitbestimmung in schulischen Angelegenheiten zwar gesetzlich verankert worden, die Auswirkungen auf die Praxis waren jedoch eher enttäuschend. Selbst in Ländern, in denen den Eltern gesetzlich recht weite Mitverantwortung eingeräumt wurde, wie in Italien, konnte dies nicht realisiert werden, da die Eltern zuwenig in das Schulgeschehen eingebunden und deshalb zuwenig über die zu treffenden Entscheidungen informiert worden sind (Innerhofer und Klicpera 1991). Gleichzeitig zeigen Pilotprojekte (z.B. Tizard et al. 1982), daß eine Intensivierung der Zusammenarbeit zwischen Elternhaus und Schule deutliche Auswirkungen auf den schulischen Fortschritt der Kinder haben kann.

Der Zusammenarbeit zwischen Schule und Elternhaus kommt auch in Hinblick auf die schulischen Lerninhalte Bedeutung zu. In vielen Bereichen, so etwa bei der Vermittlung von Lese- und Schreibfertigkeiten, wird zurecht kritisiert, daß die schulischen Anforderungen kaum auf jene Anforderungen abgestimmt sind, die später im Berufsleben gestellt werden (Klicpera und Gasteiger-Klicpera 1993). Die Schule wird sich wohl in Hinkunft bedeutend stärker der Gesellschaft öffnen müssen und Formen der Zusammenarbeit mit den sie umgebenden sozialen Netzwerken finden müssen.

Schulsozialarbeit: Seit Beginn der 70-er Jahre hat sich in der BRD ein schulischer Sozialdienst vor allem in den größeren Gesamtschulen etabliert. Dieser ist vielfach in den Beratungsdienst der Schulen integriert, der außerdem noch die Schulpsychologie und die Beratungslehrer der Schulen umfaßt. Außerdem ist eine wesentliche Aufgabe des Schulsozialdienstes die Gestaltung eines freizeitpädagogischen Angebots in den Ganztagsschulen. Teilweise arbeiten in den schulischen Sozialdiensten auch Honorarkräfte, darunter Eltern von Schülern, auf einer regelmäßigen Basis mit.

Anfangs war es die Aufgabe der schulischen Sozialdienste die Orientierung und Eingewöhnung der Schüler beim Übertritt in die großen Schulen der Sekundarstufe zu erleichtern und Hilfen bei der Organisation der Schulgemeinschaft zu geben. In den letzten Jahren hat sich der Schwerpunkt auf die Vorbereitung des Übergangs von der Schule in den Beruf und damit auf die Abschlußklassen verlagert. Der schulische Sozialdienst soll Hilfen bei der Berufsorientierung, der Lehrstellensuche geben, aber auch die Verbindung von schulinterner Berufsvorbereitung und den Betrieben der Umgebung sowie den Angeboten der Arbeitsmarktverwaltung erleichtern (z.B. Vermittlung von Betriebspraktika).

Ein weiterer Schwerpunkt des schulischen Sozialdienstes ist die Beratung und Hilfe bei persönlichen Problemlagen von Schülern, die Arbeit mit Eltern und Lehrern sowie die Zusammenarbeit mit den regulären Einrichtungen der Jugendämter. Diese Angebote stehen vor allem in den sozialpädagogischen Beratungstellen im Vordergrund, die in den letzten Jahren in der BRD auch in weiterführenden Schulen sowie in den Sonderschulen eingerichtet wurden (8.Jugendbericht der BRD, 1990).

Schulergänzende Tagesangebote: Durch die häufige Berufstätigkeit von Müttern werden auch die Angebote einer schulergänzenden Betreuung am Nachmittag bzw. einer Ganztagsschule bedeutsamer. Mit ein Grund für die Attraktivität dieser Angebote ist auch, daß hier gezielte pädagogische Anregungen gesetzt werden und daß die Kinder andere Gleichaltrige als Freunde und Spielgefährten finden können, Möglichkeiten, die zuhause auch durch die Veränderungen der Familien und der sozialen Umwelt geringer werden.

Die Betreuungsangebote sind bisher stark von den Anforderungen der Schule bestimmt. Im Vordergrund steht vielfach die Hausaufgabenbetreuung und die Hilfe bei den Schularbeiten. In den letzten Jahren geht ein starker Trend in Richtung auf eine Qualifizierung der Betreuungsangebote in den Horten, um den Kindern Lebensformen zu bieten, die eine ganzheitliche Entwicklung fördern und nicht nur der ersatzweisen Beaufsichtigung dienen. Es wird betont, daß genügend Raum für die selbstbestimmte Nutzung und die Mitgestaltung durch die Kinder bleiben muß.

Das Angebot an Hortplätzen ist fast zur Gänze auf die Städte konzentriert und insgesamt sehr knapp. In der BRD stehen, mit großer regionaler Streuung, insgesamt nur für 4.4% der Kinder Plätze zur Verfügung, in Großstädten wie in West-Berlin standen allerdings 1986 für 27.4% der Kinder Hortplätze zur Verfügung (8.Jugendbericht der BRD, 1990).

Wegen der knappen Plätze werden diese vielfach nach Härtekriterien vergeben, wobei Kinder aus schwierigen Familienverhältnissen vorgezogen werden.

Diese führt sowohl zu ungünstigen Bedingungen in den Horten wie zu einem negativen Bild der Horte in der Öffentlichkeit.

Die Überforderung der Eltern bei der Hausaufgabenbetreuung und der Unterstützung der Kinder in schulischen Belangen drückt sich in einem starken Bedarf an Nachhilfen zur Bewältigung des Schulstoffs aus. Wenn diese Nachhilfe nicht von der Schule selbst in schulergänzenden Aktivitäten oder in einer Nachmittagsbetreuung angeboten wird, so muß sie von den Eltern privat organisiert werden.

Heilpädagogische Tagesstätten: Für Kinder, die Verhaltensstörungen und Anpassungsprobleme haben, reicht das Angebot einer gewöhnlichen schulergänzenden Betreuung nicht aus. Besondere Betreuungsmaßnahmen für diese Kinder sollen eine drohende Fehlentwicklung verhindern, die Familien entlasten und dabei gleichzeitig verhindern, daß die Probleme so groß werden, daß eine stationäre Behandlung erforderlich erscheint. Während entsprechende Angebote in der BRD bereits zahlreicher vorhanden sind, fehlen sie in Österreich fast vollständig.

1.7 Kinderschutz

Die öffentliche Hand übernimmt im Rahmen der sozialen Dienste die Aufgabe der Vertretung des Kindeswohls und muß sich um die Durchsetzung der Anliegen der Kinder auch gegen die elterliche Erziehungsgewalt bemühen. Dem Schutz der Kinder vor Vernachlässigung und Mißhandlung ist in den letzten Jahren zunehmende Beachtung geschenkt worden. Es besteht die Befürchtung, daß die traditionellen Maßnahmen zur Durchsetzung eines effektiven Kinderschutzes nicht mehr ausreichen, ja daß sie für diese Anliegen vielfach keine angemessene Lösung darstellen. Der Grund dafür liegt wohl in erster Linie in einer stärkeren Sensibiliät der Öffentlichkeit für diese Anliegen. Eine Zunahme der Kindesmißhandlungen läßt sich für die industrialisierten Länder nicht nachweisen. In den letzten beiden Jahrzehnten ist es im Gegenteil im deutschsprachigen Raum zu einer deutlichen Abnahme der Anzahl der Anzeigen wegen Kindesmißhandlung gekommen (Engfer und Kintzer 1986).

Mitbeitragen zu dem verbreitetem Eindruck, daß die Fragen des Kinderschutzes besondere Aufmerksamkeit verdienen, dürfte die Tatsache, daß mit einer erhöhten Anonymität unserer Lebensweise und der Reduzierung der Familien auf Kernfamilien früher selbstverständliche Kontrollmechanismen weggefallen sind. Der Kinderschutz muß sich deshalb heute um mehr Aktivität und Aufklärung der Personen bemühen, die mit Kindern zu tun haben (Ärzte, Lehrer, Kindergärtnerinnen etc.).

Unter Kindesmißhandlung wird heute nicht nur die körperliche Mißhandlung der Kinder und der sexuelle Mißbrauch von Kindern, sondern auch die erzieherische und pflegerische Vernachlässigung und der emotional ungebührliche Umgang mit Kindern verstanden. Es umfaßt also alle Handlungen, bei denen die Erziehungspersonen bzw. generell die Erwachsenen ihre Überlegenheit und besondere Verantwortung den Kindern gegenüber ausnutzen bzw. nicht richtig gebrauchen.

Bemühungen um das Kindeswohl müssen sowohl einen Schutz der Kinder gewährleisten und deshalb in die Erziehungsgewalt der Eltern eingreifen als auch rechtzeitig geeignete Hilfen für die Eltern anbieten.

In den meisten Ländern besteht keine gesetzliche Meldepflicht bei Kindesmißhandlung. Die Einführung einer Meldepflicht wurde zwar in der BRD und in Österreich diskutiert, die meisten Experten sind jedoch der Ansicht, daß dies für die Betroffenen nicht förderlich wäre (Engfer und Kintzer 1986, Zenz 1979).

Maßnahmen der Ärzte bei Verdacht auf Kindesmißhandlung: Ärzte sind oft die ersten Personen außerhalb der Familie, die direkt mit den Folgen von Kindesmißhandlung konfrontiert sind, wenn Kinder mit Verletzungen unklarer Ursache in Behandlung gebracht werden. Ärzte zögern jedoch oft bei der Einschaltung des Jugendamtes und des Gerichts und gehen einem entsprechenden Verdacht nicht gezielt nach (Zenz 1979, Engfer und Kintzer 1986). Es genügt wohl nicht, die Sensibilität der Ärzte für Mißhandlungen zu heben, Ärzte und insbesondere Krankenanstalten müßten auch mehr Möglichkeiten für Kinderschutzmaßnahmen haben. Eine Möglichkeit dazu besteht in der Hospitalisierung aller Verdachtsfälle, die Ärzten bekannt werden, und der Nutzung dieser Zeit zu einer Klärung in Zusammenarbeit mit Sozialarbeitern oder Psychologen des Krankenhauses, ein Modell das z.B. am Haunerschen Kinderspital in München praktiziert wird. Eine Entlassung aus dem Krankenhaus wird dabei erst dann vorgenommen, wenn ein befriedigender Plan für die Zukunft ausgearbeitet ist (Engfer und Kintzer 1986). Eine andere Möglichkeit des Vorgehens, das auf starke Akzeptanz gestoßen ist, ist die Einrichtung eines Vertrauensarztes für Kinderschutz in den Gemeinden, der entsprechenden Meldungen vertraulich nachgeht.

Maßnahmen des Jugendamts: Aufgabe des Jugendamts ist es, Meldungen über Kindesmißhandlung nachzugehen. In Wien werden jährlich etwa 120 Meldungen über Kindesmißhandlungen registriert, bei etwa 10% kann das Vorliegen einer Mißhandlung nicht geklärt werden, in 5% handelt es sich um schwere Mißhandlungen. Die traditionellen Maßnahmen der sozialen Dienste in Fällen von Kindesmißhandlung und Vernachlässigung durch die Eltern bestehen einerseits in einer Betreuung der Familien, wobei hier mangels Zeitnot die Betreuung oft in nicht mehr als gelegentlichen Hausbesuchen bestehen kann, und in der Fremdunterbringung der Kinder (in einem Heim oder bei einer Pflegefamilie, in Wien derzeit etwa bei einem Viertel der vom Jugendamt betreuten Fälle, einige Kinder werden auch bei Verwandten untergebracht). In Krisensituationen wird häufig zur vorläufigen Fremdunterbringung der Kinder als erster Schutzmaßnahme gegriffen, obwohl dies dem Bedürfnis der Kinder nach Kontinuität und Sicherheit widerspricht. Bei längerer Fremdunterbringung ist vielfach die Bindung an die Eltern gefährdet und es droht ein Abbruch der Beziehungen zu den Eltern.

Einschaltung der Polizei: Wird die Polizei eingeschaltet, so treten damit andere Prioritäten als die Hilfe für die Familien in den Vordergrund. Die Polizei kümmert sich vorrangig um Tataufklärung und Strafverfolgung. Die Familie gerät so in eine offensichtliche Außenseiterposition, was ihre Situation insgesamt verschlechtert und eine Bewältigung der belastenden Umstände, die zur Mißhandlung geführt haben, erschwert (Zenz 1979). Dabei ist zudem zu bedenken, daß die Mehrzahl der Verfahren mangels an Beweisen eingestellt werden müsssen.

Kinderschutzzentren: Kinderschutzzentren haben sich im deutschsprachigen Raum erst seit Mitte der 70-er Jahre als Alternativen zu den herkömmlichen Interventionsweisen der Sozialbehörden entwickelt. Mittlerweile gibt es in einer Reihe größerer Städte in der BRD und auch in Österreich solche Zentren oder Initiativen zur Gründung derartiger Zentren.

Die Kinderschutzzentren orientieren sich in ihrer Arbeitsweise vor allem daran, daß sie den betroffenen Familien Hilfe anbieten und sie nicht einer Strafe zuführen wollen. Deshalb wird den Familien weitestgehende Vertraulichkeit und Anonymität bei der Inanspruchnahme von Hilfe zugesichert. Die Inanspruchnahme erfolgt grundsätzlich auch auf einer freiwilligen Basis. Die betroffenen Familien sollen soweit wie möglich in alle Aktivitäten einbezogen werden und dabei selbst über die beste Form der Hilfe mitentscheiden können. Dies soll die Mitarbeit der Betroffenen sichern, die als absolut notwendig für jede Form von Hilfe angesehen wird. Weiters sehen sich die Kinderschutzzentren nur als ein Glied in einer Kette möglicher Maßnahmen und Hilfen sollen nach Möglichkeit in Absprache mit den lokalen sozialen Diensten (im Verbund) angeboten werden (Engfer und Kintzer 1986).

Die Arbeit in den Kinderschutzzentren wird von einem multiprofessionellen Team und Laienhelfern getragen. Sie umfaßt verschiedene Angebote von der Krisenintervention, in der auf eine Beruhigung und Entlastung hingearbeitet wird, zur langfristigen Unterstützung und Arbeit mit den betroffenen Familien sowie zur Öffentlichkeitsarbeit und Arbeit mit Mitarbeitern anderer sozialer Einrichtungen (Multiplikatorenarbeit). Typische Angebote sind (Engfer und Kintzer 1986):

- telephonische Beratung rund um die Uhr (Krisentelephon, Eltern-Streß-Telephon)
- Beratung für Fremdmelder von Fällen einer Kindesmißhandlung

- Beratungsgespräche und längerfristige therapeutische Arbeit mit betroffenen Familien
- Soziale Hilfen: Hilfestellung bei der Wohnungs- und Arbeitssuche, Hilfe in der Familie durch Laienhelfer, die den Eltern freundschaftliche Unterstützung und praktische Hilfe zuhause anbieten
- Elterngruppen zum gegenseitigen Erfahrungsaustausch der Betroffenen
- Kinderwohngruppen als Alternative zur Fremdunterbringung in einem Heim, wobei die Voraussetzung zur Aufnahme ist, daß die Eltern zur Teilnahme an einer längerfristigen Beratung bereit sind. Bei 50% gerlingt es auch, eine Rückkehr in die Herkunftsfamilie zu verantworten.

Kindertelephon, Kindersprechstunden, Kinderombudsmann: Einzelne Angebote, die Jugendämter heute bereits geschaffen haben, wenden sich direkt an die Kinder, denen die Möglichkeit gegeben wird, ihre Anliegen vorzubringen (Kindertelefon, Kindersprechstunden in den Bezirksjugendämtern). Ein Mitarbeiter des Jugendamts übernimmt die Aufgabe, die Anliegen der Kinder als eine Art Fürsprecher oder Anwalt zu vertreten (Kinderombudsmann).

1.8 Jugendhilfe und Jugendschutz

Die Adoleszenz als Entwicklungsphase im Übergang zum Erwachsenenalter ist gekennzeichnet durch widersprüchliche Erwartungen. Von den Jugendlichen wird ein hohes Ausmaß an Selbständigkeit verlangt und die Übernahme von Verantwortung, auf der anderen Seite jedoch sind sie in einer Warteposition, wo ihnen viele Möglichkeiten, die Erwachsenen offenstehen, noch nicht zugänglich sind. Diese widersprüchlichen Erwartungen äußern sich in vielen Bereichen. Als Ausweg wird gefordert, Jugendlichen einen größeren Freiraum zu geben, der ihnen Selbstbestimmung ermöglicht. Die Übergangsphase ist jedoch auch mit vielen Konflikten verbunden, die auf die Notwendigkeit geeigneter unterstützender Maßnahmen hinweisen.

Die Jugendarbeit als traditionelle Aufgabe von Verbänden und Gemeinden ist heute sicher schwieriger geworden (Damm 1988). Die Anforderungen und Erwartungen sind gestiegen und die Alternativen größer geworden. Den Jugendlichen steht heute in ihren Familien ein größerer Spielraum offen, sie haben im Fernsehen, Video und durch die Unterhaltungselektronik mehr Gelegenheit zur abwechslungsreichen Gestaltung ihrer Freizeit. Der von den Eltern zugestandene Freiraum hat ebenfalls zugenommen, sodaß die Jugendlichen nicht mehr in ein Jugendzentrum ausweichen müssen, um sich mit Freunden zu treffen. Hinzu kommt, daß auch das kommerzielle Angebot vielfältiger geworden ist und sich speziell an den Interessen Jugendlicher orientiert, die als zahlungsfähige Konsumentengruppe eine wichtige Zielgruppe für das Freizeitangebot darstellen. Auch Sparkassen und Banken bieten ein Jugendprogramm über diverse Clubs an, um sich so den Zugang zu der Zielgruppe zu erhalten. Die Perfektion der Machart im kommerziellen Angebot gibt einen Standard vor, an dem auch die Angebote in den Jugendverbänden und den Jugendzentren gemessen werden.

Jugendverbandsarbeit: Die traditionellen Jugendverbände stellen zum größten Teil weltanschaulich gebundene Organisationen dar, die aus einer religiösen oder durch die Arbeiterbewegung geprägten Orientierung heraus, Jugendlichen einerseits ihre eigene Orientierung weitervermitteln wollen und ihnen andererseits Gemeinschaftsformen anbieten, die dem Bedürfnis der Jugendlichen nach Kontakt und Zusammenschluß entsprechen sollen.

Die Jugendverbandsarbeit wird überwiegend von ehrenamtlichen Mitarbeitern getragen, bezahlte Kräfte leisten unterstützende Arbeit und besorgen in erster Linie die Verwaltung. Für die BRD wird die Anzahl der ehrenamtlichen Mitarbeiter in der Jugendverbandsarbeit auf 50-100.000 geschätzt (8.Jugendbericht der BRD, 1990). Ehrenamtliche Mitarbeiter arbeiten im Durchschnitt vier bis sechs Jahre in der Jugendarbeit und üben die meisten Leitungsfunktionen aus.

Mit der Auflösung traditioneller Bindungen ist jedoch heute nicht mehr so selbstverständlich wie früher, daß Jugendliche bestimmten Gruppen und Verbänden beitreten. Die kritische Haltung von Jugendverbänden in wesentlichen gesellschaftspolitischen Fragen, etwa bei Fragen der Ökologie, der Abrüstung etc., führt zudem dazu, daß auch von Seiten der Erwachsenen oft eine distanzierte Haltung gegenüber den eigenen Jugendverbänden eingenommen wird. Diese Tendenzen haben zu einer deutlichen Abnahme der Anzahl der in den Jugendverbänden engagierten Jugendlichen geführt. Verläßliche Angaben über den Anteil der Jugendlichen der von Aktivitäten der Jugendverbände erreicht wird, stehen allerdings nicht zur Verfügung. Experten schätzen, daß immerhin 40-60% der Jugendlichen von der Arbeit der Jugendorganisationen erreicht werden (8.Jugendbericht der BRD 1990).

Offene Jugendarbeit: Im deutschen Sprachraum entwickelte sich in den 70-er Jahren eine Jugendzentrumsbewegung, die einen autonomen, selbstverwalteten Ort für Jugendliche schaffen wollte. In dieser Zeit kam es zur Gründung einer großen Zahl an Jugendzentren, vielfach in Konflikt mit den Gemeinden, um deren Unterstützung die Jugendlichen kämpfen mußten, denn anders wären Jugendzentren nicht zu realisieren gewesen, gegen deren Einmischung sie sich aber auch zur Wehr setzten.

Ein Modell für die Jugendzentrumsarbeit im deutschen Sprachraum stellten lange Zeit die beiden Jugendzentren dar, die S.Kripp zunächst in Innsbruck und dann in Fellbach aufgebaut hat. Hier wurden große Zentren geschaffen, die Anziehung auf Jugendliche in einem weiten Umkreis ausübten. In einem auch architektonisch durchgestalteten Konzept wurde neben einer offenen Begegnungsstätte Raum für die Einzelaktivitäten vieler Gruppen geschaffen. Den Jugendlichen wurde dabei nur ein Grobgerüst vorgegeben, die Ausgestaltung sollte ihnen überlassen werden. Die Gruppen sollten Nischen für sich haben und die Nähe bzw. Distanz zueinander selbst bestimmten können. Die Aktivitäten der Jugendzentren wurden ständig durch Außenprojekte ergänzt. Kripp folgte dabei der Idee, über nicht-alltägliche Aufgaben und Projekte die Erfahrungen der Jugendlichen zu erweitern und ihnen die Möglichkeit zur Übernahme von Verantwortung zu geben.

In den letzten 10-15 Jahren hat sich die Situation der Jugendzentren wesentlich verändert. Während früher politischen Aktivitäten große Bedeutung zugemessen wurde, ist dies heute weitgehend in den Hintergrund getreten. Jugendzentren werden im Allgemeinen auch nicht mehr von den Jugendlichen selbst geführt. Statt dessen wurde in den meisten Jugendzentren ein relativ großer Stab an professionellen Mitarbeitern aufgebaut, der weitgehend die Gestaltung der Aktivitäten bestimmt. Zwar haben sich in einzelnen Jugendzentren noch Formen der Selbstverwaltung erhalten, sie haben jedoch nur mehr eine geringe Bedeutung.

Jugendzentren bieten einen Raum für eigene Aktivitäten der Jugendlichen, Gelegenheiten zu Kontakten und Freizeitangebote. In Umfragen (Simon und Wieland 1987) werden heute als wesentliche Ziele von Jugendzentren am häufigsten angegeben, daß Jugenzentren ein Treffpunkt für Jugendliche sein sollen, daß sie Veranstaltungen ermöglichen und ein Ort der Kreativität sein sollen.

Die Hauptgruppe der Besucher von Jugendzentren ist zwischen 14 und 18 Jahren. In Jugendzentren, in denen keine Altersgrenze festgelegt wird, ist etwa ein Viertel der Besucher bereits älter als 20 Jahre.

Das Angebot der Jugendzentren gliedert sich im Allgemeinen in einen offenen Bereich, in dem durch das Vorhandensein einer Theke und von Spielen (Tischfußball etc.) ein zwangloses Zusammensein möglich ist, und diversen speziellen Angeboten. So gehört zu den Standardausstattung der meisten Jugendzentren ein Fotolabor, eine Töpfer- und eine Holzwerkstatt. In vielen Jugendzentren werden auch Gruppen von Jugendlichen (Cliquen) Räume zur Benutzung und eigenen Gestaltung zur Verfügung gestellt. Zusätzlich werden in den Jugendzentren diverse Veranstaltungen und Aktivitäten organisiert, mindestens einmal in der Woche ist ein Disco-Abend. Auch für sportliche Aktivitäten stehen meist Möglichkeiten zur Verfügung.

Ihr Angebot unterscheidet sich damit nicht wesentlich von jenen Möglichkeiten, die die Jugendlichen auch innerhalb der eigenen Familie bzw. im Freundeskreis oder bei kommerziellen Anbietern finden. Es ist billiger, dafür etwas einfacher und biederer.

Diese Entwicklungen haben zur Folge, daß die Angebote der Jugendzentren heute - vor allem im städtischen Raum - in erster Linie von jenen Jugendlichen genutzt werden, die aus sozial benachteiligten und finanziell schwächeren Familien stammen. So weisen die Jugendzentren meist einen im Vergleich zum Einzugsgebiet überproportionalen Anteil an ausländischen Jugendlichen auf. Der Besuch von Schülern weiterführender Schulen hat dagegen stark abgenommen. Auch der Besuch von Mädchen, die bereits früher nur etwa ein Drittel der Besucher von Jugendzentren stellten, ging in den meisten Jugendzentren deutlich zurück (Simon und Wieland 1987). Diese Entwicklungen gelten vor allem für die (in erster Linie von den Gemeinden getragene) offene Jugendarbeit, weniger für die Jugendarbeit von Verbänden.

Dies bringt für die Jugendarbeit eine Veränderung der Zielgruppe mit sich und bedeutet, daß die Jugendarbeit direkter mit den Jugendproblemen wie etwa der Jugendarbeitslosigkeit konfrontiert ist. Aus diesem Grund wird auf die Notwendigkeit einer Unterstützung der Jugendarbeit durch sozialpädagogisch geschulte Mitarbeiter hingewiesen. Die professionellen Mitarbeiter erweitern vielfach das Angebot der Zentren durch Beratungsangebote, Unterstützung bei der Suche um Lehrstellen etc.

Die Konzentration auf Randgruppen in den Jugendzentren ist jedoch nicht unumstritten. Von manchen Jugendarbeitern, die lange in den Jugendzentren arbeiten, wird darauf hingewiesen, daß offene Jugendzentren auf den Anspruch nicht verzichten dürfen, ein Ort integrativer Jugendarbeit für alle Gruppen von Jugendlichen zu sein, und daher in ihrem Angebot die Interessen und Bedürfnisse einer Vielzahl von sehr unterschiedlichen Subgruppen berücksichtigen müssen (Simon und Wieland 1987).

Jugendschutzstellen: Jugendschutzstellen sind eine relativ neue Entwicklung in der Jugendhilfe, sie sollen in Krisensituationen Hilfen für Jugendliche anbieten. Ein typisches Problem, bei dem die Hilfe von Jugendschutzstellen erforderlich ist, stellt das Weglaufen von Kindern und Jugendlichen von Zuhause oder einer außerfamiliären Erziehungseinrichtung, einem Heim, dar (Elger et al. 1984). Dieses Verhalten kann sehr unterschiedlich motiviert sein und erfordert daher eine Abklärung der Ursachen, um adäquat reagieren zu können. Jugendliche können von zuhause weglaufen, um einer konfliktreichen Situation zu entfliehen. Das Weglaufen kann eine Signalfunktion haben, die eine Veränderung der häuslichen Situation bewirken soll. Es kann aber auch Folge von Ablehnung und Mißachtung des Jugendlichen sein und schließlich kann es anzeigen, daß sich der Jugendliche an anderen Gruppen als der eigenen Familie orientiert oder zuhause nicht wohlfühlt und langweilt. Wenn akzeptiert wird, daß das Weglaufen eine verständliche Reaktion auf eine bistimmte auslösende Situation darstellt, können damit Lösungsmöglichkeiten eröffnet werden, die die weitere Entwicklung der Jugendlichen unterstützen. In Gesprächen mit den Eltern können die Jugendschutzstellen etwa den im Weglaufen angedeuteten Ablösungs- und Verselbständigungsprozeß der Jugendlichen den Eltern verständlich machen und unterstützen. Dies erfordert eine längere Nachsorge in den Familien von Jugendlichen, die von zuhause weggelaufen sind. In manchen Fällen ist allerdings auch eine vorübergehende oder endgültige Trennung von den Eltern bzw. ein Wechsel des Heims und damit die Suche nach einer adäquateren Unterbringungsform nötig.

Jugendschutzstellen sollten sich auch präventiv um die Eskalation von Konflikten im Rahmen der für Jugendliche notwendigen Verselbständigung bemühen. Hierzu ist eine Aufklärungsarbeit mit Eltern und Erziehern notwendig sowie das rechtzeitige Angebot von Gesprächen etwa in Form eines Sorgentelephons.

Sozialpädagogische Betreuungseinrichtungen für Jugendliche: Für eine kleinere Gruppe von Jugendlichen ist das Angebot der offenen Jugendarbeit nicht ausreichend. Sie benötigen ein intensiveres Angebot an Hilfe und an persönlicher Zuwendung. Zu diesem Zweck wurden sozialpädagogische Dienste geschaffen, in denen sich Sozialarbeiter gezielt um die Betreuung einzelner Jugendlicher kümmern können.

Mobile Jugendhilfe, Streetworker: Da Jugendliche die Einrichtungen der Jugendhilfe vielfach nicht von selbst aufsuchen, sollen Streetworker an Treffpunkten, die von Jugendlichen häufiger frequentiert werden, von sich aus Kontakt herstellen, Vertrauen gewinnen und in geeigneter Form Hilfe und Beratung anbieten. Streetworker kümmern sich vor allem um bestimmte Problemgruppen von Jugendlichen, obdachlose Jugendliche, Ausreißer, Jugendliche, die in der Drogenszene verkehren, Fußballrowdies u.ä. Diese aufsuchende Form der Jugendarbeit ist jedoch nur sinnvoll, wenn sie mit Anlaufstellen verbunden ist, die "szenennahe" für die Jugendlichen leicht erreichbar ist.

In Neubaugebieten und in ländlichen Regionen hat die mobile Jugendhilfe vor allem den Sinn, an isolierte Jugendliche heranzukommen und einen Beitrag zum Aufbau einer für die Jugendlichen zugänglichen Infrastruktur von Gruppenbildungen beizutragen. Mobile Jugendarbeit geht hier in Gemeinwesenarbeit über.

Jugendpsychiatrischer Dienst: Jugendliche fallen mit ihren besonderen Anliegen auch in der medizinisch-psychologischen Betreuung leicht durch den Rost. Beratungsangebote müssen danach trachten, daß auch von psychologisch-psychiatrischer Seite qualifizierte Dienste für Jugendliche eingerichtet werden.

1.9 Öffentliche Erziehungsmaßnahmen, Ersatz familiärer Erziehung

Die Sorge um die Erziehung jener Kinder und Jugendlichen, für die die eigenen Familien nicht oder nur ungenügend sorgen können, war seit jeher die besondere Aufgabe der sozialen Dienste.

Öffentliche Erziehungseinrichtungen sind in ländlichen Regionen aber in einem gewissen Ausmaß auch erforderlich, um auch weiter abgelegen wohnenden Kindern und Jugendlichen die Möglichkeit zu einer angemessenen Schulbildung und Berufsausbildung zu geben. Der beträchtliche Ausbau der Bildungseinrichtungen sowie der Fahrtendienste hat hier allerdings in den letzten Jahren zu einer deutlichen Entlastung geführt. Zu dieser Entlastung hat auch die Zunahme von Ganztagsschulen bzw. von Betreuungsmöglichkeiten am Nachmittag beigetragen.

Es lassen sich hier allerdings einige Veränderungen feststellen, die eine Umstrukturierung der vorhandenen Dienste erfordern. Zum einen ist es durch die Verbesserung des Gesundheitszustandes in der Bevölkerung seltener, daß Kinder ohne leibliche Eltern aufwachsen. Weiters hat sich die Einstellung zur außerfamiliären Erziehung grundlegend geändert. Die Gefahren, die mit einem Aufwachsen außerhalb einer familiären Gemeinschaft und ohne konstante Bezugspersonen verbunden sind, sind allen Verantwortlichen und der Öffentlichkeit heute deutlich bewußt. Es wird daher in Zukunft die Pflegeelternschaft gegenüber der traditionellen Heimerziehung ein stärkeres Gewicht bekommen. Pflegeeltern sind allerdings heute nicht so leicht zu finden wie noch vor 20-30 Jahren, zudem steigen auch hier die Erwartungen und Anforderungen.

Die Unterbringung von Kindern außerhalb ihrer eigenen Familie ist vielfach mit einem Eingriff in die Rechte der Eltern verbunden, wobei dies meist (im deutschen Sprachraum) in Form einer freiwilligen Erziehungshilfe geschieht. Bei dieser Maßnahme suchen die Eltern selbst um Hilfe beim Jugendamt an und verzichten vorübergehend teilweise auf ihre Erziehungsrechte. Einen weitergehenden Eingriff stellt die Fürsorgeerziehung dar, eine Maßnahme, die vom Gericht ausgesprochen wird.

Kinder- und Jugendheime: Kinder- und Jugendheime sind wegen ihrer autoritären Führung, den vielen Restriktionen, die sie dem Leben der Heimbewohner auferlegen, und nicht zuletzt wegen ihrer Distanz vom Leben der Gesellschaft seit mehreren Jahrzehnten kritisiert worden. Diese Kritik ist Ende der 60-er, Anfang der 70-er Jahre kulminiert und hat zu umfangreichen Änderungen in den meisten Heimen geführt. (Die Diskussion um Vor- und Nachteile der Heimerziehung hat freilich - wie Heitkamp 1989 zeigt - eine lange Geschichte. Bereits im 18.Jahrhundert wurden im sogenannten Waisenhausstreit

Argumente für und wider öffentliche Erziehungseinrichtungen und die Erziehung in Pflegefamilien vorgebracht.)

Anfang der 70-er Jahre hat die Anzahl der in Heimen betreuten Kinder einen Höchststand nach dem 2.Weltkrieg erreicht, seither ist diese Zahl in den westeuropäischen Ländern deutlich zurückgegangen. Dieser Rückgang war größer als von dem Rückgang der Geburtsjahrgänge her zu erwarten.

Ein immer größerer Teil der außerfamiliär betreuten Kinder wird in Pflegefamilien untergebracht. Vor allem bei Kindern im Vorschulalter bemüht man sich heute generell um eine Unterbringung bei Pflegefamilien. In dieser Altersstufe war daher der Rückgang von Heimkindern besonders ausgeprägt. Von diesem allgemeinen Trend weicht nur die Unterbringung der 14-18-Jährigen ab, die - regional verschieden - entweder gleich geblieben oder sogar leicht zugenommen hat (8.Jugendbericht der BRD 1990). In der BRD wird in den letzten Jahren zunehmend auch die außerfamiliäre Unterbringung von Jugendlichen bzw. jungen Erwachsenen nach dem 18.Lebensjahr durch das Jugendamt unterstützt. Damit wird der Entwicklung Rechnung getragen, daß Jugendliche durch verlängerte Ausbildungszeiten länger von den Familien unterstützt werden als früher.

Auch heute noch bestehen allerdings gewisse Indikationen für eine Heimunterbringung (Heitkamp 1989):

- Minderjährige, die nur eine vorübergehende Unterbringung außerhalb der Familie benötigen oder deren weitere Betreuung noch nicht geklärt ist,
- die eine intensive und differenzierte Betreuung benötigen,
- deren Rückkehr in die Herkunftsfamilie nach einer erfolgreichen pädagogisch-therapeutischen Intervention wahrscheinlich ist,
- die den Umgang mit Gleichaltrigen brauchen und gleichzeitig durch intensive Eltern-ähnliche Beziehungen zu sehr belastet werden.

Heimerziehung ist also in erster Linie dann anzuraten, wenn nur eine vorübergehende außerfamiliäre Betreuung erforderlich ist oder wenn abzusehen ist, daß die Betreuung spezielle pädagogische und therapeutische Kompetenzen erfordert.

Die Veränderungen, die seit Anfang der 70-er Jahren in der Heimerziehung stattgefunden haben, beziehen sich einmal auf die Struktur der Heime, wobei - begünstigt durch die abnehmenden Betreuungszahlen - eine deutliche Verkleinerung der Heime stattgefunden hat. Gleichzeitig sind die fachlichen Anforderungen an die Heimerziehung gestiegen, was zu einer beträchtlichen Ausweitung des Personals geführt hat. In vielen Heimen wurden zusätzlich zum pädagogischen Personal auch Mitarbeiter für spezielle therapeutische Angebote und Hilfen angestellt. Das Verhältnis zwischen Therapeuten und Erziehern ist dabei nicht immer spannungsfrei. Vielfach wird auf die Gefahr hingewiesen, daß neben den speziellen Angeboten der Alltag in den Heimen verkümmert und daß die gesamte Einrichtung zusehr auf ständiges Einwirken auf die

Kinder und Jugendlichen abgestimmt ist, sodaß ein ruhiges und gelassenes Annehmen der eigenen Lebensform erschwert wird (8.Jugendbericht der BRD, 1990).

Ein Teil der sozialpädagogisch-therapeutischen Bemühungen soll auch die Eltern und Familien der Kinder einbeziehen, um eine Rückkehr der Kinder in ihre Herkunftsfamilien zu ermöglichen.

Neben den fachlichen Anforderungen greifen in den meisten Ländern auch relativ engmaschige rechtliche und verwaltungstechnische Regulierungen in den Heimbetrieb (etwa durch Übernahme der Arbeitszeitregeln aus dem öffentlichen Dienst) ein und machen ihn zu einem aufwendigen und schwer organisierbaren Betrieb. Nicht alle diese Regeln wirken sich positiv auf die Kinder aus. So führen etwa die Arbeitszeitregelungen zu einem beträchtlichen Wechsel der Erzieher und zu einer starken Erhöhung der Betreuungs- und Bezugspersonen, mit denen die Kinder zu tun haben.

Mädchen werden seit jeher seltener in Heimen untergebracht als Buben und männliche Jugendliche, sie stellen aber einen zunehmenden Anteil an den in Heimen untergebrachten Kindern und Jugendlichen. Die Erziehung von Mädchen in den Heimen, vor allem im Jugendalter, wird häufig als problematisch empfunden. Vor allem wachsen die Anforderungen an die Heimbetreuung, die bisher für die Mäadchen eher geringere Möglichkeiten, vor allem in der Berufsvorbereitung, vorsah. Zunehmend wird auch in der Heimerziehung die gemeinsame Erziehung von weiblichen und männlichen Jugendlichen versucht. Simple Konzepte der Koedukation haben sich aber nicht bewährt, es wird daher vielfach davon ausgegangen, daß Mädchen zunächst einmal eine eigene Identität und Sicherheit in ihrem Selbstverständnis erwerben müssen, bevor sie sich gegenüber männlichen Jugendlichen behaupten können (8.Jugendbericht der BRD, 1990).

Wohngemeinschaften für Jugendliche: Für Jugendliche wird die Einschränkung und die damit verbundene aufgezwungene Unselbständigkeit, wie sie eine Heimerziehung vielfach mit sich bringt, als besonders ungeeignet empfunden. Mit Erreichen der Volljährigkeit scheiden die Jugendlichen aus der Obhut des Jugendamts aus. Wenn sie in einem Heim aufgewachsen sind, haben sie aber vielfach nicht gelernt, in einer normalen Umgebung für sich selbst zu sorgen. Um diese Lernschritte zu ermöglichen, wird in den letzten Jahren zunehmend versucht, Jugendliche, die bis dahin in Heimen erzogen wurden, die Erfahrung eines selbständigeren Lebens in einer Wohngemeinschaft zu ermöglichen.

Neue Formen der Heimbetreuung: Neben den Wohngemeinschaften haben sich in den letzten Jahren andere Formen der Heimbetreuung entwickelt, die geeignet sind, den Heimen neue Funktionen zu geben. Für Kinder und Jugendliche, die sich nur schwer in eine Gruppe hineinfinden und ein größeres Ausmaß an individueller Zuwendung und persönlichen Raum benötigen, können

Erziehungsstellen im Umkreis der Heime eingerichtet werden, in denen sie einzeln bei einer Familie oder bei alleinstehenden Erwachsenen, eventuell bei Heimerziehern, untergebracht werden. Unter Tags nutzen sie die Betreuungsmöglichkeiten der Heime (Betreuung bei den Hausaufgaben, Teilnahme an den Aktivitäten sowie an den Ausbildungsangeboten der Heime).

Eine weitere Übergangsform stellen Tagesgruppen in den Heimen dar, in denen Kinder und Jugendliche betreut werden, die bei ihrer Familie wohnen, aber unter Tags an den Betreuungsangeboten der Heime teilnehmen. Bei sich zuspitzenden Konflikten in der Familie und in Zeiten größerer familiärer Belastung können die Kinder und Jugendlichen auch für einige Zeit im Heim wohnen. Dadurch soll vermieden werden, daß die Kinder und Jugendlichen ganz aus ihrer Familie herausgenommen werden und der familiäre Zusammenhalt damit wesentlich beeinträchtigt wird. Bei dieser Form der Betreuung bestehen auch größere Möglichkeiten, mit den Familien zu arbeiten und zu einer Konsolidierung der familiären Situation beizutragen. In der BRD wurden Tagesgruppen Anfang der 70-er Jahre eingerichtet, mittlerweile gibt es etwa 400 derartige Gruppen, die fast ein Zehntel der in Heimen untergebrachten Kinder umfassen (8.Jugendbericht der BRD, 1990).

Pflegeeltern: Aufgabe der sozialen Dienste ist nicht nur, geeignete Pflegeeltern zu suchen und unter den Bewerbern jene auszuwählen, die am besten die Erziehung und Betreuung eines bestimmten Kindes wahrnehmen können, den sozialen Diensten kommt auch eine Fürsorgepflicht zu. Diese Fürsorgepflicht erstreckt sich sowohl auf die Kinder wie auf die Pflegeeltern und die leiblichen Eltern.

Die Pflegeeltern müssen vielfach bei ihrer Erziehungsaufgabe unterstützt werden, dies erfordert neben einer angemessenen finanziellen Unterstützung ein Angebot einer Beratung, aber auch Aus- und Fortbildungsangebote. Dies ist heute unter anderem deshalb notwendig, weil jene Kinder, die in die Betreuung von Pflegeeltern gegeben werden, zumeist aus schwierigen familiären Verhältnissen stammen und Anpassungsschwierigkeiten zeigen. Selbsthilfegruppen von Pflegeeltern kommt hier eine wichtige Funktion zu, da sie der Entwicklung von Eigeninitiative und dem gegenseitigen Austausch förderlicher sind als Beratungseinrichtungen des Jugendamts.

Es wird oft übersehen, daß sich auch die leiblichen Eltern in einer schwierigen Situation befinden. Ihnen gegenüber bestehen oft negative Vorurteile, aber auch sie leiden unter der Trennung von ihren Kindern und benötigen eine Unterstützung.

Eine schwierige Aufgabe stellt die Sorge um eine Kontinuität der Betreuung durch Pflegeeltern dar. Abbrüche einer Familienpflege sind für die Kinder oft traumatisch, trotzdem sind sie nicht so selten (in Wien derzeit etwa 10% innerhalb von 2 Jahren, Kumer et al. 1988). Mit ein Grund für die Abbrüche von Pflegeverhältnissen ist die oft übereilte Vermittlung von Pflegefamilien

(Heitkamp 1989). Unter Zeitdruck - die Vermittlung in eine Pflegefamilie erfolgt vielfach wegen einer Krisensituation in der Herkunftsfamilie - wird eine geeignet erscheinende Pflegefamilie ausgewählt und die Kinder ziehen in die Familie ein, ohne daß Gelegenheit zu einer allmählichen Annäherung und Klärung der Erwartungen besteht. Zum Teil wird der Vermittlungsprozeß auch deshalb beschleunigt, um den Kindern einen zusätzlichen Wechsel des Milieus zu ersparen. Die Erfahrungen mit der Direktvermittlung von Pflegekindern sind allerdings nicht günstig (Kumer et al. 1988).

Pflegeeltern werden häufig nicht ausreichend über die Vorgeschichte des aufzunehmenden Kindes und die Familie, aus der das Kind stammt, unterrichtet. Dies führt dazu, daß sich allzu leicht falsche Vorstellungen bilden. Ungeklärt bleibt vielfach auch die voraussichtliche Verweildauer des Kindes in der Pflegefamilie sowie die rechtlichen Bedingungen, unter denen das Kind in die Pflegefamilie aufgenommen wird.

Etwa die Hälfte der Pflegekinder sind uneheliche Kinder (Junkers et al. 1978, Kumer et al. 1988). Ein verhältnismäßig hoher Anteil der Mütter, etwa ein Viertel, ist noch nicht volljährig. Die meisten leiblichen Eltern sind getrennt oder befinden sich zum Zeitpunkt der Aufnahme des Kindes in ein Pflegeverhältnis in einer schweren Konfliktsituation mit dem Partner.

Bei Pflegekindern, die derzeit in Wien in ein Pflegeverhältnis vermittelt werden, handelt es sich zu drei Viertel um Vorschulkinder (Kumer et al. 1988).

In Wien ist es derzeit nur etwa bei der Hälfte der Pflegekinder möglich, Pflegefamilien aus dem Wiener Raum zu finden. Die übrigen Pflegekinder kommen bei Familien auf dem Land unter, vielfach in der Steiermark. Drei Viertel der Pflegefamilien, die Wiener Kinder betreuen, haben selbst Kinder. Es werden kaum Pflegekinder zu Alleinerziehern gegeben (derzeit in Wien nur etwa 5%). Die Pflegeeltern sind meist älter als die leiblichen Eltern (Durchschnittsalter der Pflegemütter in Wien derzeit 36 Jahre, der leiblichen Mütter 23 Jahre, Kumer et al. 1988). Etwa die Hälfte der Pflegefamilien, die ein Kind in Pflege nimmt, hat bereits andere Kinder in Pflege gehabt. Mehr als ein Drittel hat mehrere Kinder zur Pflege (Kumer et al. 1988).

Von Pflegeeltern werden am häufigsten drei Motive zur Übernahme eines Pflegekindes genannt (Junkers et al. 1978, Kumer et al. 1988):

- einem benachteiligten Kind den Start ins Leben erleichtern,
- Freude, am Aufwachsen eines Kindes teilzuhaben,
- weil man selbst keine Kinder mehr bekommen kann, einem anderen Kind gute Eltern zu sein.

Die Motivation zur Aufnahme eines Pflegekindes liegt also vielfach in dem Wunsch, selbst die Rolle der Eltern zu übernehmen. Nach Blandow (1972) trifft dies für die Hälfte der Pflegeeltern eindeutig zu und ist mit der größten Bereitschaft verbunden, die Kinder auch dann zuhause zu behalten, wenn es zu schwierigen Situationen kommt. Hier spielt auch eine Rolle, daß die Adoption von Kindern heute schwierig geworden ist. Ein Teil der Pflegeltern sind also in ihrem Selbstverständnis weitgehend Adoptiveltern.

Um der Vielfalt der Betreuungsaufgaben in Pflegefamilien Rechnung zu tragen, wurden in den letzten Jahren spezielle Formen von Pflegefamilien gefördert: sozialpädagogische Pflegefamilien, Großpflegefamilien, Kurzzeitpflegefamilien.

Adoption: Die Vermittlung von Adoptionen ist in vielen europäischen Ländern staatlichen Stellen vorbehalten. Es sind bereits seit längerer Zeit viel mehr Eltern zur Aufnahme eines Adoptivkindes vorgemerkt als Kinder zur Adoption angemeldet werden. Ein markanter Rückgang der Adoptionszahlen setzte in den industrialisierten Ländern etwa um 1970 ein, in der ersten Hälfte des Jahrhunderts gab es noch bedeutend mehr Kleinkinder, die für eine Adoption in Frage gekommen wären, als Familien, die zu einer Adoption bereit waren (Roosa et al. 1985). In Wien konnten beispielsweise 1986 nur 71 Kinder in Adoption vermittelt werden, 250 Familien waren jedoch bei der Adoptionsstelle des Jugendamts als Bewerber um ein Adoptivkind vorgemerkt. Dieses Ungleichgewicht ist einmal durch den markanten Geburtenrückgang, durch Fortschritte in der Empfängnisverhütung und die Legalisierung der Abtreibung sowie durch die vermehrte gesellschaftliche Akzeptanz von Müttern mit unehelichen Kindern bedingt, andererseits auf einen Anstieg der Unfruchtbarkeit in den letzten Jahrzehnten.

Adoption ist eine traditionelle, gesellschaftlich allgemein anerkannte Möglichkeit, die Familie zu vergrößern. Bis Mitte der 70-er Jahre haben in den industrialisierten Ländern etwa 4% der Ehepaare ein Kind adoptiert. Überwiegend handelte es sich um gutsituierte Mittelschichtfamilien (Roosa et al. 1985).

Standen ursprünglich bei der Adoptionsvermittlung die Interessen der Adoptiveltern im Vordergrund und wurde es somit als vorrangige Aufgabe betrachtet, Ehepaaren, die keine eigenen Kinder bekommen können, gesunde, "makellose" Babys als Adoptivkinder zu vermitteln, so fand in den letzten Jahrzehnten eine Umorientierung in der Aufgabenstellung statt. Die staatlichen Adoptionsvermittlungsstellen betrachten heute in erster Linie die Sicherung des Kindeswohls und damit die Auswahl möglichst geeigneter Adoptiveltern als vorrangiges Anliegen. Trotzdem orientiert man sich vielfach noch an der Vermittlung von völlig gesunden Kindern. In manchen Ländern wurden allerdings bereits positive Erfahrungen mit der Adoption von behinderten bzw. von Behinderung bedrohten Kindern gemacht. Eine englische Studie zeigt, daß die bewußte Annahme eines behinderten Kindes bei Eltern, die sich um die Adoption eines Kindes bemühen und die die nötige Stabilität und Ausgeglichenheit mitbringen, nicht jene emotionalen Konflikte verursacht, wie sie die leiblichen Eltern durchmachen, und daß sich die meisten Eltern, die sich für eine solche Adoption entscheiden, gut auf die Bedürfnisse der Kinder einstellen können (Glidden 1989). Ihre Probleme scheinen eher realen Sorgen als inneren Konflikten über die Annahme des Kindes zu entspringen.

Auch Adoptiveltern brauchen Beratung und Unterstützung. Sie haben im Gegensatz zu leiblichen Eltern kaum Vorbilder in ihrer Bekanntschaft, an denen sie beobachten und lernen können, was es heißt, Adoptiveltern zu sein. Hinzu kommt, daß bereits Kinderlosigkeit vielfach als Makel empfunden wird und daß dies in entsprechender Weise verarbeitet werden muß.

Ohne ausreichende Beratung können viele Adoptiveltern schwer mit der Aufgabe umgehen, das Adoptivkind darüber zu informieren, daß es ein angenommenes und nicht das leibliche Kind der Adoptiveltern ist. Im Allgemeinen werden die Kinder noch vor dem Schuleintritt über ihren Status als Adoptivkind aufgeklärt. Zu einer echten Auseinandersetzung mit dieser Tatsache sind die Kinder allerdings erst später in der Lage. Diese Auseinandersetzung führt unwillkürlich zu einer Trauerreaktion, denn Adoptivkind zu sein, heißt nicht nur, von den Adoptiveltern gewählt, sondern auch von den leiblichen Eltern abgegeben worden zu sein (Brodzinsky 1987). Die Schwierigkeiten der Kinder damit umzugehen und die Kluft, die damit zunächst einmal zwischen den Kindern und den Adoptiveltern geschaffen wird, verunsichert auch viele Adoptiveltern.

Die Schwierigkeiten der Kinder und der Adoptiveltern, ihre besondere Situation zu verarbeiten und anzunehmen, ist ein Faktor, weshalb es unter Adoptivkindern im Schulalter und im Jugendalter häufiger zu emotionalen Problemen und Verhaltensstörungen kommt. In Erziehungsberatungsstellen und klinischen Einrichtungen werden Adoptivkinder in jedem Fall häufiger vorgestellt, als von der Häufigkeit der Adoptionen her zu erwarten wäre (Brodzinsky 1987).

Viele Adoptiveltern scheuen von sich aus den Kontakt mit den leiblichen Eltern, sogenannte offene Adoptionen, wo der Kontakt zwischen den Kindern und ihren leiblichen Eltern nicht abreißt, werden aus diesem Grund auch von den Adoptionsvermittlungsstellen nicht gefördert. Längerfristig dürfte dies jedoch in vielen Fällen der üblichen Praxis vorzuziehen sein, in der es allein den Adoptivkindern überlassen wird, ob sie später nach ihren leiblichen Eltern suchen wollen.

1.10 Berufswahlvorbereitung und Berufsausbildung

Die Berufswahlvorbereitung zählt zu einer der wesentlichen Bildungsaufgaben der Schule, die bisher allerdings keinen ausreichenden Platz im Lehrplan gefunden hat. Als Orientierungsrahmen für die Berufswahlvorbereitung ist das Konzept der Berufswahlkompetenz sinnvoll, nach dem verschiedene Teilqualifikationen für die Berufswahl unterschieden werden:

- Entwicklung eines Problembewußtseins für die eigene Berufswahl
- Gewinnung eines Überblicks über die vorhandenen Ausbildungs- und Berufsmöglichkeiten und Vertiefung der Einsicht in die Berufssituation anhand einiger ausgewählter Berufe
- Fähigkeit zur Einschätzung der eigenen Voraussetzungen für die Berufswahl und die möglichen Ausbildungen sowie beruflichen Anforderungen
- Kennenlernen der vorhandenen Hilfestellungen bei der Berufswahlentscheidung und der Suche nach einem Ausbildungs- bzw. Arbeitsplatz, wobei dies in Österreich vor allem die Kenntnis der Dienste des Arbeitsamts einschließt

Da es sich bei der Berufswahl und der Entscheidung für einen Ausbildungsweg um einen längeren Prozeß handelt und diese Entscheidung einen wichtigen Einschnitt darstellt, sollten diese Inhalte bereits frühzeitig im Unterricht der Sekundarstufe Berücksichtigung finden. In der BRD werden diese Themen der Arbeitslehre zugeordnet und in einem breiteren Rahmen behandelt. In Österreich ist eine ausführlichere Befassung mit diesen Themen bisher nur in Schulversuchen geschehen. Über die Zuweisung eines festen Platzes im Lehrplan hinaus ist aber für die Berufswahlvorbereitung eine fächerübergreifende Zusammenarbeit und die Zusammenarbeit aller Lehrkräfte notwendig.

Bei den Anforderungen an die Unterstützung der Berufswahl und bei der Organisation von Maßnahmen steht Folgendes im Vordergrund:

- Verknüpfung von Kenntnissen über die Berufsfelder mit eigener praktischer Erfahrung im Rahmen von Unterrichtsprojekten oder Betriebspraktika
- Ausbau der Kooperation zwischen Schule und Berufsberatung bzw. Arbeitsamt sowie zwischen der Schule und den umliegenden Betrieben
- Förderung von Arbeitshaltungen bzw. für die zukünftige Berufspraxis wichtiger Verhaltensweisen im Rahmen konkreter Arbeitserprobungen

Entgegen früheren Intentionen ist man allerdings aufgrund von Erfahrungen von der Empfehlung abgekommen, Jugendlichen frühzeitig die Aufnahme einer Arbeitstätigkeit nahezulegen. Die Erfahrungen hat nämlich gezeigt, daß die den Jugendlichen angebotenen Tätigkeiten reine Routinetätigkeiten sind, die schlecht bezahlt sind und keinerlei motivierenden Charakter haben. Jugendliche, die frühzeitig - noch während der Schulzeit - Arbeitstätigkeiten aufnehmen, erbringen schlechtere Leistungen in der Schule, sind weniger motiviert, an einer längeren Berufsausbildung teilzunehmen, und weisen eine negativere Einstellung zur Arbeit auf (Greenberg und Steinberg 1986).

Für den größten Teil der Jugendlichen stellt die Familie den bedeutendsten Rückhalt bei der Berufswahl und der Suche nach einer geeigneten Ausbildungsmöglichkeit dar. Nicht alle Familien sind jedoch in der Lage, die Jugendlichen bei diesem Prozeß aureichend zu unterstützen.

Der sich ändernde Arbeitsmarkt bringt zudem für die Jugendlichen und die Familien eine große Unsicherheit mit sich. Diese Unsicherheit erhöht den Druck, eine möglichst gute Ausbildung und gute Abschlußzeugnisse zu erhalten. Vor allem die Abschlußzeugnisse haben in der BRD und zum Teil auch in Österreich in Folge dieser Unsicherheit eine derart große Bedeutung erhalten, daß die Inhalte der Ausbildung darüber nicht mehr hinterfragt werden.

Sowohl in der BRD wie in Österreich absolviert heute etwa die Hälfte der Jugendlichen nach Abschluß der Pflichtschulzeit eine Berufsausbildung. Nur etwa 5% der Jugendlichen gelangen ohne Abschluß einer weiterführenden Schule und ohne Berufsausbildung auf den Arbeitsmarkt.

Im deutschen Sprachraum ist es üblich, die Berufsausbildung als duale Ausbildung zu absolvieren, bei der der größte Teil der praktischen Ausbildung im Betrieb erbracht wird und die Berufsschule ergänzend an zwei Halbtagen in der Woche einen theoretischen Unterricht anbietet. Obwohl die Vermittlung von grundlegenden Kenntnissen an Bedeutung gewonnen hat, ist die den Berufsschulen zur Verfügung stehende Unterrichtszeit seit Jahrzehnten konstant geblieben.

Die Qualität der dualen Ausbildung wird heute von vielen recht skeptisch betrachtet. Eine Expertise des Instituts für höhere Studien (IHS 1989) kam zu dem Schluß, daß nur ein Viertel der Lehrlinge eine qualitativ gute Ausbildung erhält. Bei einem Viertel ist die Ausbildung hingegen unzureichend und bietet geringe Chancen für die weitere Berufslaufbahn.

Die Gründe für diese unbefriedigende Situation liegen einmal darin, daß nur ein sehr geringer Teil der Lehrlingsausbildung in Industriebetrieben erfolgt, wo die Ausbildung qualitativ besser ist. Weiters bilden nur etwas mehr als 10 Prozent der Betriebe mehr als drei Lehrlinge gleichzeitig aus, sodaß besondere Einrichtungen für die Ausbildung in den Betrieben nicht aufgebaut werden können. Kleinere Betriebe rechnen auch nicht damit, daß der Lehrling später in dem Betrieb weiterhin arbeitet, sodaß die Motivation, eine gute Ausbildung zu bieten, nicht allzu groß ist. In der Tat berichten viele Lehrlinge, einen größeren Teil der Zeit für ausbildungsfremde Tätigkeiten (vor allem unqualifizierte Routinearbeiten) eingesetzt zu werden. In der österreichischen Lehrlingsstudie waren in Kleinbetreiben nur 20% der Lehrlinge davon überzeugt, vorwiegend nach fachlichen und pädagogischen Gesichtspunkten eingesetzt zu werden (Knapp und Verzetnitsch 1981).

Bereits seit langem ist bekannt, daß bereits nach fünf Jahren nur etwa die Hälfte der Lehrlinge nach abgeschlossener Berufsausbildung weiter im erlernten Beruf arbeitet. Ein kleiner Teil arbeitet in verwandten Berufen, die übrigen können von der spezifischen Berufsausbildung nur wenig für ihre spätere berufliche Tätigkeit verwenden (Walterskirchen 1977 zitiert nach Knapp und Verzetnitsch 1981).

In einer besonders ungünstigen Situation befindet sich die Berufsausbildung von Mädchen. Die Wahl von Ausbildungsberufen ist hier noch stärker als bei männlichen Jugendlichen auf einige wenige Berufe eingeschränkt. Die drei häufigsten Lehrberufe (Einzelhandelskaufmann, Bürokaufmann und Friseur) machen bereits fast zwei Drittel aller von Mädchen gewählten Lehrberufe aus (Knapp und Verzetnitsch 1981).

Überlegungen zur Verbesserung der Berufsausbildung gehen einerseits in die Richtung, daß für Berufsgruppen eine gemeinsame Grundausbildung eingeführt werden soll, die allgemeine Grundlagen vermitteln soll, auf die die spezielle Ausbildung aufbauen kann und die auch den Berufsschülern die Möglichkeit geben soll, ihre Kenntnisse und Fertigkeiten später von einem breiteren Fundament aus zu erweitern. Auf diese Weise soll auch ein späteres Umsteigen in einen anderen Beruf ermöglicht werden. In eine ähnliche Richtung weisen Überlegungen, das Bildungsangebot an den Berufsschulen zu erweitern und nicht auf direkt berufsbezogene Aspekte zu beschränken.

Andererseits soll dem Mangel in der Lehrlingsausbildung, die vor allem in kleineren Betrieben nur eingeschränkte Ausbildungsmöglichkeiten bietet, durch überbetriebliche Ausbildungsstätten begegnet werden, in der ein größeres Spektrum an Berufserfahrungen vermittelt werden kann. Derzeit absolvieren in Österreich weniger als 5% der Lehrlinge einen Teil ihrer praktischen Ausbildung in überbetrieblichen Lehrwerkstätten (Knapp und Verzetnitsch 1981).

Eine weitere Tendenz, die sich abzeichnet und die vor allem die Interessen der lernschwächeren Auszubildenden berücksichtigt, ist die allmähliche Einführung von abgestuften Ausbildungen mit Zwischenabschlüssen. Auf diese Weise soll vermieden werden, daß nur die Alternative besteht, entweder eine Lehre ganz zu durchlaufen oder überhaupt keinen Abschluß in der Berufsausbildung zu haben. In der BRD wurden aus diesem Grund für verschiedene Ausbildungsberufe kürzere Ausbildungen konzipiert.

Wie erwähnt, absolvieren etwa 5% der Jugendlichen keine Berufsausbildung. Dieser Prozentsatz ist zwar in den vergangenen Jahrzehnten deutlich zurückgegangen, diese Gruppe stellt jedoch eine Problemgruppe für den Arbeitsmarkt dar. Ungelernte stellen etwa die Hälfte der Arbeitslosen. Bei bestehender Arbeitslosigkeit dauert es bei ihnen auch deutlich länger, bis sie wieder eine Arbeitsstelle antreten können.

Unter den Jugendlichen ohne Berufsausbildung sind ehemalige Sonderschüler übermäßig vertreten sowie Schüler, die in der Pflichtschule Klassen wiederholen mußten und die Schullaufbahn daher nicht in der vorgesehenen Form abgeschlossen haben. In der BRD machen diese beiden Gruppen zusammen etwa die Hälfte dieser Jugendlichen aus. Eine weitere Gruppe mit einem unverhältnismäßig hohen Anteil an Jugendlichen ohne Berufsausbildung stellen die ausländischen Jugendlichen und zwar vor allem türkische Jugendliche. In der BRD besuchen 20% der ausländischen Jugendlichen keine Berufsausbildung, unter den türkischen Jugendlichen sogar 28% (Dupré 1986).

Etwa die Hälfte der Jugendlichen, die keine Berufsausbildung absolvieren, wäre bei geeigneter Beratung und zusätzlicher Unterstützung in der Lage, an einer regulären Berufsausbildung teilzunehmen.

Für Jugendliche, die mit schlechten Voraussetzungen für den Beginn einer Berufsausbildung die Schule verlassen, sind eine Reihe an Maßnahmen konzipiert worden:

- Berufsfindungskurse und Arbeitserprobung sollen Versäumnisse in der Berufsvorbereitung bzw. eine noch bestehende Unsicherheit in der Berufswahl ausgleichen.
- Förderkurse oder Förderlehrgänge sollen eine allgemeinere Grundlage für die spezielle Ausbildung in einem Lehrberuf schaffen und gleichzeitig die Möglichkeit geben, Defizite in basalen Bildungsgegenständen (Beherrschung der Schrift und der Grundrechenarten) auszugleichen.
- Grundausbildungslehrgänge sind in der BRD als Überbrückungsmaßnahme bei vorübergehendem Mangel an Lehrstellen in einem Ausbildungsberuf geschaffen worden. Sie sollen erste berufliche Kenntnisse und Fertigkeiten vermitteln, die Möglichkeit geben, die Berufswahlentscheidung zu überdenken, und die Chancen, einen Ausbildungsplatz zu erhalten, wahren.

In allen diesen Maßnahmen wird über die Vermittlung von praktischen und theoretischen Kenntnissen und Fertigkeiten hinaus auch die Förderung einer angemessenen Arbeitshaltung und sozialer Kompetenzen angestrebt.

Ein Teil der Jugendlichen benötigt spezielle Hilfen bei der Berufsausbildung. Über die Art und Weise, wie solche Hilfen gegeben werden sollen, gehen die Meinungen jedoch auseinander. In der BRD wurden für lernschwache und behinderte Jugendliche neben den abgestuften Ausbildungsgängen auch größere spezielle Ausbildungseinrichtungen in Internatsform eingerichtet, sogenannte Berufsbildungswerke, in denen 1986 etwa 11.000 Ausbildungsplätze zur Verfügung standen (Dupré 1986). In diesen Einrichtungen werden vielfach spezielle Kurzlehrgänge für lernschwache und behinderte Jugendliche angeboten. Alternativ dazu gibt es in der BRD Projekte, die eine verstärkte Hilfe für lernschwache und sozial benachteiligte Jugendliche von den Berufsschulen aus anbieten.

Das hauptsächliche Problem dieser Maßnahmen dürfte in der Gefahr liegen, daß durch die Einführung derartiger Sondermaßnahmen lernschwächere Jugendliche, die unter anderen Bedingungen eine reguläre Ausbildung besucht hätten, dort nicht mehr gehalten bzw. nicht mehr aufgenommen werden, weil für sie ja Sondereinrichtungen existieren. Es wäre daher zu prüfen, wieweit die künftigen Berufschancen dadurch tatsächlich erhöht werden und wieweit nicht nur jene Jugendlichen erfaßt werden, die stärker motiviert sind bzw. von Zuhause ausreichend unterstützt werden und somit vielleicht auch ohne Sondermaßnahmen eine Berufsausbildung schaffen würden. Eine derartige Überprüfung steht noch aus.

2 Soziale Dienste für Erwachsene

In diesem Kapitel sollen jene Dienste dargestellt werden, durch die erwachsenen Menschen auch in schwierigen Situationen die Teilnahme am gesellschaftlichen Leben und das Aufrechterhalten wenigstens eines Mindeststandards der in unserer Gesellschaft üblichen Lebensbedingungen ermöglicht werden sollen. Dieses Kapitel behandelt daher die Maßnahmen der Sozialhilfe, die beratende Tätigkeit der sozialen Dienste sowie Maßnahmen gegen Obdach- und Arbeitslosigkeit. Außerdem wird auf Maßnahmen zur Unterstützung von Frauen, auf die Förderung der Nachbarschaftshilfe und die Erwachsenenbildung eingegangen. Spezielle Bereiche der sozialen Dienste, wie Maßnahmen für Straffällige oder zur Integration von Ausländern werden in den folgenden Kapiteln aufgegriffen.

2.1 Maßnahmen zur Unterstützung des Lebensunterhalts

Die sozialen Dienste sind Anlaufstelle für Personen, die aufgrund widriger Umstände nicht selbst für ihren Lebensunterhalt aufkommen und auf keine andere Unterstützungsmöglichkeit zurückgreifen können.

Der Bedarf an sozialen Unterstützungsmaßnahmen ergibt sich aus der Verteilung der ökonomischen Ressourcen in der Bevölkerung. Eine Armutsgrenze ist dabei objektiv schwer auszumachen und unterliegt weitgehend gesellschaftlich bestimmten Definitionen. Unter heutigen Bedingungen ist ein Armutsbegriff, der sich allein an der Möglichkeit zum Überleben orientiert, für europäische Verhältnisse abzulehnen. Verhinderung von Armut muß vielmehr bedeuten, allen die Teilhabe an den gebräuchlich gewordenen Lebensgewohnheiten und am gesellschaftlichen Leben zu ermöglichen. Statt eines allein an der Möglichkeit zur Erfüllung von Mindestbedürfnissen orientierten Armutsbegriff scheint deshalb ein Armutsbegriff vorzuziehen, der den in einer Gesellschaft vorhandenen Reichtum und die Einkommensverteilung mit heranzieht (Townsend 1979).

Unter Zugrundelegung eines derartigen Deprivationsindex haben Untersuchungen zum Mindestlebensstandard in Österreich ergeben, daß Mitte der 80-er Jahre etwa ein (nach Haushaltszusammensetzung gewichtetes) Pro-Kopf-Einkommen von monatlich 5.000 öSch einen Grenzwert darstellte, unter dem eine Armutsgefährdung vorlag (Schneidewind et al. 1985). Unter den unselbständig Beschäftigten wären demnach etwa 10% armutsgefährdet gewesen. Betroffen hiervon sind vor allem Familien mit einer größeren Anzahl an

Kindern, in denen die Frau nicht berufstätig ist, sowie Alleinerzieherfamilien, außerdem Haushalte, in denen der Haushaltsvorstand arbeitslos ist, und Mehr-Personen-Haushalte älterer Leute (Köppl und Steiner 1989).

Wenn keine anderen Unterstützungsmöglichkeiten bestehen, dann soll die Sozialhilfe das Auftreten von finanziellen Notsituationen verhindern. Die Gewährung von Sozialhilfe ist nicht daran gebunden, daß der von einer Notsituation Betroffene selbst einen Antrag auf Sozialhilfe stellt. Die Behörde sollte, wenn ihr Notsituationen bekannt werden, von sich aus aktiv werden.

Es wird zwischen verschiedenen Formen von Unterstützung unterschieden, wobei vor allem die Unterscheidung zwischen der offenen Sozialhilfe und der Kostenübernahme bei stationärer Betreuung wesentlich ist. 80% der Sozialhilfe werden derzeit in Österreich zur Abdeckung stationärer Betreuuungskosten aufgewendet (Köppl und Steiner 1989).

Neben diesen beiden großen Kostensätzen werden noch einige weitere Aufwendungen durch die Sozialhilfe getätigt: Bereitstellung eines Taschengelds für Personen, die in stationären Einrichtungen (Alters- und Pflegeheimen) untergebracht sind, und Beihilfe bei außergewöhnlichen Belastungen. Nicht auf alle diese Beihilfen besteht ein Rechtsanspruch.

Die Sozialhilfe kann in Geldzahlungen oder als Sachleistungen gewährt werden. Die Entscheidung liegt im Ermessen der Behörde. Sachleistungen können z.B. in Gutscheinen für Obdachlosenheime oder in Lebensmittelgutscheinen bzw. in der Bereitstellung von Kleidern und Möbeln bestehen. Wenn zweifelhaft ist, ob Geldzahlungen an die Betroffenen sinnvoll sind, können von den Behörden auch direkte Zahlungen etwa an den Wohnungsvermieter oder die direkte Übernahme gewisser Kosten veranlaßt werden. Der Antrag auf "Sonderbedarf" (Bekleidung, Bettwäsche, Hausrat, Instandhaltung der Wohnung etc.) muß gesondert gestellt werden.

Im Zusammenhang mit der Einkommensstützung durch die Sozialhilfe ist natürlich vor allem die offene Sozialhilfe von Bedeutung. Österreichweit werden derzeit nur 1% der Bevölkerung durch die Geldleistungen der offenen Sozialhilfe unterstützt. Österreich weist damit einen deutlich geringeren Anteil an Sozialhilfeempfängern auf als etwa die BRD (2.5% der Bevölkerung), Holland (7%) oder die skandinavischen Länder (5-7%). Auch die für die offene Sozialhilfe zur Verfügung stehenden Mittel (1.6 Mrd öS) und der Anteil am Brutto-Inlandsprodukt (0.1%) sind in Österreich vergleichsweise bescheiden (Köppl und Steiner 1989). Allerdings ist dabei zu berücksichtigen, daß eine Reihe von Beiträgen, wie z.B. die Ausgleichzulage für Pensionisten mit geringen Leistungen aus der Pensionsversicherung in Österreich (im Unterschied etwa zur BRD) nicht durch die Sozialhilfe getragen werden (siehe Kap.8).

Da eine gesamtösterreichische gesetzliche Regelung der Sozialhilfe bisher nicht zustandegekommen ist, wird die Sozialhilfe ausschließlich durch Landessozialgesetze geregelt, die in den 70-er Jahren erlassen wurden. Aus diesem

Grund bestehen beträchtliche Unterschiede zwischen den Bundesländern in den geltenden Bestimmungen und in den Ausgaben für die offene Sozialhilfe. In Wien wird ein deutlich größerer Betrag dafür ausgegeben als in den übrigen Bundesländern, die Ausgaben in Wien allein machen bereits 50% der gesamtösterreichischen Ausgaben aus.

In Wien wird zwischen Dauerleistungen der Sozialhilfe und einmaligen Geldaushilfen unterschieden. Dauerleistungen der Sozialhilfe beziehen nur Personen, die nicht im Erwerbsleben stehen, also Personen über dem Pensionierungsalter, fortdauernd arbeitsunfähige Personen und alleinstehende Mütter mit Kindern im 1.Lebensjahr. Geldaushilfen werden vor allem an Arbeitslose ohne Anspruch auf Arbeitslosengeld bzw. mit zu geringem Arbeitslosengeld (43%) bezahlt. Eine zweite große Gruppe stellen Personen, die vorübergehend wegen persönlicher oder gesundheitlicher Problem arbeitsunfähig sind (23%). Weitere Gruppen stellen alleinerziehende Mütter (8%) und Personen mit zu geringem Arbeitseinkommen (17%) dar (Köppl und Steiner 1989, S.62).

In Wien wird auch in der Höhe der Richtsätze zwischen Dauer- und Einmalleistungen unterschieden, wobei erstere für alleinlebende Personen und Hauptunterstützte in Haushalten mit mehreren Personen um ca. 25% höhere Richtsätze haben.

Die Bezieher von Dauerleistungen müssen jährlich um Sozialhilfe ansuchen. Um Geldaushilfen muß normalerweise monatlich angesucht werden, doch können auch kürzere Fristen festgesetzt werden. So wird etwa bei Haftentlassenen oft von einer Selbstverschuldung der Notsituation ausgegangen und ein tägliches oder wöchentliches Ansuchen um Sozialhilfe festgelegt. Die Bezieher von Geldaushilfen müssen im Prinzip immer wieder neu Auskünfte geben, Notlagenerweise bringen etc. Die Geldbeträge können dann - je nach Beamten - dementsprechend schwanken.

Von den Haftentlassenen erhält in Wien immerhin ein Drittel Unterstützung durch die Sozialhilfe, doch werden meist nur Beiträge unter dem Richtsatz bewilligt, da Straffälligkeit mit Kürzungen bestraft wird (Ernst et al. 1987).

Obwohl an sich die Leistungen der Sozialhilfe an den individuellen Bedürfnissen orientiert sein sollen, gibt es Richtsätze für den Bezug, die als Höchstsätze gedacht sind. Diese Richtsätze werden jährlich von den Landesregierungen festgelegt. Sie orientieren sich in den meisten Bundesländern an den Richtsätzen für die Mindestpensionen, werden allerdings etwas niedriger angesetzt, um den Vorzug der durch frühere Erwerbsarbeit erworbenen Pensionen zu betonen. Durchschnittlich lagen die Richtsätze um 30% unter den Mindestpensionen. Damit waren die Richtsätze weit von dem für die EG erarbeiteten Mindeststandards für laufende Einkommen entfernt, die etwa die Hälfte des Budgets eines Durchschnittshaushalts betragen sollten. In Österreich machten die Richtsätze hingegen nur etwa 30% des durchschnittlichen Haushaltsbudgets aus (Köppl und Steiner 1989).

Nicht in die Richtsätze inkludiert sind die Mietkosten, wobei allerdings von Bundesland zu Bundesland sehr unterschiedliche Regelungen vorhanden sind. Hinzu kommen auch eventuelle Heizkostenzuschläge in den Wintermonaten (ebenfalls von Bundesland zu Bundesland unterschiedlich).

In anderen Ländern wurde der Versuch gemacht, die Höhe der Sozialhilfeleistung eindeutiger an die Lebenshaltungskosten zu binden. So existiert etwa in der BRD eine Warenkorbberechnung (der Warenkorb gibt die Güter bzw. Dienstleistungen an, die für einen angemessenen Lebensstandard erforderlich sind), der von einem privaten Sozialhilfedachverband (Deutscher Verein für öffentliche und private Fürsorge) erstellt wurde und nach dem die Kosten der Lebensführung errechnet werden. An dieser Berechnung orientieren sich die Behörden bei der Festsetzung der Sozialhilfe. Die Zusammensetzung des Warenkorbs wurde allerdings seit Anfang der 70-er Jahre nicht mehr verändert und spätere Festsetzungen der Regelsätze für die Sozialhilfe orientierten sich stärker daran, die Höhe der Sozialhilfe unter den Mindestlöhnen anzusetzen (siehe Leibfried und Tennstedt 1985).

Die finanziellen Beihilfen sind an die Bedingung geknüpft, daß der um Beihilfe Nachsuchende arbeitswillig ist, d.h. (soweit er in der Lage ist) bemüht ist, eine Arbeitsstelle zu finden und seinen Lebensunterhalt auf diese Weise selbst zu bestreiten. Für den Nachweis der Arbeitswilligkeit genügt die Meldung am Arbeitsamt nicht, es muß darüberhinaus gezeigt werden, daß sich der Bewerber um Sozialhilfe aktiv um Beschäftigung bemüht hat. Den Betroffenen kann auch vom Sozialamt eine Beschäftigung zugewiesen werden, dabei ist noch weniger als bei Arbeitslosengeld-Beziehern darauf Rücksicht zu nehmen, daß die Arbeit auch der früheren beruflichen Stellung und der Ausbildung entspricht (Gahleitner 1989). Wenn dies nicht der Fall ist (z.B. eine zugewiesene Stelle abgelehnt wird), kann die Beihilfe gekürzt oder ganz gestrichen werden. Die Dauer der Kürzung bzw. Streichung der Sozialhilfe ist gesetzlich nicht geregelt, intern wird dies meist (beim ersten Mal) für den Zeitraum von einem Monat getan.

Sehr unterschiedlich geregelt bzw. in das Ermessen der Beamten gestellt ist die Anwendung dieser Bestimmung auf Alleinerzieher mit kleinen Kindern. Im Allgemeinen wird die Aufnahme einer Beschäftigung von Müttern mit Kindern unter dem 1.Lebensjahr nicht verlangt, bei Kindern unter dem 3.Lebensjahr wird zumeist ebenfalls keine Arbeitsaufnahme verlangt, da die Versorgung und Erziehung der Kinder hier Vorrang hat. In diesem Fall ist jedoch ein größerer Ermessensspielraum gegeben.

Sozialhilfe wird subsidiär gewährt, es müssen also vorerst andere Unterstützungsmöglichkeiten ausgeschöpft werden. Im Allgemeinen handelt es sich hier in erster Linie um Ansprüche aus Versicherungsleistungen. Auch das eigene Vermögen soll vorerst zum Lebensunterhalt verwendet werden, soweit die Veräußerung zumutbar ist (so etwa nicht der Hausrat, wohl aber Eigenheime und Eigentumswohnungen sowie Autos). Wenn ein Verkauf vorerst nicht zugemutet werden kann, kann z.B. die Sicherstellung von Ersatzansprüchen durch eine Eintragung ins Grundbuch verlangt werden.

Darüber hinaus gibt es in Österreich in allen Bundesländern eine Rückzahlungsverpflichtung des Sozialhilfeempfängers, wenn dieser wieder zu einem eigenen Einkommen über den Richtsätzen gelangt und seine soziale Eingliederung durch die Rückzahlung nicht gefährdet ist. Hierin unterscheidet sich die Sozialhilfe von anderen Unterstützungsleistungen, etwa von der Notstandshilfe (bei Arbeitslosigkeit). Die Regelungen in Österreich sind für die Betroffenen auch weniger günstig als die Regelungen anderer Länder, etwa jene in Skandinavien oder in der BRD (dort kommt eine Rückzahlung nur in Betracht, wenn die Notlage durch grob fahrlässiges Verhalten herbeigeführt wurde oder die Sozialhilfe von vornherein als Darlehen gewährt wurde).

Um die Anspruchsberechtigung auf Sozialhilfe und eventuelle Regreßforderungen zu überprüfen, kann die zuständige Behörde von sich aus Erkundigungen beim Arbeitsmarktservice, bei Arbeitgebern etc. anstellen.

Zur Unterstützung verpflichtet sind auch Angehörige, soweit sie dazu in der Lage sind und dadurch in ihrer Lebensführung nicht wesentlich beeinträchtigt werden. Der Kreis der Angehörigen, die zur Unterstützung verpflichtet sind, wird durch die Bestimmungen des ABGB (Allgemeinen Bürgerlichen Gesetzbuchs) eingegrenzt. Er umfaßt neben den Ehepartnern auch die Eltern bzw. Kinder sowie die Großeltern bzw. Enkeln. Auch nach einer Scheidung liegt noch eine gewisse Unterhaltspflicht gegenüber dem geschiedenen Ehepartner vor, selbst wenn in einer außergerichtlichen Einigung auf eine Unterhaltspflicht verzichtet wurde. Durch Anrechnung fiktiver Unterhaltsleistungen von Geschiedenen können die Richtsätze der Sozialhilfe von den Behörden unterlaufen werden. Darüberhinaus kann der Träger der Sozialhilfe auf das Erbe der Unterstützten zugreifen. Mitunter kann eine Klage gegen die unterhaltsverpflichteten Verwandten zur Voraussetzung der Gewährung von Sozialhilfe gemacht werden. Auch hier ist ein Ermessensspielraum gegeben.

In Wien wird als einzigem Bundesland seit 1974 die Unterhaltspflicht von großjährigen Kindern gegenüber den Eltern und umgekehrt nicht mehr bei der Gewährung der Sozialhilfe berücksichtigt. In Skandinavien geht man in der Sozialhilfe nur mehr von einer Unterhaltspflicht zwischen Ehepartnern, die im gemeinsamen Haushalt wohnen, und von Eltern gegenüber minderjährigen Kindern aus.

Die Kosten, die durch Rückzahlungen oder die Regreßforderungen gegenüber Angehörigen hereingebracht werden, werden auf wenige Prozent der ausgezahlten Beträge geschätzt. Es ist die Frage, ob die Aufrechterhaltung derartiger Bestimmungen finanziell Sinn macht und die Rückforderungen nicht durch die dabei entstehenden Verwaltungskosten mehr als wettgemacht werden. De facto werden derartige Regreßforderungen bereits heute sehr selten gestellt (Dimmel 1989).

Anlaß für das Ansuchen um Unterstützungszahlungen der Sozialhilfe sind häufig Mahnklagen wegen Verschuldung der Betroffenen. 90% der Anträge beziehen sich auf Unterstützungen zum Lebensunterhalt und Beiträge zur Miete. Die Antragsteller sind vielfach von einer Reihe an Problemen belastet, viele sind krank, häufig auch psychisch belastet und in ihrem Verhalten auffällig. Ein Großteil wohnt allein, ein großer Teil ist ledig, ein Fünftel geschieden oder vom Ehepartner getrennt (Dimmel 1989, Köppl und Steiner 1989).

Die Sozialhilfe weist eine Reihe an Zugangsbarrieren auf, die ihre Inanspruchnahme wesentlich einschränken. Schätzungen sprechen davon, daß etwa die Hälfte der Personen, die Anspruch auf eine Unterstützung durch die Sozialhilfe hätten, diese nicht in Anspruch nehmen (Dimmel 1989). Zu dieser Nicht-Inanspruchnahme tragen mehrere Faktoren bei, einmal das negative Image des Sozialhilfeempfängers als eines auf die Untersützung anderer angewiesenen Menschen, aber auch eines "Sozialschmarotzers". Zum anderen das Gefühl zum Bittsteller zu werden, aber auch begründete Befürchtungen, damit eventuell Verwandte zu belasten und so in neue Konflikte zu geraten. Schließlich auch die Angst vor dem Gerede anderer Leute, wenn eventuelle Nachforschungen durch die Behörden die Tatsache bekannt machen, daß man Sozialhilfe bezieht.

Der Antragsvorgang und die Regelungen, denen die Gewährung von Sozialhilfe unterliegt, sind den Antragstellern wenig bekannt. Hier treffen mangelnde Kompetenz in rechtlichen Dingen auf der Seite der Antragsteller und geringe Informationsbereitschaft der Behörden zusammen. Selbst Leute, die bereits seit längerer Zeit Sozialhilfe beziehen und wiederholt Anträge gestellt haben, füllen die Anträge nur unvollständig aus und bringen nicht die erforderlichen Unterlagen bei. Aus diesem Grund sind die Durchsetzungschancen jener Antragsteller deutlich größer, die auf die Hilfe von Sozialarbeitern oder von Beratungsstellen zurückgreifen können und so ihre Ansprüche vorformulieren und besser vertreten können.

Die Behandlung der Sozialhilfeanträge obliegt Beamten, die keine spezielle sozialpädagogische Ausbildung und oft auch eine unzureichende rechtliche Kenntnis haben. Am Beispiel der Stadt Salzburg berichtet Dimmel (1989), daß die Referenten täglich etwa 10- 20 Anträge bearbeiten und zur Bearbeitung eines Falls und zur Abschätzung der Bedürftigkeit etwa 20 min Zeit haben. Etwa 30% der Antragsteller werden, ohne Eröffnung eines Verfahrens und nähere Beweisaufnahme, mit einem abschlägigen mündlichen Bescheid weggeschickt. Nur in wenigen Fällen wird von den Antragstellern die Ausstellung eines schriftlichen Bescheids verlangt.

Die kurze zur Verfügung stehende Zeit macht es praktisch unmöglich, dem Anspruch der individuellen Beurteilung jeder sozialen Situation gerecht zu werden, und bedingt ein hohes Ausmaß an Urteilsbildung aufgrund eines ersten Eindrucks. Aus Unsicherheit erheben die meisten Antragsteller auch kaum Einwände gegen die Beurteilung der Referenten.

An sich gibt es die Möglichkeit, gegen einen Bescheid Einspruch zu erheben, dieser hat allerdings aufschiebende Wirkung, sodaß die Antragsteller bis zur Klärung ihres Einspruchs vorerst keine Unterstützung, auch nicht die ihnen vorläufig zugesprochene, erhalten.

Hilfe zur Beschäftigung als Teil der Sozialhilfe: In der BRD sieht das Bundessozialhilfegesetz Maßnahmen der Sozialhilfe zur Arbeitsbeschaffung und Beschäftigungshilfe vor, soweit dadurch Arbeiten unterstützt werden, die gemeinnützig sind und mit dem regulären Arbeitsmarkt nicht in Konkurrenz treten. Diese Beschäftigungshilfe nimmt verschiedene Formen an (Hoppensack und Wenzel 1985):

- Es kann sich um reguläre Arbeitsverhältnisse handeln, in denen bisher Arbeitslose zu den üblichen Bedingungen des Kollektivvertrags beschäftigt werden.
- Es ist jedoch auch vorgesehen, daß Sozialhilfeempfänger zu gemeinnützigen Arbeiten ohne regulären Arbeitsvertrag herangezogen werden, weiter Sozialhilfe erhalten und nur für den Mehraufwand mit einer Art Prämie entschädigt werden.
- Schließlich wird von der Sozialhilfe auch die Beschäftigung in speziellen Rehabilitationseinrichtungen und auf sogenannten geschützten Arbeitsplätzen unterstützt. Da dies vor allem behinderte Menschen betrifft, wird auf diesen Aspekt später eingegangen (siehe Kap.7).

Die Beschäftigungsmaßnahmen der Sozialhilfe haben zwei sehr unterschiedliche Aspekte. Einmal können und sollen diese Maßnahmen jenen, die auf Grund der Situation des Arbeitsmarkts keine Gelegenheit haben, ihre Fähigkeiten sinnvoll einzusetzen, entsprechende Möglichkeiten bieten. Diese Maßnahmen können somit dazu beitragen, negative Auswirkungen von Arbeitslosigkeit zu verhindern. Andererseits stellen sie eine Art Kontrolle der Arbeitswilligkeit und damit ein Zwangsmittel dar (wenn die angebotene Arbeit nicht angenommen wird, so kann die Sozialhilfe gekürzt werden). Damit findet eine alte Tradition eine Fortsetzung, die vor allem in England zu Beginn des 19.Jahrhunderts propagiert wurde und bereits damals heftig kritisiert wurde (der sogannte Arbeitshaus-Test: Wer sich nicht bereit erklärt, in einem Arbeitshaus die zugewiesene Arbeit auszuführen, verliert das Anrecht auf soziale Unterstützung).

In der Praxis ist vor allem die Zuweisung von Arbeiten ohne Arbeitsvertrag kritisch zu sehen. In der BRD werden solche "Arbeitshilfen" vor allem von den Stadtgemeinden organisiert, in München nahmen 1983 immerhin 13% aller durch die offene Sozialhilfe Unterstützten an derartigen Maßnahmen teil

(1.8.1983 2138 "Sozialhilfearbeiter", die an etwa 140 Stellen täglich für 5 Stunden beschäftigt wurden) (Hoppensack und Wenzel 1985). Vorherrschend sind Gartenarbeiten, Arbeiten an Sportanlagen und in Altenheimen, Krankenhäusern, Schulen etc. Problematisch ist dabei besonders, daß diese Arbeiten meist nicht den besonderen Fähigkeiten und Interessen der Betroffenen entsprechen, da an der Zuteilung auch kaum Sozialarbeiter mitwirken. Die längerfristigen Chancen, eine Stelle am regulären Arbeitsmarkt zu finden, werden dadurch im Allgemeinen nicht erhöht.

Garantiertes Mindesteinkommen statt Sozialhilfe: Der Neugestaltung der staatlichen Sozialpolitik, die in vielen europäischen Ländern vor einigen Jahrzehnten vorgenommen wurde, lag die Vorstellung zugrunde, daß der Sozialhilfe immer weniger Bedeutung für die Sicherung des Lebensunterhalts zukommen wird und diese Unterstützung in erster Linie für die Belastungen durch besondere Notsituationen vorzusehen ist. Die Entwicklung seit diesen Reformen hat jedoch deutlich gemacht, daß einige Bevölkerungsgruppen wegen eines zu geringen Arbeitseinkommens bzw. durch Lücken in den vorgeordneten Netzen sozialer Sicherheit weiterhin auf die finanziellen Leistungen der Sozialhilfe angewiesen sind. Dies hat zu einer intensiven Auseinandersetzung über eine Neuorientierung der Sozialpolitik geführt (Althaler und Stadler 1990, Leibfried und Tennstedt 1985), in der verschiedene Möglichkeiten zur Sicherung eines Grundeinkommens diskutiert werden.

Von einigen Sozialwissenschaftlern und politischen Vertretern wurde die Forderung nach einem garantierten Grundeinkommen für alle erhoben, das unabhängig von der Arbeitsleistung sein und die Grundbedürfnisse decken soll. Damit sollte es zu einer Entkoppelung von Arbeit und Einkommen kommen. In Anbetracht einer konstant hohen chronischen Arbeitslosigkeit in vielen Regionen (Sockelarbeitslosigkeit) trotz großer Produktivität der Wirtschaft würde dies für manche eine Möglichkeit zu einer freien Entscheidung bieten, am Erwerbsleben als Lohnabhängige teilzunehmen oder sich der Familie zu widmen bzw. im privaten Bereich zu beschäftigen. Auf diese Weise könnte eine notwendige Entlastung des Arbeitsmarkts herbeigeführt werden.

Von anderen wird eine Verbesserung der Einkommenssicherung in den traditionellen Formen vorgezogen: höherer garantierter Mindestlohn, Anhebung der Mindestrenten, Verbesserung der Leistungen aus der Arbeitslosenversicherung etc.

Schuldnerberatung: Zu den traditionellen Aufgaben der Sozialhilfe ist in den letzten Jahren noch eine weitere Aufgabe in größerem Ausmaß hinzugekommen, nämlich die Schuldnerberatung und die Koordinierung von Umschuldungsmaßnahmen. Ein nicht unerheblicher Teil der sozial schwächeren Bevölkerungsschicht hat ein derartiges Ausmaß an persönlichen Schulden angehäuft, daß sie wegen Rückzahlungen ihren Lebensunterhalt nicht mehr bestreiten können und (um der Pfändung zu entgehen) teilweise in die Illegalität gedrängt werden (keine Meldung des Wohnsitzes, Schwarzarbeit). Hier muß versucht werden, für die Betroffenen einen Weg zu finden, wie sie sich aus diesem Teufelskreis befreien und wieder Boden unter den Füßen finden können.

Betroffen sind vielfach jüngere Arbeitnehmer, Familien mit kleinen Kindern. Ursache der sich anhäufenden Schulden sind auch unseriöse Methoden der Kreditwerbung seitens der Banken und Handelsunternehmen sowie überzogene Kreditkosten. Die Interventionen beziehen sich einmal auf angemessene Beratung über die Rechtsverbindlichkeiten, die Möglichkeit, Forderungen abzulehnen bzw. aus den Verbindlichkeiten wieder herauszukommen. Die Beratung wird weiter Prioritäten der Zahlung festlegen und versuchen müssen, über einen Schuldennachlaß oder den Verzicht auf Zinsen bzw. eine Umschuldung zu günstigeren Bedingungen, die Belastung zu reduzieren. Beratungsstellen können neben einem Schuldenregulierungsplan auch die Einkommensverwaltung zeitweise übernehmen und mithelfen, zu einer wirtschaftlicheren Haushaltsführung zu gelangen (Wagner 1990). Die Ausarbeitung einer für den Schuldner angemessenen Regelung könnte durch die kürzkuch beschlossene Neufassung des Insolvenzrechts erleichtert werden, die in einem zweistufigen Verfahren eine Schlichtungsstelle auf Landesebene und im Fall des Scheiterns die Einschaltung des Gerichts vorsieht, wo eine teilweise Streichung der Rückzahlungsverpflichtung bis hin zu einer Mindestquote verordnet werden kann (siehe Ratter und Reinprecht 1992, S.189f).

2.2 Sozialberatung

Hier wären zwei Aufgaben zu unterscheiden: einmal die Aufgabe der Beratung in Bezug auf die verfügbaren Unterstützungsmöglichkeiten und die Ansprüche auf Hilfe, zum anderen die persönliche Beratung für die Lebensführung.

In Österreich wird die persönliche Beratung vom Sozialdienst der Gemeinden wahrgenommen, wobei hier eine Trennung zwischen der Beratung durch den Sozialdienst des Sozialamts und jenem des Jugendamts, des Invalidenamts und anderer Stellen üblich ist. In der BRD wurde im letzten Jahrzehnt, ähnlich wie bereits zuvor in Großbritanien, vielfach die Organisation der sozialen Beratungsdienste reformiert und ein allgemeiner Sozialdienst, der für alle Gruppen zuständig ist, geschaffen. In der BRD ist ein Sozialarbeiter für 6-8.000 Einwohner zuständig (Wolff 1983).

Ähnlich wie in Wien die Sozialarbeiter des Jugendamts sind die Sozialarbeiter des allgemeinen Sozialdienstes in der BRD jeweils für einen Bezirk bzw. Sprengel zuständig, auch wenn sie mit anderen Sozialarbeitern gemeinsam in einer größeren Dienststelle zusammengefaßt tätig sind. Sie sind in dieser Dienststelle zu bestimmten Amtsstunden erreichbar und ein Großteil des

Klientenkontakts findet in den Amtsräumen statt, Hausbesuche haben gegenüber früher an Bedeutung verloren.

Arbeitsweise des Sozialdienstes: Der allgemeine Sozialdienst ist zu einer Anlaufstelle für eine Vielfalt an Problemen geworden. Ein Großteil seiner Funktion besteht in der Vermittlung von Hilfestellungen. Dazu ist es notwendig, über Ansprechpartner in anderen Ämtern und Einrichtungen zu verfügen und zu wissen, wer bei welchen Problemen hilfreich sein kann und wie das Anliegen vorgebracht werden muß, damit auf ein Entgegenkommen gerechnet werden kann. Neben der Vermittlung von Hilfe gibt es für die Sozialarbeiter auch Betreuungsfälle im engeren Sinn. Teilnehmende, qualitative Untersuchungen (Wolff 1983) haben sich bemüht herauszuarbeiten, was einen richtigen Betreuungsfall für Sozialarbeiter ausmacht. Kennzeichen dürfte es sein, daß solche Fälle längere Zeit benötigen, um eine Beziehung aufzubauen, und eine Vielzahl an Problemen aufweisen, für die Hilfe in Anspruch genommen wird. Das Vorgehen der Sozialarbeiter besteht meist darin, daß sie die Aufmerksamkeit jeweils auf ein Problem konzentrieren und versuchen, diese Probleme auf diese Weise der Reihe nach zu bearbeiten.

Trotz der Einschränkung der Zuständigkeit der Sozialarbeiter auf einen Bezirk, gibt es für sie das Problem, die Zahl der Fälle, um die sie sich kümmern, weiter einzuschränken (Wolff 1983). Sie sollen es vermeiden, Fälle an sich zu binden oder zuviele Fälle zu "schaffen". Eine wesentliche Hürde für die Klienten stellt dabei die Beschränkung der Zugänglichkeit auf bestimmte Amtsstunden dar, wo die Klienten der Reihe nach ihre Probleme vorbringen können. Die sich auf diese Weise bildende Warteschlange bringt von selbst eine Begrenzung der Fallzahl mit sich. Die Bürde zur Überwindung von Zugangsbeschränkungen wird hier freilich den Klienten aufgeladen.

Ein weiteres Mittel, die eigene Arbeitsbelastung zu kontrollieren, hat der Sozialarbeiter durch die Entscheidung, wie lange er einen Fall als aktuell betrachtet und wie oft er selbst die Initiative ergreift, um bei der Bearbeitung der Fälle ein Stück weiterzukommen. Hier wird die Methode der Wiedervorlage von Akten angewandt, dh. der Sozialarbeiter entscheidet, in welcher Frist die Akte eines bestimmten Falls wieder vorgelegt werden soll, wenn sich bis dahin keine neue Initiative des Klienten oder einer anderen Stelle ergeben hat.

Probleme eines einheitlichen Sozialdienstes: Auch aus anderen Ländern, die Anfang der 70-er Jahre eine Reform der Sozialdienste durch Schaffung eines allgemeinen Sozialdienstes eingeführt haben, liegen aufschlußreiche Analysen über die Arbeitsweise der Sozialdienste vor, vor allem aus Großbritanien (Goldberg 1980). Dort wurde aufgrund der Empfehlungen des Seebohm-Berichtes aus drei früher getrennten Sozialdiensten (für Kinder- und Jugendfürsorge, für alte und behinderte Menschen und für psychisch Kranke) ein integrierter Sozialdienst geschaffen, der für ein bestimmtes Einzugsgebiet zuständig ist und einer lokalen Behörde (Social Services Committee) verantwortlich ist.

Trotz der allgemeinen Zuständigkeit des Sozialdienstes betrachteten die meisten Sozialarbeiter in Großbritanien auch nach der Reform des Sozialdienstes es als ihre primäre Aufgabe, mit Familien zu arbeiten und sich hierbei um die Anliegen von Kindern zu kümmern. De facto bestand jedoch der größte Teil des Klientels aus alten und behinderten Menschen (Goldberg 1980). Die Arbeit mit diesen Klienten wurde jedoch als weniger attraktiv empfunden, da sie nicht dem entsprach, was die Sozialarbeiter als ihre speziellen Kompetenzen empfanden. Die Orientierung der Sozialarbeiter an der Arbeit mit Familien stimmte also nur begrenzt mit der Aufgabenstruktur überein.

Vor allem von Seiten behinderter Menschen ist in Großbritanien Kritik an den allgemeinen Sozialdiensten geübt worden. Untersuchungen haben gezeigt, daß nur ein sehr geringer Teil der Familien mit schwerbehinderten Personen Unterstützung durch den Sozialdienst erhält, obwohl dieser an und für sich für diese Familien zuständig wäre (Glendinning 1983). Die Kritik richtet sich vor allem darauf, daß die Sozialarbeiter des allgemeinen Sozialdienstes mit den speziellen Anliegen behinderter Menschen zu wenig vertraut sind und auch über die verfügbaren Hilfen zu wenig informiert sind. Ein weiteres Problem ergibt sich daraus, daß Familien mit behinderten Personen die Hilfe des Sozialdienstes nur wegen der Probleme, die sich durch die Behinderung ergeben, in Anspruch nehmen. Sie haben somit keine Vorerfahrung mit dem Sozialdienst und wissen kaum über die verfügbaren Hilfen und die Kriterien, nach denen sie vergeben werden, Bescheid. Dies führt dazu, daß sie nicht von sich aus den Sozialdienst aufsuchen und wenn, dann nur bei dringendem Bedarf. Die erforderliche Bearbeitungszeit von Anträgen um Hilfe wird dann als ungebührlich lang empfunden und entspricht nicht der Dringlichkeit der Anliegen.

Durch die Zusammenlegung der verschiedenen Dienste und den in der Folge stattgefundenen Ausbau der Sozialdienste sind die lokalen Sozialdienste in Großbritanien zu recht großen Einrichtungen geworden. Dies hat zu weiteren Bemühungen um eine Reorganisation geführt. Dabei sind drei Tendenzen festzustellen:

- Ein Teil der Sozialdienste hat die Teams, die für ein größeres Einzugsgebiet zuständig waren, in kleinere Bereiche aufgelöst, um eine größere Nähe zu überschaubaren lokalen Einheiten zu gewinnen. Dieser Trend dominierte in den 80-er Jahren (Challis und Ferlie 1986, 1987).
- In anderen Sozialdiensten wurde zwischen einem Team unterschieden, das für die Bearbeitung neuer Fälle und kurzfristiger Anliegen zuständig ist (intake team), und einer anderen Gruppe, die sich um längere Betreuungsfälle kümmert.

- In vielen Sozialdiensten ist eine interne Untergliederung der Dienste eingeführt worden, die das alte Prinzip der Zuständigkeit für bestimmte Klientengruppen wiederaufnimmt. Selbst wenn man spezielle Dienste, wie Child Guidance Kliniken, außer acht läßt, versteht sich fast ein Drittel der Sozialarbeiter als Spezialisten, die für die Betreuung bestimmter Klientengruppen zuständig sind (Challis und Ferlie 1987).

Definition der Aufgaben des Sozialdienstes durch die Mitarbeiter und Erwartungen der Klienten: Bedeutsame Unterschiede bestehen vielfach in der Perspektive der Sozialarbeiter und der Klienten. So konnte in englischen Untersuchungen gezeigt werden, daß sich die Sozialarbeiter in erster Linie für persönliche Beratung und die Arbeit an den persönlichen Problemen der Klienten zuständig fühlen. Nur ein geringer Teil der Klienten hat jedoch die Bereitschaft und den Wunsch, sich bei persönlichen Problemen helfen zu lassen. Die Anliegen der Klienten sind viel stärker auf praktische Hilfestellungen hin orientiert. Individuelle Beratungsarbeit (case work) macht daher auch nur einen Bruchteil der tatsächlichen Tätigkeit der Sozialarbeiter aus, wobei der Anteil in verschiedenen Untersuchungen zwischen 5 und 20% der Aktivitäten von Sozialarbeitern beträgt (Goldberg 1980).

Unter dem Druck finanzieller Einschränkungen wird Sozialarbeit vielfach auf Krisenintervention in den dringendsten Situationen beschränkt. Nur jene Personen können auf eine Beachtung ihrer Anliegen hoffen, die überzeugend einen dringenden Bedarf geltend machen. Hier unterscheidet sich die Sichtweise der Mitarbeiter der Sozialdienste in vielen Fällen nicht unwesentlich von der Sichtweise der Klienten. Während die Klienten ihre Notlage möglichst eindringlich vorbringen müssen und sich dabei vielfach als Bittsteller empfinden, erwirbt ein Teil der Mitarbeiter der Sozialdienste mit der Zeit eine recht skeptische Haltung gegenüber den Darstellungen der Probleme durch die Klienten.

Bemühen um eine stärkere Gemeindeorientierung in der Arbeit der lokalen Sozialdienste: Die Arbeit der Sozialdienste besteht überwiegend in der Bearbeitung von individuellen Problemen, auf die die Sozialarbeiter durch andere Ämter hingewiesen werden bzw. deretwegen die Sozialdienste von Klienten aufgesucht werden. Die Arbeit ist also reaktiv. Hinzu kommt noch, daß die Dienste in der Bevölkerung ein geringes Ansehen haben. Vor allem in kleineren Gemeinden bedeutet es in den Augen anderer sowohl das Eingeständnis, daß man selbst bzw. die eigene Familie mit den persönlichen Problemen nicht zurecht kommt, als auch daß man zu Nachbarn und anderen Mitgliedern der Gemeinde kein Vertrauen hat, wenn man sich an den Sozialdienst wendet (Black et al. 1983). Aus diesem Grund wurde z.B. in einigen lokalen Sozialdiensten in Großbritanien der Versuch gemacht, die Sozialdienste stärker in den Gemeinden zu verankern und Hilfestellungen für Anliegen der Gemeinde, nicht so sehr für einzelne Klienten in den Vordergrund zu stellen (Hadley und McGrath 1984). Die Erfahrungen zeigen, daß es dabei wesentlich ist, daß die Mitarbeiter der Sozialdienste in der Gemeinde präsent sind, daß sie dort wohnen, bei Projekten mitarbeiten oder selbst solche initiieren. Unter diesen Umständen werden sie auf Probleme zu einem Zeitpunkt aufmerksam, zu dem diese noch leichter lösbar sind, und es gelingt ihnen auch leichter, zu erkennen, wieweit Nachbarn und andere Mitglieder der Gemeinde Hilfestellungen leisten können.

Sozialberatung durch Verbände: Ein Teil der Sozialberatung, die Beratung in Bezug auf Rentenansprüche und die Hilfestellung bei der Formulierung von Anträgen, ist in einigen Ländern, wie in Italien, überregionalen Verbänden übertragen, die dafür in Form von Patronaten eigene Beratungsdienste eingerichtet haben. Zum Teil übernehmen diese Beratungsstellen auch Aufgaben der allgemeinen Sozialberatung über die Beratung in Bezug auf Rentenansprüche hinaus. Die öffentliche Hand finanziert diese Beratungstätigkeit durch die Bezahlung der Personalkosten, wobei sich die Anzahl der bezahlten Beraterstellen an der Anzahl der über die jeweiligen Organisationen eingebrachten Anträge richtet. Ähnliche Beratungsaufgaben übernehmen auch in Österreich verschiedene Interessensvertretungen. Ein Vorteil dieser Form von Beratungstätigkeit liegt darin, daß der Zugang zu dieser Beratung über ein Netz von ehrenamtlichen Mitarbeitern mit einer niedrigen Schwelle versehen ist und dadurch vielen erleichtert wird. Auch kann durch organisationsinterne Fortbildung gewährleistet werden, daß die Beratungstätigkeit breiter angelegt ist und Kenntnisse über soziale Unterstützungsmgölichkeiten allgemein zugänglicher werden, somit nicht mehr nur Sache einiger Spezialisten sind.

Telephonische Beratungsdienste (Sozialnotruf): Sozialberatung sollte mit möglichst geringen Schwellen angeboten werden. Wohl aus diesem Grund kommt telephonischen Beratungsdiensten eine besondere Bedeutung zu. Die hier gegebene Anonymität erleichtert es manchen, Kontakt aufzunehmen.

2.3 Ehe- und Familienberatung

Ehe- und Familienberatungsstellen: Ehe- und Familienberatungsstellen stehen traditionell im Schnittpunkt von medizinischer, juristischer, psychologischer und sozialfürsorgerischer Beratung. In den letzten 20 Jahren haben sie immer stärker therapeutische Funktionen angenommen.

In Österreich wurde die Finanzierung und damit ein großzügigerer Ausbau von Ehe- und Familienberatungsstellen 1974 durch das Familienberatungsförderungsgesetz ermöglicht. Ehe- und Familienberatungsstellen müssen sowohl einen Arzt wie einen Psychologen, Juristen und Sozialarbeiter zur Verfügung stellen. Sie müssen mindestens 8 Stunden pro Monat zugänglich sein, wenigstens zu einem Teil auch in den Abendstunden, um auch für Berufstätige erreichbar zu sein. Die Beratung muß kostenlos angeboten werden, die Beratungsstunden werden zu festgelegten Stundensätzen aus dem Familienlastenausgleichsfond honoriert.

In anderen Ländern (BRD, Italien etc.) wurde im Zusammenhang mit der Einführung einer Beratungspflicht vor der Durchführung eines Schwangerschaftsabbruchs die Aufgabe der Ehe- und Familienberatung in erster Linie als eine medizinisch-psychologische definiert. So wird z.B. in Südtirol als Aufgabe der Familienberatungsstellen die Beratung in Bezug auf Schwangerschaft und Geburt, aber auch in Bezug auf Schwangerschaftsverhütung an erster Stelle angeführt. Neben den Ärzten können in Italien auch die Familienberatungsstellen ein Gutachten zur Indikation für einen Schwangerschaftsabbruch ausstellen, das für die Durchführung eines Abbruchs erforderlich ist.

Hilfen zur Einübung und zur Erneuerung der Partnerschaft in der Ehe: Vor allem von kirchlicher Seite existiert ein Angebot zur Vorbereitung auf die Ehe in Form von Kursen für Brautpaare. Die von den USA übernommene Marriage Encounter-Bewegung bietet Seminare zur Erneuerung der Ehe aus religiöser Sicht an, wobei sich dieses Angebot an Ehepaare richtet, deren Beziehung sich nicht in einer krisenhaften Konfliktsituation befindet.

Hilfen für von Ehescheidung Betroffene: Selbst einvernehmliche Trennungen führen bei allen Betroffenen zu länger anhaltenden Anpassungsschwierigkeiten. Die sozialen Dienste des Jugendamts sind in die Auseinandersetzungen einbezogen, indem sie vom Gericht zur Mitwirkung bei Sorgerechtsentscheidungen aufgefordert werden können. Spezielle Maßnahmen sind jedoch noch darüberhinaus erforderlich. Neben dem Beratungsangebot der Ehe- und Familienberatungsstellen, das auch eine Begleitung bei der Verarbeitung von Scheidung vorsehen sollte, sind hier vor allem Gruppenangebote für Geschiedene von Bedeutung.

Mit den Problemen bei der Ehescheidung sind vor allem Rechtsanwälte konfrontiert. Amerikanische Untersuchungen zeigen, daß ein relativ großer Teil der Beratungszeit für das Besprechen persönlicher Probleme aufgewendet wird. Die Mehrzahl der Anwälte akzeptiert dies, die von Anwälten verwendeten Beratungsstrategien scheinen jedoch nur zum Teil effektiv zu sein. Viele würden sich eine psychologisch-psychiatrische Beratung für ihre Aufgabe wünschen (Felner et al. 1982). Die betroffenen Klienten selbst äußern sich zu einem beträchtlichen Teil unzufrieden mit der Hilfe und Beratung, die sie von ihren Anwälten für die Lebensgestaltung erhalten haben. Ein Viertel meint, daß sich die Beziehung zu ihren Partnern durch den Einfluß der Anwälte verschlechtert hat (Spanier und Anderson 1979).

Ausgehend von den USA hat sich in den letzten Jahren die Funktion eines Vermittlers etabliert, der weder die Position des einen noch jene des anderen

Partners vertritt, sondern versucht, in einem außergerichtlichen Verfahren zu vermitteln und dabei sowohl therapeutische wie juristische Kenntnisse einsetzt (Coogler 1978, Haynes et al. 1993, Neville 1990). Haynes et al. (1993), die auf Grund längerer Erfahrung einen Ratgeber für die Praxis des Mediationsprozesses verfaßt haben, halten als grundlegende Regeln fest, daß sich der Mediator auf die Steuerung des Prozesses konzentriert (und nicht die Inhalte der Mediation bestimmt, die von den Paaren kommen müssen) und daß er sich allparteilich verhält, also etwa darauf achtet, daß beide Konfliktpartner gleich häufig zu Wort kommen, die Interessen beider Partner anerkannt werden und daß Probleme nicht einseitig, sondern wechselseitig definiert werden. In der BRD haben sich mittlerweile sowohl eine Bundesarbeitsgemeinschaft für Mediation als auch regionale Arbeitskreise gebildet und es werden Aus- und Fortbildungen für Mediatoren angeboten (seit kurzem auch in Österreich, siehe Stumm et al. 1995). Mediation bei Scheidungsfragen wird nicht nur von Familienberatungsstellen, sondern zunehmend auch freiberuflich in eigenen Praxen (meist zusammen mit einem Co-Mediator) angeboten, wobei für eine Mediation mit etwa 12 Stunden Vermittlungstätigkeit gerechnet wird.

2.4 Spezielle Maßnahmen zur Unterstützung von Frauen

Es ist wohl unbestritten, daß es solange spezieller Maßnahmen zur Unterstützung von Frauen bedarf, solange die Gleichberechtigung von Frauen in allen wesentlichen Belangen des öffentlichen Lebens nicht erreicht ist und Frauen besonderen Belastungen ausgesetzt sind. Auch die sozialen Dienste müssen hier geeignete Maßnahmen vorsehen.

Beschränkungen in der Chancengleichheit von Frauen und Männern ergeben sich am Arbeitsmarkt einmal dadurch, daß Frauen trotz durchschnittlich höherer Schulbildung als Männer seltener eine Berufsausbildung absolvieren. Zum anderen konzentrieren sich die Ausbildungen von Frauen weit stärker auf einige Berufsbilder, wobei vielfach Berufe dominieren, die nur geringe Aufstiegsmöglichkeiten und zum Teil sogar langfristig kaum Beschäftigungschancen bieten.

Zu diesen ausbildungsbedingten Faktoren kommen die Unterbrechungen der Berufslaufbahn hinzu, die sich durch Geburten und die Übernahme von Verpflichtungen bei der Kindererziehung ergeben. Schätzungen sprechen davon, daß durch die Unterbrechung der Berufslaufbahn für wenige Jahre ein unverhältnismäßig großer Verlust am insgesamt erzielten Lebenseinkommen entsteht, der je nach beruflicher Position und Dauer der Unterbrechung zwischen 10% und 67% betragen kann (Badelt 1990). Dieser Einkommensverlust ist zu einem wesentlichen Teil dadurch bedingt, daß in dieser Zeit der Anschluß an

Entwicklungen im Betrieb und im eigenen Beruf versäumt wird. Durch die Möglichkeit einer Teilzeitarbeit kann deshalb der Einkommensverlust unter Umständen beträchtlich reduziert werden.

Die zusätzliche Belastung von Frauen durch die Übernahme eines Großteils der Hausarbeit spielt bei der Verminderung von Aufstiegschancen ebenfalls eine Rolle.

Welche Rolle Benachteiligungen durch Diskriminierung in einer noch immer von Männern dominierten Arbeitswelt spielen, ist schwer zu beurteilen. Hier bestehen sicher beträchtliche Unterschiede zwischen verschiedenen Berufszweigen.

Ganz allgemein läßt sich immer noch, trotz deutlicher Änderungen in den letzten Jahren, eine geringere Aufstiegsorientierung und die Ablehnung von Konkurrenzsituationen als wesentliches Merkmal beruflicher Einstellung von Frauen feststellen.

Als weiterer Faktor wäre schließlich noch die häufigere Beschäftigung von Frauen in Betriebszweigen wie der Textilindustrie anzuführen, die durch ein traditionell niedriges Lohnniveau und durch starken Konkurrenzdruck aus Billiglohnländern gekennzeichnet ist. Ein deutlich niedrigeres Lohnniveau in der Textilbranche besteht in allen industrialisierten Ländern, der Unterschied ist jedoch gerade in Österreich besonders markant, wo die Durchschnittslöhne um ein Drittel niedriger sind als in den übrigen Beschäftigungszweigen (Eder und Gall 1990).

Neben typischen Männerberufen gibt es zudem typische Frauenberufe, wobei diese Berufe vielfach auch eine unterschiedliche Lohnstruktur zu Ungunsten von Frauen aufweisen.

Auch die Teilzeitarbeit bringt für Frauen schlechtere Arbeitsbedingungen und eine ungenügende Entlohnung mit sich. Entwickelte sich die Teilzeitarbeit zunächst als Reaktion auf ein ungenügendes Angebot an Vollzeitarbeitskräften und als Folge des Bemühens, auch Frauen als zusätzlichen Arbeitskräften den Zugang zum Arbeitsmarkt zu ermöglichen, so ist in den letzten Jahren im Rahmen von Rationalisierungen eine Umstellung von Vollzeit- in Teilzeitarbeitsplätze festzustellen. Die Teilzeitbeschäftigung konzentriert sich auf Niedriglohnbranchen (Handel und Dienstleistungsbetriebe) sowie un- und angelernte Arbeitskräfte. Etwa ein Viertel der Frauen übt derzeit bereits Teilzeitbeschäftigungen aus (Loudon 1990). 90% der Teilzeitbeschäftigten sind Frauen (Rowhani 1990), wobei vor allem verheiratete Frauen zwischen 30 und 50 Jahren überrepräsentiert sind. Trotz einer deutlichen Zunahme der Teilzeitarbeit in allen europäischen Ländern bestehen noch immer große Unterschiede in der Teilzeitarbeitsquote, wobei Österreich eher am unteren Ende rangiert.

Alle Faktoren zusammengenommen führen dazu, daß das Einkommensniveau von Frauen deutlich unter jenem der Männer liegt. Selbst bei gleicher

Arbeitszeit verdienen Frauen im Durchschnitt in Österreich um 23% weniger als Männer (Rowhani 1990).

Maßnahmen zur Durchsetzung der Gleichbehandlung am Arbeitsmarkt: Formell ist in den deutschsprachigen Ländern die Gleichbehandlung am Arbeitsmarkt garantiert, defacto erleben Frauen jedoch immer wieder Diskriminierung. In den letzten Jahren wurden im deutschsprachigen Raum sowohl in öffentlichen Dienststellen wie bei privaten Betrieben Frauenbeauftragte, Gleichstellungsstellen u.ä. eingerichtet, um diese Situation zu verändern. In sogenannten Frauenförderplänen sollen Maßnahmen ausgearbeitet werden, die zu einer schrittweisen Verbesserung der beruflichen Situation von Frauen beitragen sollen. Die meisten dieser Pläne beruhen auf einer Betriebsvereinbarung zwischen der Unternehmensleitung bzw. den Leitungsgremien öffentlicher Einrichtungen und den Belegschaftsvertretern.

Ein minimales Ziel dieser Frauenförderpläne ist es, durch Erleichterung der Wiedereingliederung nach Erziehungszeiten Frauen eine berufliche Entwicklung zu erleichtern. In einigen Plänen wird darüber hinaus die bevorzugte Einstellung und Beförderung von Frauen in verschiedenen Arbeitsbereichen vereinbart, bis ein ausgeglichenes zahlenmäßiges Verhältnis von Frauen und Männern in allen wesentlichen beruflichen Positionen erreicht ist. Diese Maßnahmen sollen mit der betrieblichen Unterstützung von Aus- und Weiterbildungsmaßnahmen verbunden werden (Bednarz-Braun 1990). Es kann angenommen werden, daß wesentliche Veränderungen in den Berufschancen von Frauen nur mit entsprechenden Fördermaßnahmen erreicht werden können.

Frauenberatungsstellen: Für viele Frauen ist es bedeutend leichter eine Beratungsstelle aufzusuchen, in der sie es mit anderen Frauen zu tun haben, die ein besonderes Verständnis für ihre Probleme mitbringen. In diesen Beratungsstellen kommt auch der Mitarbeit von ehrenamtlichen Helferinnen und der Unterstützung von Selbsthilfegruppen eine große Bedeutung zu.

Wenn für Frauen die Situation in einer Partnerschaft unerträglich geworden ist, fällt es ihnen oft besonders schwer, eine Möglichkeit zu einem Neuanfang zu finden. Ohne Hilfestellung sind sie dann nicht zu selten Mißhandlungen und der Gewalttätigkeit von Männern ausgesetzt.

Frauennotruf: Das Erleiden von Gewalt und Vergewaltigung ist eine tabuisierte, für die Betroffene jedoch traumatische Erfahrung, die zu starker persönlicher Verunsicherung führen kann. Durch den Frauennotruf wird den Frauen eine Aussprache angeboten, die eine Verarbeitung dieser Erfahrungen erleichtern und dabei helfen soll, die aufgrund dieser Erlebnisse nötigen Schritte und Konsequenzen zu setzen.

Frauenhäuser sollen den Frauen in dieser Situation einen geschützten Raum bieten und ihnen damit die Möglichkeit geben, eine unerträglich gewordene

Situation zu verlassen. Vielfach handelt es sich um Frauen mit Kindern, sodaß Frauenhäuser (wenigstens für eine Übergangszeit) auch Möglichkeiten für eine Kinderbetreuung tagsüber vorsehen müssen, um die Frauen zu entlasten und ihnen die Wiederaufnahme einer Berufstätigkeit zu ermöglichen.

Die Aufgaben, die von den Mitarbeiterinnen der Frauenhäuser übernommen werden, bestehen einmal in einer intensiven Beratungstätigkeit, zum anderen in der praktischen Unterstützung der Frauen beim Versuch, ihr Leben neu zu ordnen (Begleitung beim Holen von Sachen aus der Wohnung, Organisieren finanzieller Unterstüzung für den Lebensunterhalt, Arbeitssuche, später Wohnungssuche etc.). Hinzu kommen Aufgaben wie Öffentlichkeitsarbeit, Organisieren des Zusammenlebens im Haus. Die meisten Frauenhäuser streben bewußt Formen der Selbstverwaltung an, wollen also keine öffentliche Einrichtung oder eine Einrichtung eines Verbandes sein, sondern die Aufgaben gemeinsam in demokratischer Selbstbestimmung bewältigen (Karlsson 1988).

Ein Prinzip der Arbeit ist das Parteiergreifen zugunsten der Frauen in ihrem Wunsch nach Selbstbestimmung. Diese Parteilichkeit drückt sich auch darin aus, daß eine Beratung der Frauen, nicht aber eine Partnerberatung angeboten wird. Aus ihr ergibt sich weiter, daß nur Frauen Mitarbeiterinnen der Frauenhäuser sind.

Eine wichtige Aufgabe der Frauenhäuser wird in der Bereitstellung einer sicheren Zuflucht für Frauen gesehen. Frauenhäuser nehmen deshalb zu jeder Zeit, unabhängig vom Freisein eines Platzes, Frauen auf. Der Großteil der aufgenommenen Frauen bleibt auch nur relativ kurz, einige Tage, im Frauenhaus, bis sich eine Krisensituation entspannt hat. Ein Teil bleibt allerdings länger, eine maximale Aufenthaltsdauer von zwei Jahren ist vorgesehen. Frauenhäuser verstehen sich als Unterstützung bei der Selbstbestimmung, überfordert sind die Frauenhäuser bei der Betreuung von Frauen mit größeren psychischen Problemen und langwierigen Anpassungsproblemen (Karlsson 1988).

Neben den Frauenhäusern, bei denen der Schutz der Frauen vor der Gewalt ihrer Partner eine besondere Rolle spielt, sind jedoch auch besondere Maßnahmen für die wesentliche größere Gruppe der alleinerziehenden Frauen zu schaffen, die intensivere Unterstützung benötigen.

Mutter-Kind-Heime: Vor allem Jugendliche und junge Frauen, die ein Kind erwarten, aber auch Frauen, die unter sehr ungünstigen Bedingungen leben, können in nicht wenigen Fällen die Kinder nur dann selbst großziehen, wenn ihnen eine Zeitlang ein größerer Teil der Verpflichtungen abgenommen und sie in eine Gemeinschaft aufgenommen werden.

2.5 Erwachsenenbildung

Der Erwachsenenbildung kommt eine wichtige Aufgabe, ergänzend zu den sozialen Diensten, zu. Über die Förderung spezieller Interessen, kultureller Aktivitäten und der berufsbezogenen Weiterbildung hinaus hat die Erwachsenenbildung auch einen Beitrag zur Persönlichkeitsbildung zu leisten. In den letzten Jahren ist ein starkes Bedürfnis nach Selbsterfahrung und nach Anleitungen für die Lebensführung und ein gesundes, umweltbewußtes Leben gewachsen, das von der Erwachsenenbildung aufgegriffen wurde. Die Angebote der Erwachsenenbildung gehen so fast unmerklich in das Angebot von Beratungsstellen und in Selbsthilfegruppen über.

Im Rahmen dieser Aufgaben wäre etwa die Aufgabe der Elternschulung hervorzuheben. Hier wurden lange Zeit die praktischen Inhalte der Kinderernährung und -pflege sowie der Haushaltsführung gegenüber psychologisch-pädagogischen Inhalten geringer bewertet. Mit der Betonung der gesunden Ernährung und dem vermehrten ökologischen Bewußtsein ist eine teilweise Umkehr dieses Trends eingetreten.

Wegen der drängenden ökologischen Fragen übernehmen die Gemeinden in den letzten Jahren neue Funktionen in der Erwachsenenbildung, da die traditionellen Erwachsenenbildungseinrichtungen eine zu geringe Reichweite in ihrer Wirksamkeit haben. Es werden neue Funktionen etwa für die Beratung bei der Müllvermeidung geschaffen.

Die Erwachsenenbildung ist nach wie vor sehr von der schulischen Didaktik geprägt. Verschiedene Konzepte versuchen allerdings aus der besonderen Situation der Erwachsenenbildung eine eigenständige didaktische und inhaltliche Gestalt abzuleiten. Im deutschsprachigen Raum ist in diesem Zusammenhang etwa auf das Konzept von L.von Werder (1980) hinzuweisen, der als wesentliche Aufgabe der Erwachsenenbildung die Veränderung des Alltagslebens und die Durchbrechung von Alltagsroutinen sieht. Sinnvolle Erwachsenenbildung muß demnach Auswirkungen auf die Beziehung zu den nächsten Bezugspersonen, auf das Verhältnis zum eigenen Bezirk bzw. Stadtteil und die Behörden, auf die Beziehungen im Betrieb und das Verhältnis zu den politischen Rahmenbedingungen haben. Um dies zu erreichen, muß Erwachsenenbildung Hilfe zur Selbsthilfe anbieten und sie kann auch nicht bei der Vermittlung von Wissen stehenbleiben, sondern muß in Projekten in das Gemeinwesen hineinwirken. Curricula sollten die Beteiligung der Teilnehmer erfordern und daher prinzipiell offen, durch die Beteiligten modifizierbar sein.

2.6 Unterstützung bei Wohnproblemen, Maßnahmen gegen Obdachlosigkeit

Die Verfügung über angemessenen Wohnraum kann als ein soziales Grundrecht jedes Menschen betrachtet werden. Die Schaffung bzw. der Erwerb von Wohnraum stellt jedoch eine beträchtliche Investition dar, die unter Marktbedingungen und bei den heutigen Standards der Wohnausstattung ohne öffentliche Unterstützung nur einem Teil der Bevölkerung möglich ist. Der Wohnungs- und Hausmarkt stellt zudem einen sehr unübersichtlichen Teilbereich dar, bei dem es wegen der Komplexität einzelnen Personen und Gruppen leicht möglich ist, einen übermäßigen Vorteil gegenüber der restlichen Bevölkerung zu erlangen. Öffentliche Interventionen haben sich daher als notwendig erwiesen. Sie bergen jedoch immer die Gefahr in sich, daß sie sich als unwirksam zur Steuerung des Wohnungsmarkts erweisen und die in sie gesetzten Erwartungen nicht erfüllen oder nur den Interessen eines Teils der Bevölkerung dienen (Heumann 1983, Stoner 1989).

Den Wohnbedürfnissen der einkommensschwächsten Gruppen zu entsprechen, erweist sich unter Marktbedingungen als besonders schwierig. Nicht nur die geringen finanziellen Mittel, auch andere Faktoren - Diskriminierung, mangelnde Information über den Wohnungsmarkt und über die rechtlichen Bestimmungen etc. - erschweren den Zugang schwächerer Gruppen zu angemessenem Wohnraum.

Neben dem Zustand und der Ausstattung der Wohnungen gehört auch das Wohnumfeld zu den Bedingungen, die die Qualität des Wohnens beeinflussen. Durch vielfältige Initiativen (Verkehrsplanung, Stadt- und Gemeindeentwicklungspläne, Bauordnung etc.) greift die öffentliche Hand hier ein, schwächere Gruppen der Bevölkerung können ihre Interessen dabei vielfach nicht entsprechend schützen.

Das heutige Verständnis von Obdachlosigkeit geht über das traditionelle Bild vom Nichtseßhaften und Vagabunden hinaus. In Folge von Wohnungsknappheit, der Ausrichtung des Wohnungsmarkts an den Wonbedürfnissen der wohlhabenderen Schichten und dadurch steigenden Mietpreisen, der Fehlbelegung billiger Sozialwohnungen mit früher einkommensschwachen, derzeit jedoch besser verdienenden Personen, dem Rückgang des öffentlichen Wohnungsbaus etc. ist ein größerer Kreis von Menschen von Obdachlosigkeit bedroht und die sozialen Dienste müssen sich auf diese neue Situation einstellen. Das bedeutet auch, daß nach heutigem Verständnis Maßnahmen zur Schaffung von erschwinglichem Wohnraum sowie eventuell Mietbeihilfen ein integraler Bestandteil der Maßnahmen gegen Obdachlosigkeit sein müssen.

Von Obdachlosigkeit bedroht sind vielfach Familien mit mehreren Kindern und einem geringen Einkommen. Größere familiengerechte Wohnungen gehören den höheren Mietzinskategorien an und werden nur in kleiner Zahl in öffentlichen Wohnbauprogrammen zu erschwinglichen Preisen errichtet. Einkommensschwächere, kinderreiche Familien müssen deshalb einen hohen Anteil ihres Einkommens zur Bestreitung des Wohnungsbedarfs verwenden. Nach Untersuchungen in der BRD sind kinderreiche Familien deshalb überdurchschnittlich häufig von Räumungsklagen betroffen (Vaskovics und Weins 1979).

Zu den Risikogruppen gehören aber natürlich auch Familien, die bei relativ geringem Einkommen nicht gelernt haben, mit dem spärlichen Geld zurechtzukommen. Obdachlosigkeit wird deshalb vielfach als selbstverschuldet betrachtet. Amtliche Statistiken aus der BRD sprachen Mitte der 70-er Jahre von einem Anteil von 50% selbstverschuldeter Obdachlosigkeit. Differenzierte Angaben zu den Lebensumständen und den Lebensläufen von Obdachlosen ergeben jedoch in vielen Fällen Einflußfaktoren auf die Obdachlosigkeit, die zu ändern nicht in der Macht der Betroffenen gelegen ist (Vaskovics und Weins 1979). Dort, wo Obdachlosigkeit zu einem sehr häufigen Phänomen wird, wie etwa gegenwärtig in den USA, sind in erster Linie strukturelle bzw. gesellschaftliche Ursachen verantwortlich - die Verringerung der Anzahl erschwinglicher Wohnungen bei gleichzeitiger Zunahme des Bevölkerungsanteils mit einem sehr geringen Einkommen (Shinn 1992).

Eine Gruppe, die ebenfalls von Obdachlosigkeit bedroht ist, stellen psychisch kranke Personen dar. Nach Auflassung der Anstalten besteht die Gefahr, daß diese Menschen sich ohne Unterstützung kein Zuhause schaffen können und so zu der Gruppe der Obdachlosen stoßen.

In der BRD wird mit dem Begriff Obdachlos auch jene Gruppe von Menschen bezeichnet, die in Wohnungen wohnen, die als vorübergehende Notquartiere gedacht waren, sich jedoch als recht dauerhafte Unterbringungen für sozial schwache und mit mehrfachen Problemen belastete Familien erwiesen haben. Die Bewohner erhalten für die Wohnungen keinen Miet[illegible], sondern nur einen Nutzungsvertrag. Diese Wohnungen, oft in Siedlungen errichtet, sind hygienisch unzureichend ausgestattet. Die Bewohner werden von der Umgebung als Außenseiter betrachtet. Auch innerhalb der Quartiere existiert ein hohes Konfliktpotential. Die Probleme werden noch weiter zugespitzt, wenn derartige Obdachlosenwohnungen in großer Zahl in einer Gegend errichtet werden, wie dies in einigen Städten (z.B in München) der Fall ist. Bei den Bewohnern der Obdachlosenquartiere besteht aus diesen Gründen ein großer Wunsch umzuziehen (Vaskovics und Weins 1979).

Ein sehr großer Anteil, über 50%, der Wohnbevölkerung in Obdachlosensiedlungen in der BRD besteht aus Kindern und Jugendlichen (Vaskovics und Weins 1979). Kinderreiche Familien mit 3 und mehr Kindern machten Mitte der 70-er Jahre fast die Hälfte der Familien in diesen Siedlungen aus. Ein doppelt so hoher Anteil wie im Bevölkerungsdurchschnitt stellen hier auch

Alleinerzieher-Familien dar. Maßnahmen zur Unterstützung bei der Kinderbetreuung kommt bei Obdachlosenfamilien somit eine hohe Priorität zu.

Von den erwachsenen Bewohnern von Obdachlosenquartieren haben mehr als die Hälfte keinen Beruf erlernt. Selbst in den 70-er Jahren war in der BRD die Arbeitslosigkeit unter den Obdachlosen um ein mehrfaches höher als in der übrigen Bevölkerung (Vaskovics und Weins 1979).

In der Bevölkerung herrscht ein negatives Bild von den Obdachlosen vor, was etwa dazu führt, daß es in Obdachlosensiedlungen bei vergleichbaren Delikten eher zu einer Anzeige kommt als in anderen Wohngegenden. Die negative Typisierung hat weiters Auswirkungen auf die Bereitschaft, Kontakt aufzunehmen, und auf die Vermittlungschancen am Arbeitsmarkt. Bei den Betroffenen wirkt sich die Stigmatisierung in Resignation, Hoffnungslosigkeit und Apathie aus (Vaskovics und Weins 1979). Der häufige Alkoholmißbrauch von Obdachlosen dürfte zu einem Gutteil Folge der Obdachlosigkeit, nicht deren Ursache sein (Shinn 1992).

Negative Folgen von längerer Obdachlosigkeit sind insbesonders bei Kindern und Jugendlichen festzustellen. In der BRD besuchten in den 70-er Jahren 30-60% der Kinder aus Obdachlosenquartieren Sonderschulen. Auch von den übrigen Kindern erreicht nur ein relativ geringer Teil einen regulären Schulabschluß. Ein relativ hoher Anteil der Jugendlichen aus obdachlosen Familien absolviert keine Berufsausbildung und ist im weiteren am Arbeitsmarkt schwer vermittelbar (Vaskovics und Weins 1979). Obdachlose Jugendliche sind weiters in größerer Gefahr, mit Drogen in Berührung zu kommen, frühzeitig Alkohol zu mißbrauchen und delinquent zu werden (Shinn 1992).

Quantitative Angaben über das Ausmaß an Obdachlosigkeit aus dem deutschsprachigen Raum sind kaum vorhanden. Schätzungen für die BRD, wo die meisten Untersuchungen zu dem Problem durchgeführt wurden, sprechen für die zweite Hälfte der 70-er Jahre von 400-800.000 Obdachlosen. Jährlich wurden zu diesem Zeitpunkt in den größeren Städten etwa 4 Personen je 10.000 Einwohner neu in vorübergehende Notunterkünfte eingewiesen. Von jenen Personen, die wegen einer Räumungsklage ihre Wohnung verlassen mußten, fanden 5-10% (je nach Region) keine andere Unterkunft und mußten in Notquartieren untergebracht werden (Vaskovics und Weins 1979).

In Österreich gehen Schätzungen von Sozialarbeitern, die in der Obdachlosenbetreuung arbeiten, davon aus, daß etwa 25.000 Personen von Obdachloseneinrichtungen betreut werden. Die Gesamtzahl der von Obdachlosigkeit bedrohten Personen wird auf das 10-fache geschätzt (ÖKSA 1987). Danach sind in Österreich etwa 3 auf 1000 Personen unmittelbar mit Obdachlosigkeit konfrontiert. Die Probleme zeigen sich in erster Linie in den Großstädten, in Wien dürfte etwa ein Drittel der Obdachlosen ganz Österreichs betreut werden.

Bedeutung öffentlicher Interventionen am Wohnungsmarkt: Die öffentliche Hand muß durch Bauordnungen, Bauleitplanung etc. die Rahmenbedingungen für den Wohnungsbau schaffen. Zu einer Verknappung am Wohnungsmarkt kann es allein schon deshalb kommen, weil die Gemeinden nicht rechtzeitig genügend Bauland für die Errichtung von Wohnungen ausweisen.

Ein umfangreiches Instrumentarium der öffentlichen Wohnraumpolitik (Schaffung von erschwinglichen Wohnungen, Mietzinsbeihilfen, günstige Kredite zur Anschaffung und zur Verbesserung von Wohnraum, Mietregulierungen) kann die individuellen Möglichkeiten zur Beschaffung von angemessenen Wohnmöglichkeiten erhöhen. In Europa ist dabei im den letzten Jahrzehnten ein allmählicher Rückzug der öffentlichen Hand von direkten Eingriffen in den Wohnungsmarkt festzustellen. Die Deregulierung des Wohnungsmarkts hat die Wohnungssituation einkommensschwächerer Familien verschlechtert und zu einer Verteuerung des Wohnungsangebots geführt.

Das Angebot von Wohnungen durch die öffentliche Hand ist regional sehr unterschiedlich. In Wien leben etwa 30% der Bevölkerung in Gemeindewohnungen, wobei hier einkommensschwache Familien überrepräsentiert sind, aber nicht in einem so hohen Ausmaß, wie man von der Intention (Schaffung von Sozialwohnungen) her vermuten würde. Von den Familien mit einem Pro-Kopf-Einkommen unter der Armutsgrenze leben 37% in Gemeindewohnungen.

In den letzten Jahren muß ein zunehmender Anteil des Einkommens für die Wohnkosten aufgebracht werden. In Wien waren dies 1985 22%. Einkommensschwächere Familien müssen allerdings einen deutlich höheren Anteil ihres Einkommens darauf verwenden, für Familien unter der Armutsgrenze macht der Anteil bereits 41% aus (IFES 1986). Dies kann teilweise durch Beihilfen aufgefangen werden. In Wien bezogen immerhin 28% der Haushalte unter der Armutsgrenze Wohn- oder Mietzinsbeihilfen.

In vielen Ländern wird die Schaffung von Wohnraum durch Eigenvorsorge steuerlich begünstigt und durch günstige Darlehen im Rahmen einer Wohnbauförderung unterstützt. Diese Förderung von Eigenheimen und Eigentumswohnungen begünstigt eindeutig die einkommensstärkeren Bevölkerungsgruppen, da sie das notwendige Eigenkapital aufbringen können, um diese Förderung in Anspruch nehmen zu können, bzw. ein genügend hohes Einkommen aufweisen, um von steuerlichen Abschreibungsmöglichkeiten zu profitieren. In Österreich kamen in den letzten Jahren von den ausgeschütteten Mitteln der Wohnbauförderung drei Viertel der besser verdienenden Hälfte der Haushalte zugute (Ernst et al. 1987, Natter und Reinprecht 1992).

Neben der Schaffung von Wohnungen durch die öffentliche Hand greift in anderen Ländern, z.B. den USA, der Staat durch Auflagen für die Betriebe in den Wohnungsmarkt ein. Neu eröffnenden Betrieben in Ballungsgebieten wird zur Auflage gemacht, für die vorgesehenen Arbeitsplätze auch Wohnraum zu schaffen, von dem ein Teil auch für einkommensschwächere Personen erschwinglich sein muß.

Mieterberatung und Beratung bei drohender Zwangsräumung einer Wohnung: Beratung der Mieter soll die Ausschöpfung der Rechte der Mieter gewährleisten. Dieses Anliegen wird für Mitglieder von den Mietervereinigungen wahrgenommen. In jenen Fällen, in denen eine Räumung nicht verhindert werden kann, muß durch rasche Intervention und Beratung versucht werden, eine andere Wohnmöglichkeit zu finden, um den Einzug in ein Obdachlosenquartier zu verhindern.

Bürgerinitiativen, Advocacy für schwächere Bevölkerungsgruppen seitens von Verbänden und sozialen Diensten: Bürgerinitiativen kommt eine zunehmende Bedeutung bei der Sicherung eines angemessenen Lebensraums in der Wohnumgebung zu. Da Wohnraum zum Spekulationsobjekt geworden ist und häufig billige Wohnungen - wenn die Mieter hinausgedrängt wurden - in Wohnungen für Besserverdienende oder in Büros umgewandelt werden, gilt es auch den Zusammenschluß von Mietern zu unterstützen, um sich zu schützen. Bürgerinitiativen können auch Diskriminierungen am Wohnungsmarkt (etwa durch Makler) aufdecken und dadurch Druck ausüben (Heumann 1983).

Maßnahmen zur Abwendung von Delogierungen, vorübergehende Unterbringungsmöglichkeiten bei Delogierungen: Delogierungen werden aus unterschiedlichen Gründen vorgenommen, zum überwiegenden Teil sind Mietrückstände, bedingt durch Überschuldung der Familien, der Grund. Da mit einer Delogierung zusätzliche Kosten entstehen und die Probleme für die Familien nicht kleiner, sondern größer werden, ist in diesen Fällen die rasche Verfügbarkeit von Hilfe und die vorläufige Übernahme der Rückstände eine wichtige Sozialleistung für die Betroffenen. Dies allein genügt nicht, vielmehr muß dann längerfristig den Familien geholfen werden, zu geordneten Wohnverhältnissen zurückzufinden.

Vielfach wird der Aufbau eines Frühwarnsystems gefordert, da mit der Einbringung einer Räumungsklage meist ein nicht mehr aufzuhaltender Prozeß, in jedem Fall ein enormer Zeitdruck geschaffen wird. Die Erfahrung zeigt, daß die Mieter selbst meist die drohende Räumung nicht rechtzeitig erkennen und den sozialen Diensten melden. In manchen Städten wurde deshalb von den Sozialämtern eine Vereinbarung mit den Vermietern geschlossen, Mietrückstände dem Sozialamt zu melden, damit die sozialen Dienste rechtzeitig Hilfsmöglichkeiten mobilisieren können (Vaskovics und Weins 1979).

In manchen Städten wird eine eigene Verbindungsstelle zwischen dem Wohnungsamt bzw. öffentlichen Trägern von Wohnungen und dem Sozialamt aufrechterhalten, um geeignete Wohnungen für Obdachlose bzw. von Obdachlosigkeit bedrohte Personen bereitszustellen. In anderen Städten wurden Vereinbarungen zwischen dem Sozialamt und den Wohnbaugesellschaften getroffen, die für Risikogruppen eine Mietausfallhaftung des Sozialamts vorsehen, um die Bereitstellung von Wohnungen zu gewährleisten.

Obdachlosenheime: Obdachlosenheime stellen gewöhnlich Massenquartiere ohne jede Möglichkeit zum Aufrechterhalten einer Privatsphäre dar. Vielfach müssen die Obdachlosen unter Tags die Heime verlassen und sind so gezwungen, falls sie beschäftigungslos sind, sich auf öffentlichen Plätzen, Bahnhöfen u.ä. aufzuhalten. Obdachlosenheime sind in vielen Fällen auch nicht oder nur minimal mit sozialen Diensten ausgestattet, die Beratung oder Hilfestellung anbieten könnten.

Tageszentren für Obdachlose: Die Notwendigkeit von Tageszentren für Obdachlose ergibt sich, vor allem in den kalten Jahreszeiten, aus der Tatsache, daß Obdachlosenheime unter Tags zum Teil geschlossen sind und somit den Obdachlosen außer Bahnhöfen und Lokalen sowie Unterführungen oder leerstehenden Gebäuden sonst kein schützender Aufenthaltsort zur Verfügung steht. Hinzu kommt, daß nur ein Teil der Obdachlosen in den Heimen unterkommt und daß die übrigen einen Ort brauchen, wo sie Wäsche waschen und andere Dinge erledigen können.

Beratende und unterstützende Dienste für Bewohner von Obdachlosenquartieren: Für Obdachlose ist eine Beratung bezüglich finanzieller Hilfen, Arbeitsmöglichkeiten, Haushaltsführung ebenso nötig wie Rechtsberatung, Erziehungsberatung und Beratung bei Ehe- und Partnerkonflikten. Zudem benötigen obdachlose Familien dringend familienunterstützende Angebote für die Betreuung der Kinder und Jugendlichen. Auch gesundheitliche Dienste müßten für die Bewohner der Quartiere relativ leicht zugänglich sein.

Rehabilitationsmaßnahmen bei Obdachlosen: Das bloße Zurfügungstellen von Wohnungen ist bei länger andauernder Obdachlosigkeit nicht ausreichend. Durch persönliche soziale Dienste müssen in einigen Fällen auch verlorengegangene oder nie erworbene Fertigkeiten zum selbständigen Wohnen und zur Führung eines Haushalts vermittelt werden. Dies ist aber nur dann möglich, wenn Obdachlosen schrittweise (unter Hilfestellung) die Möglichkeit zu einem selbständigen Wohnen und eigener Haushaltsführung gegeben wird. Eine wirksame Hilfe stellt dies allerdings nur dar, wenn dies mit einer Beschäftigungsmöglichkeit gekoppelt ist und wenn den Obdachlosen wegen Schulden nicht das wenige Geld wieder gepfändet wird und sie so zum Untertauchen (Aufgabe eines festen Wohnsitzes, Eingehen von unangemeldeten Arbeitsverhältnissen) gezwungen werden.

Zu den Rehabilitationsmaßnahmen zählen erstens Vorbereitungsmaßnahmen, in denen versucht wird, die Eigeninitiative der Obdachlosen bei der Suche einer geeigneten Wohnung zu unterstützen und sie in geeigneter Form an diesem Prozeß zu beteiligen.

Das Hauptgewicht in der Rehabilitation liegt im Versuch, geeignete Wohnungen zu beschaffen und den Obdachlosen bei der Einrichtung und dem Einleben in die Wohnung zu unterstützen ("Umsetzungsmaßnahmen"). Ein

Problem bei der Zuweisung geeigneter Wohnungen liegt darin, daß es sich bei einem Teil der Obdachlosen um relativ große Familien handelt, für die beträchtliche Mietkosten anfallen, wenn ihnen eine der Familiengröße entsprechende Wohnung zugewiesen wird und auf der anderen Seite bei den Mietzinsbeihilfen eine feste Obergrenze eingezogen wird. Hier wäre es unbedingt nötig, die Mietzinsbeihilfen soweit den tatsächlichen Kosten anzupassen, daß sich die Familien die neu bezogene Wohnung auch leisten können. In dieser Phase muß jedenfalls alles unternommen werden, damit sich die Betroffenen nicht durch den Neubezug einer Wohnung neuerlich in einem beträchtlichen Ausmaß verschulden. Daher sollten nach Möglichkeit von den Gemeinden als Trägern der Sozialhilfe Umzugskosten übernommen und eine Startbeihilfe gewährt werden, mit der ein wesentlicher Teil der Einrichtungskosten bestritten werden kann.

Neben den finanziellen Unterstützungsmaßnahmen ist begleitend zur "Umsetzung" eine persönliche Beratung und Unterstützung notwendig. Diese Unterstützung sollte auch längere Zeit nach der "Umsetzung" als Nachbetreuung verfügbar sein (Vaskovics und Weins 1979).

Nach den Erfahrungen von Städten zu schließen, die sich besonders um die "Umsetzung" von Obdachlosen in reguläre Wohnungen bemüht haben, sind diese Maßnahmen in 85% der Fälle von Erfolg. In den restlichen Fällen kommt es wiederholt zu Schwierigkeiten und zu neuerlichen Räumungsklagen. In diesen Fällen ist eine intensive Form der Begleitung über einen längeren Zeitraum erforderlich, um das Ziel der Eingliederung und Rehabilitation zu erreichen (Vaskovics und Weins 1979).

2.7 Unterstützung von Nachbarschaftshilfe

Vor allem in Neubaugebieten bestehen oft größere Schwierigkeiten für die Bewohner, ein Netz gegenseitiger Hilfe und Kontakte zu knüpfen. Nachbarschaftszentren sollen hier Anstöße geben.

In den letzten Jahren wurde von verschiedener Seite versucht, die lokalen Unterstützungsnetzwerke zu stärken und Nachbarschaftshilfe anzuregen. In Großbritanien wurde von verschiedenen Initiativen versucht, ein Netz an freiwilliger "Guter Nachbarschaft" aufzubauen. Auch in Österreich wurden Nachbarschaftszentren gegründet, die als eine Art Begegnungszentrum dienen und zwischen jenen, die helfen wollen, und anderen, die Hilfe benötigen, vermitteln sollen. Hier ergeben sich eine Reihe von Schwierigkeiten (Bulmer 1987):

- Nachbarschaftshilfe funktioniert vor allem dort, wo der Bedarf an gegenseitiger Unterstützung nicht allzu groß ist und die Familien weitgehend selbständig zurechtkommen.

- Eine Verstärkung der Nachbarschaftshilfe stößt dort an eine Grenze, wo die Bewohner das Bedürfnis haben, ihre Privatsphäre zu bewahren, und deshalb von sich aus den Kontakt zu Nachbarn eher einschränken. Dieses Bedürfnis nach einem geschützten Privatraum scheint gerade in anonymen Neubausiedlungen relativ groß zu sein.
- Eine Chance zu einer Intensivierung nachbarschaftlicher Hilfeleistungen scheint in erster Linie dann gegeben zu sein, wenn aus Nachbarn Freunde werden. Dies setzt jedoch längeren Kontakt und gemeinsame Anknüpfungspunkte (etwa häufigeres Zusammenkommen über die Kinder) voraus. Solche Chancen können gerade Menschen, die stärker unter Alleinsein und Einsamkeit leiden, wie z.B. Witwen, kaum nutzen.

2.8 Arbeitsmarktförderung, Unterstützung der Arbeitnehmer und Hilfen für Arbeitslose

Einen wesentlichen Bestandteil der Sozialpolitik bildet die Arbeitsmarktförderung, die neben monetären Anreizen und Unterstützungen auch soziale Dienstleistungen einschließt. Aktive Arbeitsmarktpolitik soll die Ungleichheiten mindern, die aufgrund unterschiedlicher Qualifikation, regionaler Unterschiede oder saisonsbedingt entstehen. Mit dieser Förderung beauftragt ist das Arbeitsmarktservice, dem zu diesem Zweck einerseits Informationen zur Analyse des Arbeitsmarkts, andererseits ein umfangreiches Instrumentarium an Beihilfen, aber auch an Beratungsangeboten zur Verfügung stehen.

Ziel der Arbeitsmarktförderung ist es, der Wirtschaft ausreichend qualifizierte Arbeitskräfte zur Verfügung zu stellen und zu einer optimalen Nutzung des vorhandenen Arbeitskräftepotentials beizutragen, andererseits aber auch Arbeitslosigkeit zu verhindern.

Mitte der 80-er Jahre waren in Österreich im Verlauf eines Jahres 16% des Arbeitskräftepotentials von Arbeitslosigkeit betroffen 1994 war dieser Anteil bereits auf 20,7% angesteigen. Im Jahresdurchschnitt waren 1984/85 4.3% des Arbeitskräftepotentials, 1994 6,5% als arbeitslos registriert. Durchschnittlich dauerte die Arbeitslosigkeit 1984/85 110 Tage, 1994 117 Tage. Zeiten längerdauernder Arbeitslosigkeit (länger als 6 Monate) erfuhren 1984 2.3% und 1994 5,2% des Arbeitskräftepotentials (Fischer 1987, Arbeitsmarkservice Österreich 1995). In den letzten 10 Jahren nahm also neben der Arbeitslosigkeit insgesamt vor allem die Langzeitarbeitslosigkeit überproportional zu. Ein besonderes Risiko für eine längerdauernde Arbeitslosigkeit haben vor allem ältere Arbeitnehmer (siehe Kap.8).

Neben der registrierten Arbeitslosigkeit, die in Österreich wie in den meisten westeuropäischen Ländern die Meldung beim Arbeitsamt voraussetzt, gibt es eine größere Gruppe von beschäftigungslosen Arbeitssuchenden, die sich um eine Arbeitsstelle bemühen, ohne sich beim Arbeitsamt als arbeitssuchend zu melden. Diese "versteckten" Arbeitslosen machten 1984 etwa 1.5% des Arbeitskräftepotentials aus. Etwa 80% davon waren Frauen, fast die Hälfte davon nicht berufstätige Hausfrauen. Es besteht somit ein bedeutsamer Unterschied in dem Anteil an registrierter Arbeitslosigkeit bei Männern und Frauen. Während 1984 87% der arbeitsplatzsuchenden Männer am Arbeitsamt vorgemerkt waren, traf dies nur für 59% der arbeitsplatzsuchenden Frauen zu (Wiederschwinger 1987).

Vermittlung von Arbeitskräften: In Österreich, wie in manchen anderen Ländern, hat das öffenlich-rechtliche Arbeitsmarktservice den Auftrag unentgeltlich in der Vermittlung von Arbeitskräften tätig zu werden. Auch private Arbeitsvermittlungsagenturen sowie Interessensvertretungen und karitative Einrichtungen können unter relativ strikten Auflagen in diesem Bereich tätig werden, allerdings muß dies für die Arbeitnehmer kostenlos erfolgen (mit Ausnahme der Vermittlung von Künstlern und Artisten).

Der Vermittlungsauftrag des Arbeitsmarktservice stößt in der Praxis auf beträchtliche Schwierigkeiten. Selbst vor der gesetzlichen Neuordnung durch das Arbeitsmarktservicegesetz, das dem Arbeitsmarktservice keine Monopolstellung mehr bei der Arbeitsvermittlung einräumt, wurden nur etwa 20% der Neueinstellungen über die Dienste des Arbeitsmarktservice getätigt. Ein großer Teil der Personen, die durch Vermittlung des Arbeitsmarktservice eine Stelle antreten können, gehören Gruppen an, die als schwervermittelbar gelten.

Von den Arbeitskräften, die die Dienste des Arbeitsmarktservice in Anspruch nehmen, wird der Klientenorientierung der Ämter ein gutes Zeugnis ausgestellt (Fakler 1990). Die Stellungnahmen der Betriebe fallen hingegen weniger günstig aus.

Absicherung gegen die finanziellen Folgen von Arbeitslosigkeit: Zu den wichtigsten Aufgaben der Sozialpolitik gegenüber der Arbeitslosigkeit zählt zunächst einmal die Aufgabe, gegen die negativen materiellen Folgen von Arbeitslosigkeit abzusichern. In den meisten industrialisierten Ländern erfolgt diese Absicherung auf der Grundlage einer Versicherung, zu der sowohl Arbeitnehmer wie Arbeitgeber einen Beitrag leisten. Die Inanspruchnahme dieser Leistungen ist an eine bestimmte Dauer von Beitragszahlungen gebunden, die Höhe der Bezüge ist von dem zuvor bezogenen Arbeitseinkommen abhängig. Das unterschiedliche Risiko (nach Branchen, Alter etc.), arbeitslos zu werden, wird in der Versicherung nicht berücksichtigt. Auch kann sich niemand der Beitragszahlung entziehen (ausgenommen sind nur Beamte), es handelt sich insoweit um eine Solidaritätsleistung.

In Österreich wird zwischen Arbeitslosengeld, das kürzere Zeiten von Arbeitslosigkeit überbrücken soll und daher in der Regel (ausgenommen sind Krisenregionen) zeitlich befristet ist (die Dauer richtet sich nach der bisherigen

Dauer der versicherungspflichtigen Beschäftigung und beträgt zwischen 20 und 52 Wochen), und der Notstandshilfe unterschieden, die zeitlich unbefristet gezahlt wird. Arbeitslosengeld und Notstandshilfe unterscheiden sich in der Höhe der finanziellen Leistungen (Notstandshilfe beträgt 92% des vorausgehenden Arbeitslosengelds) sowie vor allem darin, wieweit das sonstige Einkommen des Haushalts bei der Auszahlung berücksichtigt wird.

Die Regelungen in der BRD sehen keinen unbefristeten Bezug von Leistungen aus Mitteln der Arbeitslosenversicherung vor, Arbeitslose sind nach einer gewissen Zeit auf die Sozialhilfe angewiesen. In dieser Hinsicht ist somit das Netz der Sozialversicherung in Österreich weiter gespannt.

Nur 85% der vorgemerkten Arbeitslosen beziehen derzeit Leistungen aus der Arbeitslosenversicherung. Die Beträge liegen beim Arbeitslosengeld zu 30% und bei der Notstandshilfe zu 60% unter 5.000 öS (Rowhani 1990) und damit unter der Armutsgrenze.

Soziale Dienste zur Unterstützung von Arbeitslosen: Die negativen Folgen längerer Arbeitslosigkeit schließen auch die Entwicklung von Hoffnungslosigkeit und Apathie ein. Langzeitarbeitslose erleiden vielfach einen Verlust sozialer Kompetenzen und tun sich in der Folge schwer, einen Arbeitsplatz zu finden und zu behalten. Dabei ist sicher nicht zu übersehen, daß es oft von ihrer Sozialisation und Lebensgeschichte her benachteiligte Menschen sind, die über lange Zeit arbeitslos sind.

Maßnahmen für Langzeitarbeitslose und am Arbeitsmarkt Schwervermittelbare müssen über die Stellenberatung und Arbeitsvermittlung hinausgehen. Hier geht es auch um psychologische Unterstützung, um Hilfen für die Strukturierung von Zeit und um die Wiedererlangung von sozialen Kompetenzen.

Schaffung von Übergangsarbeitsplätzen: In Zeiten, in denen der reguläre Arbeitsmarkt nicht genügend Arbeitsplätze bietet, sind Maßnahmen nötig, die zur Überbrückung, aber auch längerfristig Arbeitsmöglichkeiten schaffen, um gesellschaftlich notwendige Aufgaben zu erfüllen. Dabei ist in erster Linie darauf zu achten, daß diese Maßnahmen die Chancen der beschäftigten Arbeitskräfte, sich zu qualifizieren und somit auch langfristig einen wertvollen Beitrag zu leisten, erhöhen.

Soziale Dienste müssen die Maßnahmen des Arbeitsmarktservice und der Berufsberatung gegen die Arbeitslosigkeit unterstützen. Dies gilt sowohl für Maßnahmen bei Langzeitarbeitslosen wie bei jugendlichen Arbeitslosen und bei Menschen, die nach längerer Zeit wieder in das Berufsleben einsteigen wollen etc.

Arbeitslosenprojekte als Selbsthilfe: In den letzten Jahren sind im deutschsprachigen Raum Selbsthilfeprojekte von Arbeitslosen sowie Arbeitslosenprojekte von sozial engagierten Gruppen entstanden, die gegen die negativen Folgen von Arbeitslosigkeit durch gemeinsame Aktivitäten ankämpfen. Kennzeichen dieser Projekte ist es, daß der Schwerpunkt nicht auf der Verarbeitung von Arbeitslosigkeit durch den Einzelnen liegt, sondern daß die Bewältigung durch solidarische Aktion angestrebt wird. Wolski-Prenger (1989), der eine Bestandsaufnahme derartiger Projekte in der BRD versucht hat, teilt diese Projekte in folgende Gruppen ein:

- *Arbeitsloseninitiativen* werden von den Arbeitslosen selbst getragen, sie haben deshalb oft keine feste Struktur und einen wechselnden Teilnehmerkreis.
- *Arbeitslosenzentren* weisen eine feste organisatorische Struktur mit eigenen Räumen, geregelten Öffnungszeiten an mehreren Tagen in der Woche, freien Aufenthaltsmöglichkeiten, einem Programmangebot sowie Beratungsmöglichkeiten (persönliche und rechtliche Beratung: Sozialhilfeberatung, Schuldnerberatung, Pensionsberatung) auf. Arbeitslosenzentren sind meist auf die Initiative von Gruppen Arbeitsloser hin eröffnet worden, haben aber in der Folge Unterstützung durch Wohlfahrtsverbände oder die öffentliche Hand (Gemeinden, Arbeitsmarktverwaltung) gefunden. Ihre Arbeit wird durch die Anstellung von hauptamtlichen Kräften unterstützt.
- *Arbeitslosentreffs* bieten die Möglichkeit sich ein- oder mehrmals wöchentlich, meist am Nachmittag oder abends zu Gesprächen oder einer Beratung zusammenzufinden. Derartige Treffs werden meist von Wohlfahrtsverbänden, Kirchen oder anderen Gruppen eingerichtet, die dafür Räume und professionelle Mitarbeiter für die Beratung zur Verfügung stellen.
- *Beschäftigungsprojekte* sind Initiativen, die sich die Schaffung von Arbeits- und Ausbildungsplätzen, nicht jedoch die Gründung von Firmen zum Ziel gesetzt haben. Die meisten der Beschäftigungsprojekte sind im Bereich der Jugendarbeitslosigkeit angesiedelt, vor allem auch deshalb, weil hier die Unterstützungsmöglichkeiten durch das Arbeitsmarktservice besonders groß sind.
- *Akademiker- und Lehrerinitiativen:* Hier wird die Tätigkeit durch die Ausbildung deutlich mitbestimmt. Neben der Öffentlichkeitsarbeit und der Zusammenarbeit mit Gewerkschaften steht auch die Organisation von Beschäftigungsmöglichkeiten (z.B. Hausaufgabenbetreuung) im Vordergrund vieler Projekte.

Die verschiedenen Initiativen haben als gemeinsames Ziel, die Öffentlichkeit auf die Situation der Erwerbslosen aufmerksam zu machen und eine bessere Unterstützung zu erreichen. Ein Teil der Aktionen richtet sich auch an lokale Adressaten, etwa an die Verkehrsbetriebe der Gemeinden, um Begünstigungen bei der Inanspruchnahme der öffentlichen Verkehrsmittel zu erreichen, oder um Arbeitslose gegen diskrimierende Entscheidungen bei der Vergabe von Sozialhilfe zu schützen. Um wirksame Öffentlichkeitsarbeit zu ermöglichen, haben sich in Österreich ebenso wie in der BRD die Projekte zu einem Dachverband zusammengeschlossen.

Ein weiteres gemeinsames Ziel dieser Initiativen ist es, die Isolation der einzelnen Arbeitslosen zu durchbrechen, die Betroffenen aufzufangen und bei psychischen Problemen zu beraten und zu betreuen sowie einen sinnvollen Zeitvertreib anzubieten. Durch den solidarischen Rahmen der Gruppe soll verhindert werden, daß sich der Einzelne unwillkürlich selbst die Schuld an der Arbeitslosigkeit zuschreibt und die strukturellen Gründe für Arbeitslosigkeit, da diese abstrakt und somit persönlich nicht erfahrbar sind, nicht in Rechnung stellt. Außerdem sollen diese Projekte, in einer Zeit in der gesellschaftlich nutzbare Arbeit in unzureichendem Ausmaß angeboten wird, ermöglichen, daß die von Erwerbslosigkeit Betroffenen einen Sinn für ihr Leben auch außerhalb organisierter Arbeit finden können.

3 Soziale Dienste und Maßnahmen für Straffällige

Die sozialen Dienste müssen sich gemeinsam mit den Justizbehörden um präventive Maßnahmen gegen Delinquenz (= Handlungen, die gegen Strafgesetze verstossen, Farrington 1987) bemühen sowie um Maßnahmen, die eine Inhaftierung der Straffälligen verhindern bzw. unnötig erscheinen lassen oder zumindest die Zeit der Inhaftierung reduzieren, und schließlich um Maßnahmen, die zu einer Resozialisierung der Straffälligen beitragen.

Ausmaß des Problems: Delinquenz ist vor allem unter Jugendlichen relativ häufig. Von den männlichen Jugendlichen geraten bis zum 21.Lebnsjahr 15-30% wenigstens einmal mit Strafgesetzen in Konflikt und werden deshalb gerichtlich verurteilt (Specht 1985, Farrington 1987). Zu allermeist handelt es sich bei delinquenten Handlungen Jugendlicher um vorübergehende Phänomene, nur ein geringer Teil weist eine längerfristige Kriminalitätskarriere auf. Je schwerer und häufiger jedoch die Vergehen sind, desto größer ist die Wahrscheinlichkeit, daß ähnliche Probleme wiederkehren. Während international große Unterschiede in der Häufigkeit von gerichtlich verhängten Sanktionen bei Jugendlichen bestehen (in den USA und Großbritanien am höchsten, in Skandinavien am niedrigsten, in Österreich und der BRD etwa im Mittelfeld), ist der Anteil von Jugendlichen mit wiederholten Verurteilungen mit etwa 5-7% in den meisten Ländern sehr ähnlich (Specht 1985).

3.1 Maßnahmen im Strafvollzug

Die letzten Jahrzehnte haben sowohl international als auch in Österreich zu einer Reform des Strafrechts und des Strafvollzugs geführt. Ein wesentlicher Teil dieser Reform war die stärkere Einbeziehung sozialer Dienste in den Strafvollzug.

Durch die Androhung und den Vollzug von Strafen soll einerseits eine Abschreckung vor strafbaren Handlungen ausgehen (generalpräventive Wirkung), andererseits soll der Strafvollzug weitere Straftaten eines Täters verhindern (Spezialprävention). Der Strafvollzug soll dabei die Gefangenen nicht nur davon abhalten, weitere Straftaten zu begehen, sondern "den Verurteilten zu einer rechtschaffenen und den Erfordernissen des Gemeinschaftslebens angepaßten Lebenseinstellung verhelfen" (§ 20, Absatz 1 des Strafvollzugsgesetzes, StVG). Dies soll durch eine erzieherische Einwirkung auf die Inhaftierten geschehen (§ 56 StVG).

Häufigkeit von Gefängnisstrafen: Trotz der Reform des Strafrechts hat die Häufigkeit von Gefängnisstrafen in den letzten Jahrzehnten nicht wesentlich abgenommen. In Österreich waren 1987 im Jahresdurchschnitt 7.560 Personen inhaftiert, von diesen waren 5.493 Strafgefangene, die übrigen Untersuchungshäftlinge (Stangl 1988). Ähnliche Zahlen werden für die BRD berichtet. Dort waren Anfang der 80-er Jahre durchschnittlich etwa 60.000 Personen inhaftiert, bei etwa drei Viertel handelt es sich dabei um Strafgefangene, bei einem Viertel um Untersuchungshäftlinge. Pro 100.000 Einwohner ergibt dies 105 Inhaftierte bzw. 80 Strafgefangene (Lösel und Köferl 1988). Österreich und die BRD liegen mit dem Stand an Inhaftierten im Spitzenfeld der europäischen Staaten.

Von den Strafgefangenen unterlagen Mitte der 80-er Jahre etwa 15% dem Jugendstrafvollzug, der Anteil weiblicher Strafgefangener betrug 4%. 29% hatten weniger als 9 Monate Freiheitsstrafe abzubüßen, 27% 9 Monate bis 2 Jahre, 18% 2-5 Jahre, 9% 5-15 Jahre und 2% über 15 Jahre (lebenslang) (Lösel und Köferl 1988).

Humanisierung des Strafvollzugs: Um den Strafvollzug zur Erfüllung der ihm zugedachten Aufgaben zu befähigen, ist es nötig, ihn nicht nur als Strafe, sondern als Hilfe erlebbar zu machen, ihm damit unnötige und widersinnige Härte zu nehmen. Verschiedene Maßnahmen sollen zunächst einmal jene Momente beseitigen, die die Gefahr in sich bergen, daß der Strafvollzug die Folge hat, daß die Straffälligen der Gesellschaft weiter entfremdet und zu einer Identifikation mit einer Außerseiterrolle und einer Randgruppe gedrängt werden.

Der Vermeidung von negativen Einflüssen dient z.B. die Trennung von erstmalig Inhaftierten von Rückfalltätern (§127 Abs.1 StVG). Erstbetrafte, von denen ein schädlicher Einfluß anzunehmen ist, sind dabei nicht in den Erstvollzug aufzunehmen (§127 Abs.3). Auch Strafgefangene, die wegen fahrlässig begangener strafbarer Handlungen verurteilt sind, sind gesondert unterzubringen (§ 128).

Im gesetzlich detailliert geregelten Strafvollzug ist ein abgestuftes System von Vergünstigungen nach einem System vorgesehen, das Freiheitsstrafen über einem Jahr in drei Stufen (Unter-, Mittel- und Oberstufe) unterteilt. Die Haftbedingungen sehen jedoch selbst in der Oberstufe noch starke Einschränkungen der Lebensbedingungen vor. Häftlinge haben zumeist Anstaltskleidung und -wäsche zu tragen, die körperliche Reinigung in Badeanlagen ist nur einmal wöchentlich möglich. Die Unterbringung erfolgt teilweise in Gemeinschaftsräumen mit bis zu 14 Insassen. In der Beweglichkeit, auch innerhalb der Haftanstalten, gibt es in den meisten Anstalten starke Einschränkungen, Mahlzeiten müssen zum Teil in den Hafträumen eingenommen werden, Aufenthalt in Gemeinschaftsräumen ist ebenso wie die Teilnahme an (schlecht bezahlten) Beschäftigungen nur teilweise möglich. Nur die tägliche Stunde Bewegung im Freien ist generell vorgeschrieben (§43 StVG).

Der stärksten Einschränkung unterliegt freilich der Kontakt zur Außenwelt, selbst mit Angehörigen ist - je nach Stufe des Strafvollzugs - nur alle 1-4 Wochen eine Viertelstunde Kontakt (in Anwesenheit eines Wachebeamten, der den Ablauf der Besuche und den Inhalt der Gespräche überwachen soll) möglich, die durch den Anstaltsleiter auf eine halbe Stunde verlängert werden kann.

Soziale Dienste in den Gefängnissen: Der überwiegende Teil der Mitarbeiter im Strafvollzug sind Wachebeamte, 1987 waren in Österreich von 3363 Bediensteten im Strafvollzug 3014 Wachebeamte. Im Normalvollzug ergibt sich dabei ein Verhältnis Mitarbeiter : Häftling von etwa 1:3 (Kahl 1986), im Maßnahmenvollzug (siehe weiter unten) von 1:1, damit liegt Österreich erheblich unter dem westeuropäischen Durchschnitt. Aus diesen Zahlen wird aber auch klar, daß ein erzieherischer Auftrag in den Haftanstalten, wenn überhaupt, dann in erster Linie von den Wachebeamten wahrgenommen werden kann.

Durch Beratung und Unterstützung von Sozialarbeitern sollen die Chancen gewahrt werden, nach der Entlassung ein soziales Netz vorzufinden, das bei der Wiedereingliederung eine Stütze sein kann. Das Angebot ist allerdings sehr dürftig und die Arbeit für die Sozialarbeiter recht belastend, sodaß ein hoher Personalwechsel zu verzeichnen ist. Insgesamt waren in Österreich Ende 1987 im Strafvollzug 92 Sozialarbeiter angestellt, ein Großteil davon jedoch im Maßnahmenvollzug und im Jugendvollzug. Der Schlüssel Sozialarbeiter : Insasse beträgt im Normalvollzug nur 1:135, im Maßnahmenvollzug jedoch 1:20 und im Jugendvollzug 1:70 (Kahl 1986).

Therapeutische Maßnahmen für Gefangene mit psychischen Problemen: Therapeutische Maßnahmen sollen sowohl im normalen Strafvollzug, insbesondere jedoch in den speziellen Maßnahmen für Inhaftierte mit psychischen Problemen (Maßnahmenvollzug) Eingang finden. Dabei ist zu bedenken, daß bereits die Haftbeschränkungen zu einer deutlichen Belastung führen. Folge der Haftbeschränkungen sind ein weitgehender Verlust an privatem Raum und an Autonomie. Dies stellt eine Bedrohung der persönlichen Identität dar und kann einerseits zur Anlehnung an die informelle Insassenkultur, andererseits zu einer Angleichung an die offiziellen Anstaltsnormen führen ("Prisonierung"). Beides macht die Inhaftierten außerhalb des Gefängnisses weitgehend lebensuntüchtig (Liebel und Uslar 1975). Als zentrales Moment für diese negativen Folgen stellt sich in der Analyse der Haftreaktion das Erleben eines Kontrollverlustes dar, das sich in Störungen emotionaler, kognitiver und motivationaler Art äußert (Schaffner 1986). Als häufigste Belastung wird von den Inhaftierten die Trennung von Angehörigen und Freunden angegeben.

Sowohl die Anzahl der Selbstmordversuche als auch die Anzahl der erfolgreichen Suizide ist in Gefängnissen 4-6x so hoch wie in der Allgemeinbevölkerung. Die Suizidgefahr ist dabei besonders unmittelbar nach der Einlieferung besonders groß, fast die Hälfte der Suizide geschieht im ersten Monat der Inhaftierung. Eine besondere Risikogruppe stellen Erstinhaftierte dar (Schaffner 1986). 1987 haben sich in Österreich 247 Untersuchungshäftlinge, 278 Strafgefangene und 46 Untergebrachte Selbstbeschädigungen zugefügt. 12 Inhaftierte haben sich in diesem Jahr das Leben genommen.

Sozialtherapeutische Anstalten: In der Justiz gibt es seit langem besondere psychiatrische Einrichtungen, in denen Gefangene untergebracht werden, deren Straftat mit einer psychischen Störung in Zusammenhang steht. Vor allem in den skandinavischen Ländern wurden derartige Einrichtungen frühzeitig auch für Gefangene mit leichteren psychischen Störungen bzw. für Gefangene errichtet, die aufgrund von Persönlichkeitsstörungen den Wirkungen der Strafe nicht zugänglich und wiederholt rückfällig wurden (Lösel et al. 1987). Im Zug der Reform des Strafvollzugs bzw. der Strafrechtsreform war man in vielen Ländern bemüht, den therapeutischen Charakter dieser Einrichtungen stärker zu betonen.

In Österreich ist man dabei dem Vorbild skandinavischer Länder gefolgt und hat die Einweisung als spezielle, vom Richter anzuordnende Maßnahme vorgesehen. Die Entlassung ist dabei nicht mehr vom Abbüßen einer bestimmten Strafdauer abhängig, sondern vom Eintreten einer Besserung, über die Psychiater dem Gericht zu berichten haben. Gleichzeitig wurde jedoch vielfach der Kreis der Straffälligen, die diesem speziellen Strafvollzug zugewiesen wurden, ausgeweitet. Die Unbestimmtheit des Inhaftierungszeitraums, der von einer Besserung abhängig gemacht wird, führt zudem zu einer Rechtsunsicherheit für die Inhaftierten. Insgesamt werden die Konsequenzen der Strafrechtsreform in diesem Bereich von Experten deshalb zwiespältig betrachtet. In Schweden ist der Maßnahmenvollzug wieder abgeschafft worden, in anderen Ländern stark zurückgegangen.

Die BRD hat in den 70-er Jahren ebenfalls sozialtherapeutische Anstalten eingerichtet, sie stellen jedoch eine Einrichtung des Strafvollzugs dar, in die die Aufnahme nur mit Zustimmung des Gefangenen erfolgt und die der Verbesserung der Resozialisierung dienen soll. Die Einrichtungen weisen einen günstigeren Personalschlüssel auf als der Regelvollzug und sehen auch sonst eine Reihe von Maßnahmen vor, die das Leben in der Anstalt weniger bedrückend machen und eine positive Entwicklung günstig beeinflußen sollen. Zusätzlich bieten die Einrichtungen Therapieangebote, zum Teil in Form einer intensiven Gesprächspsychotherapie, zum Teil in Form eines sozialen Trainings. (In Schweden wurden diese Angebote nach Schließung der Sonderanstalten in den Normalvollzug übernommen.) Evaluationsstudien aus der BRD weisen auf die Schwierigkeiten hin, Therapie in den Strafvollzug zu integrieren, zeigen jedoch insgesamt recht konsistent geringe positive Auswirkungen, sowohl auf die Rückfallgefährdung wie in Bezug auf die Weiterentwicklung der Persönlichkeit der Gefangenen (Lösel et al. 1987).

Arbeitsmöglichkeiten, Ausbildungsmaßnahmen, Aufnahme einer beruflichen Tätigkeit durch Freigang: Das Ausüben beruflicher Tätigkeiten in den Gefangenenhäusern unterliegt vielfachen Einschränkungen. Die Bandbreite der zur Verfügung stehenden Arbeiten ist gering, die Entlohnung steht in keinem realen Verhältnis zu der erbrachten Leistung und zu den Arbeitskosten am regulären Arbeitsmarkt. In einigen Gefangenenhäusern bemüht man sich, die oft vorhandenen beruflichen Defizite bei den Häftlingen durch das Angebot von beruflichen Ausbildungs- und Fortbildungsmaßnahmen zu vermindern. In der Realität ist sowohl das Ausmaß wie der Erfolg dieser Maßnahmen aber bescheiden. Die Möglichkeit zum Freigang soll hier in der letzten Zeit vor der Entlassung eine Möglichkeit zur Vorbereitung auf eine berufliche Tätigkeit nach der Entlassung bieten.

Reduzierung der Untersuchungshaft: Eine Maßnahme, die sowohl das Justizsystem entlasten als auch negative Auswirkungen einer Inhaftierung bei den Betroffenen verhindern will, zielt auf eine Reduzierung der Untersuchungshaft vor Beginn einer gerichtlichen Untersuchung. Die Untersuchungshaft sollte auf jene Verdächtigen beschränkt werden, bei denen nachweislich Verdunkelungsgefahr bzw. die Gefahr besteht, daß sie sich sonst einer Untersuchung entziehen würden.

3.2 Diversionsmaßnahmen und Bewährungshilfe

Es muß ein Anliegen der sozialen Dienste sein, dabei mitzuhelfen, daß es zu einer Entkriminalisierung von kleineren Vergehen kommt und die Zahl jener Personen möglichst gering gehalten wird, bei denen es zu einer gerichtlichen Verurteilung kommt. Maßnahmen, die außergerichtliche Regelungen von Vergehen anstreben, werden als Diversion bezeichnet. Durch derartige Maßnahmen soll verhindert werden, daß es zu einer Verfestigung des abweichenden Verhaltens kommt, wenn die Abweichung auch offiziell durch eine gerichtliche Verurteilung festgeschrieben ist. Weiters soll verhindert werden, daß Jugendliche durch eine Inhaftierung nur mit anderen Straffälligen zusammen sind und auf diese Weise weiter in eine deviante Laufbahn gedrängt werden.

Paradoxerweise hat die Einbeziehung sozialer Dienste zwar zu einer Milderung des Strafausmaßes und zur Reduktion von Haftstrafen beigetragen, die Anzahl der gerichtlichen Verurteilungen (mit den damit verbundenen negativen Folgen für das weitere Leben) jedoch nicht wesentlich beeinflußt. Zum Teil hat die Möglichkeit, vom Gericht ausgesprochene Strafen zur Bewährung auszusetzen, sogar dazu beigetragen, daß es zur Anklage in Fällen kam, wo früher von einer Anklage abgesehen wurde.

Maßnahmen zur Diversion von Straffälligen: Durch sozialpädagogische Maßnahmen sollen vor allem für Jugendliche Alternativen zur Inhaftierung und zur gerichtlichen Verurteilung geschaffen werden. Zu diesem Zweck kann die Teilnahme an ambulanten Betreuungsmaßnahmen oder an Arbeitsprojekten (Arbeitsweisungen) vorgeschrieben werden. In der BRD zählen zu diesen Diversionsmaßnahmen vor allem die "Brücke"-Projekte, sie haben jedoch keinen sehr großen Umfang.

Bei der Konfliktregelung bzw. dem Täter-Opfer-Ausgleich wird versucht, unter Einschaltung der sozialen Dienste als Vermittler durch außergerichtliche Einigung eine gerichtliche Verurteilung der Täter zu vermeiden. Angestrebt werden dabei "weiche Sanktionen", d.h. Wiedergutmachungen für das Opfer, die im Strafrecht eher im Hintergrund stehen. Der Schwerpunkt liegt auf der Beseitigung des durch die Straftat entstandenen sozialen Konfliktes und Vermeidung einer Anzeige, etwa durch Geständnis, Schadenswiedergutmachung und/oder Entschuldigung.

Dagegen ist oft kritisch eingewendet worden, daß die Verurteilungen dadurch nicht weniger werden, zumal ein Geständnis nicht beweisbefreiend wirkt, daß also insgesamt lediglich ein Mehr sowohl an Sanktionen als auch an zu bearbeitenden Fällen (die ohnedies nicht zu Verurteilungen geführt hätten) zu verzeichnen ist. Außerdem wird hier lediglich ein formalisiertes Verfahren durch ein anderes ersetzt.

Konfliktregelung - Modellversuch: Im Rahmen der Jugendgerichtsbarkeit wurde in Österreich 1985-1987 ein Modellversuch durchgeführt. Ziel war, eine Verurteilung zu vermeiden (richterlicher Aspekt) bzw. es erst gar nicht zu einer Anklage kommen zu lassen (staatsanwaltschaftlicher Aspekt). Der Modellversuch beruhte auf der Anwendung der im JGG prinzipiell gegebenen Möglichkeit, daß der Staatsanwalt auf Verfolgung verzichtet bzw. der Richter nach 42 StGB von der Bestrafung absieht, wenn die Tat nicht strafwürdig ist.

Bewährungshelfer hatten dabei die Aufgabe, nach Informationen durch das Gericht oder den Staatsanwalt den Kontakt zwischen Täter und Opfer herzustellen. In einem ersten Gespräch mit dem Täter sollte der Konfliktregler dessen aktuelle Situation (z.B. ob die Eltern davon wissen) und Vorschläge zur Regelung des Konfliktes ermitteln. Diesem Erstgespräch folgt auf jeden Fall ein Hausbesuch bei den Eltern des Täters. Erst danach wurde der Kontakt mit den Geschädigten aufgenommen. In den meisten Fällen konnte ein Ausgleich zwischen Täter und Geschädigtem erreicht werden.

Im Modellversuch (Pelikan und Pilgram 1987) wurde die Konfliktregelung zuerst eher bei Jugendlichen der Mittelschicht und bei recht geringen Delikten in Anwendung gebracht. Mit zunehmender Sensibilisierung der Staatsanwälte war eine Verlagerung hinsichtlich der Schichtzugehörigkeit der Täter hin zu stärkerer Problembelastung, sowie hinsichtlich der Schwere der Delikte bis hin zur leichten Körperverletzung zu beobachten. Dem traditionellen Bewährungshelfer-Klientel konnte trotzdem eher wenig geholfen werden, da sich das Engagement der (Unterschicht)Eltern als zu gering erwies und eine Vorstrafe dort oft auch akzeptiert wurde. Die Opfer freilich profitierten fast durchgehend von dem Modellversuch.

In den letzten Jahren wurde in Österreich in einigen Bundesländern das Modell der Konfliktregelung auch auf Erwachsene ausgedehnt und wird bei kleineren Vergehen zunehmend in Anspruch genommen, da auch die Opfer mit dieser Vorgehensform zufrieden sind und sie als sinnvoll ansehen.

Betreuung während eine Strafe zur Bewährung ausgesetzt ist bzw. bei einer vorzeitigen Entlassung sowie bei bedingter Verurteilung (Bewährungshilfe): Intensive Betreuung von Straffälligen zur Prävention weiterer Straftaten und als Hilfe zur sozialen Integration ist in Österreich wie auch international zuerst für Jugendliche erprobt und gesetzlich als Alternative zur Inhaftierung bzw. der Heimunterbringung eingeführt worden. Im Rahmen der Strafrechtsreform wurde die Bewährungshilfe später auch auf Erwachsene ausgedehnt.

Bewährungshilfe wird in Zusammenhang mit Weisungen des Gerichts im Rahmen einer rechtskräftigen Verurteilung ausgesprochen. Durch Benennen eines Betreuers (Bewährungshelfers) soll ein Rückfall eines Straffälligen vermieden werden. Die Aufgaben des Bewährungshelfers sind in § 53 des Strafgesetzbuchs (StGB) definiert. Der Bewährungshelfer soll einerseits dem Straffälligen wie einem Klienten beistehen, andererseits ist auch dem Klienten der Bewährungshilfe eine regelmäßige Kontaktaufnahme mit dem Betreuer vorgeschrieben. Der Bewährungshelfer soll über den Lebenswandel und die Erfüllung der vom Richter erteilten Weisungen wachen. Er soll Versuchungen vom Rechtsbrecher fernhalten und mit Rat und Tat beistehen, damit er keinen weiteren Rechtsbruch begeht. Weiters muß er dem Gericht mindestens halbjährlich von dem Fortgang der Betreuung berichten und alle Straftaten, die ihm bekannt werden, melden. Die Bewährungshilfe wird zeitlich befristet (während einer Probezeit, bei Jugendlichen 1-3 Jahre, im Wiederholungsfall bis 5 Jahre) angeordnet. Wenn der Klient die Weisungen des Gerichts nicht beachtet, keinen Kontakt zu dem Bewährungshelfer hält oder neuerlich verurteilt wird, kann die Probezeit widerrufen werden. In der Praxis erfolgt ein Widerruf in Österreich derzeit bei 20-30% der Fälle.

Die Bewährungshilfe bei Erwachsenen wird vor allem im Zusammenhang mit einer bedingten Strafnachsicht (StGB § 43) und einer bedingten Entlassung (StGB § 46) ausgesprochen, in seltenen Fällen auch als vorbeugende Maßnahmen (§ 47 StGB) z.B. bei Rückfalltätern.

Bei der Konzeption der Bewährungshilfe orientierte man sich zunächst an einem ehrenamtlichen Beistand durch Erwachsene, die einen Zugang zu Jugendlichen finden können, in Österreich zeigte sich jedoch bereits in der Erprobungsphase in den 60-er Jahren, daß diese Arbeit zum Großteil von hauptamtlichen Mitarbeitern gemacht werden muß. Gegenwärtig machen in Österreich die ehrenamtlichen Mitarbeiter etwa zwei Drittel der Bewährungshelfer aus, betreuen aber nur rund 25% der Bewährungshilfe-Fälle. Die ehrenamtliche Bewährungshilfe ist vor allem im ländlichen Raum von Bedeutung. Der überwiegende Teil der ehrenamtlichen Bewährungshelfer ist auch beruflich mit sozialen oder pädagogischen Problemen konfrontiert (z.B. Lehrer, Sozialarbeiter), sie erhalten für den mit ihrer Tätigkeit verbundenen Aufwand eine steuerfreie Entschädigung. Hauptamtliche Bewährungshelfer sind derzeit in der Regel ausgebildete Sozialarbeiter. Ein hauptamtlicher Bewährungshelfer betreut im Durchschnitt etwa 15 Probanden (max. 30), ein ehrenamtlicher Bewährungshelfer im Druchschnitt 2 (max. 5).

Arbeitsweise der Bewährungshelfer: Die Aufgabe des Bewährungshelfers ist es, dem Probanden eine Arbeit an seinen eigenen Problemen zu ermöglichen (siehe Horky 1988). Dabei gilt generell das Prinzip der freien Wahl der Methode. Das Team, in das jeder Bewährungshelfer eingebunden ist, bietet ihm bei seiner Arbeit Unterstützung sowie psychische Entlastung und ist zugleich auch eine fachliche Kontrolle.

Der Bewährungshelfer wird vom Gericht namentlich einem bestimmten Fall zugeordnet, wobei ein Verbindungsdienst den Kontakt zwischen Bewährungshilfe und Gericht und den Informationsfluß ermöglicht. Mitarbeiter des Verbindungsdienstes sprechen mit den Probanden, wodurch der ausgewählte Betreuer sich ein erstes Bild machen kann, bevor er persönlich Kontakt aufnimmt. In der Betreuungsarbeit ist zunächst meist mit beträchtlichem Mißtrauen und Widerstand zu rechnen. Dieses Mißtrauen richtet sich zumeist weniger gegen die Person des Bewährungshelfers als gegen die Institution und ist teilweise auch Ausdruck von Kontaktschwierigkeiten des Probanden. Eine der Hauptaufgaben des Bewährungshelfers wird darin gesehen, daß der Proband sich wieder als jemand wahrnimmt, der selbst die Verantwortung für sein Leben übernehmen kann. Die Probanden empfinden sich oft als hilflos und ohne Einfluß auf ihr Leben. Eine Lernmöglichkeit stellt hier das Beziehungsangebot des Bewährungshelfer dar und mit dieser Beziehung wird auch garbeitet. Erst auf der Basis einer vertrauensvollen Beziehung ist es möglich, Hilfe zur Selbsthilfe zu geben (bei der Beschaffung einer Arbeit zu helfen etc.). Der Proband muß informiert werden, daß Kontrolle eine Aufgabe des Bewährungshelfer ist, und er muß diese Kontrolle auch anerkennen können. Die Kontrolle ist die gesetzliche Rahmenbedingung für das Arbeitsbündnis.

Der Bewährungshelfer trifft seine Probanden im Sprechzimmer in einer Außenstelle der Bewährungshilfe und in dessen sozialem Umfeld (Familie, Freunde etc). Die Kontakte mit dem Umfeld dienen dem Bewährungshelfer zur Information. Das Sprechzimmer - mit der Möglichkeit eines störungsfreien Gesprächs - dient der Arbeit mit dem Probanden.

Wesentlich für den Verlauf ist die Abgrenzungsfähigkeit des Bewährungshelfers. Er muß im ganzen Prozeß über seine eigenen Gefühle Bescheid wissen. Zur Vermeidung der Gegenübertragung dient das Team, in dem der Bewährungshelfer berichtet und wo er ein entsprechendes Feedback erhält. In dieser Situation steht Supervision für den einzelnen Bewährungshelfer bzw. für die Gruppe ebenfalls als Unterstützung zur Verfügung. Der Bewährungshelfer muß imstande sein, seinem Probanden Grenzen zu zeigen - in einer Form, die für den Klienten durchschaubar ist.

Umfang der Bewährungshilfe: Im internationalen Vergleich bestehen große Unterschiede im Ausmaß der Anordnung von Bewährungshilfe (Dünkel 1984). Einen absoluten Spitzenplatz nimmt dabei Schweden ein, wo es pro 100.000 Einwohner 193 Personen gibt, die unter Bewährungshilfe stehen, hingegen nur 60 Inhaftierte. Von allen Personen, die vom Justizsystem kontrolliert werden, stehen demnach 76% unter Bewährungshilfe. In Österreich ist hingegen die Anzahl der Probanden der Bewährungshilfe mit 63 Personen pro 100.000 Einwohner relativ gering, der Anteil der Bewährungshilfe-Probanden an der Gesamtanzahl der unter Justizkontrolle Stehenden ist mit 36% ebenfalls vergleichsweise niedrig.

An der internationalen Entwicklung fällt gleichfalls auf, daß die Häufigkeit, mit der eine Bewährungshilfe angeordnet hat, in den 70-er Jahren außerordentlich zugenommen hat. In vielen Ländern ist die Zunahme der unter Justizkontrolle stehenden Personen (z.B. BRD: Verdoppelung auf ca. 290 Personen pro 100.000 Einwohner) vor allem auf die Ausdehnung der Bewährungshilfe zurückzuführen (Dünkel 1984). Dies ist ein deutlicher Hinweis auf eine sehr zwiespältige Funktion der Bewährungshilfe.

Die internationalen Unterschiede in der Häufigkeit der Anordnung von Bewährungshilfe haben Auswirkungen auf die Arbeit der Bewährungshelfer. In Österreich betreut ein hauptamtlicher Bewährungshelfer - wie erwähnt - im Durchschnitt etwa 15 Probanden, in der BRD hingegen 60 (Horky 1988). Auswirkungen hat auch die Art der Beziehung zwischen Bewährungshilfe und Gericht, die nicht ohne Spannungen ist. In Österreich ist die Bewährungshilfe überwiegend im Rahmen eines formell selbständigen Vereins organisiert, wodurch eine etwas größere Flexibilität und Unabhängigkeit gewährleistet sein dürfte.

3.3 Andere Maßnahmen und Dienste

Haftentlassenenhilfe: Spezielle Beratungsangebote für Haftentlassene sollen die Chancen einer Wiedereingliederung erhöhen. Die oft großen Schwierigkeiten beim Finden eines Arbeitsverhältnisses und einer Wohnmöglichkeit sollen durch entsprechende Beratung und Unterstützung reduziert werden. In Österreich wird diese Aufgabe vor allem von den Zentralstellen für Haftentlassene der Bewährungshilfe übernommen. Rund 8% der Haftentlassenen wenden sich an die Zentralstellen (Horky 1988). Dabei handelt es sich um Personen, die weder von der Familie (viele Geschiedene bzw. Alleinstehende) noch vom Sozialsystem versorgt werden, oder um Personen nach längeren Haftstrafen. Es handelt sich zumeist um eine kurzfristige Krisenintervention, bei der das Beschaffen von Essen, Kleidern und Schlafmöglichkeiten im Vordergrund steht, gefolgt von der Arbeits- und Wohnraumbeschaffung. Neben der Einzelfallbetreuung bietet in Wien auch ein Clubbetrieb den Haftentlassenen Freizeitgestaltungsmöglichkeiten.

Schulung von Polizeibeamten im Umgang mit Konfliktsituationen: Polizeibeamte werden oft in Konfliktsituationen zur Hilfe geholt, etwa bei einem Streit zwischen Ehepartnern. Hier besteht die Gefahr, daß die Beamten den Konflikt weiter verschärfen bzw. eine drohende Zuspitzung nicht rechtzeitig erkennen und ihr mit untauglichen Mitteln entgegenwirken. Schulungen können die Vermittlungsfähigkeit der Polizisten erhöhen und so zu einer Abnahme gewaltsamer Konfliktlösungen beitragen (Roesch und Corrado 1983).

Spezielle Dienste innerhalb der Polizei: Am Beispiel der Jugendpolizei läßt sich zeigen, daß die Exekutive durch spezielle Dienste zwar keine unmittelbaren sozialen Betreuungsaufgaben übernimmt, aber doch enger mit sozialen Diensten zusammenarbeiten und deren Arbeit unterstützen kann. Im Rahmen eines derartigen Diensten gibt es z.B. in Wien neben einer kleinen zentralen Abteilung in jedem Bezirkspolizeikommissariat mindestens eine Kriminalbeamtin, die speziell für Jugendliche zuständig ist. Zielgruppe sind alle Mädchen bis zum 18.Lebensjahr und Burschen bis zum 14.Lebensjahr, die in irgendeiner Form als Opfer, Täter oder Gefährdete in Polizeiakten aufscheinen (z.B. bei Unfällen, Delikten, Abgängigkeit, Mißhandlungen). Zu den Aufgaben zählt neben der Einvernahme von Kindern und Jugendlichen u.a. die Prävention (Information von Lehrern, Eltern und Jugendlichen z.B. über den Jugendschutz), die Suche nach abgängigen Jugendlichen. Sie dienen als Kontaktstelle für Schulen, an denen strafbare Handlungen auftreten, etc.

4 Maßnahmen zur Integration von Ausländern

In den letzten Jahren ist durch die Arbeitsmigration und das weltweite Ungleichgewicht in den Lebensbedingungen, aber auch durch politische Umwälzungen und die dadurch ausgelösten Wander- und Fluchtbewegungen die Integration von Ausländern zu einer an Bedeutung zunehmenden Aufgabe geworden.

In Österreich wie auch der BRD lassen sich in der Ausländerpolitik verschiedene Phasen unterscheiden. In den 50-er und 60-er Jahren setzte eine erste Phase der Anwerbung von ausländischen Arbeitskräften ein, um den Mangel an Arbeitskräften auszugleichen. Angeworben wurden überwiegend junge Arbeitnehmer, die ohne Familie zuzogen. Die Anwerbung wurde nicht als Teil einer Einwanderungspolitik verstanden, vielmehr ging man von einem vorübergehenden Aufenthalt der Ausländer aus. Es wurden deshalb auch kaum Maßnahmen zur sozialen Integration der Ausländer gesetzt. In den 70-er Jahren stieg der Ausländeranteil dann weiter an, vor allem durch Nachzug der Familienangehörigen. Er erreichte 1973 einen Höhepunkt. Mit der nach dem ersten Ölpreisschock einsetzenden Rezession wurde der Zuzug der Ausländer eingeschränkt, in den 80-er Jahren wurde dann in der BRD zeitweise die Rückkehr der Gastarbeiter gezielt gefördert (allerdings ohne großen Erfolg) (Kühl 1987, Scheib 1990). In den letzten Jahren nahm der Anteil der Gastarbeiter an den unselbständig Beschäftigten in Österreich wieder deutlich zu und erreichte 1991 im Bundesdurchschnitt 8.8%, mit großen regionalen Unterschieden. An der Wohnbevölkerung machte der Ausländeranteil 1991 immerhin 6.2% aus, Österreich liegt damit unter den westeuropäischen Ländern im Mittelfeld (Natter und Reinprecht 1992).

Die rechtliche Situation von Ausländern unterliegt im Vergleich zu Inländern vielen Beschränkungen, selbst wenn ihr Aufenthalt im Gastland durch eine Aufenthaltsbewilligung rechtlich abgesichert ist (was z.B. in Italien und Spanien vielfach nicht der Fall ist). Eine besondere gravierende Situation ergibt sich dabei für Flüchtlinge, die in ihrem Heimatland Benachteiligungen und Verfolgungen ausgesetzt sind. Durch die Übernahme der Genfer Flüchtlingskonvention in die nationalen Gesetzgebungen ist zwar ein gewisser Schutz für politische Flüchtlinge gewährleistet, der jedoch durch die Asylgesetze und die Praxis der Handhabung von Asylanträgen teilweise unterlaufen werden kann (etwa indem die Last der Beweisführung für das Vorliegen einer Verfolgung dem Asylwerber übertragen wird). Die einzelnen Länder suchen sich zudem gegen eine ungleiche Belastung abzusichern und sehen Zurückweisungen und Abschiebungen in das Land vor, über das der Flüchtling eingereist ist.

Wohnprobleme: Ein Großteil der Ausländer wohnt in den Ballungszentren und Großstädten. Die Wohnprobleme von Ausländern als Zuwanderer werden durch weitere Restriktionen verschärft. So haben Ausländer in Wien keinen Zugang zu den relativ günstigen Gemeindewohnungen. Ausländer sind weiters von der Inanspruchnahme der Mittel der Wohnbauförderung und damit dem Erwerb von geförderten Wohnungen ausgeschlossen.

In den westlichen Bundesländern Österreichs wurden die Wohnprobleme der Ausländer von den Betrieben mit der Einrichtung von Ausländerwohnheimen beantwortet, die die Ausländer stark an das jeweilige Unternehmen binden (Achatz et al. 1985).

Ein Problem stellt die Tendenz zur Gettobildung dar, die Tendenz also, daß Ausländer nur Wohnungen in Wohngegenden sozial schwacher Schichten finden und hier trotz eines insgesamt gar nicht so großen Bevölkerungsanteils in großer Zahl auftreten. In manchen Stadtteilen der BRD werden Ausländeranteile von 30-40% erreicht (Reimann 1987). Schon vor dem Zuzug von Ausländern weisen diese Wohngegenden strukturelle Probleme auf (schlechte Wohnqualität vieler Häuser, Lärmbelastung, Unterversorgung mit Einkaufs- und Erholungsmöglichkeiten). Die bereits zuvor feststellbare Abwanderung besser verdienender, jüngerer Familien verstärkt sich durch den Zuzug von Ausländern. Wer bleibt, hat ein starkes Bedürfnis nach Abgrenzung gegenüber den neuen Nachbarn. Dies führt zu besonderen Integrationsschwierigkeiten und zu negativen Reaktionen seitens der hier lebenden Menschen.

In Mitteleuropa kam es allerdings bisher nicht zur Ausbildung von Stadtteilen mit einer überwiegend ausländischen Wohnbevölkerung, die ganz von den kulturellen und sozialen Lebensgewohnheiten einer Gruppe von Ausländern geprägt sind. Grund dafür ist zum Teil die Heterogenität der ausländischen Bevölkerung, zum Teil die hohe Umzugstendenz unter Ausländern (Reimann 1987).

Durch die Bestimmungen des Ausländerrechts (in Österreich ist z.B. die Arbeitsgenehmigung an den Nachweis einer Wohnmöglichkeit geknüpft), durch geringe Sprachkenntnisse und mangelnde Vertrautheit mit den lokalen Verhältnissen sowie durch Diskriminierung und Ausländerfeindlichkeit ist die Situation von Ausländern am Wohnungsmarkt besonders prekär. Lücken der Mitrechtsgesetze werden vielfach zu ihrem Nachteil ausgenutzt. So findet sich in Österreich ein unverhältnismäßig großer Teil der Ausländer in gesetzlich wenig geschützten Untermietverhältnissen (Achatz et al. 1985). Ihre Wohnungen weisen eine erhebliche Diskrepanz zu dem ortsüblichen Wohnungsstandard auf und sind dabei (soweit es sich nicht um Hausbesorgerwohnungen handelt) unverhältnismäßig teuer. Die Wohnungsnot von Ausländern ist in kleineren Gemeinden noch größer als in der Großstadt (Achatz et al. 1985). Hinzu kommt, daß Ausländer keinen Zugang zu finanziellen Unterstützungen

haben, z.T. aufgrund ihres Status als Ausländer (Mietbehilfe ist Teil der Sozialhilfe, von der Ausländer ausgeschlossen sind).
In dieser Situation ist eine Verbesserung der Lage von Ausländern von einer allgemeinen Verbesserung der Schutzbestimmungen im Mietrecht abhängig sowie von einer Erleichterung des Zugangs für Ausländer zu den günstigeren, öffentlich geförderten Wohnungen. Den sozialen Diensten kommt hier vor allem die Funktion der Beratung und der Vertretung der Interessen von Ausländern zu.

Um der starken Konzentration von Ausländern in manchen Stadtteilen gerecht zu werden, müssen sich aber auch die sozialen Dienste stärker an sozialökologischen Konzepten orientieren und die Gemeinwesenorientierung in ihrer Arbeitsweise verstärken. Dies gilt insbesondere in Sanierungsgebieten, in denen oft ein hoher Ausländeranteil vorhanden ist, deren Interessen bei den Sanierungsmaßnahmen nur ungenügend berücksichtigt werden. Günstig wäre der Aufbau von Stadtteilzentren, in denen ein Zusammenwirken der Bewohner, Inländer wie Ausländer, möglich wird, aber auch Beratungsangebote vorhanden sind. Neben den gemeinsamen Anliegen des Bezirks können auch kulturelle Initiativen die Basis für ein Näherrücken der verschiedenen Gruppen bilden.

Arbeitsintegration: Die Arbeitsintegration von Ausländern unterliegt einer Vielfalt von Einschränkungen, die den Zugang zum regulären Arbeitsmarkt behindern. Dabei gilt die Richtlinie, daß Ausländern nur dann eine Arbeitserlaubnis zu gewähren ist, wenn für diese Stelle kein inländischer Arbeitnehmer zur Verfügung steht. In Österreich kann zudem ein Ansuchen um Beschäftigungsbewilligung nur vom Arbeitnehmer gestellt werden. Erst nach 8-jähriger, (nahezu) ununterbrochener Beschäftigung wird ein Befreiungsschein ausgestellt, der dem ausländischen Arbeitnehmer eine größere Beweglichkeit am Arbeitsmarkt erlaubt.

Die Arbeitssituation von Ausländern ist auch durch die oft geringe bzw. fehlende Berufsausbildung bestimmt. In der BRD hatten noch in den 80-er Jahren drei Viertel der beschäftigten Ausländer keine abgeschlossene Berufsausbildung (Gaugler und Weber 1987).

Am Arbeitsmarkt besetzen Ausländer aus diesem Grund vielfach jene Stellen, die mit starker körperlicher Belastung, hoher Unfallgefährdung verbunden sind und gering bezahlt werden. Hohe Ausländerquoten finden sich in der BRD vor allem in Betrieben mit Großserienfertigung, hohem Ungelerntenanteil und hohem Anteil an Schichtarbeitern. Die Arbeitsplätze sind durch routinisierte Tätigkeiten am Fließband und Akkordentlohnung gekennzeichnet (Gaugler und Weber 1987). In Österreich sind es vor allem die Textilindustrie, das Baugewerbe (besonders in den letzten Jahren), die metallverarbeitende Industrie und das Gastgewerbe, die eine große Zahl von Ausländern beschäftigen.

Unter den Arbeitsplätzen von Ausländern kann man eine Gruppe von "typischen Ausländerarbeitsplätzen" unterscheiden, die durch hohe Belastung am Arbeitsplatz, geringe Anforderung an die Qualifikation der Arbeitnehmer, veraltete Technik und starken Konkurrenzdruck zu Niedriglohnländern gekennzeichnet sind. Ausländer stehen hier nicht in Konkurrenz zu Inländern, die diese gering entlohnten Arbeiten selbst in Regionen mit einem Überschuß an Arbeitskräften nicht übernehmen würden. Wegen dieser Tendenz werden allerdings die langfristigen Folgen der Ausländerbeschäftigung für die Wirtschaftsstruktur auch skeptischer betrachtet als die kurz- und mittelfristigen Folgen (Biffl et al. 1985).

Ausländer sind, aus den zuvorgenannten Umständen verständlich, in der Tendenz mit ihrer Arbeitsituation unzufriedener als Inländer, vielfach ist es aber auch die Beziehung zu Mitarbeitern und Vorgesetzten, die als unbefriedigend eingeschätzt wird. Nur etwas mehr als die Hälfte hat am Arbeitsplatz nähere Kontakte zu Inländern, wobei diese Kontakte meist auf eine kleine Zahl von inländischen Arbeitskollegen beschränkt sind. Soziale Integration findet somit am Arbeitsplatz nur recht begrenzt statt (Gaugler und Weber 1987).

In Österreich wird vor allem die Beziehung zu den unmittelbaren Vorgesetzten als kritisch eingeschätzt. Ausländische Arbeitnehmer berichten häufig, daß ihnen von den Vorgesetzten jene Arbeiten zugewiesen werden, wo sie weniger Verdienstmöglichkeiten haben und wo die Arbeit belastender ist (Achatz et al. 1985).

Selbst in der Bundesrepublik, wo Ausländer das aktive und passive Wahlrecht für den Betriebsrat besitzen, sind ausländische Arbeitnehmer in den Betriebsräten nur wenig vertreten. In Österreich besitzen ausländische Arbeitnehmer kein passives Wahlrecht. Es ist daher nicht verwunderlich, daß selbst in der BRD nur ein Drittel der ausländischen Arbeitnehmer ihre Interessen durch den Betriebsrat ausreichend vertreten fühlt (Achatz et al. 1985, Gaugler und Weber 1987). Die Einführung eigener Ausländervertreter im Betriebsrat wird von vielen als ein möglicher Ansatz zur Verbesserung der Interessensvertretung von Ausländern angesehen.

Ausländer nehmen, wie die meisten Arbeiter an Routinearbeitsplätzen, nur sehr gering an Fortbildungs- und Weiterqualifizierungsaktivitäten teil. Es besteht zwar ein latentes Interesse an besserer Qualifizierung, wegen der geringen Aufstiegsmöglichkeiten schlägt sich dieses Interesse jedoch nicht in der Teilnahme an Fortbildungen nieder (Achatz et al. 1985, Gaugler und Weber 1987). Ein Grund für die geringe Teilnahme an beruflichen Fortbildungen dürfte auch darin liegen, daß diese Veranstaltungen zuwenig auf die Bedürfnisse von ausländischen Arbeitnehmern zugeschnitten sind. Hier läge auch ein Ansatz für eine Verbesserung der Situation ausländischer Arbeitnehmer (Achatz et al. 1985).

Wegen der Schwierigkeiten, legal eine Arbeitsstelle zu erhalten, müssen Ausländer, soweit sie überhaupt eine Beschäftigung finden, häufig unangemeldet und damit ohne Sozialversicherung ("schwarz") arbeiten oder Beschäftigungsverhältnisse eingehen, die nicht der Arbeitserlaubnis unterliegen und dementsprechend auch keine soziale Absicherung bieten ("abhängige Arbeit ohne Dienstnehmerstellung" z.B. Zeitungskolporteure, Rosenverkäufer, Werbezettelausträger). Eine besondere Problematik besteht hier für Flüchtlinge, die - solange ihr Asylantrag nicht positiv entschieden ist - keine Beschäftigung aufnehmen können.

Bedingt durch die ungünstige Arbeitssituation ist auch das Einkommen ausländischer Arbeitnehmer gering. Das verfügbare Familieneinkommen liegt bei den in Österreich beschäftigten Ausländern um ca. ein Zehntel unter dem Durchschnitt aller Beschäftigten (ÖSTAT 1987).

Schul- und Ausbildungsprobleme: Durch die Konzentration der Ausländer in bestimmten Wohngegenden kommt es dort zu einem hohen Anteil von ausländischen, zum Teil der Landessprache nicht oder nur ungenügend kundigen Kindern. Besonders in Wien hat sich die Situation in den letzten Jahren beträchtlich zugespitzt. Während noch Anfang der 80-er Jahre der Anteil ausländischer Schüler an den Wiener Pflichtschulen noch 12.9% betrug, hatte im Schuljahr 1991/92 jeder dritte Schüler eine ausländische Staatsbürgerschaft. Besonders bedenklich dabei ist, daß gerade der Anteil von Schülern mit sehr geringen Deutschkenntnissen beträchtlich zugenommen hat (Natter und Reinprecht 1992).

Für die Lehrer erschwert dies den Unterricht beträchtlich. Die schulischen Reaktionen auf diese Probleme sind begrenzt, zusätzlicher Stützunterricht, begleitender Unterricht in der Muttersprache. Wenn die Kinder dem Unterricht nicht folgen können, kommt es zu Klassenrückstellungen oder zur Versetzung in eine Sonderschule (in Wien machen ausländische Kinder bereits etwa die Hälfte der Schüler an den Sonderschulen aus) mit all den damit verbundenen sozialen Problemen.

Nur vereinzelt wird im Rahmen von Schulprojekten versucht, eine etwas umfassendere Lösung für diese Probleme zu finden. Eine Tendenz geht dabei dahin, daß man wenigstens im Anfangsunterricht die individuellen Unterschiede stärker berücksichtigt und das Vorgehen im Unterricht den Lernvoraussetzungen und Lernfortschritten der Kinder individuell anpaßt. Die ist allerdings nur möglich, wenn dafür zusätzliches Lehrpersonal (z.B. wie in manchen Schulprojekten 2 Lehrer pro Klasse) bereitgestellt wird.

Ausländische Jugendliche, überwiegend Kinder von ausländischen Gastarbeitern, besuchen nur zu einem sehr geringen Prozentsatz weiterführende Schulen. In der BRD, das einen gestuften Schulabschluß vorsieht, erreichten noch 1987 22% der ausländischen Schüler keinen Schulabschluß, 43% einen Hauptschulabschluß, 26% den Abschluß der mittleren Reife und nur 9% die

Hochschulreife. Zwar hat sich damit die Situation gegenüber früher etwas gebessert (1983 erzielte fast ein Drittel keinen Schulabschluß), sie bietet jedoch immer noch ausländischen Jugendlichen schlechte Startchancen.

Der relativ geringe Besuch weiterführender Schulen durch ausländische Kinder bekommt auch dadurch besondere Bedeutung, daß sich im letzten Jahrzehnt sowohl in Österreich wie in der BRD ein starker Trend weg von der Hauptschule hin zu den höher qualifizierenden Schultypen abzeichnet. Dieser Trend ist vor allem in den Großstädten erkennbar und birgt die Gefahr, daß die Hauptschule immer mehr zu einer Restschule wird, die nur jene Schüler besuchen, die in den anderen Schultypen keine Chancen haben, den Anforderungen zu entsprechen (Rösner 1989). In Gegenden mit einem hohen Ausländeranteil wird die Hauptschule so immer zu einer Ausländerschule, die von den Eltern inländischer Kinder bei der Schulwahl gemieden wird. So betrug 1991/92 der Anteil der ausländischen Schüler an der Hauptschule 38.3%, in fast 40% der Hauptschulen stellten sie die Mehrheit der Schüler (Natter und Reinprecht 1992).

Den Schulen könnte bei dem Bemühen um eine Integration von Ausländern eine besondere Aufgabe zukommen, wenn sie durch Nachmittagsangebote für die Kinder und die Elternarbeit in Form einer "offenen Schule" über den engeren Kreis der traditionellen schulischen Aufgaben hinauswirkt. Kurse zur Vermittlung von Lese- und Schreibkenntnisse für die Eltern, Sprachkurse, aber auch Näh- und Kochkurse könnten hier sinnvolle Angebote darstellen. Ähnliche Initiativen können auch von Jugendzentren und von Erwachsenenbildungseinrichtungen ausgehen. Die Schulen erreichen allerdings einen bedeutend größeren Kreis von Eltern.

Besondere Probleme ergeben sich auch in der Berufsausbildung. Soweit diese an das Finden einer Lehrstelle gebunden ist, werden jugendliche Ausländer oft an die am wenigsten attraktiven Ausbildungsstellen gedrängt, wenn ihnen die Teilnahme an der Berufsausbildung, die ja nicht mehr der Schulpflicht unterliegt, überhaupt gestattet wird. Aus diesem Grund nehmen z.B. in der BRD heute noch drei Viertel der ausländischen Jugendlichen zwischen 15 und 24 Jahren die Position von ungelernten oder angelernten Arbeitern ein. Nur ein sehr geringer Teil ist Facharbeiter oder Angestellter.

Soziale Betreuungs- und Integrationsmaßnahmen: Ausländer sind oft (in manchen Bundesländern Österreichs explizit) von der Inanspruchnahme der Sozialhilfe und anderer sozialer Unterstützungsmaßnahmen ausgeschlossen. Sie stellen damit eine Gruppe dar, die bei sozialen Problemen weitgehend auf private Wohlfahrt angewiesen ist.

Ausländer nehmen jedoch auch jene sozialen Dienste nur begrenzt in Anspruch, zu denen sie an sich Zugang haben, etwa Erziehungs- oder Familienberatungsstellen. Diese mangelnde Inanspruchnahme ist zum Teil durch Sprachschwierigkeiten bedingt, hängt aber auch mit der kulturellen Distanz und den damit verbundenen Schwierigkeiten, die eigenen Anliegen verständlich zu machen, zusammen. Aus diesem Grund wurden in der BRD bereits frühzeitig über die Wohlfahrtsverbände eigene Sozialdienste für Ausländer verschiedener Sprachgruppen aufgebaut. Diese Sozialbetreuungseinrichtungen werden für die einzelnen Sprachgruppen getrennt geführt (die Wohlfahrtsverbände haben sich die Betreuung der einzelnen Sprachgruppen aufgeteilt), wobei vorgesehen ist, daß pro 3000 Ausländer ein Mitarbeiter angestellt wird, der der gleichen Sprachgruppe angehört. Während ursprünglich Beratung und Hilfe bei Behördenkontakten sowie Übersetzungshilfen im Vordergrund standen, ist in den letzten Jahren die Beratung der ausländischen Familien in Fragen der Erziehung, der Schul- und Berufsausbildung sowie bei Alltagsproblemen (Wohnungsnot etc.) stärker in den Vordergrund getreten (Scheib 1990). In Österreich gibt es leider nur wenige derartige Dienste und diese zumeist mit sehr unsicherer Finanzierung.

Eine wesentliche Hürde für die Integration von Ausländern stellt die mangelnde Beherrschung der Sprache des Gastlandes dar. Leitner (1983) stellte bei einem Großteil der in Wien lebenden jugoslawischen Gastarbeitern eine relativ geringe aktive und passive Beherrschung der deutschen Sprache fest. 10% zeigten nur ein sehr geringes Verständnis der deutschen Sprache, weitere 37% konnten sich nur mit 1-Wort-Sätzen und 27% nur mit agrammatischen Äußerungen verständigen. Bedenklich dabei ist, daß die Beherrschung der Sprache des Gastlandes nur sehr begrenzt mit der Dauer des Aufenthalts ansteigt (Achatz et al. 1985). Die Unterstützung einer Teilnahme an Sprachkursen ist - trotz der nachgewiesenen positiven Auswirkungen auf die Beschäftigungsmöglichkeiten und die gesamte Lebenssituation im Gastland - nur unzureichend.

Trotz dieser Schwierigkeiten steht den Gastarbeitern bei Behördenkontakten in Österreich nur teilweise eine Übersetzungshilfe zu Verfügung (keine Dolmetscher am Arbeitsamt, bei der Polizei - Achatz et al. 1985). Diese Aufgaben werden zwar auch in Österreich (ähnlich wie in der BRD) von privaten Vereinen übernommen, aber in viel geringerem Ausmaß.

Ein Grundproblem der sozialen Dienste für Ausländer stellt die Uneinheitlichkeit und das mangelnde Profil in der Ausländerpolitik dar. Trotz des langen Aufenthalts der Gastarbeiter verstehen sich die meisten europäischen Länder nicht als Einwanderungsländer, die von sich aus Schritte zur Integration der Gastarbeiter setzen.

Kriminalitätsbelastung: Einen besonders beachteten Bereich stellt die Kriminalität von Ausländern dar. In Österreich wurde in den letzten Jahren ein deutlicher Anstieg der Kriminalität von Ausländern beobachtet, der allerdings in erster Linie durch die Öffnung der Grenzen und nicht durch Gastarbeiter verursacht wurde. Gastarbeiter weisen im Vergleich zu Inländern gleichen Alters und Geschlechts insgesamt eine geringere Kriminalitätsbelastung auf als Inländer (Achatz et al. 1985). Nur in Einzelbereichen werden Delikte von

Ausländern häufiger registriert als von Inländern. Dies gilt etwa für die Registrierung von Gewalttätigkeit ausländischer Jugendlicher, die in der BRD jene deutscher Jugendlicher um das Dreifache übersteigt.

In der Reaktion auf die Ausländerkriminalität, die zum Großteil Kleinkriminalität darstellt, zeigen sich manche Elemente von Diskrimination. So werden Ausländer weit öfter in Untersuchungshaft genommen als Inländer, Ausländer werden bei vergleichbaren Delikten auch häufiger gerichtlich verurteilt als Inländer (Achatz et al. 1985). Über Dolmetschdienste hinaus bräuchten Ausländer im Justizbereich besondere Unterstützung und Beratung, um mit den hohen persönlichen Belastungen fertig zu werden und ihre Interessen besser vertreten zu können.

Zusammenwirken verschiedener Dienste: Gerade bei dem Bemühen um die Integration von Ausländern ist eine Zusammenarbeit der verschiedenen sozialen Dienste auf lokaler Ebene von besonderer Bedeutung, da die Integrationsprobleme eng miteinander verflochten sind. Neben der Zusammenarbeit der Mitarbeiter von sozialen Diensten ist es allerdings noch wichtiger, insbesondere für ausländische Kinder und Jugendliche eine Verbindung der verschiedenen Lebensbereiche herzustellen, um so eine Orientierung in der für sie fremden Umgebung zu erleichtern.

In der Praxis allerdings bereitet diese Koordination große Schwierigkeiten, da Beratungsangebote und andere Dienste von verschiedenen Organisationen getragen werden. Auch ist ihre Existenz oft wenig gesichert, da sie sich nur kurzfristig (über Mittel des Arbeitsmarktservice etc.) finanzieren können.

Spezielle Probleme von Flüchtlingen: In Mitteleuropa war ursprünglich zu hoffen, daß mit dem Fallen des eisernen Vorhangs die Aufnahme von politischen Flüchtlingen aus den umliegenden Ländern nur mehr eine geringe Bedeutung haben wird. Die Ereignisse im ehemaligen Jugoslavien haben jedoch neuerlich massenhafte Fluchtbewegungen ausgelöst. Hinzu kommt noch die längerfristig zu erwartende Zunahme von Flüchtlingen aus nicht-europäischen Ländern. Hier wurden in den letzten Jahren die Einreisebestimmungen in fast allen europäischen Ländern verschärft. Die vorgesehene Prüfung des Status als politischer Flüchtling dauert sehr lange und endet vielfach negativ, sodaß die Tendenz besteht, Flüchtlingen bereits die Einreise zu verwehren.

5 Hilfen bei psychischen Problemen

Die psychiatrischen und psychologischen Dienste stellen eine wichtige Ergänzung der sozialen Dienste dar. Sie haben in den letzten 30 Jahren in allen industrialisierten Ländern eine wesentliche Erweiterung, aber auch Umstrukturierung erfahren. Waren diese Dienste noch vor nicht allzu langer Zeit auf stationäre Einrichtungen, meist in Form von Anstalten konzentriert, so stehen heute gemeindenahe, großteils ambulante Einrichtungen im Vordergrund.

Die Geschichte psychiatrischer Einrichtungen weist manche parallele Entwicklungen mit anderen Einrichtungen, etwa der Altenhilfe, auf. Auch hier lassen sich die Anfänge der für lange Zeit dominierenden Betonung einer stationären Betreuung ins 17.Jahrhundert zurückverfolgen, als es ausgehend von Frankreich und England zu einer Internierung jener Menschen kam, die keiner regelmäßigen Arbeit nachgingen. Im 19.Jahrhundert kam es dann zu einer Trennung dieser ursprünglich gemeinsamen Einrichtung und vor allem in der 2.Hälfte dieses Jahrhunderts zu einer Welle von Gründungen großer psychiatrischer Anstalten. Eine entschiedene Abkehr von psychiatrischen Großanstalten setzte erst in den sechziger Jahren unseres Jahrhunderts ein, begünstigt einerseits durch die Etablierung der Psychotherapie, andererseits durch die Erfolge der psychopharmakologischen Behandlung. Einige Bedeutung kommt dabei auch dem Nachweis zu, daß die langfristige Hospitalisierung selbst negative Auswirkungen auf die Persönlichkeit und das Verhalten psychiatrischer Patienten hat und zu einer "sekundären Behinderung" führt (Wing und Brown 1970).

Von der Sozialpsychiatrie ging zudem ein Impuls zur stärkeren Gemeinwesenorientierung und zur Betonung präventiver Maßnahmen aus. Die beiden Aufgaben, die Betreuung von Patienten mit schweren psychischen Störungen in gemeindenahen, ambulanten Einrichtungen und die Wahrnehmung von Maßnahmen zur Verbesserung der psychischen Gesundheit in der Allgemeinbevölkerung, haben sich jedoch nicht immer als miteinander vereinbar erwiesen. Sozialpsychiatrische Einrichtungen (in den USA die community mental health centers) verpflichteten sich einmal dem einen, einmal dem anderen Schwerpunkt der Tätigkeit (Gmür 1986).

Der Bedarf an Möglichkeiten zur psychiatrischen bzw. psychologischen Behandlung psychischer Störungen kann wenigstens teilweise durch Untersuchungen über die Prävalenz psychischer Probleme und psychischer Störungen angegeben werden. Dilling et al. (1984) haben in einer der bekannteren Untersuchungen aus dem deutschen Sprachraum die Rate aktuell behandlungsbedürftiger psychischer Erkrankungen mit 18.6% der Bevölkerung einer Region in Oberbayern ermittelt. Die Rate steigt noch einmal an, wenn man einen größeren Zeitraum zugrundelegt, so betrug in dieser Untersuchung die Jahresprävalenz 24.1%. Ein Großteil dieser psychischen Störungen dauerte mehr als ein Jahr.

Die größte Gruppe der psychischen Störungen stellten neurotische Störungen (9.4%), darunter vor allem depressive Verstimmungen. Schizophrene Erkrankungen wiesen eine Prävalenz von 0.4%, schwere Depressionen (affektive Psychosen) eine Prävalenz von 1.2% und Alkoholismus von 1.6% auf.

Bei dem Großteil der Erwachsenen mit behandlungsbedürftigen psychischen Erkrankungen hielten die Untersucher eine Behandlung durch praktische Ärzte (Allgemeinmediziner) für ausreichend. Immerhin 8.8% der Bevölkerung sind in ihrem Leben mindestens einmal psychiatrisch behandelt worden und 2.5% waren in einer stationären psychiatrischen Behandlung. Der Anteil der in den letzten 12 Monaten psychiatrisch Behandelten lag bei 2.1%. Dies entspricht nur einem Drittel jener Personen, bei denen die Untersucher im vergangenen Jahr eine psychiatrische Behandlung für angezeigt hielten (6.3%).

Der Anteil an Erwachsenen mit psychischen Erkrankungen, der sich bereits einmal in psychiatrischer Behandlung befand, hängt nach der Untersuchung von Dilling et al. (1984) sehr von der Art der psychischen Erkrankung ab. Während sich alle Personen mit einer Schizophrenie bereits einmal in einer psychiatrischen Behandlung befanden, traf dies nur für die Hälfte der Personen mit einer schweren Depression und für ein Viertel der neurotischen Patienten sowie gar nur für 7% der Alkoholiker und Medikamentenabhängigen zu.

Wenn im Folgenden verschiedene Einrichtungen für die Betreuung und Behandlung psychiatrischer Patienten dargestellt werden, so orientieren wir uns dabei an dem, was in einem hohen Ausmaß als erprobt gelten kann. Aus diesem Grund werden auch stationäre Behandlungseinrichtungen wie psychiatrische Kliniken oder psychiatrische Krankenhäuser als Teil der nötigen Behandlungseinrichtungen dargestellt, obwohl an sich eine Vermeidung psychiatrischer Hospitalisierungen auch für akute Behandlungsmaßnahmen denkbar ist und gewisse Erfahrungen damit bestehen (Gmür 1986, Rushton 1990). Systematische Untersuchungen über die Auswirkungen der Behandlung akuter psychiatrischer Störungen wie Psychosen unter Verzicht auf eine Hospitalisierung sind allerdings selten. Für Italien, das beim Verzicht auf stationäre psychiatrische Einrichtungen am weitesten gegangen ist, fehlen bislang systematische Evaluationen der Auswirkungen auf die Betroffenen und ihre Familien, ebenso Analysen über die Auswirkungen auf die Inanspruchnahme anderer Einrichtungen (z.B. private psychiatrische Kliniken). Untersuchungen aus dem anglo-amerikanischen Raum zeigen, daß eine Behandlung in der natürlichen Umgebung bei ausreichender Unterstützung durch soziale Dienste von den Patienten und den Familien vorgezogen werden, daß sich aber längerfristig nur geringfügig bessere Einflüsse auf Befinden, Anpassung und soziale Integration nachweisen lassen (Rushton 1990).

5.1 Ambulante und stationäre psychiatrische Behandlung

Stationäre Behandlungseinrichtungen: International wurde noch vor einigen Jahren mit einem Bedarf von 1 Platz pro 1000 Einwohner in stationären psychiatrischen Behandlungseinrichtungen gerechnet (Rössler et al. 1985). Österreichweit entsprechen die gegenwärtig vorhandenen Plätze in psychiatrischen Krankenhäusern und Kliniken ziemlich genau diesen Richtwerten. Bei einem Großteil, nämlich zwei Drittel, handelt es sich dabei jedoch um längerfristig, d.h. ein Jahr und länger, untergebrachte Patienten, für die auch Plätze in psychiatrisch betreuten, gemeindenahen Wohneinrichtungen in Frage kommen bzw. eine angemessenere Alternative darstellen könnten (Rössler et al. 1985). Dies würde bedeuten, daß für akute Aufnahmen und kürzere stationäre Behandlungen etwa 0.3 Plätze pro tausend Einwohner erforderlich sind. In den letzten Jahren sind daher die Empfehlungen über die zur psychiatrischen Versorgung erforderlichen Bettenzahlen weiter nach unten korrigiert worden. Nach Empfehlungen der WHO könnte bei entsprechend ausgebauter ambulanter Versorgung und angemessenen begleitenden Diensten der psychiatrische Bettenschlüssel unter 0.5 pro 1000 Einwohner gehalten werden (Rössler und Riecher-Rössler 1991). In Österreich gehen die vom Beirat für psychische Hygiene erarbeiteten Empfehlungen für die psychiatrische Versorgung derzeit von einem Bettenschlüssel von 0.5-0.7 pro 1000 Einwohner aus (Wißgott 1992).

Bis vor etwa 30 Jahren erfolgte die Betreuung von Patienten mit schwereren psychischen Problemen in den industriellen Ländern vorwiegend im Rahmen von psychiatrischen Krankenhäusern. Die Reform des psychiatrischen Betreuungssystems vollzog sich in den verschiedenen Ländern mit unterschiedlicher Radikalität und zu unterschiedlichen Zeitpunkten. Es lassen sich jedoch in allen industrialisierten Ländern ähnliche Tendenzen feststellen.

Die USA gingen bei der Deinstitutionalisierung psychiatrischer Patienten voran, sie wiesen noch in den 50-er Jahren unter den westlichen Ländern eines der umfangreichsten stationären Versorgungssysteme auf. Innerhalb von 20 Jahren (zwischen 1955 und 1976) wurde die Anzahl der hospitalisierten psychiatrischen Patienten um zwei Drittel reduziert (von 558.992 auf 193.436) (Hatfield 1987a). In Österreich und der BRD waren die Veränderungen ähnlich, wenn auch weit weniger dramatisch, allerdings mit großen regionalen Unterschieden. In Wien wurde ein Beschluß zur Umgestaltung der psychiatrischen Versorgung erst 1979 gefaßt. 1978 wurden in den beiden großen psychiatrischen Krankenhäusern im Jahresdurchschnitt noch 3.500 Patienten betreut, Ende 1988 waren es nur mehr etwa 1000 Patienten (Rudas 1989) (ein Teil der Reduktion ist allerdings durch Umwandlung eines Teils der Krankenhäuser in Pflegeheime unter internistischer bzw. pädagogischer Leitung bedingt).

Die Reduktion der Bettenzahl in den psychiatrischen Krankenhäusern ist in erster Linie durch eine Verkürzung der Aufenthaltsdauer erzielt worden. So waren z.B. in der BRD 1973 nur 34% der aufgenommenen Patienten kürzer als ein Jahr in stationärer Betreuung, 1983 betrug der Anteil 90% (Rössler et al. 1985). Gleichzeitig stieg die Anzahl der Aufnahmen an, es entwickelte sich für manche Patienten (vor allem schizophrene Patienten) etwas, was nicht ganz unzutreffend mit dem Schlagwort "Drehtür-Psychiatrie" gekennzeichnet wird. Patienten werden für einige Wochen stationär aufgenommen, sobald sich ihr Befinden etwas gebessert hat, wieder entlassen, um nach einigen Monaten erneut aufgenommen zu werden.

Die stärksten Auswirkungen hatte die Deinstitutionalisierung auf schizophrene Patienten. Stellten sie vor den Reformen mehr als die Hälfte der längerfristig in den psychiatrischen Krankenhäusern aufgenommenen Patienten, so sank dieser Anteil nun auf ein Drittel. Unter den Patienten, die heute noch längerfristig in psychiatrischen Krankenhäusern behandelt werden, machen Drogenabhängige und alte, demente Patienten einen größeren Anteil als früher aus (Rössler et al. 1985). Wenn schizophrene Patienten eine längerfristige intensive Betreuung benötigen, so werden diese zunehmend außerhalb der psychiatrischen Krankenhäuser in Heimen aufgenommen. Rössler et al. (1985) schätzen, daß in manchen Regionen der BRD bereits drei Viertel der schizophrenen psychiatrischen Langzeitpatienten in Heimen untergebracht sind.

Aufnahmemodus: Zur Praxis der stationären psychiatrischen Behandlung vor Beginn der Reformen gehörte in vielen industrialisierten Ländern, daß ein Großteil der Aufnahmen nicht auf Freiwilligkeit beruhte, sondern zwangsweise zur Abwendung möglicher Gefahren für die eigene Person oder andere Menschen erfolgte. Dieser Eingriff in die Rechte der Patienten erfolgt in verschiedenen Ländern unter unterschiedlichem Rechtstitel, in Österreich waren bis 1991 die Bestimmungen des Anhalterechts maßgebend. In Wien wurden z.B. vor der Psychiatriereform nur 17% der Aufnahmen in die psychiatrischen Krankenhäuser freiwillig vorgenommen, trotz unveränderter Rechtslage konnte der Anteil der freiwilligen Aufnahmen bis 1988 auf zwei Drittel erhöht werden (Rudas 1989).

Die Rechtslage sah in Österreich wie in anderen Ländern auch bei der zwangsweisen Unterbringung nur eine geringe verfahrensrechtliche Absicherung der Anliegen der Patienten vor. Den Psychiatern wurde als Experten weitgehend die Bestimmung über die für die Patienten angemessene Behandlung überlassen. Mit dem neuen Unterbringungsgesetz (BGBl 155/1990) ist seit 1.1.1991 in Österreich ein besserer Schutz der Anliegen der Patienten gewährleistet. Die "Unterbringung ohne Verlangen" wurde erschwert, indem zwei Psychiater unabhängig voneinander das Vorliegen einer Selbst- oder

Fremdgefährdung feststellen müssen (früher konnte die zwangsweise Anhaltung aufgrund einer Bescheinigung eines Amtsarztes oder der Bundespolizeibehörde erfolgen). Zudem ist nach dem Unterbringungsgesetz eine stationäre Behandlung nur dann angezeigt, wenn eine ärztliche Behandlung nicht außerhalb des Krankenhauses erfolgen kann. Mit dieser Bestimmung ist somit das Mandat gegeben, für einen großen Teil der derzeit noch langfristig in psychiatrischen Krankenhäusern untergebrachten Patienten andere Betreuungsformen zu schaffen.

Patientensachwalterschaft: In Österreich wurde seit 1981 im Rahmen eines Modellversuchs in zwei psychiatrischen Krankenhäusern ein rechtlicher und persönlicher Beistand für Patienten, die nach dem Anhalterecht in die Krankenhäuser aufgenommen werden, erprobt (Patientensachwalterschaft, Forster 1989). Die Patientensachwalter werden von einem Verein angestellt und agieren somit unabhängig von den psychiatrischen Einrichtungen. Die rechtliche Grundlage ihrer Tätigkeit stellt gegenwärtig die zwar immer schon vorgesehene, aber früher fast nie benutzte Funktion eines vorläufigen, gerichtlich bestellten Beistands dar. Sie sollen die Patienten im gerichtlichen Anhalteverfahren vertreten und bei weiteren Einschränkungen der Rechte der Patienten aktiv werden. Sie haben jederzeit Zutrittsmöglichkeit zu den Patienten und sollen von dem behandelnden Krankenhauspersonal über alle Maßnahmen informiert werden bzw. alle Dokumente einsehen können. Eine Wahlmöglichkeit der Patienten ist allerdings nicht vorgesehen. Da ein Sachwalter für eine größere Anzahl der Patienten zuständig ist, ist auch die Intensität der Beratung und Betreuung sehr unterschiedlich. Der Sachwalter ist zur Ausübung seiner Tätigkeit sowohl auf Vertrauen der Krankenhausmitarbeiter wie jenes der Patienten angewiesen.

Die bisherige Erfahrung zeigt, daß die Patientensachwalter von den Patienten über die Rechtsberatung im Anhalteverfahren hinaus in vielen rechtlichen Fragen (etwa in Bezug auf Wohnung und Arbeit) in Anspruch genommen werden (Forster 1989). Weiters hat sich gezeigt, daß zwischen der Situation von freiwillig und zwangsweise aufgenommenen Patienten nur ein gradueller Unterschied besteht und daß auch manche der freiwillig aufgenommenen Patienten das Bedürfnis nach einem Rechtsbeistand äußern. Ebenso ergab die Praxis, daß sich bei manchen Patienten der Kontakt bzw. der Beistand über die Zeit des Krankenhausaufenthalts hinaus erstreckt. Eine größere Flexibilität bei der Gestaltung der beratenden Tätigkeit ist daher wünschenswert.

Rehabilitationsmaßnahmen im Rahmen der stationären psychiatrischen Betreuung: Psychiatrische Krankenhäuser hatten vor der Psychiatrie-Reform sehr wenig ärztliches, pflegerisches und therapeutisches Personal. Vor allem beim Pflegepersonal waren auch deutliche Ausbildungsmängel vorhanden, viele hatten keine längere fachliche Ausbildung. Trotz der Reduktion der Bettenzahl wurde das Personal in den psychiatrischen Krankenhäusern Österreichs und der BRD seit der Reform deutlich aufgestockt, der größte Anstieg erfolgte dabei beim ärztlichen und therapeutischen Personal.

Auch andere Umstrukturierungen in den psychiatrischen Krankenhäusern sollten der Rehabilitation dienen, so die Führung offener Stationen und die Geschlechtermischung auf den Stationen. Gegenwärtig gibt es zwischen verschiedenen Krankenhäusern aber noch sehr große Unterschiede im Anteil der Patienten, die auf offenen Stationen untergebracht sind (zwischen 25 und 82%); ähnliches gilt für die Unterbringung in gemischtgeschlechtlichen Stationen (zwischen 11 und 100%) (Lorenzen 1988). Diesen Umstrukturierungen wird zum Teil vom Pflegepersonal, seltener auch von den Ärzten, ein gewisser Widerstand entgegengebracht, aus Angst vor möglichen Gefahren (Suizidgefahr), aber auch wegen des Beharrens auf einem kustodialen Verständnis der psychiatrischen Betreuung. Umgestaltungen gehen hier mitunter mit großen Spannungen einher und werden nur durch Unterstützung der Öffentlichkeit möglich.

Einen zentralen Stellenwert beim Bemühen um eine Rehabilitation der psychiatrischen Patienten nahm bereits früh die Anleitung zu regelmäßigen Arbeiten ein. Im spätem 19.Jahrhundert wurde vor allem in der Arbeit in der Landwirtschaft eine Hilfe zur Genesung gesehen. Zu einer Neubesinnung auf den Wert der Arbeit trug der deutsche Psychiater Simon bei, der ihr einen therapeutischen Wert zuschrieb ("Arbeitstherapie"). Nach dem Krieg wurde stärker auf eine Individualisierung der Tätigkeit wertgelegt, die Tätigkeit sollte gleichzeitig ästhetischen und praktischen Wert haben ("Beschäftigungstherapie"). Arbeitsrehabilitation als Vorbereitung auf die Wiederaufnahme der beruflichen Tätigkeit ging vor allem von England aus (Bennett)

Die englische Psychiatrie war auch wegweisend bei der Besinnung auf den Einfluß der Gruppe in der Rehabilitation. Vom englischen Psychiater Jones wurde die Milieutherapie und mit ihr das regelmäßige Zusammenkommen der Patienten zur Besprechung gemeinsamer Anliegen (Stationsparlament) eingeführt.

Als ein erster Schritt in der stärkeren Betonung sozialer Rehabilitationsmaßnahmen wurden in den psychatrischen Krankenhäusern Rehabilitationsabteilungen eingerichtet, die sich aktiver um eine Wiedereingliederung der Patienten kümmern sollten. Später wurden die therapeutischen Möglichkeiten allgemeiner zugänglich gemacht. Heute führen im deutschen Sprachraum etwa der Hälfte der psychiatrischen Krankenhäuser eine spezielle Rehabilitationsstation, in anderen psychiatrischen Krankenhäusern ist hingegen für die Aufnahme der Patienten in erster Linie ihr Wohnort entscheidend (sektorisierte Aufteilung) (Lorenzen 1988).

Die Erfahrungen zeigen, daß die Besserung des psychischen Befindens und eine Reduktion der Symptome nicht gleichbedeutend mit einer guten Rehabilitation des Patienten ist. Für die soziale Wiedereingliederung sind vielmehr die Entwicklung der für den Alltag erforderlichen Fertigkeiten und das Rekrutieren einer ausreichenden Unterstützung in der Umgebung entscheidend. Die Rehabilitation psychiatrischer Patienten orientiert sich hier in den letzten Jahren stärker am Modell der physischen Rehabilitation und fordert eine von der psychiatrischen, an Symptomen orientierten Diagnose unabhängige Rehabilitationsdiagnose sowie einen expliziten Rehabilitationsplan (Anthony und Nemec 1984).

Teilstationäre Behandlung (Tagklinik und Nachtklinik): Sowohl Tag- wie Nachtklinik verstehen sich als Übergangseinrichtungen für Patienten, primär im Anschluß an eine stationäre psychiatrische Behandlung. Sie sollen dem Patienten in begrenztem Ausmaß eine weitere Teilnahme am therapeutischen Behandlungsangebot des Krankenhauses ermöglichen, während er bereits einen Teil des Tages in häuslicher Umgebung verbringt oder einer Arbeit nachgeht. Die Form der Tagklinik wurde in der Folge auch von gemeindenahen psychiatrischen Einrichtungen übernommen und ist in dieser Form nicht mehr als Übergangseinrichtung gedacht, sondern erfüllt auch die Funktion einer Entlastung in Krisensituationen (Engelke 1989). Evaluationsuntersuchungen zeigen einen gewissen Vorteil dieser Behandlungsformen gegenüber längeren vollstationären Behandlungen (Vaitl et al. 1989).

Trotz der mit einer stationären Behandlung vergleichbaren Wirksamkeit und den geringeren Kosten wird die teilstationäre Behandlung nur wenig angewandt. Die Ursachen dafür dürften neben Schwierigkeiten bei der Kostenübernahme durch Krankenkassen sowie den größeren Transportproblemen vor allem in der Einstellung der Ärzte und Therapeuten zu suchen sein (Luber 1984). Die Hospitalisierung wird als eine Möglichkeit gesehen, mehr über den Patienten zu erfahren und den Einfluß der Familie vorübergehend durch die Trennung auszuschalten. Außerdem werden von den Ärzten die möglichen Gefahren weit stärker als die Vorteile gewichtet.

Unterstützung des Übergangs vom psychiatrischen Krankenhaus in die gewohnte Umgebung: Vielen Patienten fällt der Übergang aus der Welt des Krankenhauses in ihre gewohnte Umgebung schwer. Maßnahmen zur Unterstützung des Übergangs sehen eine stärkere Verbindung zwischen der Betreuung im Krankenhaus und der ambulanten Betreuung vor. Dies erscheint vor allem deshalb notwendig, weil die Erfahrung gemacht wurde, daß viele Patienten sonst keine Nachbetreuung in Anspruch nehmen. Um dies zu erreichen, sind in einigen Krankenhäusern die Stationen für bestimmte Wohngebiete (Sektoren) zuständig und die Mitarbeiter arbeiten mit den ambulanten Betreuungseinrichtungen in einem Team zusammen. In anderen Modellen wird die weitere Betreuung von einem verantwortlichen Sozialarbeiter des psychiatrischen Krankenhauses organisiert, der die im Einzelfall erforderlichen Unterstützungsmaßnahmen koordinieren und so die vielfach beklagte Zersplitterung des ambulanten Betreuungsangebots überwinden soll. Eine weitere Maßnahme stellt die sogenannte Übergangspflege dar, bei der ein Mitarbeiter des Pflegepersonals aus dem Krankenhaus für einige Zeit nach der Entlassung sich weiter um den Patienten kümmert. Auch Laienhelfer können den Übergang erleichtern und die erforderliche praktische Unterstützung bieten (Lorenzen 1988).

Ambulante psychiatrische Behandlungseinrichtungen: In einem weitgehend auf die Behandlung durch niedergelassene Ärzte abgestimmten Versorgungssystem wie jenem der BRD wurden die Richtzahlen für die ambulante Versorgung Mitte der siebziger Jahre mit einem Facharzt für Psychiatrie bzw. Nervenheilkunde pro 30.000 Einwohner angegeben. Inzwischen ist die Anzahl der niedergelassenen Fachärzte deutlich gestiegen und längerfristig wird mit einem Schlüssel von einem Facharzt auf 15.000 Patienten gerechnet (Rössler et al. 1985).

In Österreich hat im Durchschnitt ein niedergelassener Psychiater bzw. Neurologe 21.000 Einwohner zu betreuen, wobei allerdings die restriktive Vergabe von Kassenverträgen durch die großen Krankenkassen zu berücksichtigen ist. In Gesamtösterreich haben nur 34% der niedergelassenen Psychiater und Neurologen einen Vertrag mit den großen Krankenkassen, damit kommen 61.000 Einwohner auf einen Kassenarzt. Zwischen den Bundesländern bestehen dabei große Unterschiede. In Wien gibt es die größte Anzahl niedergelassener Psychiater und Neurologen, jedoch haben nur 16.6% der niedergelassenen Nervenärzte einen Vertrag mit den zwei großen Krankenkassen, auf 38.000 Einwohner kommt ein Kassenfacharzt (Laburda und Strotzka 1985, Meise et al. 1991).

Fast die Hälfte der Personen, die niedergelassene Fachärzte aufsuchen, weisen derzeit leichtere psychische Störungen wie Neurosen oder psychosomatische Beschwerden auf.

Die Basis der medizinischen Versorgung von Patienten mit psychischen Störungen stellt die Betreuung durch praktische Ärzte dar. Praktische Ärzte sind nach wie vor, trotz des Ausbaus der ambulanten psychiatrischen Versorgung und der größeren Verfügbarkeit psychotherapeutischer Angebote, auch für Menschen mit primär psychischen Problemen eine erste Anlaufstelle, wobei vielfach körperliche Belastungssymptome den Anlaß bilden. Allerdings werden von praktischen Ärzten psychische Probleme vielfach übersehen, wenn der Patient körperliche Beschwerden als Anlaß für den Arztbesuch angibt. Nur bei einem Drittel der Patienten, bei denen in epidemiologischen Untersuchungen eine psychische Störung diagnostiziert wurde, war diese auch von den praktischen Ärzten erkannt worden (Dilling et al. 1984).

Ein Problem für die ambulante psychiatrische Betreuung stellen die Patienten mit chronischen schweren psychischen Störungen dar, die neben einer medizinisch-psychiatrischen auch eine soziale Betreuung benötigen. Um ein angemessenes Betreuungsangebot für diese Gruppe von Patienten zu gewährleisten, wurden ambulante Einrichtungen aufgebaut, in denen medizinische und soziale Dienste integriert sind. Für diese integrierten Dienste wurde vielfach das Konzept einer aktiven, nachgehenden Betreuung formuliert (z.B. in der BRD von der Sachverständigenkommission für Psychiatrie, 1975). Man ging davon aus, daß nur ein Teil der psychiatrischen Patienten von sich aus eine ambulante psychiatrische Behandlung aufsuchen wird. Um Rückfälle und stationäre Behandlungen zu vermeiden, sei es daher notwendig, Möglichkeiten zu schaffen, Patienten, die nicht von selbst in psychiatrische Behandlung kommen, zuhause aufzusuchen und rechtzeitig zu einer Behandlung zu motivieren. Diese Auffassung ist inzwischen von psychiatrischer Seite kritisiert worden. Die Kritik bezieht sich vor allem darauf, daß jede nachgehende Betreuung einen Eingriff in die Privatsphäre der Patienten darstellt. Ein angemessenes Angebot an ambulanter psychiatrischer Behandlung würde die überwiegende Mehrzahl der Menschen, die einer Behandlung bedürfen, auch zum Aufsuchen der Einrichtungen motivieren (Rössler et al. 1985). Trotzdem wird es in der Betreuung psychiatrischer Patienten immer wieder Situationen geben, in denen die Mitarbeiter den Patienten entgegenkommen müssen und sie an einem weniger belasteten Ort aufsuchen müssen, als nunmal psychiatrische Einrichtungen für viele Patienten darstellen.

Für die ambulante Versorgung stehen in den meisten westlichen Ländern verschiedene Organisationsformen zur Verfügung: neben den Ambulanzen von Krankenhäusern bzw. von Trägern öffentlicher Gesundheitsdienste nervenärztliche Praxen und spezielle sozialpsychiatrische Dienste. In den letzten Jahren wurde dabei zunehmend versucht, in diesen verschiedenen Organisationsformen neben der medizinschen Betreuung auch soziale Betreuungsangebote zu setzen. In der BRD können diese sozialen Dienste inzwischen auch mit nervenärztlichen Praxen kombiniert werden.

In Österreich wird in den Empfehlungen für die künftige psychiatrische Versorgung (Wißgott 1992) die Einrichtung von psychosozialen Beratungs- und Betreuungsstellen auf der Ebene von integrierten Sozial- und Gesundheitssprengeln (mit einem Einzugsgebiet von max. 40.000 Einwohnern) gefordert, das eine erste Anlaufstelle für alle Personen mit psychischen Problemen darstellen sollte sowie die Aufgabe der Krisenintervention und der Betreuung sonst un- bzw. unterversorgter Menschen von langdauernden psychischen Störungen übernehmen sollte.

Ambulante psychiatrische Versorgung durch niedergelassene Fachärzte in Österreich: Die Rolle der psychiatrischen Versorgung durch niedergelassene Fachärzte für Psychiatrie in Österreich ist vom L.Bolzmann-Institut für Medizinsoziologie analysiert worden (Laburda und Strotzka 1985). Danach geht die Hälfte aller Patienten direkt zu einem niedergelassenen Facharzt, 38% werden vom praktischen Arzt überwiesen. Andere Überweisungen spielen nur eine untergeordnete Rolle.

Nur 2% aller psychiatrischen Patienten gehen nach einer stationärer Behandlung zum Kassenfacharzt. 23% seiner Patienten waren allerdings vorher mindestens einmal in stationärer Behandlung, in psychiatrischen Krankenanstalten, Universitätskliniken oder Sonderanstalten für Alkohol- und Drogenkranke. Von niedergelassenen Psychiatern werden demnach überwiegend Patienten mit anderen Störungen behandelt als in den psychiatrischen Krankenhäusern, nämlich vorwiegend Patienten mit neurotischen und psychosomatischen Störungen (41% gegenüber 4% in psychiatrischen Krankenhäusern), hingegen nur relativ wenige schozophrene Patienten (10% gegenüber 29% in psychiatrischen Krankenhäusern).

Zwischen den psychiatrischen Patienten, die von niedergelassenen Psychiatern behandelt werden, und den Patienten der psychiatrischen Krankenhäusern besteht also in Österreich nur eine geringe Überschneidung. Dies läßt sich auch an den sozialen und demographischen Merkmalen ablesen, die bei den Patienten von Psychiatern, die einen Vertrag mit den großen Krankenkassen haben, in etwa der Verteilung in der Gesamtbevölkerung gleichen (die Psychiater ohne derartige Kassenverträge behandeln eher sozial besser gestellte Patienten), in den psychiatrischen Krankenhäusern findet sich hingegen ein sozial deutlich schlechter gestelltes Klientel.

Zwei Drittel der Patienten, die die Praxis eines niedergelassenen Psychiaters aufsuchen, werden wegen einer psychiatrischen Störung behandelt, bei den übrigen handelt es sich vorwiegend um Patienten mit neurologischen Störungen. Hier besteht die traditionelle, auch sachlich bedingte Überschneidung zwischen psychiatrischer und neurologischer Praxis weiter, wobei es allerdings häufiger vorkommt, daß Neurologen sich auch für die Behandlung psychiatrischer Patienten zuständig betrachten als umgekehrt.

Ca. 2/3 der niedergelassenen Psychiater geben eine Zusatzausbildung in Psychotherapie an, Kassenärzte meist in Autogenem Training, Ärzte ohne Vetrag mit den großen Krankenkassen in Psychoanalyse oder Gruppentherapie. Hierin unterscheiden sich österreiche Psychiater nur wenig von jenen anderer Länder, z.B. der BRD (Rössler und Riecher-Rössler 1991).

1% der Österreicher sucht innerhalb eines Jahres zum ersten Mal einen niedergelassenen Psychiater auf; dies sind 4-5mal mehr als Erstaufnahmen an psychiatrischen Krankenanstalten.

Ein Vertragsarzt hat wöchentlich durchschnittlich 90 Patientenkontakte, wobei die Anzahl mit 50-250 beträchtlich variiert. Ärzte ohne große Krankenkassen, die vielfach ihre Praxis nur als Nebentätigkeit führen, haben, fast ohne Variation, wöchentlich nur 18 Patientenkontakte in ihrer Praxis. Dabei kann man davon ausgehen, daß die Patienten im Durchschnitt pro Quartal 2-3 Arztkontakte haben.

Schon aufgrund der großen Anzahl an Patientenkontakten ist zu erwarten, daß die für den einzelnen zur Verfügung stehende Zeit in den Kassenarztpraxen gering ist. Im Durchschnitt wendet der Kassenfacharzt nur 12 Minuten pro Patientenkontakt auf. Die Behandlung ist sehr stark durch die medikamentöse Therapie bestimmt, 76% der Patienten erhalten eine Psychopharmakotherapie und nur 25% Psychotherapie. Der Psychiater ohne Vertrag mit den großen Krankenkassen wendet hingegen durchschnittlich 35 Minuten pro Patientenkontakt auf, und seine Patienten erhalten zu 57% Psychotherapie und zu 55% Pharmakotherapie.

Tageskliniken/ Tageszentren, sozialpsychiatrische Stationen, Patientenclubs: Tageszentren leisten über ein Beschäftigungsangebot und Freizeitangebote vor allem einen Beitrag zur Minderung der sozialen Folgen einer psychischen Behinderung. Sie dienen der Herstellung sozialer Kontakte, dem Training lebenspraktischer Fertigkeiten und der Tagesstrukturierung. Patientenclubs bieten hingegen vor allem die Möglichkeit für Kontakte, sie organisieren außerdem Veranstaltungen für die Patienten.

Sozialpsychiatrische Stationen wurden von der Psychiatriereform als multiprofessionelle Einrichtungen konzipiert, die vor allem jene Patienten erreichen sollten, die wegen ihrer Krankheit keinen niedergelassenen Psychiater aufsuchen. Ihnen sollte sowohl eine Funktion in der Prävention (Kontaktaufnahme mit gefährdeten Personen, Beratung), in der Vorsorge (Krisenintervention, Vermittlung an Ärzte) als auch in der Nachsorge nach einem stationären Aufenthalt zukommen (Rössler et al. 1985). In Wien nehmen die psychosozialen Stationen ähnliche Funktionen wahr, im Unterschied zu den sozialpsychiatrischen Stationen der BRD, in der meist keine Psychiater tätig sind, verstehen sich die psychosozialen Stationen aber auch als psychiatrische Ambulanzen und der medizinsch-psychiatrischen Behandlung wird ein hoher Stellenwert eingeräumt.

In der BRD ist nach der Psychiatriereform ein relativ dichtes Netz an Patientenclubs aufgebaut worden, jedoch existieren wenig Tageszentren. Patientenclubs und Tageszentren haben meist andere Träger als die sozialpsychiatrischen Stationen (Rössler et al. 1985). In Wien wurden hingegen mit der Reform den psychosozialen Stationen auch Tageszentren angegliedert, alle diese Einrichtungen unterstehen einem öffentlichen Träger. Eigene Patientenclubs werden von privaten Trägern bzw. von Laienhelfergruppen geführt.

Berufliche Rehabilitationseinrichtungen (Rehabilitationswerkstätten, berufsbegleitende psychosoziale Dienste): Psychiatrische Patienten, vor allem jene, die unter chronischen psychischen Krankheiten leiden, sind in einem hohen Ausmaß von beruflichem Abstieg und Arbeitslosigkeit bedroht. Mehr als die Hälfte der stationär behandelten psychiatrischen Patienten kann nach der Entlassung nicht in ein bestehendes Arbeitsverhältnis wiedereintreten (Kuhnt und Kunow 1987). Ein relativ großer Anteil der stationär behandelten psychiatrischen Patienten, nämlich etwa ein Fünftel, ist bereits berentet.

Die berufliche Eingliederung psychiatrischer Patienten ist in einem besonders hohen Ausmaß von der Situation des Arbeitsmarkts abhängig. Für schizophrene Patienten etwa zeigen verschiedene Untersuchungen, daß zu Zeiten einer Hochkonjunktur zwei Drittel einer beruflichen Tätigkeit nachgehen können, bei einer Rezension hingegen nur ein Fünftel bis ein Drittel (Gmür 1986).

Maßnahmen der beruflichen Rehabilitation sind in der Behandlung psychiatrischer Patienten über lange Zeit vernachlässigt worden. Dabei ist jedoch zu bedenken, daß der Großteil der Kosten, die der Gesellschaft durch psychische Behinderungen entstehen, nicht durch Behandlungskosten, sondern durch den Arbeitsausfall der Patienten erwachsen. Für schizophrene Patienten wird der Anteil z.B. auf zwei Drittel der Gesamtkosten geschätzt (Gmür 1986). Inzwischen gibt es mehrere Modelle für berufliche Rehabilitationsmaßnahmen bei psychiatrischen Patienten in der BRD und in Österreich (in Österreich werden diese Einrichtungen Arbeitstrainingszentren genannt). In diesen Rehabilitationseinrichtungen müssen Arbeitserprobung und berufliche Schulungsmaßnahmen eng mit begleitenden psychosozialen Diensten verbunden sein, um auftretende Belastungen, individuelle Probleme und Gruppenprobleme bearbeiten zu können.

Neben den beruflichen Rehabilitationseinrichtungen sind für einen Teil der psychiatrischen Patienten auch unterstützende Dienste, begleitend zur beruflichen Tätigkeit auf dem normalen Arbeitsmarkt, erforderlich, um Belastungen in persönlichen Gesprächen auffangen, aber auch an der Arbeitsstätte intervenieren zu können. Wegen des auffälligen Verhaltens und der sozialen Anpassungschwierigkeiten kommt es häufig zu Konflikten am Arbeitsplatz. Eingeschränkte Selbstbeurteilungsfähigkeit und ein durch den erhöhten Selbstbezug vermindertes Verständnis für die Erwartungen anderer stoßen Kollegen und Vorgesetzte vor den Kopf, die sich schwer tun, dieses Verhalten zu verstehen und einzuordnen. Hinzu kommen Konzentrationsschwierigkeiten, häufig auch Initiativ- und Antriebslosigkeit sowie die Überlastung durch die aufgrund des längeren Aussetzens ungewohnten Anforderungen. Manches kann hier durch Information der Kollegen und der Vorgesetzen, durch Vermittlung bei Konflikten ausgeglichen werden. Auf diese Weise kann mitunter auch verhindert werden, daß der Betrieb zu den naheliegendsten Lösungen greift, nämlich dem psychisch behinderten Arbeitnehmer marginale Hilfstätigkeiten zuzuweisen, was jedoch für den Betroffenen meist keine Entlastung darstellt, da er sich nun überflüßig vorkommt (Hack und Angermeyer 1979). Aus diesem Grund werden in der BRD psychosoziale Dienste vom Arbeitsamt mit der Begleitung der beruflichen Eingliederung beauftragt.

Ein Teil der Patienten hat jedoch große Probleme, am normalen Arbeitsmarkt zurechtzukommen. Hier sind besondere Beschäftigungsangebote nötig, um die negativen Folgen chronischer Arbeitslosigkeit zu verhindern. Untersuchungen in psychiatrischen Krankenhäusern der BRD kamen zu dem Schluß, daß etwa ein Sechstel der entlassenen Patienten besondere Beschäftigungsangebote benötigt, die nicht am regulären Arbeitsmarkt verfügbar sind (Kuhnt und Kunow 1987). Diese werden vielfach in geschützten Werkstätten, vereinzelt auch in Firmen für psychisch Kranke geschaffen (Bungard et al. 1987). Es ist sicher möglich, bei geeigneter Unterstützung eine größere Anzahl der stärker leistungsbeeinträchtigten Patienten in privaten und öffentlichen Betrieben zu beschäftigen.

Gemeindenahe Wohneinrichtungen (Übergangswohnheime, Dauerwohnheime, therapeutische Wohngemeinschaften): Gemeindenahe Wohneinrichtungen für psychiatrische Patienten bieten jenen, die keine eigene Wohnung und keine angemessene Wohnmöglichkeit in ihrer Familie haben oder für die dies zu belastend wäre, entweder kurz- oder langfristig eine Wohnform. Die verschiedenen Angebote unterscheiden sich einmal danach, welches Ausmaß an Selbständigkeit verlangt bzw. eine wie intensive Unterstützung und Betreuung angeboten wird. Wohngruppen und Wohngemeinschaften verlangen im Allgemeinen ein höheres Ausmaß an Selbständigkeit als Wohnheime, da die Haushaltsführung hier von den Bewohnern selbst organisiert werden soll und Mitarbeiter der unterstützenden sozialen Dienste nur zu gewissen Tageszeiten und nicht rund um die Uhr anwesend sind.

Die Wohnformen unterscheiden sich auch danach, wieweit sie als therapeutische bzw. rehabilitative Einrichtungen organisiert sind und damit nur ein befristetes Angebot darstellen oder aber als Dauereinrichtung aufgefaßt werden. Vom Angebot her sollten gemeindenahe Wohneinrichtungen für psychiatrische Patienten immer auch mit Maßnahmen zur Arbeitsrehabilitation verbunden sein bzw. die Patienten darin unterstützen, außerhalb der Einrichtung einer Arbeitstätigkeit nachzugehen.

Die Abgrenzung von Übergangs- und Dauereinrichtungen hat sich als schwierig erwiesen (Rössler et al. 1985), da der Erfolg der Rehabilitationsbemühungen nicht von vornherein abzusehen ist und auch darauf Wert gelegt werden sollte, ob sich jemand in einer Wohneinrichtung wohlfühlt und wie er mit anderen auskommt. Zudem ist das Platzangebot in den meisten gemeindenahen Wohneinrichtungen knapp, sodaß beim Einziehen eines Patienten auch dieser Gesichtspunkt berücksichtigt werden muß.

In manchen Einrichtungen wurde die Erfahrung gemacht, daß der Verselbständigung der Patienten doch engere Grenzen gesetzt sind, als man zunächst optimistischerweise angenommen hatte. Wird die Betreuung und Unterstützung allzu sehr ausgedünnt oder zu rasch zurückgezogen, so zeigen sich beträchtliche Verwahrlosungserscheinungen, vor allem dann, wenn kein angemessenes Angebot für eine Beschäftigung unter Tags vorhanden ist.

Die Entwicklung gemeindenaher Wohneinrichtungen und betreuter Wohnplätze ist sowohl in der BRD (Rössler et al. 1985) wie in Österreich weit hinter dem Bedarf zurückgeblieben. Zudem fehlt in vielen Fällen in diesen Einrichtungen die Möglichkeit zu einer aktiven Rehabilitation und ein strukturierendes Tagesangebot ebenso wie eine Integration in die Gemeinde (Kunze 1981, Rössler et al. 1985), sodaß es sich dabei nur um die Fortsetzung der Asylierung in der Gemeinde handelt.

Unterstützung der Angehörigen: Durch den Verzicht auf längere stationäre Betreuungsmaßnahmen kommt es notwendigerweise zu einer stärkeren Belastung der Angehörigen. Etwa zwei Drittel der Patienten kehren nach einem stationären Aufenthalt wieder zu ihrer Familie zurück (Hatfield 1987a). Hatte man ursprünglich - etwas naiv - angenommen, daß durch die Entlassung aus der Internierung in psychiatrischen Krankenhäusern die Lebenssituation der psychiatrischen Patienten allein schon wesentlich gebessert werden kann, so wurde in den letzten Jahren klar, daß die Vernachlässigung der Betreuung in den Anstalten zwar zur Beeinträchtigung der Fähigkeit, im Alltag zurechtzukommen, beigetragen hat, daß aber viele psychiatrische Patienten durch ihre Krankheit auch unter medikamentöser Behandlung in ihrer Selbständigkeit und Anpassungsfähigkeit schwer beeinträchtigt sind. Die Deinstitutionalisierung hat damit viele Belastungen auf die Familien der Patienten verschoben.

Um die Situation der Angehörigen zu verstehen, ist zu bedenken, daß ein beträchtlicher Teil der psychisch Behinderten nicht in der Lage ist, eine eigene Familie zu gründen. So bleiben etwa zwei Drittel der schizophrenen Männer zeitlebens ledig und auch unter denen, die einen Ehepartner finden, ist dies nur bei der Hälfte noch nach Ausbruch der Krankheit der Fall (Gmür 1986). Der Anteil lediger schizophrener Frauen ist zwar geringer, jedoch weisen sie eine besonders hohe Scheidungsrate auf. Dadurch fällt auch in einem Alter, in dem die meisten anderen Erwachsenen sich bereits von den Eltern gelöst haben, bei den psychisch Behinderten die Sorge weiter den Eltern zu.

Zur Belastung der Angehörigen tragen vielfach auch Zweifel und Unsicherheit, wieweit sie sich richtig verhalten haben, sowie Schuldgefühle bei. Diese Schuldgefühle werden nicht zuletzt durch Theorien aufrechterhalten, die auch bei schweren psychischen Störungen die Familien bzw. die Eltern als Ursache der Probleme ansehen (Theorie der schizophrenogenen Mutter, Double-bind-Theorie, Theorie der familiären Spaltung, für einen Überblick siehe Hatfield 1987a). Diese Theorien prägen die Haltung der Psychiater und beeinflußen die Art, wie sie den Angehörigen begegnen.

Die große Belastung der Angehörigen kann von den psychiatrischen Diensten auch deswegen nicht ignoriert werden, da von der Haltung und dem Verhalten der Angehörigen der Verlauf psychiatrischer Erkrankungen entscheidend abhängt. Dies ist zunächst bei schizophrenen Patienten nachgewiesen worden, wo man unter der Bezeichung "expressed emotion" die starke emotionale Involviertheit verbunden mit häufiger Kritik und Feindseligkeit dem Patienten gegenüber beschrieb. Die Rückfallhäufigkeit schizophrener Patienten zeigt einen sehr deutlichen Zusammenhang mit dem Ausmaß von "expressed emotion" unter den Angehörigen, bei denen er lebt.

Umfragen unter engagierten Angehörigen in den USA haben ein hohes Maß an Unzufriedenheit seitens der Angehörigen mit den psychiatrischen Diensten sowohl in Bezug auf die Therapieangebote für die Patienten als auch in Bezug auf die Unterstützung der Familien ergeben (Spaniol et al. 1987). Diese Unzufriedenheit wird jedoch von den Mitarbeitern der psychiatrischen Dienste kaum wahrgenommen. Die mangelnde Sensibiliät gegenüber den Anliegen der Angehörigen wird auch darin ersichtlich, daß Angehörige selbst ganz andere Prioritäten in Bezug auf eine Unterstützung durch die psychiatrischen Dienste äußern und andere Belastungen als vorrangig bezeichnen, als dies sowohl von den Ärzten wie von dem Krankenpflegepersonal wahrgenommen wird (McElroy 1987). Von Familien werden vor allem Information und Unterstützung in den folgenden Bereichen gewünscht (McElroy 1987):

- Information über die medikamentöse Behandlung
- Hilfe bei der Aufgabe, den Patienten in seiner Selbständigkeit und Selbstachtung zu unterstützen
- Beratung über Wohn- und Arbeitsmöglichkeiten
- Information zum gegenwärtigen Wissensstand über psychische Krankheiten
- Hilfe darin, die eigene Belastung und die innere Erschöpfung zu verarbeiten

In den letzten Jahren haben sich zunehmend Angehörige psychiatrischer Patienten organisiert, um eine Verbesserung der Behandlungsmöglichkeiten und eine angemessenere Berücksichtung der Anliegen von Familien zu fordern und um einander bei der Bewältigung der Belastungen beizustehen (in den USA National Alliance for the Mentally Ill - NAMI, in Österreich "Hilfe für psychisch Erkrankte" - HPE). Ein Kennzeichen dieser Verbände ist, daß sie sich um die Anliegen von Menschen mit schweren psychischen Störungen annehmen und daß sie davon ausgehen, daß es sich dabei letzlich um eine biologisch begründete Störung handelt, deren Ursachen nicht in sozialen Umständen zu suchen sind (Hatfield 1987b). Die Angehörigen haben hohe Erwartungen an professionelle Hilfe, fordern jedoch eine Veränderung in den psychiatrischen Diensten und eine stärkere Berücksichtigung der Situation der Familien.

Programme zur Unterstützung und Fortbildung von Angehörigen psychiatrischer Patienten können auf beträchtliche Erfolge verweisen. Vor allem bei schizophrenen Patienten konnte neben subjektiver Entlastung der Familien eine deutliche Reduktion der Rückfallraten der Patienten nachgewiesen werden (Goldstein 1984). Die meisten Programme verbinden intensive Fortbildungen, strukturierte, Problem-zentrierte Familiensitzungen mit einer längerfristigen Unterstützung, in der den Angehörigen in Konfliktsituationen Beratung und kurzfristige Entlastung von den Betreuungsaufgaben angeboten wird (Zipple und Spaniol 1987). Die Durchführung entsprechender Programme wie die Betreuung der Angehörigen insgesamt wird allerdings in Österreich dadurch behindert, daß diese Arbeit von den Krankenkassen nicht honoriert wird, da es sich bei den Angehörigen ja nicht um Patienten handelt.

Selbsthilfegruppen: Selbsthilfegruppen von psychiatrischen Patienten und von Menschen, die mit starken psychischen Belastungen und emotionalen Problemen fertigwerden müssen, haben in den letzten Jahren - im Rahmen des allgemeinen Aufschwungs der Selbsthilfebewegung - eine größere Bedeutung gewonnen. Vielen Gruppen fällt es allerdings schwer, eine größere Stabilität zu erreichen, da die Motivation an die persönliche Betroffenheit durch ein Problem geknüpft ist. Die Zusammenarbeit mit professionellen Kräften (Psychologen, Psychiatern, Sozialarbeitern) kann zu einer größeren Stabilität der Gruppe beitragen, ebenso der Zusammenschluß verschiedener Gruppen mit ähnlichen Anliegen zu einem überregionalen Netzwerk. Derartige Selbsthilfegruppen haben derzeit vor allem bei Magersüchtigen, Depressiven, Ängstlichen (z.B. Agoraphobie) und Zwangskranken Bedeutung.

5.2 Psychotherapeutische Behandlungsangebote

Unter Psychotherapie werden alle jene Behandlungen verstanden, in denen in einem interpersonellen Kontext - methodisch kontrolliert und theoretisch begründet - eine Veränderung von dysfunktionalen Emotionen, Kognitionen, Einstellungen und Verhaltensweisen angestrebt wird. Eine über diese allgemeine Definition von Psychotherapie hinausgehende Kennzeichnung ist schwierig, da es einerseits darum geht, das Gemeinsame sehr unterschiedlicher psychotherapeutischer Richtungen bzw. "Schulen" zu kennzeichnen, andererseits darum, Psychotherapie von anderen Beratungsangeboten und Hilfestellungen bei psychischen Problemen abzugrenzen (etwa jenen von Laienhelfern). Ein kritischer Punkt in der Abgrenzung der Psychotherapie stellt dabei das methodische und theoretisch begründete Vorgehen dar. Da dies im Einzelfall schwer zu belegen ist, wird es als gegeben angenommen, wenn der Psychotherapeut eine anerkannte Ausbildung absolviert hat. Obwohl die Definition im Grund auf die zirkuläre Aussage hinausläuft: psychotherapeutische Behandlungen sind alle Behandlungen psychischer Probleme, die von Psychotherapeuten durchgeführt werden, scheint dies derzeit der einzige Weg zu sein, zu einer allgemein akzeptablen Definition zu gelangen.

Psychotherapien können entweder in klinischen Einrichtungen, in Beratungsstellen oder in freiberuflicher Praxis durchgeführt werden. Wenn keine oder nur eine unzureichende Finanzierungsmöglichkeit psychotherapeutischer Behandlungen durch Krankenversicherungen gegeben ist, ist es finanziell schwächeren Bevölkerungsgruppen entweder nur in Einrichtungen, die von öffentlichen Körperschaften finanziert werden, möglich, psychotherapeutische Hilfe zu erhalten, oder aber die Kosten der Behandlung werden durch die Sozialhilfe, als Hilfe zur Wiedereingliederung, übernommen (wie dies z.T. in der BRD der Fall ist). Dies zeigt, daß das psychotherapeutische Behandlungsangebot sich in vielen Fällen mit dem Angebot der traditionellen sozialen Dienste überschneidet oder eine Ergänzung darstellt.

Die Wirksamkeit psychotherapeutischer Behandlungsverfahren wurde lange Zeit recht skeptisch betrachtet. Erste Bemühungen, die Wirkung dieser Therapien zu evaluieren, kamen auch zu recht unterschiedlichen und zum Teil zu pessimistischen Ergebnissen. Inzwischen liegt eine Vielzahl an methodisch besser durchgeführten Untersuchungen vor, deren Ergebnisse in Sekundäranalysen (sogenannten Metaanalysen) zusammenfassend ausgewertet wurden (Lambert et al. 1986). Danach weisen psychotherapeutische Behandlungen, im Durchschnitt betrachtet, einen Erfolg auf, der z.B. bei Patienten mit reaktiven bzw. neurotischen depressiven Verstimmungen deutlich über dem Erfolg einer medikamentösen Behandlung mit Antidepressiva liegt. Während von unbehandelten Patienten nach mehreren Monaten nur ein Drittel im Befinden gebessert ist, sind es nach einer psychotherapeutischen Behandlung zwei Drittel. Es ließ sich auch ein klarer, positiver Zusammenhang zwischen der Intensität bzw. Länge der Behandlung und der Besserungsquote nachweisen.

Pschotherapeutische Versorgung in Österreich

Die Ausübung von Psychotherapie war bis vor kurzem in Österreich gemäß § 1 des Ärztegesetzes als eine Behandlungsmaßnahme für psychische Krankheiten Ärzten vorbehalten, ohne daß für diese eine psychotherapeutische Zusatzausbildung notwendig war. De facto konnten jedoch auch andere Berufsgruppen unter der Bezeichnung psychologische Beratung psychotherapeutische Behandlungen durchführen. Mit der Verabschiedung des Psychotherapiegesetzes hat sich hier jedoch eine wichtige Änderung ergeben. In diesem Gesetz wurden erstmalig die Ausbildung zum Psychotherapeuten und die Voraussetzungen zur Berufsausübung sowie die Berufspflichten gesetzlich geregelt und offiziell von der ärztlichen Ausbildung und Berufstätigkeit entkoppelt.

In der bisher einzigen umfassenden Bestandsaufnahme über die Ausübung von Psychotherapie in Österreich, die 1985 durchgeführt wurde (Jandl-Jager et al. 1987, Jandl-Jager und Stumm 1988), wurden nach der Ausbildung zwei Gruppen von psychotherapeutisch Tätigen unterschieden. Therapeuten oder psychologische Berater mit einer vollständigen oder weitgehend vollständigen psychotherapeutischen Zusatzausbildung - ihre Zahl betrug 1985 etwa 1200 Personen; Beratende, die auf der Basis von Teilausbildungen bei den psychotherapeutischen Ausbildungsorganisationen, ferner von institutionsinternen Ausbildungen oder Fortbildungskursen arbeiteten. Die zweite Gruppe war weitaus größer.

Die Anzahl der primär psychotherapeutisch und psychologisch beratend Tätigen wurde durch Befragung der Mitglieder der Therapieverbände bzw. jener Personen, die eine Therapieausbildung abgeschlossen hatten, und aller Institutionen, die explizit Psychotherapie oder psychologische Beratung anbieten, ermittelt. Die Erfassung der größeren Gruppe von Personen, die im Rahmen ihrer Tätigkeit ebenfalls psychologisch beratend bzw. therapeutisch tätig sind, wurde durch eine Befragung verschiedener Berufsgruppen (Ärzte, Psychologen, Sozialarbeiter, Psychagogen, Lehrer etc.) vorgenommen. Nach einer etwas weiter gefaßten Definition waren 1985 in Österreich etwa 5.560 Personen in der psychologisch-psychotherapeutischen Versorgung tätig, 2.150 Personen übten vorwiegend eine derartige Tätigkeit aus.

Die psychotherapeutisch oder psychologisch beratende Versorgung im weiteren Sinne übten 1985 meist Ärzte in Beratungsgesprächen als Teil ihrer sonstigen Tätigkeit aus, etwa in freien Praxen oder anderen Institutionen, die nicht explizit eine entsprechende Beratung anbieten. Zu der Gruppe der Personen, die im Rahmen ihres Berufs ohne abgeschlossene Psychotherapieausbildung psychotherapeutisch oder psychologisch tätig waren, wurde auch eine größere Gruppe von Sozialarbeitern und Lehrern gerechnet.

Psychotherapeutische oder psychologisch beratende Versorgung im engeren Sinn geschah etwa zur Hälfte durch Personen mit hohem Ausbildungsniveau, Fortbildung und institutionsinternen Ausbildungen, v.a. Psychologen (ca. 1/3), Ärzte (ca. 1/4, davon die Hälfte mit psychotherapeutischer Zusatzausbildung) und an Institutionen mit explizit psychologisch/psychotherapeutischer Beratung Tätigen, v.a. Sozialarbeiter (ca. 1/5), von denen allerdings die wenigsten eine entsprechende Zusatzausbildung hatten. Sie fehlte ebenfalls 95% der dergestalt in weiterem Sinne Tätigen, die sich aus Ärzten (über 2/3), Lehrern (rund 14%) und Sozialarbeitern (fast 10%) zusammensetzten.

Ein Großteil der psychotherapeutisch Ausgebildeten arbeitete 1985 in Institutionen, die Psychotherapie oder psychologische Beratung anboten, nämlich 850 von den 1200 ausgebildeten Therapeuten. In diesen Institutionen arbeitete auch eine größere Anzahl, nämlich 950, von nicht speziell für Psychotherapie ausgebildeten Personen in der psychologischen Versorgung. Somit kann man sagen, daß Mitte der 80-er Jahre in Österreich ein Großteil der psychologisch/ psychotherapeutischen Versorgung an Institutionen gebunden war.

Aufgrund des Psychotherapiegesetzes wurden bis 1995 etwa 3.700 Personen als Psychotherapeuten anerkannt und in die im Bundesministerium für Gesundheit und Konsumentenschutz geführte Liste der Psychotherapeuten eingetragen. Weniger als die Hälfte hat - aufgrund von Übergangsbestimmungen - eine abgeschlossen Therapieausbildung bei anerkannten Ausbildungseinrichtungen absolviert (Stumm et al. 1996). Die systemische Familientherapie wird dabei am häufigsten genannt (446), gefolgt vom klientenzentrierten Ansatz (352), Verhaltenstherapie (220), Psychoanalyse (165) und Gestalttherapie (129) (Stumm et al. 1996). Etwa 10% der Therapeuten sind mehrfach ausgebildet und wenden Methoden verschiedener therapeutischer Schulen an. Erste Daten einer neuen Erhebung unter den als Psychotherapeuten Eingetragenen belegt die unverändert große Bedeutung der Psychologen. Etwa 36% rechnen sich zu dieser Berufsgruppe (bzw. 46% aller, die überhaupt eine Berufsgruppe angegeben haben). Die nächst große Berufsgruppe stellen Ärzte mit 18% (davon 9% Psychiater), gefolgt von Sozialarbeitern (9%) und Lehrern (6%) (Stumm et al. 1996).

Über das Ausmaß der Inanspruchnahme von Psychotherapie und die Art der dabei angewandten Methoden liegen für Österreich keine detaillierten neueren Angaben vor. Rein rechnerisch kommen derzeit in Österreich auf einen Psychotherapeuten etwas mehr als 2000 Menschen. Etwa 10.000 Personen haben 1995 ein Ansuchen auf Refundierung der Psychotherapiekosten an die Krankenkassen gestellt (Stumm 1996). Die Anzahl der psychotherapeutisch Behandelten dürfte jedoch weitaus größer sein.

Nach der 1985 durchgeführten Erhebung wurden damals 1.3% der Bevölkerung psychotherapeutisch betreut. Nur ein Fünftel wurde in freier Praxis behandelt, die übrigen im Rahmen von öffentlichen Einrichtungen. Ober- und obere Mittelschicht waren erheblich besser versorgt als schwächere soziale Schichten, die auch stärker institutionell betreut wurden (Jandl-Jager et al. 1987, Jandl-Jager und Stumm 1988). Auf eine unzureichende Versorgung wiesen damals die Wartezeiten hin, die allerdings vom angewandten psychotherapeutischen Verfahren abhingen. Tiefenpsychologische Verfahren hatten dabei meist die längeren Wartezeiten. Im Schnitt lagen diese für alle Verfahren bei 1-3 Monaten.

Gut 1/3 aller Klienten wurde 1985 gesprächstherapeutisch behandelt, jeweils 15% mit psychoanalytischen Verfahren bzw. im Rahmen der Famnilientherapie, ca. 10% jeweils verhaltens- und gestalttherapeutisch bzw. mit autogenem Training. Der Rest verteilte sich auf andere Verfahren. Die bevorzugte Stellung der gesprächstherapeutischen Methode könnte heute allerdings - wenigstens nach den in der Psychotherapeutenliste angegebenen Spezialisierungen - abgenommen haben.

Unter den Diagnosen waren 1985 Neurosen mit 19% am häufigsten zu finden, gefolgt von Störungen des Kindes- und Jugendalters (15%), Suchtkrankheiten (14%), psychosomatische Leiden und psychogenen Reaktionen (je 11%) sowie Persönlichkeitsstörungen (7%). In den freien Praxen waren fast ein Drittel aller Diagnosen Neurosen (gefolgt von den körperlichen Funktions- und den Persönlichkeitsstörungen). Diese Verteilung entspricht in etwa jener, die auch heute noch aus den von den Psychotherapeuten gemeldeten Spezialisierungen ersichtlich ist - auch hier ergibt sich ein Schwerpunkt einerseits bei Problemen des Kindes- und Jugendalters sowie bei emotionalen bzw. neurotischen und psychosomatischen Störungen des Erwachsenenalters. Sehr wenige befassen sich speziell mit psychischen Problemen älterer Menschen (nur von 0.83% angegeben, Stumm et al. 1996).

55% der Gesamttätigkeit der Therapeuten wurde 1985 für (definitionsmäßig längere) Psychotherapie, 45% für (kürzere) psychologische Beratung aufgewendet, wobei ein Übergewicht der Institutionen gegenüber der freien Praxis vor allem bei der psychologischen Beratung festzustellen war. Vier Fünftel der kürzeren psychologischen Beratungen fanden in Institutionen statt, hingegen nur etwas mehr als die Hälfte der längeren Psychotherapien. Dieses starke Gewicht der institutionell angebotenen Psychotherapie war bis vor kurzem durch die unzureichenden Finanzierungsmöglichkeiten der psychotherapeutischen Behandlung bedingt. Heute geben etwa zwei Drittel der eingetragenen PsychotherapeutInnen an, auch freiberuflich, also zumeist in eigener Praxis, psychotherapeutisch tätig zu sein (Stumm et al. 1996).

Wien hatte bereits 1985 im gesamtösterreichischen Vergleich ein gut ausgebautes Versorgungsnetz mit hohem Ausbildungsniveau der Betreuer, von denen ein überdurchschnittlich großer Teil ausschließlich oder teilweise in freier Praxis arbeitete. Wien stellte auch mehr als 1/4 aller entsprechenden Institutionen, die zudem alle wichtigen inhaltlichen Bereiche abdeckten, sowie 40% der Klienten, davon 1/3 in freier Praxis. Dieses Ungleichgewicht ist in den letzten Jahren nicht geringer geworden. 1995 waren 45% aller in die Psychotherapeuten-Liste eingetragenen Personen in Wien ansässig.

Finanzierungsmöglichkeiten von Psychotherapie bestehen heute durch

- wohlfahrtsstaatliche Einrichtungen: Dort ist die Behandlung kostenlos mit gewissen Auflagen (Begrenzung der Behandlungszeit, Zielgruppe). Private Vereine, die entsprechende Beratung anbieten, werden ganz oder teilweise subventioniert.
- Krankenkassen: Bis zum Inkrafttreten des Psychotherapiegesetzes war in Österreich eine Finanzierung der psychotherapeutischen Behandlung nur bei niedergelassenen Psychiatern und Neurologen mit Kassenverträgen, sowie für bestimmte Institutionen (z.B. psychotherapeutisches Ambulatorium der Gebietskrankenkasse oder Kriseninterventionszentrum) möglich. Aufgrund des Psychotherapiegesetzes hat der Hauptverband der Krankenkassen (bisher auf freiwilliger Basis) eine teilweise Finanzierung auch der nicht-ärztlichen Psychotherapie übernommen. Diese beträgt derzeit etwa 300 öS (+20% MW) pro Stunde und wird den Patienten auf Ansuchen und Vorlegen einer Rechnung (mit einer Diagnose durch den Psychotherapeuten) rückerstattet. Dabei muß ab der 2.Sitzung durch eine ärztliche Untersuchung das Vorliegen einer körperlichen Krankheit, die die psychischen Beschwerden

verursachen könnten, ausgeschlossen werden. Ab der 11.Sitzung ist die Finanzierung von der Genehmigung des Chefarzts abhängig (im Regelfall wird der Klient jedoch nicht zur einer Untersuchung vorgeladen, sondern es genügt ein schriftliches Gutachten des Psychotherapeuten).
Derzeit sind Verhandlungen zwischen dem Österreichischem Bundesverband für Psychotherapie und dem Hauptverband der Krankenkassen im Gang, die einen Gesamtvertrag zur Finanzierung der Psychotherapie durch die Kassen zum Ziel haben. Die Krankenkassen streben an, mit einer größeren Anzahl (550) von Psychotherapeuten Verträge abzuschließen und diese zu verpflichten, eine größere Anzahl von psychotherapeutischen Behandlungen pro Woche auf Krankenschein (d.h. ohne zusätzliche Kosten für die Patienten) durchzuführen.

- Ärztliche Psychotherapie: Trotz des Psychotherapiegesetzes haben die Krankenkassen in Österreich eigene Verträge mit den Ärztekammern über die Vergütung der ärztlichen Psychotherapie geschlossen. Die Ärztekammern vergeben auf Grund des Besuchs von Fortbildungsveranstaltungen ein Diplom für psychotherapeutische Medizin, das von den Krankenkassen anerkannt wird.) Für diese Leistungen wird den Patienten (je nach Bundesland) zwischen 650 und 833 öS pro Stunde rückerstattet.

5.3 Hilfestellungen in Krisensituationen

Krisensituationen erfordern die kurzfristige Mobilisierung von Unterstützung. Vielfach sind durch vorausgehende Eskalation von Konflikten die Beziehungen zur nächsten Umgebung bereits derart belastet, daß ein verständnisvolles Eingehen der Umgebung nicht mehr möglich ist. Auch der Betroffene selbst hat die Tendenz sich zurückzuziehen, sodaß bei einer Intervention viel Initiative von dem Therapeuten erwartet wird.

Kriseninterventionszentren: Im Kriseninterventionszentrum sollen kurzfristig Beratungs- und Therapiemöglichkeiten zur Verfügung stehen. Eine wichtige Zielgruppe für dieses Angebot sind Von einer Lebenskrise Betroffene, vor allem wenn diese mit einer Selbstgefährdung einhergeht. In der Praxis werden diese Einrichtungen jedoch mit einem weiten Spektrum an Problemsituationen konfrontiert. Auch hier sind neben psychologischen Beratungen und Therapien soziale Hilfestellungen von großer Bedeutung.

Die Empfehlungen zur künftigen psychiatrischen Versorgung in Österreich sehen ein Kriseninterventionszentrum für ein Einzugsgebiet von etwa 300.000 Einwohner vor (Wißgott 1992). Dieses sollte auch die Aus- und Weiterbildung sowie die Supervision von Mitarbeitern, die in den Gesundheits- und Sozialsprengeln eine mobile Krisenintervention anbieten, übernehmen.

Telephonischer Notrufdienst: Notrufdienste, die rund um die Uhr besetzt sind, wollen bei Krisensituationen rasch und anonym eine Beratungs- und Aussprachemöglichkeit schaffen. Es wird den Anrufenden absolute Verschwiegenheit zugesagt.

Die ursprüngliche Motivation dieser telephonischen Notrufdienste war die Selbstmordverhütung. Beispielgebend wirkte die Gründung des anglikanischen Pfarrers C.Varah, der sich 1953 in London über eine Zeitungsannonce als Gesprächspartner für Suicidgefährdete anbot und später die Samaritans gründete, die heute in Großbritannien das größte Netz telephonischer Beratung in Europa betreiben. In den deutschsprachigen Ländern wurden entsprechende Notrufdienste vor allem von kirchlichen Trägern unter der Bezeichnung Telephonseelsorge bzw. an einigen Stellen auch als "Offene Tür" eingerichtet (Hesse und Schrader 1988). Auch wenn der Dienst von kirchlichen Stellen geführt wird, gehört zu den Arbeitsprinzipien die Vermeidung von jeder Form religiösen oder weltanschaulichen Drucks auf die Anrufer. Die meisten Mitarbeiter würden auch bei einem nicht kirchlich gebundenen Telephonnotrufdienst mitarbeiten und halten das religiöse Element für die Ausübung dieser Tätigkeit nicht für erforderlich, auch für die Anrufer spielt die kirchliche Anbindung der Stellen keine besondere Rolle (Hesse und Schrader 1988).

In jeder Telephonseelsorgestelle arbeiten für gewöhnlich einige fest angestellte Mitarbeiter als Leiter und eine große Gruppe (50-100) ehrenamtlicher MitarbeiterInnen. Die Dienste werden also überwiegend von ehrenamtlichen Mitarbeitern betrieben, die sorgfältig ausgesucht und auf ihre Aufgabe vorbereitet werden. Etwa zwei Drittel der ehrenamtlichen Mitarbeiter sind Frauen. Der Großteil ist zwischen 30 und 65 Jahren. Etwa drei Viertel haben eine höhere Schulbildung, wobei viele aus sozialen Berufen kommen (Hesse und Schrader 1988).

Manche Notrufdienste bieten den Anrufern, wenn dies als hilfreich erscheint, zusätzlich auch eine zeitlich begrenzte persönliche Unterstützung durch die Mitarbeiter (befriending), eine persönliche Beratung tagsüber und zum Teil auch Übernachtungsmöglichkeiten im Sinn einer Notaufnahme an.

Mitte der 80-er Jahre wurden die 84 Telephonseelsorge-Stellen der BRD jährlich etwa 650.000 mal angerufen. Dies ergibt einen Durchschnitt von etwa 25-30 Anrufen täglich in einer Telephonseelsorge-Stelle, die allerdings ein unterschiedlich großes Einzugsgebiet haben. Etwa die Hälfte der Anrufer ruft nur einmal an, ein Fünftel ruft immer wieder an. Gewöhnlich dauern die Gespräche zwischen 20 und 40 min. Etwa die Hälfte der Anrufe erfolgt in den späten Abendstunden und nachts (alle Angaben nach Hesse und Schrader 1988).

Zwei Drittel der Anrufer sind in den deutschsprachigen Ländern Frauen (in den Niederlanden hingegen ist das Verhältnis ausgewogener), der Großteil gehört der Altersgruppe der 31-65-Jährigen an. Nur etwa ein Drittel der Anrufer ist verheiratet, es finden sich sehr viele Alleinstehende unter den Anrufern.

Anläße werden intern nach einem Anlaßkatalog dokumentiert. Danach bezieht sich ein Großteil der Anrufe auf psychische Probleme (Depression, Alkoholprobleme etc.), auf Belastungen durch besondere Lebenssituation und auf Partnerprobleme (Eifersucht, sexuelle Probleme, Trennung etc.). Auf religiöse Fragen beziehen sich nur 4% der Anrufe. Das häufigste Grundproblem der Anrufer ist das Leiden unter Einsamkeit, manifeste Suicidprobleme sind selbst in Großstädten relativ selten Anlaß zu einem Anruf, sie machen jedoch immerhin etwa 3% der Anrufe aus.

Eine recht große Gruppe stellen Anrufer dar, die anrufen und dann schweigen oder nach einiger Zeit, ohne etwas gesagt zu haben, wieder auflegen. Häufig sind auch versteckte Hilferufe, bei denen das eigentliche Anliegen nicht ausgesprochen wird.

5.4 Behandlung und Rehabilitation von Drogenabhängigen

In der BRD wurde Anfang der 80-er Jahre von 40-60.000 Abhängigen harter Drogen ausgegangen, bezogen auf die Hauptrisikogruppe, die Altersgruppe der 15-30-Jährigen, sind dies etwa 0.4%. In ambulanter Behandlung befanden sich 1982 schätzungsweise 3000, in stationärer Behandlung 5000 Drogenabhängige (Jong-Meyer 1988). In Österreich wurde Anfang der 90-er Jahre die Anzahl der intravenös Drogenabhängigen sogar auf 15.000 geschätzt (Brosch und Juhnke 1993).

Die Anzahl der Jugendlichen, die einmal Drogen probiert haben, scheint in Mitteleuropa nach einer starken Zunahme zu Anfang der 70-er Jahre seit Mitte der 70-er nicht weiter anzusteigen, sondern eher abzufallen, hingegen dürfte sich die Anzahl der Drogenabhängigen auch in der zweiten Hälfte der 70-er und in den 80-er Jahren weiter erhöht haben (Welz 1983).

Die Ausbreitung der Drogenbelastung ging im gesamten deutschsprachigen Raum eindeutig von den Großstädten aus und erfaßte dann kleinere Städte und ländliche Gebiete, Kleinstädte wurden ihrerseits zu Zentren des Drogenkonsums. Bereits seit der Mitte der 70-er Jahre liegt im deutschsprachigen Raum die Drogenbelastung in den kleineren Städten höher als in den mittleren und großen Städten (Welz 1983). Die Ausbreitung des Gebrauchs harter Drogen läßt sich dabei nach einem Diffusionsmodell beschreiben, Drogenabhängige leiten ihrerseits andere zum Drogengebrauch an und tragen so zur Ausbreitung der Drogenbelastung bei.

Gesetzliche Rahmenbedingungen: Herstellung und Handel sowie Erwerb und Besitz (über den Eigenbedarf hinaus) von Suchtgiften (die nach der internationalen Suchtgiftkonvention definiert sind) verstoßen in Österreich gegen das Suchtgiftgesetz und sind strafbar. In Österreich sowie in einigen anderen Ländern wird die Strafe auf Drogendelikte unter Umständen ausgesetzt, wenn sich die Betreffenden einer Therapie unterziehen. Der Großteil der Teilnehmer an stationären Rehabilitationsprogrammen unterzieht sich der Therapie unter derartigen gerichtlichen Auflagen. Dies bringt besondere Probleme mit sich. Die Therapeuten werden dadurch gezwungen, mit dem Gericht zusammenzuarbeiten, ihre Berichte an das Gericht haben für die Betreffenden Konsequenzen. Die Motivation zu einer Änderung der Lebensführung und der Einstellung zu den Drogen ist bei den Betroffenen damit ebenso einer Belastung ausgesetzt wie die Einstellung zum Therapeuten.

Entzugsbehandlung: Grundsätzlich gibt es auch die Möglichkeit einer ambulanten Entzugsbehandlung (mit Infusionsbehandlungen), wegen der äußerst unangenehmen Begleiterscheinungen des Entzugs und der hohen Rückfallgefahr wird jedoch im allgemeinen der stationäre Entzug von ärztlicher Seite vorgezogen. Da hier ein hohes Ausmaß an Kontrolle und besondere Erfahrung in der Entzugsbehandlung erforderlich ist, empfielt es sich, den Entzug auf besonderen Stationen vorzunehmen.

Stationäre Rehabilitation: Die Behandlungskonzepte der Drogenabhängigkeit gehen davon aus, daß zur Überwindung der Drogenabhängigkeit eine wesentliche Änderung der Lebenseinstellung und der Lebensführung notwendig ist. Dies erfordert einen langwierigen Prozeß, bei dem die Drogenabhängigen aus ihrem bisherigen Milieu heraustreten müssen und ein hohes Ausmaß an Unterstützung durch die Umgebung benötigen.

Die meisten stationären Therapieeinrichtungen arbeiten nach dem Konzept der therapeutischen Gemeinschaft, nach dem die Mitglieder in der Gruppe klar definierte Verantwortungsbereiche übernehmen müssen und der Gruppe eine wesentliche therapeutische Funktion zugemessen wird. Die Therapie vollzieht sich meist in einer Abfolge mehrerer Stufen, in denen den Klienten jeweils mehr Verantwortung und Eigenständigkeit zugesprochen wird.

Trotz aller Bemühungen ist die Abbruch- sowie die Rückfallquote stationärer Behandlungsprogramme recht hoch. Abbruchquoten von mehr als 50% sind keine Seltenheit (Stark 1992), wobei jene, die die Therapie frühzeitig abbrechen, keine bessere Prognose haben als unbehandelte Drogenabhängige. Insgesamt wird in Therapieprogrammen mit einem "Breitband"-Ansatz, in dem verschiedene therapeutische Methoden integriert sind, längerfristig nur eine Drogenabstinenz von etwa 30% erreicht. Bei jenen, die die gesamte Therapie mitmachen, sind die Erfolge hingegen deutlich besser (Jong-Meyer 1988).

Beratungsstellen, ambulante Therapieeinrichtungen: Ambulante Therapieeinrichtungen dienen einerseits (im Sinn einer Therapiekette) der Therapievorbereitung bzw. der Überbrückung von Wartezeiten bis zum Beginn einer stationären Behandlung und der langen Nachbehandlung nach einer stationären Therapie, andererseits der Beratung und Unterstützung aller jener Drogenabhängigen, die zur Teilnahme an einer Therapie derzeit nicht in der Lage sind. Für einen Teil der Drogenabhängigen dürfte auch eine ambulante Therapie möglich sein, vor allem wenn wenig Kontakt zur Drogenszene besteht, eine relativ gute soziale Einbettung (fester Arbeitsplatz etc.) und die Bereitschaft und Fähigkeit zur engen Zusammenarbeit und zu regelmäßigen Kontrolluntersuchungen vorhanden sind.

Substitutionsbehandlung: In den sechziger Jahren wurde in die Behandlung von Drogenabhängigen die Substitutionsbehandlung mit Methadon eingeführt, als ein Versuch, die negativen sozialen Folgen der Drogenabhängigkeit zu verhindern. Bei Methadon handelt es sich um einen Opiatantagonisten, der eine ähnliche pharmakologische Wirkung wie die Opiate erzielt, gleichzeitig aber die Wirkung der Opiate blockiert. Durch kontrollierte Verschreibung von Methadon sollte verhindert werden, daß Drogenabhängige ihre Existenz zerstören, indem sie ihre ganze Energie darauf richten, sich auf legale oder illegale Weise die Mittel für den Erwerb von Heroin zu besorgen. Die Substitutionstherapie richtet ihre Hoffnung darauf, daß Drogenabhängige in ihrem weiteren Leben selbst einmal soweit kommen werden, daß sie sich von der Drogenabhängigkeit befreien können. Die Chance dazu würde allerdings nur bestehen, wenn sie nicht zuvor gänzlich in eine soziale Randstellung geraten, und dazu soll die Substitutionsbehandlung beitragen. Die ersten Erfahrungen mit der Substitutionsbehandlung waren sehr positiv, allerdings waren in den Pilotprogrammen zusätzlich zur Substitutionsbehandlung viele andere beratende und unterstützende Angebote für die an den Programmen teilnehmenden Drogenabhängigen und eine strenge Kontrolle über die Einnahme vorgesehen. In der Folge wurde die Substitutionsbehandlung in mehreren Ländern (vor allem den USA) auf Massenbasis durchgeführt und die anfangs positiven Auswirkungen konnten dabei nicht aufrechterhalten werden.

In der BRD und Österreich wurden erst in den letzten Jahren Methadon-Programme eingeführt, als vor allem durch die zunehmende Verbreitung von Aids die hohen Risiken der Heroin-Abhängigkeit klar wurden. Derzeit laufende Substitutionsprogramme werden auf ambulanter Basis bei Drogenabhängigen durchgeführt, die entweder trotz mehrmaliger Entziehungskuren von der Drogenabhängigkeit nicht losgekommen sind oder HIV-positiv sind und bei denen somit ein erhöhtes Krankheitsrisiko durch Superinfektion sowie auch eine Ansteckungsgefahr für andere besteht (z.B. durch Beschaffungsprostitution). Neben der mit strengen Auflagen verbundenen Substitutionsbehandlung wird ambulant auch eine Reduktionstherapie mit Methadon bei

Drogenabhängigen durchgeführt, die an einer stationären oder ambulanten Entzugsbehandlung nicht teilnehmen können.

Gegner der Substitutionsbehandlung betonen die Gefahr, daß durch diese Behandlung die an sich bereits schwierige Motivation zur Drogentherapie weiter untergraben wird. Zudem zeigt die Erfahrung, daß die Entzugssymptome nach längerfristiger Methadon-Substitution besonders langwierig sind.

Trotz der ursprünglichen Bedenken hat die Substitutionsbehandlung in den letzten Jahren im deutschen Sprachraum rasch zugenommen. Allein in der BRD nehmen derzeit etwa 20.000 Patienten daran teil. Aus diesem Grund wurden Standards für die Indikation und Durchführung der Behandlung erarbeitet, die u.a. gewährleisten sollen, daß soziale und psychotherapeutische Maßnahmen nicht vernachlässigt werden (Bühringer et al. 1995).

Therapeutische Wohngemeinschaften und betreute Wohnungen: Als Teil von langfristigen Behandlungsprogrammen werden zur Absicherung des Erfolgs einer stationären Behandlung therapeutische Wohngemeinschaften geführt. Hier sollen die nach wie vor rückfallgefährdeten ehemaligen Drogenabhängigen lernen ein selbständiges, drogenfreies Leben zu führen. Über die intensive Betreuung in therapeutischen Wohngemeinschaften hinaus benötigt ein Teil der ehemaligen Drogenabhängigen noch längerfristige Unterstützungs- und Beratungsmöglichkeiten für ein selbständiges Leben. Dies kann zum Teil durch das Angebot betreuter Wohnungen oder Wohngruppen geschehen, in denen eine weitere Stabilisierung möglich ist.

Arbeitsprogramme: Ein Teil der Drogenabhängigen bzw. der ehemaligen Drogenabhängigen hat große Probleme beim Aufrechterhalten von Beschäftigungsverhältnissen. Im Rahmen eines umfassenden Rehabilitationskonzepts sind daher auch spezielle Arbeitsprogramme für diese Gruppe nötig, um eine soziale Eingliederung zu ermöglichen.

Nachgehende Betreuung, Szenen- und Straßenarbeit: Viele Drogenabhängige suchen keine Beratungsstellen auf. Hier gilt es einerseits niederschwellige Angebote zu setzen, bei denen der Schutz der Anonymität gegeben ist. Andererseits kann durch Streetworker oder Szenenarbeiter allmählich das Vertrauen und ein tragfähiger Kontakt hergestellt werden, der Beratung und Hilfestellungen ermöglicht. Die soziale Not (Obdachlosigkeit, Arbeitslosigkeit) macht Hilfestellungen unbedingt nötig. Das geringe Selbstbewußtsein und die Angst vor öffentlichen Stellen verhindern aber, daß viele Drogenabhängige von sich aus um Hilfen nachsuchen. Hinzu kommt noch die hohe Gefährdung der Drogenabhängigen durch die HIV-Epidemie, die ein Angebot gewisser Schutzmaßnahmen (in Wien etwa kostenloser Tausch gebrauchter gegen neue Einmalspritzen) erfordert. Niederschwellige Angebote sehen ihr Ziel nicht in erster Linie in der Therapie der Drogenabhängigkeit, sondern in der Begleitung drogenabhängiger Klienten und in der Risikominimierung.

Selbsthilfegruppen: Der lange Kampf um die Überwindung der Drogenabhängigkeit und die hohe Motivation, die dafür nötig ist, macht auch eine soziale Unterstützung erforderlich. Selbsthilfegruppen nach dem Modell der Anonymen Alkoholiker haben sich daher auch für Drogenabhängige etabliert, freilich in einem geringeren Umfang.

Therapeutische Angebote während der Inhaftierung: Da Drogendelikte mit Gefängnisstrafen geahndet werden, ist es nötig, den inhaftierten Drogenabhängigen entsprechende therapeutische Angebote zugänglich zu machen. In vielen Ländern wurden dafür besondere Einrichtungen geschaffen. Eine Therapie im Gefängnis wird allerdings immer problematisch sein. Die Unterbringung im Gefängnis bedeutet zudem nicht, daß der Zugang zu Drogen aufgehoben ist. Von nicht wenigen Strafanstalten wird über einen florierenden Handel mit Drogen berichtet. Es läßt sich zudem beobachten, daß spezielle Vollzugsgruppen für Drogenabhängige von den Betroffenen selbst nur begrenzt akzeptiert werden (8.Jugendbericht der BRD, 1990). Auch hier müssen wenigstens Nachbetreuungsmöglichkeiten zur Verfügung stehen.

Beratung und Hilfestellungen für Angehörige, Selbsthilfegruppen von Angehörigen: Da es sich bei Drogenabhängigen vielfach noch um Minderjährige und Jugendliche handelt, sind die Eltern, aber auch Geschwister von den Problemen in einem hohen Ausmaß mitbetroffen. In Selbsthilfegruppen der Angehörigen, aber auch im Rahmen von Therapieprogrammen wird versucht, den Angehörigen zu helfen, die sich aus der Drogenproblematik für sie ergebenden Fragen und Anliegen aufzuarbeiten, und sie dafür zu gewinnen, den Drogenabhängigen beizustehen.

5.5 Behandlung und Rehabilitation von Alkoholikern

Bei 4% der erwachsenen Bevölkerung wird in der BRD Alkoholabhängigkeit bzw. schwerer Alkoholmißbrauch angenommen. Alkoholabhängige stellen einen beträchtlichen Anteil an den Aufnahmen in stationäre psychiatrische Behandlung (in der BRD wird dieser Anteil auf ein Drittel geschätzt), aber auch der gesamten ambulanten und stationären medizinischen Behandlungseinrichtungen dar.

Stationäre Rehabilitation: Ein Teil der Alkoholiker benötigt eine stationäre Behandlung, die Indikation, Vor- und Nachteile sind allerdings umstritten. Sicher angezeigt ist sie dann, wenn erhebliche Folgekrankheiten aufgetreten sind, es beim Entzug zu schweren Symptomen kommt und die soziale Anpassung deutlich gefährdet ist. Rehabilitationsbehandlungen werden nach der

Dauer in kurzfristige (bis zu 4 Wochen), mittelfristige (bis zu drei Monaten) und langfristige unterschieden. Die Rehabilitation wird vielfach in Phasen unterteilt (Einführungs-, Entzugs-, Entwöhnungs- und Nachbetreuungsphase). Im Sinn einer Behandlungskette wird versucht, durch eine vorausgehende Betreuung zunächst die Motivation zur Behandlung zu stärken und dann vor allem in der Nachbetreuung die Rückfallgefährdung zu reduzieren.

Ziele der Behandlung sind Einsicht in das Trinkverhalten, Abstinenz, Ausbildung einer größeren psychischen Belastbarkeit, Lösung von Familienkonflikten und Wiederherstellung der Arbeitsfähigkeit. Hier zeigt sich also ein enges Ineinandergreifen von Zielen, die eine psychische Stabilisierung bedeuten, und Behandlungszielen, die in die soziale Umgebung hineinreichen. Aus diesem Grund ist die stationäre Behandlung, ebenso wie die ambulante Therapie nur in einem multiprofessionellen Team optimal durchführbar. In ihren Erfolgen zeigt die stationäre Rehabilitation große Schwankungen, im Allgemeinen ist bei einem Drittel der Behandelten vollständige Abstinenz zu erreichen, bei einem weiteren Drittel eine Besserung der Alkoholproblematik.

Entzugsbehandlung: Von einer Entzugsbehandlung ist im Unterschied zur Therapie oder Entwöhnungsbehandlung dann zu sprechen, wenn sich die Behandlung auf die medizinische Betreuung während des körperlichen Entzugs beschränkt.

Ambulante psychosoziale Betreuung durch Beratungsstellen: Sie sollen eine ambulante Therapie und eine Nachbetreuung nach Abschluß von Therapiemaßnahmen sowie soziale Betreuungsmaßnahmen ermöglichen. Die Nachbetreuung wird oft nur als eine befristete Ergänzung zur stationären Therapie betrachtet und meist nur von einem Teil der stationär Behandelten in Anspruch genommen. Dies ergibt ein Mißverhältnis zwischen der in der Alkoholiker-Rehabilitation vorherrschenden Einsicht, daß es sich bei den Problemen alkoholabhängiger Menschen, wenn es einmal zu einem massiven Alkoholmißbrauch gekommen ist, um eine langwierige, wenn nicht lebenslange Belastung handelt, und den eher kurzfristigen therapeutischen Bemühungen.

Maßnahmen am Arbeitsplatz sollen für Alkoholprobleme sensibilisieren und die oft lange Zeit abkürzen, die vom ersten Auftreten größerer Alkoholprobleme bis zum Aufsuchen einer Therapie vergeht. Die hohen Kosten, die den Betrieben durch Alkoholprobleme der Mitarbeiter entstehen (Leistuungsausfälle, Arbeitsunfälle, Abwesenheit wegen Krankheit, Kosten durch Disziplinarmaßnahmen; Pollin, 1988, schätzt die jährlichen Kosten eines Betriebes durch einen Mitarbeiter mit Alkoholproblemen auf etwa 200.000 öS) veranlassen eine Reihe von Betrieben zu betriebsinternen Maßnahmen. Diese Maßnahmen können verschiedene Schwerpunkte haben (Pollin 1988):

- Aufklärung, Durchführung einer Kampagne

- Schulung der Vorgesetzten, wie sie beim Feststellen eines Alkoholmißbrauchs die Mitarbeiter darauf ansprechen
- Einrichten einer betriebsinternen Suchtberatung, eventuell in Zusammenhang mit dem betriebsärztlichen Dienst (in größeren Betrieben, in kleineren Betrieben Zusammenarbeit mit einer externen Beratungsstelle)
- betriebliche Laienhelfer, die den Mitarbeiter motivieren und dabei unterstützen, etwas gegen das Problem zu unternehmen, mit ihm eine Selbsthilfegruppe aufsuchen etc.
- Änderung der Arbeitsbedingungen (Alkoholprobleme sind besonders bei monotonen Arbeiten und bei geringem Kontakt zu anderen Mitarbeitern akut)

Maßnahmen gegen den Alkoholmißbrauch am Steuer: Besonders gefährdet sind hier Jugendliche, in dieser Altersgruppe kommt es zu einer hohen Rate an Verkehrsunfällen in Folge von Alkoholisierung am Steuer. Von Seiten der öffentlichen Hand wird eine Einschränkung des Verkaufs von Alkohol an Jugendliche, die striktere Kontrolle und stärkere Bestrafung bei Verstößen praktiziert. Langfristige Erfolge dieser Maßnahmen sind unsicher (Milgram und Nathan 1986). Gezieltere Interventionen (gezielte Kontrollen, Zusammenarbeit mit Lokalbesitzern) können hier eher eine Entlastung bringen, vor allem wenn sie mit Maßnahmen verbunden sind, die die allgemeine Einstellung zum Alkoholmißbrauch (z.B. über Erziehungs- und Aufklärungsprogrammen an den Schulen) verändern.

Selbsthilfegruppen: Selbsthilfegruppen (Anonyme Alkoholiker, Guttempler, Blaues Kreuz, Kreuzbund) haben sich als sehr wirksam für die Behandlung von Alkoholproblemen erwiesen, allerdings reichen sie als alleiniges Betreuungsangebot nicht aus.

Die Anzahl der Selbsthilfegruppen hat in den letzten Jahren im deutschsprachigen Raum deutlich zugenommen, vor allem die Anzahl der lokalen Gruppen von Anonymen Alkoholikern, der größten Selbsthilfebewegung.

Angehörigengruppen: Sowohl die Ehepartner als auch die Kinder von Alkoholikern benötigen besondere Hilfestellungen. Auch hier haben sich Selbsthilfegruppen bewährt (Al-Anon für Erwachsene, Al-Ateen für Kinder von Alkoholikern).

Die Rolle der Ehepartner von Alkoholikern wird von psychologisch-psychiatrischer Seite sehr unterschiedlich betrachtet. Während manche die Wahl eines Ehepartners mit Alkoholproblemen den Ausdruck einer gestörten Persönlichkeit betrachten und die Gefahr sehen, daß die Partner selbst dekompensieren, wenn es zur Abstinenz des alkoholabhängigen Ehepartners kommt, betonen andere die Belastungen und die vielfältigen Bemühungen um Hilfe, die von den Ehepartnern der Alkoholiker vielfach ausgehen (John 1985). Dies bedingt natürlich verschiedene Ansätze in der Arbeit mit den Angehörigen.

Al-Anon, die größte Selbsthilfebewegung von Angehörigen, betont vor allem die negativen Wirkungen, die davon ausgehen, daß Angehörige den Alkoholikern immerfort helfen wollen (Neuendorff und Schiel 1985). Aus diesem Bedürfnis entwickelt sich ein Teufelskreis, der durch Schuldgefühle und ständige Auseinandersetzungen die Alkoholiker immer weiter in die eigenen Probleme verstrickt. Statt sich zu bemühen, dem Alkoholiker zu helfen, sollten die Angehörigen dazu kommen, ihr eigenes Leben besser zu gestalten. Ähnlich wie die Anonymen Alkoholiker orientieren sie sich dabei an bestimmten Grundeinstellungen, die in Slogans zusammengefaßt sind: "Im Heute leben", "Das Wichtigste zuerst", "Aufgeschlossen sein" etc. Das wesentlichste Medium der Arbeitsweise ist bei Al-Anon, ähnlich wie bei den Anonymen Alkoholikern, die gegenseitige Stützung in der Gruppe, die sich regelmäßig zu Meetings trifft. Professionelle Mitarbeit in den Gruppen wird abgelehnt.

6 Soziale Dienste im Gesundheitsbereich

Wurde die Gesundheitsvorsorge und die Hilfe für kranke Menschen bis vor nicht allzu langer Zeit in der Öffentlichkeit primär als eine rein medizinische Angelegenheit betrachtet, so zeigt sich immer deutlicher, daß sich soziale nicht so ohne weiteres von den medizinischen Diensten trennen lassen.

Lange Zeit hat sich die Sorge der Sanitätsdienste in erster Linie auf den Ausbau der stationären medizinischen Versorgung und die Bereitstellung der neuesten apparativen Verfahren für die Diagnose und Behandlung gerichtet. Dies hat nicht nur zu einer Kostenexplosion im Gesundheitswesen geführt, es sind dabei andere Bereiche weitgehend vernachlässigt worden. Ein Großteil der Krankenbetreuung geschieht nach wie vor in den Familien, die jedoch aufgrund bereits beschriebener Entwicklungen (Rückgang der Mehrgenerationen-Familien, zunehmende Berufstätigkeit beider Partner) immer weniger in der Lage sind, die benötigten Pflegeleistungen zu erbringen.

Nicht nur in den Familien, auch in den Spitälern ist ein Pflegenotstand eingetreten. Es fehlt eine beträchtliche Anzahl an ausgebildetem Pflegepersonal. Ein Hauptgrund für den Pflegenotstand in den Spitälern liegt darin, daß das ausgebildete Krankenpersonal trotz einer relativ aufwendigen Ausbildung nur sehr kurz im Dienst bleibt, im Durchschnitt etwa 4 Jahre. Ein größerer Teil scheidet bereits frühzeitig wegen der Familiengründung aus und kann im gegenwärtigen System der Dienstregelungen in den Spitälern den Beruf später nicht mehr aufnehmen. Sozialen Hilfestellungen (Hilfen bei der Kinderbetreuung etc.) dürfte hier eine große Bedeutung zukommen.

Ein zunehmendes Gewicht kommt im Gesundheitswesen auch präventiven Ansätzen zu, wobei durch Maßnahmen der primären Prävention das Entstehen von Gesundheitsgefährdungen verhindert, durch sekundäre Prävention bereits bestehende Risiken gemindert und so das Auftreten von ernsteren Krankheiten reduziert werden sollen.

6.1 Gesundheitserziehung und Gesundheitsförderung

Der Gesundheitserziehung und Gesundheitsförderung wird eine wachsende Bedeutung zugesprochen, weil ein immer größer werdender Teil der Erkrankungen sogenannte "Verhaltenskrankheiten" darstellen, deren Verlauf entscheidend von dem Gesundheitsverhalten abhängt (Grunow et al. 1983). Eine Ursache dafür wird darin gesehen, daß die Familie heute weniger als früher in der Lage ist, die Menschen auf die Anforderungen und die gesundheitlichen Belastungen vorzubereiten und sie in den erforderlichen Anpassungsleistungen zu unterstützen. Diese Aufgabe muß daher zunehmend von der öffentlichen Hand übernommen werden.

Die öffentliche Gesundheitserziehung stützte sich in der Vergangenheit auf Aufklärungskampagnen mit Massenkommunikationsmitteln, durch die die Bevölkerung über gesundheitsbezogenes, krankheitsverursachendes Verhalten informiert und zu einer Verhaltensänderung motiviert werden sollte. Die Wirkung derartiger Kampagnen wird zurückhaltend bis skeptisch beurteilt, vor allem die bisher im Vordergrund stehenden Gesundheitsrisiken (Übergewicht, Alkoholmißbrauch, Rauchen) haben sich als schwer beeinflußbar erwiesen. Neben Aufklärung und Appellen zu einer Verhaltensänderung bietet die öffentliche Gesundheitserziehung daher zunehmend auch persönliche Beratungsangebote und gruppenbezogene Hilfen an (Beratungsstellen für Raucher, Ernährungsberatung, Beratung bei Gewichtsproblemen). Zudem sucht sie einen individualistischen Ansatz zu überwinden, indem auch die Bedingungen bei der Arbeit und in der Wohnumwelt als gesundheitliche Risikofaktoren miteinbezogen werden. Es wurde auch deutlich, daß sich die Gesundheitserziehung als Ergänzung der Gesundheitsselbsthilfe in den Familien verstehen und deshalb die Möglichkeiten und Grenzen der Selbsthilfe berücksichtigen muß (Grunow et al. 1983).

Gesundheitsförderung am Arbeitsplatz: In den letzten Jahren wurden die Chancen, die dem Arbeitsplatz als Ort der Gesundheitsförderung zukommt, klarer erkannt. An erster Stelle unter den Vorteilen einer betriebsinternen Gesundheitsförderung steht wohl der relativ mühelose Zugang zu einer größeren Zahl an Menschen sowie die Möglichkeit, zur Unterstützung von Veränderungen des Lebensstils an vorhandene Unterstützungsnetzwerke anknüpfen zu können (Pelletier 1989).

Gesundheitsförderung am Arbeitsplatz wird dadurch möglich, daß die Betriebe zunehmend den Nutzen erkennen, der ihnen daraus erwächst. Der unmittelbare Nutzen für die Firmen liegt einmal darin, daß sich durch Verbesserung der gesundheitlichen Situation der Mitarbeiter Fehlzeiten reduzieren lassen und auch die Fluktuation der Mitarbeiter abnimmt. Indirekt kann durch derartige Programme auch die Einstellung zur Arbeit und die Arbeitsproduktivität sowie das Image der Firmen nach außen verbessert werden. Dort wo die Firmen direkter an den Kosten der Krankenversorgung beteiligt sind, führt die Gesundheitsförderung auch zu einer Kosteneinsparung (Pelletier 1989, Weinstein 1989).

Die Zielsetzung der Gesundheitsförderung am Arbeitsplatz sowie die dabei zur Anwendung kommenden Methoden sind vielfältig. Ihr Ansatzpunkt kann darin bestehen, rechtzeitig Risikofaktoren für gesundheitliche Schädigungen zu erkennen (Kontrolle des Blutdrucks, der Blutfette etc.). Weiters können Vorsorgeuntersuchungen zur Früherkennung von Krankheiten in den Betrieben durchgeführt werden (Krebsvorsorge etc.). Ein besonders häufiger Ansatz besteht darin, auch Verhaltensweisen und Lebensstile, die ein Risiko für die Gesundheit bedeuten können, ins Bewußtsein zu rufen und zu verändern: Rauchen, ungünstige Ernährungsgewohnheiten (Übergewicht), Bewegungsmangel, Umgehen mit Belastungen (Stress), Alkoholmißbrauch.

Neben gesundheitsbezogenen Lebensweisen werden in einigen Programmen auch die Belastung und die gesundheitlichen Risiken am Arbeitsplatz angesprochen. Ziel derartiger Maßnahmen sind Veränderungen in der Organisation von Arbeitsabläufen und in der Gestaltung des Arbeitsplatzes, die ein höheres Maß an Sicherheit und eine geringere Belastung mit sich bringen (Slesina 1989).

Maßnahmen zur Gesundheitsförderung am Arbeitsplatz können zum Teil auf die traditionellen Strukturen des Betriebsgesundheitsdienstes zurückgreifen, wie den Betriebsarzt oder die Sicherheitsbeauftragten des Betriebsrats. Allerdings bestehen hier gewisse Probleme: Der Betriebsarzt übt seine Funktion im Auftrag der Betriebsleitung aus und wird von den Arbeitsnehmern als Instrument der Personalpolitik des Betriebs (Selektionscharakter von Tauglichkeitsuntersuchungen) gesehen (Müller 1989). Auch ist der Arbeitsmedizin eine einseitige Sichtweise gesundheitlicher Probleme eigen und die Ausbildung der Betriebsärzte läßt sie nicht unbedingt als Initiatoren von gesundheitsfördernden Programmen aktiv werden. Die Sicherheitsbeauftragten andererseits führen meist nur ein Schattendasein im Betrieb und erhalten derzeit nur wenig Unterstützung und Anleitung für die Wahrnehmung einer breiter gefaßten Aufgabe. Hier müßten Initiativen der Gewerkschaft diese Rolle erst aufwerten und ein geeignetes Unterstützungsnetzwerk schaffen, so wie dies ansatzweise in Schweden versucht wurde (Leymann 1989).

Vielfach bedienen sich Betriebe bei der Initiierung von Gesundheitsprogrammen deshalb externer Experten. Verschiedene Formen von Programmen haben sich bewährt, zeichnen sich jedoch jeweils durch unterschiedliche Schwerpunktsetzungen aus:

- Maßnahmen zur Umgestaltung von Arbeitsplätzen bedienen sich der Methode der Gesundheitszirkel (ähnlich den aus Japan übernommenen Qualitätszirkeln, deren Ziel die Verbesserung der Produktqualität ist), in denen eine Gruppe von Mitarbeitern aus verschiedenen Hierarchieebenen die Gesundheitsgefährdung der Arbeitsplätze analysiert und konkrete Verbesserungsvorschläge erarbeitet (Slesina 1989).
- Individuelle Ansätze wählen unter den Mitarbeitern Einzelpersonen mit einem hohem Grad an gesundheitlichem Risiko aus und lassen sie in Gruppen an Lernprogrammen teilnehmen (Weinstein 1989).
- Gruppenbezogene Ansätze gehen von bestehenden Arbeitsgruppen aus und bieten diesen die Teilnahme an gesundheitsfördernden Aktivitäten an.

Gesundheitsförderung in der Gemeinde: Die Gesundheitsförderung richtet sich heute auch an die Gemeinde als Ganzes, um Strukturen zu stärken, die dem Einzelnen eine gesündere Lebensweise ermöglichen, und um ein soziales Klima zu schaffen, das Verhaltensänderungen und ein stärkeres Gesundheitsbewußtsein stützt. Bemühungen um eine gesündere Umwelt gehen mit diesen Bemühungen Hand in Hand.

Den meisten Bemühungen ist gemeinsam, daß auf eine engere Koordination von bestehenden formellen Diensten und informellen Gruppen hingearbeitet wird. Die öffentliche Gesundheitsdienste sollen dabei die Aufgabe übernehmen, Informationen weiterzugeben, zu einer Kooperation anzuregen und die Bürger zur Selbsthilfe bzw. zur Hilfe an der Gemeinschaft anzuregen und sie dazu besser in die Lage zu versetzen (WHO 1986). Im allgemeinen geschieht dies im Rahmen von Projekten bzw. Aktionen, in denen ein bestimmtes Anliegen in den Vordergrund gestellt oder eine Zielgruppe vorrangig angesprochen wird (Feltis et al. 1989).

Ein Beispiel einer derartigen Intervention ist die Deutsche Herz-Kreislauf-Präventionsstudie (Maschewsky-Schneider et al. 1989), in der durch gemeindenahe Gesundheitsförderung eine Reduktion der Herz-Kreislaufsterblichkeit um 8% (im Verlauf von 7 Jahren) angestrebt wird. Die Intervention weist folgende Komponenten auf:

- Ausbildung und Beratung von Multiplikatoren (Apotheker, Lehrer etc.)
- Verteilung von Produktinformationen und Förderung des Vertriebs gesunder Nahrungsmittel (in Zusammenarbeit mit Geschäftsleuten z.B. Bäckereien, über Supermarktketten, Kantinen)
- Kampagnen und Aktionen zur Förderung einer gesünderen Lebensweise (Reduktion des Rauchens, Anregung sportlicher Betätigung, Ernährung, Umgehen mit Streß), Medienarbeit
- Erhebung der Einstellung und des Gesundheitsverhaltens der Bevölkerung und Rückmeldung an die Öffentlichkeit und an Mediatoren (Survey Feedback-Methode)
- bevölkerungsweite Blutdruckmessung (in Zusammenarbeit mit Betrieben, Apotheken und Einkaufszentren) mit der Möglichkeit zu individueller Beratung
- Einrichtung von Gesundheitstreffpunkten, die Gruppenaktivitäten und Einzelberatung selbst anbieten, aber auch informellen Gruppen offenstehen
- Zusammenarbeit mit Einrichtungen der Erwachsenenbildung (Angebot von Kursen)

Die Erfahrungen dieser und ähnlicher Initiativen zeigen, daß es in der Gesundheitsförderung besonders schwer ist, sozial benachteiligte Schichten zu erreichen. Arbeiter sind etwa bei Gesundheitsmärschen deutlich unterrepräsentiert. Sie sind über Gesundheitsaktionen selbst bei großem Medienecho nur gering informiert und stehen diesen Aktionen mit größerer Skepsis gegenüber.

Für die Wirksamkeit gemeindenaher Gesundheitsförderung ist die Koppelung von Initiativen offizieller Stellen mit den Aktivitäten informeller Gruppen wesentlich. Feltis et al. (1989) schätzen, daß es allein in der Region von Hamburg 1.000 bis 2.000 selbstorganisierte Gruppen gibt, von denen sich ein Großteil auch um gesundheitsbezogene Anliegen kümmert. Die meisten Initiativen bestehen erst seit kurzem, wie eine Umfrage gezeigt hat, und zeigen nur schwache Verbindungen mit dem offiziellen Versorgungssystem. Ihr Anliegen ist vielfach gemeindebezogen bzw. Stadtteil-bezogen. Bestand und Wirksamkeit ist oft nur wenig gesichert. Viele sind an einer Zusammenarbeit mit öffentlichen Stellen interessiert und würden von einer öffentlichen Unterstützung profitieren, die sich vor allem auf Stärkung der Infrastruktur der Gruppen (Räumlichkeiten, Hilfen bei der Öffentlichkeitsarbeit, Organisationsberatung), auf Weitergabe von Informationen und Weiterbildungsangeboten für die Mitglieder erstrecken müßte.

Nach Feltis et al. (1989) kann die öffentliche Hand den informellen Bereich sowohl direkt fördern, etwa durch die Einrichtung lokaler Gesundheitsbüros als Anlaufstelle für Bürger, durch Anstellung von Gesundheitsratgebern und die Einrichtung eines Gesundheitsbeirats, in dem auch informelle Gruppen und Initiativen vertreten sind. Wichtig wäre aber auch die Unterstützung von Einrichtungen, die als Mittler zwischen formellem und informellem Bereich wirken könnten (z.B. ein gesundheitspolitisches Innovations- und Gründerzentrum). Sie schlagen weiter vor, daß die öffentliche Hand Projekte zur Gesundheitsförderung öffentlich ausschreiben sollte, um so den verschiedenen Gruppen die Möglichkeit zu geben, ihre Initiativen stärker einzubringen. In dem "Healthy City"-Programm der WHO, an dem über 30 Städte in Europa (u.a. Wien) teilnehmen, sind derartige Initiativen in manchen Städten bereits vorgesehen.

6.2 Psychosoziale Dienste im Gesundheitswesen

Viele Krankheiten benötigen eine Behandlung, die über die rein medizinischen Belange hinausgeht und verschiedene Behandlungszugänge integriert. Durch die Einbeziehung psychosozialer Dienste soll sichergestellt werden, daß die Kranken auch bei ihrer Auseinandersetzung mit der Krankheit Hilfe bekommen, daß sie über alle für sie relevanten Aspekte der Krankheit Bescheid wissen und dies auch in ihre Lebensplanung einordnen können, daß sie in Krisensituationen psychologische Unterstützung finden. Darüber hinaus ist auch der sozialen Situation Rechnung zu tragen. Nur auf diese Weise ist die Einhaltung von ärztlichen Anweisungen (Compliance) und eine vertrauensvolle Zusammenarbeit mit dem Arzt möglich.

Die Kranken und ihre Angehörigen müssen auch über die praktischen Möglichkeiten im Umgang mit den Folgen der Erkrankungen und über die öffentlichen Unterstützungsmaßnahmen aufgeklärt werden. Bei den meisten Krankheiten sind nicht nur die Kranken selbst, sondern auch ihre Angehörigen direkt oder indirekt betroffen. Partnerbeziehungen werden durch die Krankheit geprägt, vielfach ist auch eine Pflege oder Unterstützung durch Angehörige notwendig. Die Betreuungsangebote der sozialen Dienste müssen sich daher auch auf die Angehörigen beziehen.

Soziale Dienste und ambulante ärztliche Behandlung: Die Schwierigkeiten, die sich bei einem rein fachlich-medizinischen Zugang in der Behandlung ergeben, zeigen sich am klarsten in der mangelnden Einhaltung der ärztlichen Ratschläge (Compliance). Nach verschiedenen Untersuchungen werden zwischen 15 und 90% der ärztlichen Ratschläge von den Patienten nicht befolgt (Haynes et al. 1986). Die "mangelnde Zuverlässigkeit" der Patienten zeigt sich bereits beim Einhalten von Terminen. Nur 60-70% der Behandlungstermine werden auch tatsächlich eingehalten, bei Terminen, die für präventive Maßnahmen vereint werden, erscheinen nur 40-50% der Patienten (DiNicola und DiMatteo 1982). Kurzfristige medikamentöse Behandlungen werden nur zu 70-80% so ausgeführt, wie sie von den Ärzten angeordnet wurden, von längerfristigen medikamentösen Behandlungen werden bereits zu Beginn nur 50% befolgt, und diese Quote nimmt mit der Zeit noch weiter ab. Noch niedriger dürfte die Compliance bei Behandlungsmaßnahmen sein, die eine Umstellung der Lebensgewohnheiten beinhalten (etwa das Einhalten einer Diät).

Diese mangelnde Befolgung ärztlicher Ratschläge hat vielerlei Ursachen: zum Teil sind die Behandlungspläne zu kompliziert und werden deshalb nicht erinnert, zum Teil nehmen sie auf den Lebensstil der Patienten zu wenig Rücksicht. Eine wesentliche Rolle dürfte die Art der Arzt-Patient-Beziehung spielen (Rodin und Janis 1982, Schorr und Rodin 1982), die dem Patienten zu wenig Möglichkeiten gibt, seine eigene Bedürfnisse einzubringen, die Entscheidungen über die Behandlung zu verstehen und an ihnen mitzuwirken.

Als erster Schritt für eine Erhöhung der Compliance wird geraten, die Compliance besser zu kontrollieren (Haynes et al. 1986), als weiterer Schritt, Patienten, die nach der Vereinbarung eines Behandlungsplans nicht mehr erscheinen, von ärztlicher Seite zu kontaktieren. Ein zentraler Punkt dürfte allerdings die Veränderung der Beziehung zwischen Arzt und Patient darstellen, hin zu einem partnerschaftlicheren Verhältnis, das zu einem größeren Vertrauen in den Arzt über die technische Kompetenz hinaus führt. Dies setzt eine größere Aktivität seitens des Arztes voraus, die stärker in die Lebenswelt des Patienten hineinwirkt, und ein größeres Ernstnehmen der gesamten Lebenssituation des Patienten. Dem stehen viele organisatorische Barrieren entgegen, Barrieren, die unter anderem in konkreten Bestimmungen des Vertrags zwischen Arzt und Krankenkassen (z.B. geringe Honorierung ärztlicher Gespräche), in der großen Anzahl von Patienten, die von einem praktischen Arzt (Allgemeinmediziner) betreut werden, begründet sind. Aus diesem Grund dürfte eine stärkere interdisziplinäre Zusammenarbeit in der gesundheitlichen Betreuung bzw. eine stärkere Zusammenarbeit zwischen der ambulanten ärztlichen Versorgung und den sozialen Diensten eine in Hinkunft unumgängliche Notwendigkeit sein.

Soziale Dienste in den Krankenhäusern: In den Krankenhäusern ist es üblich geworden, daß sich Sozialarbeiter um die praktischen sozialen Probleme der Patienten kümmern. Die Sozialarbeiter setzen damit eine Tradition fort, die mit der Krankenhausfürsorge bereits in der Zeit um den 1.Weltkrieg im deutschsprachigen Raum begonnen hat (Viefhues et al. 1986). Im Allgemeinen geschieht dies heute in Zusammenarbeit mit dem Sozialamt, indem einige Sozialarbeiter in Form eines Verbindungsdienstes den Krankenhäusern zugeordnet werden. Der größte Teil der Arbeit besteht darin, den gegebenen Rahmen sozialrechtlicher Maßnahmen für die Patienten auszuschöpfen, also etwa an den Krankenhausaufenthalt anschließende rehabilitative Maßnahmen zu beantragen, Hilfen (Heimhilfe etc.) für die Zeit nach der Entlassung zu organisieren, eventuelle Probleme beim Erhalt oder einer notwendigen Veränderung der Wohnung zu lösen etc. Neben diesen praktischen Anliegen bemühen sich die Sozialarbeiter um persönliche Anliegen der Patienten entsprechend ihrer Ausbildung.

Betreuung durch Psychologen in Krankenhäusern ist hingegen immer noch eine Ausnahme. Psychologen sind außerhalb der Psychiatrie fast nur in psychosomatischen Abteilungen und in Rehabilitationseinrichtungen beschäftigt.

Ehrenamtliche Dienste im Krankenhaus: Während in den englisch-sprachigen Ländern ehrenamtliche Dienste in den Krankenhäusern sehr verbreitet sind, wurden vergleichbare Dienste im deutschsprachigen Raum erst in den letzten beiden Jahrzehnten in größerem Umfang geschaffen. Mittlerweile gibt es in der BRD über 8.000 ehrenamtlich tätige Helferinnen (es handelt sich überwiegend um Frauen) in den Krankenhäusern, vertreten vor allem durch kirchliche Organisationen (Schröder 1986). In der BRD werden die ehrenamtlichen Helferinnen in den einzelnen Krankenhäusern zu einer Gruppe zusammengefaßt und von einer Einsatzleitung betreut, sie tragen in ihrem Dienst ein grünes Kleid mit einem Abzeichen. Ihre Aufgabe ist es, den Kranken beizustehen, mit jenen zu sprechen, die ein Gespräch wünschen, für sie Besorgungen zu machen, sie zu Untersuchungen zu begleiten, ihnen beim Essen zu helfen etc. Die Zusammenarbeit mit dem Krankenhauspersonal funktioniert nach einer anfänglichen Skepsis meist sehr gut.

Hauskrankenpflege: Obwohl viele Menschen es vorziehen würden, wenn es irgendwie geht, im Krankheitsfall zuhause gepflegt zu werden, fehlen dazu oft die Möglichkeiten. In Österreich übertrifft der Bedarf, vor allem unter den älteren Menschen, das vorhandene Angebot um das Doppelte (Kytir und Münz 1989). In den letzten Jahren wurde deshalb dem Ausbau der Hauskrankenpflege von öffentlicher Seite eine besondere Priorität eingeräumt. In Österreich wurden 1985 etwa 25.000 Patienten von 1025 in der Hauskrankenpflege beschäftigten Personen betreut. Nur 535 hatten jedoch eine Ausbildung als Krankenschwester oder Krankenpfleger, eine kleinere Gruppe als Sanitätshilfspersonal. Die übrigen versahen ihren Dienst ohne entsprechende Ausbildung.

Bei der Ausübung der Hauskrankenpflege ist offensichtlich, daß hier neben qualifizierten Krankenpflegemaßnahmen auch Leistungen der Grundpflege und andere soziale Dienste erbracht werden müssen. Eine Abstimmung der erbrachten Leistungen wäre daher unbedingt nötig, ist jedoch oft schwierig. Das Gleiche gilt für die Koordination der Pflegeleistungen mit der Eigenhilfe der Angehörigen bzw. der Bekannten und die Abstimmung in der Betreuung mit den Ärzten.

Bei einer stärkeren Betonung der ambulanten Krankenpflege werden Organisationsfragen dringlicher. In Großbritannien besteht diesbzüglich bereits einige Erfahrung. Dort waren die ambulant tätigen Krankenschwestern lange Zeit den praktischen Ärzten des öffentlichen Gesundheitsdiensten zugeordnet und sollten die von diesen angeordneten Pflegeleistungen ausführen. Dies wurde von den Krankenschwestern als unbefriedigend beurteilt. In den letzten Jahren wird deshalb mit regionalen Teams gearbeitet, die einen eigenen Koordinator haben.

6.3 Selbsthilfegruppen

Selbsthilfegruppen von speziellen Gruppen chronisch Kranker haben mehrere wichtige Funktionen. Zum einen betreiben sie Lobbying um geeignete Unterstützungsmaßnahme für die Anliegen der Betroffenen. Sie wirken aber auch selbst bei der Bereitstellung von sozialen Diensten mit. Sie geben notwendige spezielle Informationen weiter, wie man mit den Problemen der Krankheit fertig werden kann und dies aus eigener Erfahrung heraus auf einer sehr praktischen Ebene. Weiters sind die Mitglieder der Selbsthilfegruppen einander selbst ein Beispiel, daß man lernen kann, die Belastungen der Krankheit zu tragen. Und schließlich sind sie einander eine Stütze, vor allem in emotionaler Hinsicht, wenn es darum geht, die eigene Lebensperspektive darauf einzustellen, daß man nun krank ist und auf manches verzichten muß.

Ideal ist es, wenn Möglichkeiten der Zusammenarbeit mit den professionellen sozialen und medizinischen Diensten gefunden werden. Dies erleichtert die Kontaktaufnahme untereinander, kann aber auch eine Stütze für die Gruppe bedeuten und eine Garantie und Hilfe für die Kontinuität der Gruppe.

6.4 Soziale Dienste bei chronischen Krankheiten

Der Anteil der Patienten mit chronischen Krankheiten an den Patienten, die insgesamt vom Gesundheitswesen betreut werden, steigt seit längerem kontinuierlich an. Litten 1974 56% der Kranken an einer chronischen Krankheit, so waren dies 1980 67%. Dieser Trend ist nicht allein durch die Veränderung der Alterstruktur der Bevölkerung bedingt, sondern zeigt sich in allen Alterstufen (Herschbach 1988).

Im Folgenden soll am Beispiel von zwei chronischen Krankheiten das Spektrum an sozialen Diensten, das für die psychosoziale Betreuung chronisch Kranker erforderlich ist, dargestellt werden.

6.4.1 Chronisches Nierenversagen

Vollständiges Nierenversagen führt ohne Behandlung in kurzer Zeit zum Tod. Mit den derzeitigen Behandlungsmöglichkeiten ist Patienten mit chronischen Nierenversagen ein Weiterführen des Lebens, vielfach nur mit relativ geringen Beeinträchtigungen, möglich. Chronisches Nierenversagen bedeutet jedoch ein ständiges Angewiesensein auf intensive medizinische, in den meisten Fällen apparative Behandlung.

Gegenwärtig leiden in Europa etwa 3 Personen pro 10.000 Einwohner an terminalem Nierenversagen. 80% sind auf die Hämodialyse (Blutwäsche) angewiesen, bei etwa 8% wird eine Peritonealdialyse (reinigender Austausch der Flüßigkeit in der Bauchhöhle) durchgeführt, den übrigen konnte erfolgreich eine Spenderniere übertragen werden (Beutel et al. 1988). Die Durchführung der Hämodialyse ist also nach wie vor die häufigste Behandlungsform. Sie muß zwei- bis dreimal pro Woche durchgeführt werden, wobei die allermeisten Fälle dazu entweder in ein spezialisiertes Zentrum oder in weniger komplizierten Fällen auch in nicht spezialiserte Einrichtungen kommen müssen. Nur etwa 10% der Patienten können im deutschsprachigen Raum eine Heimdialyse vornehmen, in anderen europäischen Ländern (z.B. Großbritannien) ist die Heimdialyse verbreiteter.

Obwohl die Dialyse eine relativ hohe Lebensqualität gewährleistet, sind Komplikationen bei langfristiger Behandlung nicht selten. Die Transplantation bietet im Vergleich dazu bessere Chancen, allerdings ist wegen der häufigen Abstoßungsreaktionen nur etwa die Hälfte der Transplantationen erfolgreich. Nierentransplantationen sind kurzfristig, im Vergleich zur Dialyse, noch immer mit einer höheren Mortalität verbunden (Gerhardt 1986). Zudem müssen von den Patienten dauernd Medikamente zur Unterdrückung von Abwehrreaktionen gegen das Transplantat eingenommen werden. Von den speziellen Komplikationen abgesehen, zeigt das Beispiel der chronischen Niereninsuffizienz sehr deutlich die Bedeutung psychosozialer Probleme im Verlauf einer chronischer Krankheit und die Notwendigkeit einer Unterstützung durch geeignete soziale Dienste.

Chronisches Nierenversagen, das durch regelmäßige Dialyse behandelt wird, erfordert eine radikale Umstellung der Lebensweise. Es ist eine spezielle Diät und eine starke Einschränkung der Flüssigkeitsaufnahme notwendig. Der Lebensrhythmus muß sich einerseits den regelmäßigen Behandlungen anpassen, andererseits dem Energieverlust durch Blutarmut. Die Bedrohung durch die Krankheit und die Abhängigkeit von der medizinischen Behandlung führt häufig sowohl zu Depressionen wie zu dauernden Ängsten vor Komplikationen und Zwischenfällen. Viele schränken ihre Aktivitäten mehr ein, als es durch die Krankheit allein notwendig ist. Etwa die Hälfte der Patienten ist weiterhin berufstätig, zwei Drittel davon ganztägig. Eine Arbeitsunfähigkeit liegt nur bei 10% vor. Der Prozentsatz an Dialysepatienten, die wieder eine Berufstätigkeit aufnehmen, hängt auch von den Bemühungen um eine berufliche Rehabilitation und der Flexibilität bzw. der Bereitschaft der Betriebe ab, die besonderen Umstände dieser Patienten zu berücksichtigen. Es scheint, als ob die Möglichkeit einer frühen Berentung die Rehabilitationsanstrengungen oft negativ beeinflußt (Beutel et al. 1988).

Viele Patienten schränken auch in ihrem familiären Bereich und in der Freizeit ihre Aktivitäten allzusehr ein (Gerhardt 1986).

Chronisches Nierenversagen führt sowohl direkt wie indirekt zu einer Belastung der Familien- und Partnerbeziehungen. Dies ist einmal durch die krankheitsbedingten Symptome (emotionale Labilität, rasche Ermüdbarkeit, sexuelle Störungen) verursacht, allgemein muß man jedoch sehen, daß durch die chronische Krankheit eine Veränderung in der Aufgabenverteilung in der Familie nötig ist und daß dies in manchen Familien Schwierigkeiten bereitet. Wenn Männer von dieser Krankheit betroffen sind, so bedeutet dies vielfach, daß die Ehefrauen wieder berufstätig werden und die Männer an den Haushalt gebunden sind. Jede Familie muß hier ihren Weg finden, mit den Belastungen umzugehen und die in ihren Augen nötigen Veränderungen in den familiären Rollenzuweisungen vorzunehmen (Gerhardt 1986).

Den sozialen Diensten kommen hier verschiedene Aufgaben zu. Erstens sollten im Rahmen der medizinischen Behandlung die psychosozialen Aspekte der Krankheit stärker beachtet werden. Das medizinische Personal fühlt sich jedoch in diesen Fragen oft nicht kompetent (Beutel et al. 1988). Durch den langen, intensiven Kontakt zwischen medizinischem Personal und den Patienten kommt den sich dabei einspielenden Interaktionsmustern besondere Bedeutung zu. Die Art der Behandlung begünstigt an sich bereits die Entwicklung von Abhängigkeit und Regression bei den Patienten, dies kann durch Verhaltensmuster, die dem üblichen Handlungsschemata von Pflegepersonal und Ärzten entsprechen, weiter verstärkt werden. Die ständige Konfrontation mit den krankheitsbedingten Belastungen ruft zudem allzu leicht beim medizinischen Personal Verleugnung und andere Abwehrmechanismen hervor, die ähnliche Tendenzen bei den Patienten verstärken (Beutel et al. 1988). Im Verlauf der langen Behandlung kommt es zudem häufiger zu Spannungen zwischen dem medizinischen Personal und den Patienten, die sich negativ auf das Einhalten der ärztlichen Anweisungen (Compliance) auswirken.

Die Kompetenz und die Sensiblität für psychologische und soziale Anliegen kann durch Fortbildungsmaßnahmen und Beratungsangebote erhöht werden. Umfragen unter den Mitarbeitern von Dialyse- und Transplantationseinrichtungen haben ein großes Bedürfnis nach entsprechenden Fortbildungsangeboten ergeben. Eine Alternative bzw. Ergänzung stellt die Einrichtung eines Verbindungsdienstes oder eines eigenen psychosozialen Dienstes an den Behandlungszentren dar. Nach der Erfahrung des medizinischen Personals würde etwa die Hälfte der Dialysepatienten und ein Drittel der Transplantierten psychologische und soziale Betreuung benötigen (Beutel et al. 1988).

Auch Selbsthilfegruppen kommt bei der Auseinandersetzung mit der persönlichen Betroffenheit bei den Patienten eine wichtige Aufgabe zu. Allerdings wäre hier, wie Gerhardt (1986) zurecht betont, eine stärkere Einbeziehung von Ärzten nötig, da die Auseinandersetzung mit der Krankheit von einem fundierten Wissen über Krankheitsverlauf und die wesentlichen gesundheitsfördernden Maßnahmen getragen werden sollte.

Von zentraler Bedeutung ist aber doch, wie trotz der Einschränkungen durch die Krankheit die soziale Integration und die weitere Funktionsweise der Familie aufrechterhalten werden können. Hier benötigen die Patienten und die Familien Unterstützung und Beratung. Diese Unterstützung kann in einer angemessenen Weise nur erfolgen, wenn sie sich nicht als Konkurrenz zu der medizinischen Betreuung versteht, sondern mit dieser eng zusammenarbeitet. Hier müßten die sozialen Dienste manches von ihrer medizinkritischen Einstellung aufgeben (Gerhardt 1986).

6.4.2 AIDS

Bei AIDS (acquired immune deficieny syndrome) ist das Zusammenwirken von sozialen und medizinischen Diensten in besonderem Maß erforderlich.

Nach Schätzungen der WHO sind derzeit in Europa etwa eine halbe Million Menschen mit HIV (Human immunodeficiency virus) infiziert, jährlich erkranken etwa 5% dieser Gruppe an AIDS. Das bedeutet, daß ein Viertel der HIV-Infizierten innerhalb von 5 Jahren nach der Infektion an AIDS erkranken. Über 80% der Personen, bei denen formell die Diagnose AIDS gestellt wurde, sterben innerhalb von 2 Jahren (Kelly und Lawrence 1988). Eine effektive Behandlung von AIDS erscheint derzeit noch nicht möglich zu sein.

Die wichtigsten Risikogruppen für eine Infektion mit HI-Viren stellen Homosexuelle, Drogenabhängige (mit intravenöser Injektion von Drogen und mehrfachem Gebrauch des Injektionsbestecks), Menschen, die auf Transfusionen von Blutbestandteilen angewiesen sind (vor allem Bluter, allerdings vor allem in der Zeit vor 1985, bis die Blutbanken begannen, entsprechende Screening-Tests durchzuführen), und Prostituierte sowie Personen mit häufig wechselndem Sexualpartner dar.

Die größte Risikogruppe für AIDS ist die Gruppe der Homosexuellen, in den USA dürften zwischen 20% und 65% der Homosexuellen ohne stabile ausschließliche Partnerbeziehung HIV-infiziert sein. Die Quote variiert auch innerhalb der USA beträchtlich von Gegend zu Gegend (Kelly und Lawrence 1988).

Für die Prävention ist die Hervorhebung von Risiko-Verhaltensweisen ebenso wichtig wie die herkömmliche Betrachtung, in der zwischen verschiedenen Risikogruppen unterschieden wird. Es ist entscheidend, zu einer Änderung derartiger Verhaltensweisen beizutragen (Kelly und Lawrence 1988). Dies wird vielfach dadurch erschwert, daß die Risikogruppen eine gesellschaftlich diskrimierte Außenseiterstellung einnehmen und deshalb durch Präventionsbemühungen nicht so ohneweiteres erreicht werden.

Homosexuelle stellen eine durch ihr abweichendes Verhalten an den Rand gedrängte und bis vor nicht allzu langer Zeit kriminalisierte Gruppe unserer Gesellschaft dar. Homoerotische Neigungen sind in unserer Gesellschaft nach wie vor tabuisiert. Die Verbreitung der HIV-Infektion trat in einer Zeit auf, als Homosexuelle sich bemühten die Tabuisierung homoerotischer Sexualität zu durchbrechen und sich öffentlich zur Homosexualität zu bekennen. Die sich in dieser Bewegung bildenden Initiativgruppen stellen eine wichtige Stütze bei den Bemühungen um eine Eingrenzung der Infektionsgefahr und eine Aktivierung der Gesellschaft zur Unterstützung der Aids-Kranken dar. Obwohl unter homosexuellen Männern eine beträchtliche Einstellungsänderung gegenüber der Verwendung von Kondomen bei sexuellen Aktivitäten erreicht werden konnte, betrifft dies nur einen Teil der Risikoverhaltensweisen - so hat sich die Einstellung gegenüber der Verwendung von Kondomen bei analem, nicht jedoch bei oralem sexuellem Verkehr (dessen Risiko derzeit noch immer unsicher ist) geändert. Zudem ist trotz der Einstellungsänderung ein Fortbestehen riskanter sexueller Verhaltensweisen - wenn auch in geringerem Umfang - festzustellen. Levine und Siegel (1992) glauben daher, daß eine Verbesserung der Präventionserfolge nur möglich sein dürfte, wenn es gelingt, auf die Interaktionsdynamik sexueller Beziehungen einzuwirken.

Anforderungen an soziale Dienste: Soziale Dienste sind bei dieser Krankheit in vielfacher Weise gefordert:

- In der ersten Phase der Konfrontation mit einem positiven HIV-Befund ist die Möglichkeit zu einer telephonischen Beratung und einem möglichst rund um die Uhr zur Verfügung stehenden Notrufsystem eine wichtige Stütze.

- HIV-Positive und Aids-Kranke brauchen in vielen Fällen eine intensive Beratung, um mit der Tatsache ihres Krankseins, der verkürzten Lebensperspektive und vielfach auch mit Schuldgefühlen fertig zu werden. Fachliche Beratung muß auch Informationen vermitteln können, welche Veränderung die Infektion für die Lebensführung nach sich ziehen muß. Viele Betroffenen brauchen jedoch eine über die professionelle Beratung hinausgehende emotionale Begleitung und Stützung. Diese können ehrenamtliche Helfer, vielfach selbst Betroffene, besser und individueller leisten als professionelle Mitarbeiter sozialer Dienste. Aids-Beratungsstellen arbeiten daher vielfach mit einer Gruppe ehrenamtlicher Helfer (sogenannten "buddies") zusammen, die sich intensiv um einzelne Betroffene annehmen.
- HIV-Positive erfahren von ihrer Umgebung vielfach eine Ausgrenzung, selbst in der eigenen Familie, wo sich die anderen, auch aus Angst vor Ansteckung, abwenden. Das Gefühl des Ausgeschlossenseins resultiert jedoch nicht allein aus dem Zurückziehen der Anderen, dazu trägt auch das Bewußtsein bei, durch die Krankheit ein besonderes Schicksal und eine Lebenserfahrung zu haben, die man mit anderen, gesunden Menschen nicht teilen kann. Die Teilnahme an einer Selbsthilfegruppe, einem Club oder Verein von Menschen mit der gleichen Lebenssituation bringt hier eine Erleichterung.
- Für die sozialen Dienste ergibt sich durch die Aids-Gefahr auch die Notwendigkeit eines präventiven Einwirkens auf die Risikogruppen, um eine Änderung des Verhaltens in Richtung auf eine Vermeidung einer Ansteckungsgefahr zu erzielen. Hier kommt engagierten Gruppen ebenso Bedeutung zu wie den öffentlichen Stellen. Besondere Anforderungen stellt die Prävention der HIV-Infektion an die Drogenberatungsstellen, da die intravenös Drogenabhängigen die zweitgrößte Gruppe der Aids-Erkrankten stellen. Neben dem speziellen Risiko des Needle-Sharing besteht auch hier das Hauptrisiko im ungeschützten sexuellen Verkehr. Studien aus den letzten Jahren zeigen, daß diese Gruppe nur in einem sehr geringen Ausmaß diese Risikoverhaltensweisen geändert hat (Friedman et al. 1992). Um die Drogenabhängigen überhaupt erreichen zu können, sind niederschwellige Angebote (wie Teestuben, Kontaktläden) von großer Bedeutung (Schumann et al. 1990). Versuche, auch bei Drogenabhängigen Selbsthilfegruppen aufzubauen, die Schutzmaßnahmen gegen die Ansteckungsgefahr propagieren, waren bisher nicht sehr erfolgreich, obwohl gezeigt werden konnte, daß die Verbreitung von Informationen über Schutzmaßnahmen direkt im Drogenmilieu zu einer Verhaltensänderung führen kann (Friedman et al. 1992).
- Für Aids-Kranke ist eine stationäre Krankenhausbehandlung vielfach notwendig, bei einer ausreichenden ambulanten Betreuungsmöglichkeit können diese Aufenthalte jedoch bedeutend kürzer gehalten werden als derzeit noch in Österreich und der BRD üblich.

- Psychische Probleme von Aids-Kranken sind nicht allein auf die von der Krankheit ausgehenden Belastungen zurückzuführen, sondern auch Folge der häufigen Mitbetroffenheit des Gehirns durch die Infektion (Enzephalopathie). Die HIV-Infektion scheint dabei ein weites Spektrum von psychischen Störungen hervorrufen zu können, sodaß eine enge Zusammenarbeit von sozialen und psychiatrischen bzw. klinisch-psychologischen Diensten nötig ist, um angemessene Hilfe leisten zu können (Jost 1990).
- HIV-positive Kinder stellen eine besondere Herausforderung für soziale Dienste dar. Da es sich zumeist um Kinder HIV-positiver Mütter handelt, die zum Teil selbst schon an Aids erkrankt sind oder die sich durch den Drogengebrauch infiziert haben, ist in vielen Fällen eine Fremdbetreuung der Kinder notwendig oder aber eine intensive Hilfe für die betroffenen Familien. Die bisherige Erfahrung deutet zudem darauf hin, daß die besondere Anfälligkeit des Gehirns durch die HIV-Infektion bei Kindern frühzeitig zu Entwicklungsbeeinträchtigungen und zu einer geistigen Behinderung führen kann (Elliger und Trott 1990). Ein Zusammenwirken verschiedener Dienste erscheint auch deshalb unumgänglich.
- Wie bei anderen chronischen Krankheiten benötigen AIDS-Kranke mit zunehmender Verschlechterung ihres Befindens ein beträchtliches Ausmaß an Pflege und Unterstützung, das von Freunden, Partnern und der Familie geleistet wird. Die Pflegenden haben dabei mit widersprüchlichen Gefühlen fertig zu werden, Zorn und Erbitterung, aber auch depressive Verstimmungen in Anbetracht des Fortschreitens der Krankheit sind häufige Reaktionen. Die Ächtung dieser Krankheit und die mit ihr verbundenen Ängst führt vielfach auch die Pflegenden in die Isolation (Sosnowitz und Kovacs 1992). Gruppen für pflegende Angehörige und Freunde können hier Entlastung bringen, indem sie eine Möglichkeit zur Aussprache und Bearbeitung der widersprüchlichen Gefühle bieten und damit der Tendenz zum frühzeitigen Aufgeben des Kranken (einer „vorzeitigen Beerdigung“) entgegenwirken.

7 Soziale Dienste für Menschen mit Behinderungen

Der Ausbau eines differenzierten Angebots an Behindertendiensten stellt einen besonders markanten Fortschritt in der Entwicklung der sozialen Dienste in den letzten drei Jahrzehnten dar. Doch befinden sich die Behindertendienste weiter in einem qualitativen und quantitativen Um- und Ausbau.

Bedarf an Fördermaßnahmen für Menschen mit Behinderungen

Fachleute sind sich einig, daß es kaum verläßliche Daten über den Bedarf an Unterstützung und Förderung gibt, auf die sich die Planung von Maßnahmen zugunsten von Menschen mit Behinderungen beziehen kann (Bintig 1982).

Amtliche Statistiken über die Anzahl der Leistungsempfänger an Sozialhilfen bieten keine zuverlässige Orientierung, weil Leistungen an behinderte Menschen unter verschiedenen Titeln erbracht werden und die jeweils verwendete Methode zur Feststellung einer Behinderung unterschiedlich ist. Auch die Summierung all jener Personen, die durch die verschiedenen Maßnahmen erreicht werden, hilft wegen der Doppelerfassung nicht weiter.

Selbsteinschätzungen über gesundheitliche und körperliche Beeinträchtigungen, wie sie in Österreich etwa im Rahmen der Mikrozensuserhebung (zuletzt 1986, für 1996 erneut geplant) durchgeführt werden, sind nur eine unzureichende Grundlage für die Planung sozialpolitischer Maßnahmen.

Definition von Behinderung: Allerdings wird in der Kritik an den mangelnden Planungsgrundlagen im Behindertenbereich oft übersehen, daß gewisse Schwierigkeiten nicht zu vermeiden sind. Zur Klärung wird dabei oft auf die Unterscheidung zwischen physischer bzw. psychischer Beeinträchtigung, Funktionsbeeinträchtigung und Behinderung (im Englischen impairment, disability und handicap) verwiesen. Art und Schweregrad der physischen bzw. psychischen Beeinträchtigung (=impairment) zu bestimmen, wird als Aufgabe der mediziischen Diagnostik angesehen. Aufgrund der Erfahrungen in der medizinischen Invaliditätsbeurteilung hat man Kriterien entwickelt, welches Ausmaß an funktioneller Beeinträchtigung mit bestimmten Krankheiten bzw. körperlichen und psychischen Beeinträchtigungen verbunden ist, wobei nicht vom individuellen Fall, sondern von einem verallgemeinerten Regelfall ausgegangen wird (so wird etwa der Verlust eines Daumens oder eines Arms, aber auch das Vorliegen bestimmter Krankheiten mit einem bestimmten Prozentsatz an Invalidität bewertet, unabhängig davon, wieweit der Einzelne diese Beeinträchtigung kompensieren kann) (Nagi 1981, Stone 1981). Aus funktionellen Beeinträchtigungen in verschiedenen Bereichen eine Gesamtbeeinträchtigung abzuleiten, hat sich hingegen als ungleich schwieriger erwiesen. Zwar wurden in vielen Einzelbereichen Fortschritte in der objektiven Bestimmung der Funktionsbeeinträchtigung erzielt, wie jedoch die Beeinträchtigungen in verschiedenen Funktionen zu gewichten sind, darüber herrscht bislang kaum Klarheit und Einigkeit.

Das Ausmaß an physischer bzw. psychischer Beeinträchtigung und auch den Schweregrad von Funktionseinschränkungen objektiv zu bestimmen, ist ein schwieriges, letztlich jedoch lösbares Problem. Die Behinderung, die durch diese Beeinträchtigungen erwächst, zu objektivieren, ist hingegen nicht möglich, da es sich bei Behinderung nicht um ein gegebenes Faktum handelt, sondern um ein gesellschaftliches Konstrukt, in dessen Bewertung das von der Gesellschaft akzeptierte Niveau solidarischer Hilfeleistung eingeht (Albrecht 1981). Diese von der Gesellschaft akzeptierten Normen spiegeln sich auch in der Selbsteinschätzung der behinderten Menschen darüber, ob sie Hilfestellungen benötigen oder nicht. Insofern ist jede Bedarfsschätzung für Unterstützungsmaßnahmen gegenüber behinderten Menschen immer auch eine Aussage über die Gesellschaft und nicht nur über die Bedürfnisse und die derzeitige Lebensqualität der Menschen mit Behinderungen.

Bedürfnisse aktualisieren sich immer in Hinblick auf bestimmte Angebote. In gewisser Weise ist es daher richtig, wenn Vertreter der öffentlichen Verwaltung sagen, ein Angebot an Hilfen schafft Nachfrage. Und doch verbirgt sich hinter dieser Aussage ein Mißverständnis, denn es wird dabei nur ein Aspekt einseitig akzentuiert. Daß ein Angebot Nachfrage schafft, ist ja kein Zufall. Ein Angebot wird ja nicht deshalb genutzt, weil es besteht, sondern weil ein Bedürfnis danach vorhanden ist, das bislang nur nicht artikuliert worden ist.

Ein konkretes Beispiel für die Probleme: In der BRD wurden 1974 mit dem Schwerbehindertengesetz neue Maßnahmen zugunsten der schwerbehinderten Menschen beschlossen. (Als schwerbehindert gelten in der BRD Personen mit einem - von ärztlicher Seite festgestellten - Behinderungsgrad von 50% und mehr, vor der letzten Novellierung des Schwerbehindertengesetzes 1986 wurde von einer Minderung der Erwerbsfähigkeit gesprochen.) Unter anderem enthielten diese Maßnahmen einen erweiterten Kündigungsschutz und zusätzliche Urlaubszeiten als Vorteile für die beschäftigten behinderten Arbeitnehmer. Dies führte dazu, daß die Anzahl der eine amtliche Feststellung ihrer Behinderung beantragenden Personen seit Mitte der 70-iger Jahre in der BRD deutlich zunahm. Allein zwischen 1979 und 1983 nahm die Anzahl der Personen, bei denen amtlicherseits eine Minderung der Erwerbsfähigkeit von 30% und mehr festgestellt wurde, von etwa 3.4 Millionen auf 6.6 Millionen zu (Semlinger und Schmid 1985). In anderen Ländern (z.B. in Großbritannien) war hingegen in dem gleichen Zeitraum die Anzahl der als behindert gemeldeten Personen konstant und dabei relativ gering. Die geringen Vorteile, die die Registrierung einer Behinderung in diesen Ländern zur Folge haben, veranlaßten behinderte Personen nicht dazu, um eine amtliche Bestätigung der Behinderung nachzusuchen.

Unter den 6.6 Millionen Ende 1983 in der BRD als behindert registrierten Personen waren 5.5 Millionen (83%) schwerbehindert (Semlinger und Schmid 1985). Nur etwa die Hälfte dieser schwerbehinderten Personen war allerdings im erwerbstätigen Alter (zwischen 15 und 65 Jahren). Die Art der schwerwiegendsten Behinderungen kann man aufgrund der vorhandenen Unterlagen nach Semlinger und Schmid (1985) bei den amtlich registrierten behinderten Menschen aller Altersstufen etwa folgendermaßen einteilen:

Funktionseinschränkungen von Gliedmaßen	16.6%
Funktionseinschränkung der Wirbelsäule	15.6%
Sinnesbehinderungen	7.2%
Beeinträchtigungen der Funktion innerer Organe	36.0%
Geistig-seelische Behinderungen	9.7%
Sonstige Behinderungen	14.9%

Ein Großteil der Behinderungen ist also durch chronische Krankheiten, durch länger andauernde körperliche und psychische Belastungen und vorzeitige Alters- und Abnutzungsprozeße bedingt.

Leitlinien für die Gestaltung von Maßnahmen für behinderte Menschen

Ausgehend von Skandinavien haben sich in den letzten Jahrzehnten zwei allgemeine Prinzipien für die Gestaltung von Einrichtungen für behinderte Menschen Geltung verschafft, das Normalisierungsprinzip und das Prinzip der Gemeinwesenintegration.

Das Normalisierungsprinzip ergibt sich aus der Einsicht, daß die Betonung der besonderen Merkmale behinderter Menschen und der Versuch, für behinderte Menschen besondere Lebensformen zu schaffen, zu einer Abwertung und Dehumanisierung der Lebenswelt des behinderten Menschen führen kann. Das Normalisierungsprinzip wurde im Besonderen als Kritik an den traditionellen Behinderteneinrichtungen formuliert, die in großen Anstalten eine weitgehend in sich geschlossene und von der Umwelt abgeschiedene Lebenswelt für behinderte Menschen geschaffen haben. Obwohl diese Anstalten zum Wohl der behinderten Menschen geschaffen wurden, zeigte sich die Tendenz, daß derartig große Einrichtungen eigenen Gesetzen folgen und den Bewohnern die meisten Entscheidungsmöglichkeiten und persönlichen Freiräume nehmen. Dies führt zu einer starken Passivität bei den Bewohnern und zu einem Stillstand in der Entwicklung ihrer Fähigkeiten, da an sie keine Anforderungen mehr gestellt werden. Darüber hinaus waren diese Anstalten einem starken Kostendruck ausgesetzt. Die Gesellschaft hatte kaum mehr Einblick in die Lebensbedingungen der behinderten Menschen und war deshalb nicht bereit oder fühlte sich nicht mehr aufgerufen, einen angemessenen Beitrag zur

Lebensführung in diesen Anstalten zu leisten. Daher kam es zu einer weiteren Einschränkung der Lebensqualität in den Anstalten, die vielfach mit sehr wenig Personal und einer dürftigen Ausstattung ihre Aufgaben in der Betreuung der behinderten Menschen wahrnehmen mußten.

In Abhebung von dem Leben in den geschlossenen Einrichtungen geht das Normalisierungsprinzip davon aus, daß behinderte Menschen unter Bedingungen leben sollen, die dem Leben nicht-behinderter Menschen in ihrer Umgebung so nahe wie möglich kommen sollen. Dabei werden oft folgende Aspekte der Lebensführung angeführt:

- ein normaler Tagesablauf
- ein normaler Wochenablauf
- ein normaler Jahresablauf
- die normalen Erfahrungen eines Lebenszyklus
- normaler Respekt
- Leben in einer zweigeschlechtlichen Welt
- normaler Lebensstandard
- normale Umweltbedingungen

Das Normalisierunsprinzip stützt sich auch auf die Annahme, daß bei behinderten Menschen ähnlich wie bei normalen Menschen lebenslang eine Entwicklungs- und Lernfähigkeit vorhanden ist. Auch schwerbehinderte Menschen, deren kognitiver Entwicklungsstand weit unter jenem liegt, der ihrem Lebensalter gemäß wäre, weisen diese Lernfähigkeit auf. Es gilt daher eine Umwelt zu schaffen, die diese Lernfähigkeit anspricht, die den behinderten Menschen Entwicklungsmöglichkeiten schafft und sie ihnen nicht vorenthält.

Ein weiteres wesentliches Moment zur Verbesserung der Lebenssituation behinderter Menschen stellt die Forderung dar, diesen Menschen auf Grund ihrer Behinderung keine Rechte vorzuenthalten, die einem Menschen ihres Alters zustehen. Zu diesen Rechten zählt neben dem Recht auf Bildung und Arbeit auch das Recht auf ein Entgelt für die geleistete Arbeit, das Recht auf ein Zuhause, auf Privatheit und Intimität und das Recht, außerhalb der Arbeitszeit Ruhe und Entspannung zu finden sowie den eigenen Neigungen nachgehen zu können.

Das Prinzip der Gemeinwesenintegration betont hingegen, daß die Lebenswelt des behinderten Menschen nicht in einer abgeschiedenen Welt für sich bestehen soll, sondern daß es in möglichst vielen Bereichen mit der sozialen Umwelt zusammenhängen und sich berühren soll. Hier werden drei Aspekte der Integration unterschieden:

- Physische Integration bezeichnet das äußere Zusammensein mit anderen Menschen, das Fehlen einer räumlichen Absonderung.

- Funktionale Integration: Behinderte Menschen sollen die selben Dienstleistungen in Anspruch nehmen wie nichtbehinderte Mitbürger: dieselben Verkehrsmittel, Geschäfte, Freizeiteinrichtungen etc.
- Soziale Integration sollte die Folge der beiden vorausgehenden Integrationsmomente sein. Durch das Zusammensein mit nicht-behinderten Mitbürgern, durch das Inanspruchnehmen der gleichen Leistungen ergeben sich ständig Berührungspunkte. Aus diesen Kontakten soll sich Vertrautheit und Freundschaft entwickeln. Darüber hinaus bezeichnet soziale Integration auch das Anteilnehmen am Leben der Gemeinschaft, am gesellschaftlichen, kulturellen und politischen Leben der Gemeinwesen, in denen die behinderten Menschen leben.

Besonders betont wird in den letzten Jahren auch das Prinzip der menschlichen Würde im Umgang mit behinderten Menschen, ein Prinzip, das an sich selbstverständlich sein sollte. Vor allem von skandinavischen Autoren (z.B. Dybwad 1985) wird jedoch darauf hingewiesen, daß aus diesem Prinzip einige Forderungen abzuleiten sind, die in der Vergangenheit häufig mißachtet wurden. So sollte es selbstverständlich sein, Erwachsene mit Behinderungen (auch jene mit einer geistigen Behinderung) ihrem Alter gemäß in der Höflichkeitsform anzusprechen. Weiters sollten Erwachsene mit Behinderungen als Sprecher in ihren eigenen Angelegenheiten respektiert werden, auch dann, wenn sie in ihrem Auffassungs- und Ausdrucksvermögen Schwierigkeiten haben. Dazu gehört, Menschen mit Behinderungen ein Recht auf Risiko zuzugestehen, also auch Entscheidungen anzuerkennen, die man vielleicht von außen als falsch ansehen würde. "Experten" sollten nicht aus Angst, Menschen mit Behinderungen könnten eine falsche Entscheidung treffen, alle Entscheidungen für sie treffen und sie übermäßig einschränken und behüten.

7.1 Finanzielle Unterstützung

Zur finanziellen Unterstützung der behinderten Menschen und ihrer Familien gibt es in Österreich wie auch in anderen Ländern ein Spektrum an Maßnahmen, das über Versicherungsleistungen, familienspezifsche Leistungen (z.B: in Österreich die erhöhte Kinderbeihilfe aus dem Familienlastenausgleichsfond), steuerliche Begünstigungen (Absetzbeträge bei der Lohn- und Einkommenssteuer für Mehraufwendungen) bis zu speziellen Leistungen für behinderte Menschen (z.B: in Österreich nach dem Pflegegeldgesetz) (für eine Übersicht siehe Badelt und Österle 1993). Diese Leistungen dienen sowohl der Absicherung des Lebensunterhalts wie der Finanzierung des durch die Behinderung entstehenden erhöhten Pflegebedarfs bzw. allenfalls erforderlicher spezieller Anpassungen etwa in der Wohnung.

Bei der finanziellen Unterstützung der behinderten Menschen (wie auch bei den Rehabilitationsmaßnahmen) spielt gegenwärtig nicht allein das Ausmaß der Leistungsbeeinträchtigung und die Angewiesenheit auf fremde Hilfe eine Rolle, sondern auch der Zeitpunkt des Auftretens und die Ursache der Behinderung. Die finanziellen Beihilfen sind größer, wenn die Behinderung erst nach einigen Jahren Berufstätigkeit eingetreten ist und somit ein Anspruch auf eine Frühpension (Invaliditätspension) besteht. Nochmals günstiger sind die finanziellen Regelungen, wenn die Behinderung in Folge eines Arbeitsunfalls aufgetreten ist, wobei hier argumentiert wird, daß die Rentenansprüche als eine Art Schmerzensgeld zu betrachten sind.

Neben der Höhe der Rente sind für die finanzielle Absicherung auch die Bestimmungen von Bedeutung, die den Weiterbezug der Rente bei einem zusätzlichen Einkommen und die Besteuerung der Rente regeln. Auch hier sehen die Regelungen in vielen Ländern unterschiedliche Bestimmungen je nach den Umständen vor, durch die die Behinderung eingetreten ist.

Sehr unterschiedlich ist in den industrialisierten Ländern derzeit noch die Unterstützung von Personen geregelt, die von Geburt an bzw. von Kindheit an behindert sind. Nur in einigen Ländern (z.B. in Italien) besteht auch für diese Gruppe mit dem Erreichen der Volljährigkeit ein eigener Rentenanspruch. In anderen Ländern, wie in Österreich, sind auch nach dem Erreichen der Volljährigkeit die Eltern weiter für den Unterhalt verantwortlich, zumindest solange die Behinderten zuhause leben. Durch die Unterhaltspflicht der Eltern wird auch der Anspruch auf Unterstützung durch die Sozialhilfe eingeschränkt. In der BRD gibt es nur eine Empfehlung (Sollbestimmung), daß der Unterhaltsanspruch nach dem 21.Lebensjahr nicht mehr geltend gemacht wird.

Neben Rentenansprüchen und finanziellen Unterstützungen bei erhöhtem Pflegeaufwand sehen die meisten Länder auch Zuschüsse für Sachaufwendungen oder die Bereitstellung von Hilfsmittel vor, die zur Verbesserung der Situation des behinderten Menschen, seiner sozialen Integration bzw. einer angemessenen Pflege, erforderlich sind. Diese finanziellen Zuschüsse werden zum Teil über eigene Fonds ausbezahlt, was für die Betroffenen bedeutet, daß sich die Zuschüsse nach der Höhe der vorhandenen Mittel bzw. der Anzahl der Ansuchen richten und kein Rechtsanspruch auf diese Zuschüsse besteht.

Einige Untersuchungen haben sich mit der Frage auseinandergesetzt, welche finanziellen Einschränkungen sich für Familien mit einem behinderten Kind ergeben und wieweit diese Einschränkungen durch die finanziellen Unterstützungen der öffentlichen Hand ausgeglichen werden. Finanzielle Einschränkungen für die Familien ergeben sich demnach vor allem dadurch, daß ein deutlich geringerer Teil der Frauen einer Berufstätigkeit nachgeht (33% gegenüber 59% von Frauen mit gleichalten nicht-behinderten Kindern) und daß selbst die berufstätigen Frauen weniger Stunden pro Woche arbeiten (Baldwin et al. 1983). Auffallend ist auch, daß zwar die Wahrscheinlichkeit einer

Berufstätigkeit von Müttern im Allgemeinen mit zunehmendem Alter der Kinder ansteigt, daß dies aber nicht für Mütter von behinderten Kindern gilt.

Zu diesen finanziellen Einschränkungen durch die geringeren Verdienstmöglichkeiten der Frauen kommen noch Einschränkungen in den Verdienstmöglichkeiten der Männer hinzu, die vor allem unter den Männern sehr deutlich ausfallen, die keinem manuellen Beruf nachgehen (Baldwin et al. 1983). Diese Einkommenseinschränkungen werden in Großbritannien, wo diese Untersuchung durchgeführt wurde, durch die finanziellen Beihilfen für die Betreuung eines behinderten Kindes, die etwa 10-15% des Familieneinkommens ausmachen, vor allem in den Familien von Angestellten und Selbständigen, bei weitem nicht ausgeglichen. Familien ohne behinderte Kinder haben ein Einkommen, das etwa 10-15% über dem Gesamteinkommen der Familien mit behinderten Kindern liegt. Dabei sind eventuelle Mehrausgaben für behinderte Kinder noch nicht berücksichtigt.

Über die Mehrausgaben, die durch die Behinderung eines Familienmitglieds erwachsen, gibt es ebenfalls nur in einem sehr begrenzten Umfang detaillierte Angaben. Protokolle über Haushaltsausgaben von Familien mit behinderten Kindern in Australien und Neuseeland (Gunn und Berry 1990) zeigten, daß sowohl für den alltäglichen Bedarf (z.B. durch die verlängerte Sauberkeitserziehung, durch vermehrten Bedarf an Kleidern, durch besonderes Achten auf gesunde Ernährung, vor allem auch durch erhöhte Transportkosten) wie für spezielle Anschaffungen, die sich durch die Behinderung ergeben (Medikamente etc.), Mehrausgaben ergeben. Die Mehrausgaben beliefen sich in Neuseeland durchschnittlich auf etwa 1000 öS pro Monat, in Australien wurde ein geringerer Betrag errechnet. Auffallend war in beiden Untersuchungen die große Schwankungsbreite in den Ausgaben, wobei in manchen Familien sehr hohe Mehrausgaben festgehalten wurden, in anderen Familien hingegen nur sehr geringe. Weiters ist dabei auffallen, daß viele Familien bei jenen Ausgaben Einsparungen vornehmenmüssen, die nicht unbedingt nötig sind, die aber für das Wohlergehen und die Entwicklung der Kinder gleichfalls eine Bedeutung haben, dies betrifft vor allem Ausgaben für Freizeitaktivitäten und für den Urlaub. Diese Einschränkungen betrafen nicht nur die Ausgaben für die behinderten Kinder, sondern auch für die Geschwister.

In diesen Erhebungen über die Haushaltsausgaben wird notwendigerweise nur ein Teil der Ausgaben für behinderte Familienmitglieder erfaßt, vor allem die Ausgaben für längerfristige Anschaffungen (etwa für Anpassungen der Wohnung) konnten nicht berücksichtigt werden. Es ist daher anzunehmen, daß die Ausgaben der Familien für behinderte Kinder längerfristig betrachtet in vielen Fällen deutlich höher sind als für nicht-behinderte.

Untersuchungen in Großbritannien haben außerdem gezeigt, daß nur ein Teil der Eltern schwer behinderter Kinder von den verschiedenen finanziellen Unterstützungsmöglichkeiten wissen und daß daher auch nur ein Teil jener

Eltern, die einen Anspruch auf die Unterstützungsmaßnahmen hätten, um diese Unterstützungen ansuchen. Die Quote der anspruchsberechtigten Eltern, die verschiedene finanzielle Hilfe in Anspruch nimmt, liegt zwischen 50 und 90% je nach Art der Hilfen (Cooke et al. 1983). Ähnliche, gravierende Informationsmängel konnten auch Badelt und Österle (1993) in einer kleinen Fallstudie für Österreich aufzeigen. Dabei zeigten isch alle befragten Eltern über die gesetzlich vorgesehenen Unterstützungsmöglichkeiten nur teilweise informiert und dies führte zu teilweise beträchtlichen Nachteilen für die Familien.

Erhebliche finanzielle Belastungen erwachsen nicht nur Familien mit behinderten Kindern, sondern fast allen Angehörigen, die sich um stark pflege- und hilfsbedürftige Angehörige kümmern. Auch in diesem Fall handelt es sich um eine Kombination der Folgen pflegebedingter Einschränkungen der beruflichen Tätigkeit sowie der für die Pflege erforderlichen Mehrausgaben (Glendinning 1990, 1992).

Um diese Belastungen auszugleichen, gleichzeitig jedoch auch, um zu verhindern, daß pflegebedürftige Personen - außer wenn es unbedingt nötig ist - in Pflegeheime überwiesen werden, wurden in den letzten Jahren in einer Reihe europäischer Staaten spezielle finanzielle Leistungen für Pflegebedürftige bzw. in manchen Staaten auch für pflegende Angehörige geschaffen (Evers, Leichsenring und Pruckner 1993). In Österreich sind seit 1993 durch das Bundespflegegeldgesetz einkommensunabhängige staatliche Leistungen, die sich an dem Ausmaß des Pflege- bzw. Unterstützungsbedarfs orientieren und in 7 Leistungsstufen ausbezahlt werden, für pflegebedürftige Personen ab dem 4.Lebensjahr vorgesehen. Die Ausbezahlung an die Betroffenen sollte diesen eine möglichst große Selbstbestimmung und Kontrolle ermöglichen, sodaß sowohl eine Unterstützung bzw. Pflege durch Angehörige wie durch externe Pflegedienste erfolgen kann. Es wurde erwartet, daß dies in vielen Fällen nicht nur die finanzielle Situation entlasten, sondern auch zu einer Reduktion der körperlichen und psychischen Belastungen führen würde, da die finanziellen Mittel zu einer vermehrten Inanspruchnahme von Pflege- bzw. Heimhilfediensten verwendet würden. Wieweit die erwarteten Effekte eingetreten sind, ist allerdings derzeit noch nicht bekannt.

7.2 Frühförderung

Der Frühförderung behinderter und von Behinderung bedrohter Kinder kommt eine wichtige Aufgabe zur Prävention von Beeinträchtigungen und Anpassungsschwierigkeiten im späteren Leben zu. Die Aufgaben im Bereich der Frühförderung umfassen Maßnahmen zur Früherkennung und Früherfassung drohender Behinderung, die Begleitung und Beratung von Risikogruppen sowie die Frühförderung und frühzeitige Therapie. Es sind damit alle Maßnahmen gemeint, die im Vorschulalter, vor allem jedoch in den ersten drei Lebensjahren, zugunsten des behinderten Kindes und seiner Familie ergriffen werden.

Früherkennung: Der Früherkennung und Früherfassung dienen einerseits regelmäßige Vorsorgeuntersuchungen in der Schwangerschaft und im Säuglings- und Kleinkindalter sowie andererseits die besonders intensive Begleitung aller Kinder, deren Entwicklung durch ungünstige Umstände bzw. nicht-optimale Merkmale (Frühgeburten, niedriges Geburtsgewicht etc.) gefährdet erscheint. In manchen Ländern wurden spezielle Screeningverfahren eingeführt, durch die Auffälligkeiten in der psychischen und kognitiven Entwicklung frühzeitig erkannt werden sollen. In der Praxis scheitert das Bemühen um frühzeitiges Erkennen von Behinderungen jedoch an vielen Faktoren: mangelnde Präzisierung bzw. Standardisierung der Untersuchungen, unzureichende Durchführung seitens der Ärzte, mangelnde Vertrautheit mit der Anamnesetechnik etc. (Ohrenberg-Antony & Neuhäuser 1989) Dies hat zur Folge, daß vor allem Sinnesbehinderungen und psychische Störungen bzw. Verhaltensauffälligkeiten oft relativ spät erkannt werden. Zudem muß man feststellen, daß die Möglichkeiten, drohende Behinderungen durch diese Verfahren vorherzusagen, begrenzt sind.

Frühberatung: Durch Frühberatung soll den Eltern die erforderliche Kompetenz gegeben werden, den besonderen Aufgaben in der Erziehung eines behinderten Kindes gerecht zu werden und gleichzeitig ein für die gesamte Familie möglichst befriedigendes und erfülltes Familienleben zu führen. Nicht zufällig ist der Akzent auf die beratende Tätigkeit gelegt, da ein Schwerpunkt der Aufgabe den Eltern gegenüber darin besteht, drängende Fragen nach der Prognose, den möglichen Hilfen, der richtigen Art, die Kinder zu fördern, zu beantworten und dadurch die starke Verunsicherung und Ratlosigkeit zu lindern sowie durch angemessene Informationen die Bildung falscher (d.h. in den meisten Fällen zu geringer) Erwartungen bei den Eltern zu verhindern.

Frühförderung: Mit Frühförderung im engeren Sinn sind jene Maßnahmen bezeichnet, die entweder in Zusammenarbeit mit Fachkräften von den Eltern selbst oder von speziell dazu ausgebildetem Personal im Vorschulalter durchgeführt werden, um die Entwicklung der Kinder anzuregen bzw. die Ausbildung von Reaktionsweisen zu hemmen, die einen negativen Einfluß auf die weitere Entwicklung nehmen könnten. In einem weiteren Sinn werden mit dem Begriff Frühförderung alle Maßnahmen bezeichnet, die die Entwicklung des behinderten Kindes und seiner Familie positiv beeinflussen sollen.

Der Behinderungsbegriff in der Frühförderung: In der Frühförderung ist ein enger Begriff von Behinderung problematisch, eine angemessene Definition müßte den Personenkreis, um den sich Frühförderungsmaßnahmen kümmern sollen, ähnlich weit fassen wie in den USA (PL 99-487), wo als Zielgruppe alle jene Kinder angegeben werden, die unter einer diagnostizierbaren körperlichen oder psychischen Krankheit leiden, die ihre Entwicklung gefährdet, Kinder mit Entwicklungsverzögerungen sowie auch jene Kinder, "die einem erheblichen Risiko von Entwicklungsverzögerung ausgesetzt sind, wenn Maßnahmen zur Frühförderung nicht angeboten werden".

Wieso sind frühzeitige Interventionen von Bedeutung? Die Bedeutung frühzeitiger Maßnahmen leitet sich aus mehreren Überlegungen ab:

- Die Zeit unmittelbar nach dem Erkennen einer Behinderung ist für die Eltern eine sehr einschneidende und bedeutsame Zeit. Die meisten Eltern trifft die Erkenntnis, ein behindertes Kind zu haben, unvorbereitet und wie "ein Blitz aus heiterem Himmel". Noch unter dem Schock stehend müssen sie Erwartungen und Pläne für die Zukunft entwickeln, die praktischen Aufgaben der alltäglichen Versorgung des Kindes und der übrigen Familie bewältigen sowie schließlich eine Beziehung zu dem Kind aufbauen. Diese erste Zeit ist somit überaus belastend für die Eltern, gleichzeitig jedoch erhalten hier die Interaktionen zwischen Eltern und Kindern ihre bestimmende Form.
- Die Zeit nach dem Erkennen der Behinderung ist auch jene Zeit, in der die Beziehung zwischen der Familie und den professionellen Diensten entscheidend geprägt wird. Für viele Eltern ist es (manchmal auch ohne, daß dies offen eingestanden wird) überaus wichtig, wieweit sie in dieser Zeit auf Verständnis und Unterstützung durch Ärzte oder andere Fachleute gestoßen sind. Die Art, wie von professioneller Seite auf das behinderte Kind eingegangen wird, wird von den Eltern sorgfältig beobachtet und jeder Hinweis auf eine Abwertung - sei es durch mangelndes Interesse oder durch einseitige Betonung der Defizite - registriert. Negative Erfahrungen mit einem Arzt werden gerade in dieser Zeit leicht generalisiert und können ein mißtrauisches Verhältnis zu den professionellen Diensten prägen, was sich später z.B. in häufigem Arztwechsel und mangelnder "Kooperation" niederschlägt.
- Wieweit die Frühförderung auch eine für die kognitive und sensuomotorische Entwicklung besonders sensible Phase betrifft, wird in den letzten Jahren recht kontrovers diskutiert. In jedem Fall kann die Vorschulzeit als bestimmend für die Lernvoraussetzungen bei Schuleintritt betrachtet werden.

Ziele frühzeitiger Interventionen: Positiv gesehen ist es das Ziel frühzeitiger Interventionen, die Entwicklung der behinderten Kinder von Beginn an zu fördern - durch besseres Verständnis ihrer Bedürfnisse sowie durch Strukturierung und Bereicherung ihrer Lernerfahrungen. Diese kindzentrierte Betrachtungsweise ist jedoch zu ergänzen. Aufgabe der Frühförderung ist es in gleichem Maß, die Bildung von Interaktionsformen in den Familien zu unterstützen, die den Bedürfnissen aller Mitglieder entsprechen und die positiven Kräfte der Familie entfalten.

- Konzentration auf erreichbare, dem Entwicklungsstand angemessene und für das Zurechtkommen der Kinder wichtige Lernfortschritte
- Frühzeitige systematische Förderung, um ein Niveau zu erreichen, wo das Lernen selbstinitiiert stattfinden kann, und somit eine Basis zu schaffen, die es den Kindern ermöglicht, vom Unterrichtsangebot in der Schule zu profitieren
- Aufbau von angemessenen Kompensationen bei isolierten Defiziten (z.B. Sprachschemata oder sequentielle bildhafte Repräsentationen beim frühkindlichen Autismus)
- Ausnutzung sensibler Perioden
- Anpassung der Umgebung an die Bedürfnisse der Kinder; Hilfe für die Eltern, sich auf die den Kindern möglichen Lernschritte einzustellen und sich über Fortschritte zu freuen, und in einem Alter noch Hilfestellungen zu geben, wo diese sonst nicht mehr angemessen erscheinen
- Ausgleich von mangelnder Anregung bzw. Hilfestellung an die Familie, damit sie in der Lage ist, die Kinder angemessener zu fördern (z.B. Berufsberatung evt. Berufsausbildung der Eltern)

Daneben sind Maßnahmen der Frühförderung auch als sekundäre Prävention zu verstehen. Durch frühzeitige Intervention soll verhindert werden, daß die Entwicklung der behinderten Kindern einen ungünstigen Verlauf nimmt und die Belastungen für die Familien nicht mehr tragbar werden.

- Verhinderung von frühzeitiger Ausgrenzung des behinderten Kindes, sei es durch Institutionalisierung oder durch Vernachlässigung und Zurückstellen innerhalb der Familie. Um dieses Ziel zu erreichen, muß die Fähigkeit der Familie gestärkt werden, sich realistisch mit der Behinderung des Kindes auseinanderzusetzen und sich auf sie einzustellen.
- Verhinderung sekundärer, zusätzlicher Folgen der Behinderung:
  - ⇒ rechtzeitiges Erkennen und Verhindern von unangemessenen, für die weitere Entwicklung ungünstigen Kompensationen der Behinderung
  - ⇒ gegen das kontinuierliche Zurückbleiben behinderter Kinder in der kognitiven Entwicklung wirken, das zum Teil auf Überbehütung oder auf Resignation der Eltern zurückgeführt werden kann
  - ⇒ Verhinderung der Entstehung von Verhaltensstörungen als Folge von Frustrationen, als Reaktion auf mangelnde strukturierte Anregung (Stereotypien) etc.
- Verhinderung negativer Folgen für die Familien bzw. Förderung des langfristigen Zusammenhalts der Familie
  - ⇒ Verhindern zu großer emotionaler Belastung der Eltern

⇒ Auffangen negativer Auswirkungen auf die Beziehung der Eltern untereinander

⇒ Verhindern negativer Auswirkungen auf die Entwicklung der Geschwister

Effektivität frühzeitiger Interventionen: Inzwischen liegt eine größere Anzahl von Untersuchungen über die Effektivität frühzeitiger Interventionen bei verschiedenen Gruppen behinderter Kinder vor. Trotz methodischer Mängel legen diese Untersuchungen insgesamt nahe, daß eine frühzeitige Förderung die Entwicklung positiv zu beeinflussen vermag. So kamen etwa 25 von 27 Untersuchungen über den Erfolg der Frühförderung bei Down-Kindern zu dem Schluß, daß die Förderung positive Wirkungen auf die kognitive Entwicklung gebracht hat (Carr 1985, Cunningham und Glenn 1985). Längerfristig gesehen brachte z.B. die Teilnahme zweimal wöchentlich (über mehrere Jahre) an einem strukturierten Gruppenförderprogramm eine Verbesserung des IQ's um etwa 10 Punkte (Ludlow und Allen 1979). Hier wie bei den meisten Vorschulprogrammen ist freilich festzustellen, daß die positiven Auswirkungen mit der Zeit abnehmen, wenn die Förderung nicht fortgesetzt wird.

Interdisziplinarität in der Frühförderung: Frühförderung stellt einen Schnittpunkt der Aufgaben verschiedener Fachdisziplinen, vor allem aus dem medizinischen und dem pädagogisch-psychologischen Bereich, dar. Die notwendige interdisziplinäre Zusammenarbeit und Abstimmung von Maßnahmen ist nach wie vor häufig von Konflikten darüber geprägt, wem welche Kompetenz zukommt. Es muß jedoch betont werden, daß die Frühförderung einerseits die Kompetenz vieler Fachdisziplinen benötigt, daß die Interventionen jedoch selten so spezifisch sind, daß nur ein Mitglied einer bestimmter Berufsgruppe sie ausführen kann.

Medizinisch-therapeutische und pädagogische Hilfen: Die Notwendigkeit interdisziplinärer Zusammenarbeit in der Frühförderung wurde bereits betont, in der Praxis ist jedoch festzustellen, daß die Frühförderung unter sehr unterschiedlichen Ansprüchen steht. Vor allem von medizinischer Seite wird der Anspruch an sie gestellt, daß die fachlich-therapeutische Hilfe im Vordergrund stehen muß. Frühfördermaßnahmen werden auf diese Weise durch spezialisierte Therapeuten (Physiotherapeuten, Logopäden, Ergotherapeuten) unter medizinischer Anleitung durchgeführt, wobei jeder Therapeut die Förderung in speziellen Funktionsbereichen wahrnimmt (Motorik, Sprache, Sensorik etc.).

Eine Gegenposition gegen diese Auffassung ist vor allem von Seiten der Pädagogen formuliert worden. Als zentrale Aufgabe der Frühförderung wird die Unterstützung der Eltern bei der Erziehung ihrer Kinder gesehen:

- den Eltern Möglichkeiten der Entwicklung und Förderung des Kindes in allen Bereichen aufzeigen

- die Eltern in Erziehungsfragen kompetent zu unterstützen
- der Familie helfen, das behinderte Kind anzunehmen
- den Eltern die soziale Stellung des Kindes in der Familie und den wechselseitigen Einfluß der verschiedenen Mitglieder der Familie aufzeigen und bewußt machen, um so Veränderungen zu ermöglichen
- unterschiedliche Sichtweisen und Konflikte in der Familie offenlegen, die sich darin ausdrückenden Bedürfnisse anzuerkennen und so Konflikte zu lösen helfen

In den letzten Jahren ist eine gewisse Annäherung der beiden Standpunkte festzustellen, indem nun auch von Seiten der Kinderheilkunde die familiennahe und ganzheitliche Förderung der Kinder als ein Prinzip der Frühförderung betont und in der sozialpädiatrischen Krankenschwester ein Berufsbild gefunden wurde, dessen Aufgabe diese ganzheitliche Förderung sein soll.

Organisationsmodelle der Frühförderung: Die gegenwärtig existierenden Organisationsmodelle bemühen sich in unterschiedlichem Ausmaß, die verschiedenen Komponenten der Frühförderung miteinander zu verbinden. Es sollen nur einige dieser Organisationsmodelle kurz vorgestellt werden (Institut für Entwicklungsplanung und Strukturforschung 1986, Meisels und Shonkoff 1990, Tobler und Grond 1985). Einschränkend muß dabei festgestellt werden, daß keines von ihnen voll in die Praxis umgesetzt werden konnte, da Finanzierungsfragen nie ganz gelöst werden konnten und die meisten daher mit Mischfinanzierungen zurechtkommen müssen, die stark von der Initiative der Mitarbeiter, aber auch der Betroffenen abhängen.

BRD - Kombination regionaler Frühförderstellen und überregionaler Zentren: In der BRD waren Ende der 80-iger Jahre etwa 60 größere medizinisch orientierte Zentren (z.B. sozialpädiatrische Zentren) und parallel etwa 620 kleinere regionale Frühförderdienste vorhanden. Vor allem Bayern hat frühzeitig auf die Schaffung kleinerer Einrichtungen mit einem enger umschriebenen Einzugsgebiet gesetzt. Es ergab sich jedoch das Problem einer recht unsteten Auslastung. Deshalb wurde immer mehr zu etwas größeren Modelleinrichtungen übergegangen, an die mehrere kleinere Einrichtungen als Außenstellen angeschlossen waren. Träger dieser Einrichtungen sind in der BRD neben Gemeinden und anderen öffentlichen Verwaltungseinheiten (z.B. Landkreise), Wohlfahrtverbänden bzw. kirchlichen Einrichtungen in einem hohen Ausmaß auch kleinere gemeinnützige Vereine. Beschäftigt sind in den Frühförderstellen vor allem Heil- und Sonderpädagogen sowie Erzieher und Sozialpädagogen, vielfach in Teilzeitanstellung außerdem Psychologen, Therapeuten (Logopäden, Physio- und Ergotherapeuten) und (oft als Konsulenten) Kinderärzte. Im Durchschnitt sind derzeit pro Förderstelle 7 Mitarbeiter beschäftigt (60% davon ganztags). Der Großteil der Stellen bietet sowohl ambulante Therapien bzw. Betreuungen an, zu denen die Kinder in die Frühförderstelle kommen, als auch mobile Hausfrühförderungen bei den Kindern zuhause.

Neben den regional verteilten kleineren bis mittelgroßen Förderstellen setzten in der BRD vor allem die Kinderärzte auf die Einrichtung größerer Zentren, die - wie z.B. das Kinderzentrum München - sowohl intensive stationäre wie ambulante Behandlungsmöglichkeiten bieten und neben der Möglichkeit zur Diagnostik in der Einrichtung selbst durch die Nähe zu anderen spezialisierten medizinischen Einrichtungen auch ein umfassendes diagnostisches Angebot machen können.

Die heilpädagogischen Dienste in der Schweiz: Mitte der 80-iger Jahre war in der Schweiz eine flächendeckende Versorgung mit 46 heilpädagogischen Diensten erreicht, die nahezu alle einen privaten Träger haben (Grond 1985). In diesen Diensten sind sogenannte Früherzieher beschäftigt, ein Berufsbild, zu dem Absolventen verschiedener Berufsausbildungen (vor allem Heilpädagogen, daneben auch Kindergärtnerinnen, Psychologen etc.) Zugang haben. Die Früherziehung wird ambulant und meist in Form von Einzelförderungen durchgeführt. Die Finanzierung erfolgt überwiegend durch Leistungen der Bundes-Invalidenversicherung. Als Leitlinie für die Betreuung wird dabei damit gerechnet, daß ein Früherzieher etwa 16-20 Kinder betreut, sodaß er ein Kind etwa 1-2 mal pro Woche sehen kann.

USA - Verbindung der Frühförderung mit der Vorschulerziehung: Eine dritte Organisationsform für die Frühförderung stellt die Ausweitung von Vorschulprogrammen dar. In diesem Ansatz werden von schulischen Einrichtungen bzw. Kindergärten aus, Gruppenprogramme und Einzelfördermaßnahmen auch für behinderte Kleinkinder angeboten. Besonders in den USA hat man bis Mitte der 80-iger Jahre auf dieses Angebot stärker gesetzt, indem Vorschulprogrammen, die zum Ausgleich sozialer Benachteilungen staatlich subventioniert wurden, die Auflage gemacht wurde, einen größeren Teil der Plätze für behinderte Kinder vorzusehen. Durch das umfassende spezialisierte pädagogische Angebot ist hier von vornherein ein Akzent auf vielfältige Förderung der Kinder gelegt.

Seit Mitte der 80-iger Jahre ist die Frühförderung in den USA durch neue Gesetzesinitiativen in einem starken Umbruch (Opp 1991). 1986 wurde ein Gesetz (PL 99-457) verabschiedet, das die Zusammenarbeit der verschiedenen in die Frühförderung involvierten Behörden (Gesundheits-, Schul- und Sozialämter) vorschreibt, die zu diesem Zweck ein koordinierendes Kommitee bilden und einer Behörde die Leitung der Gesamtorganisation übertragen sollen. Da ein umfassender Ansatz in der Frühförderung angestrebt wird, soll auch in jedem einzelnen Fall ein Case Manager die verschiedenen Bemühungen koordinieren, aufeinander abstimmen und die Einhaltung der eingegangenen Vereinbarungen überwachen.

In *Österreich* ist derzeit kein einheitliches Organisationsmodell für die Frühförderung vorhanden, die Situation ist vielmehr von Bundesland zu Bundesland recht unterschiedlich. Während in Wien lange Zeit eher auf zentrale Fördereinrichtungen gesetzt wurde, wurde im Burgenland und in der Steiermark schon vor einiger Zeit mit dem Aufbau regionaler mobiler Frühförderdienste begonnen. Mit der Einrichtung der ARGE Frühförderung ist jetzt auch in Wien ein stärkerer Akzent auf die Frühförderung in den Familien gesetzt worden.

Umfang und Bedarf an Frühfördermaßnahmen

Hinsichtlich des Bedarfs an Frühfördermaßnahmen gibt es sehr unterschiedliche Schätzungen. Dies wird am offensichtlichsten in den USA, die im PL 99-457 mit der Tradition gebrochen hat, die Zuweisung von Fördermaßnahmen von der Diagnose bzw. Zuordnung zu einer bestimmten Behinderungskategorie abhängig zu machen. Nach diesem Gesetz sollten Frühfördermaßnahmen, um präventiv wirken zu können, bereits eingeleitet werden, wenn ein Risiko für die künftige Entwicklung festgestellt wird. Die Schätzungen über den Anteil der Kinder, die Frühfördermaßnahmen benötigen würden, weichen in den USA erwartungsgemäß stark voneinander ab und bewegen sich zwischen 3% (Schätzung des Erziehungsministeriums der Reagan-Administration) und 10% der Kinder eines Geburtsjahrgangs (Opp 1991). Selbst wenn von einer sehr konservativen Vorstellung über den Bedarf ausgegangen und angenommen wird, daß Frühfördermaßnahmen in erster Linie bei Kindern angezeigt sind, die bereits deutliche Beeinträchtigungen und klar identifizierbare Behinderungsformen zeigen, wird von einem Bedarf an Frühförderung bei wenigstens 1% der Kinder ausgegangen (Grond 1985). Die bisher vorhandenen Einrichtungen können selbst in jenen Staaten, wo Frühfördereinrichtungen bereits relativ weit entwickelt sind (Schweiz, einzelne Bundesländer der BRD, einige Staaten in den USA, wie Massachusetts) nur für etwa die Hälfte der Kinder, bei denen nach dieser Minimalschätzung Frühfördermaßnahmen günstig wären, Betreuungsmöglichkeiten anbieten.

Die Erfassung behinderter und von Behinderung bedrohter Kinder: Bei der frühzeitigen Erkennung von drohenden Behinderungen und der Zuweisung zu Frühfördereinrichtungen kommt in den meisten Ländern den geburthilflichen und pädiatrischen Abteilungen in den Krankenhäusern sowie den niedergelassenen Kinderärzten und den praktischen Ärzten die wichtigste Funktion zu. Eine gewisse Bedeutung haben auch Mutterberatungsstellen und Kindergärten.

Das Erfassungsalter behinderter Kinder durch Frühförderdienste ist allerdings auch in Ländern mit einem ausgebauten System an Frühförderstellen, wie der Schweiz, noch immer relativ hoch (Grond 1985). Nur die Hälfte der behinderten Kinder wird bis zur Vollendung des zweiten Lebensjahres erfaßt, und bis zur Vollendung des fünften Lebensjahres sind es 90%. Die Ursache für die späte Erfassung dürfte auch in einem zu geringen Bekanntheitsgrad der Früherziehung zu suchen sein. Die Zuweisungsinstanzen sind z.T. ungenügend oder falsch über Möglichkeiten und Grenzen der Früherziehung informiert. Fehlmeinungen über die kindliche Entwicklung und die besondere Lernfähigkeit in der frühen Kindheit sind noch zu verbreitet (Grond 1985). Mehr Öffentlichkeitsarbeit und vertrauensbildende Maßnahmen wären nötig.

Hilfestellungen der Frühförderung für die Familien behinderter Kinder

Die Anwesenheit eines behinderten Kindes in der Familie stellt die gesamte Familie vor eine neue Situation. Sie muß lernen, mit dieser Situation umzugehen und ihre Kräfte zu mobilisieren, um diese Aufgabe zu meistern. Vielfach haben die Familienmitglieder zunächst geringe Kenntnisse, wie sich das Kind entwickeln wird, welche Anforderungen auf sie zukommen und was dies für sie bedeuten wird. Später gewinnen die Eltern zwar mehr Sicherheit im Umgang mit dem behinderten Kind, jedoch bleiben die Probleme, die der erzieherische Alltag mit sich bringt. Um Wege zu finden, die diesen Familien ihre schwierige Aufgabe erleichtern könnten, wurden Untersuchungen an Eltern von behinderten Kleinkindern (z.B. Bailey et al. 1992) durchgeführt, die zeigen, daß Bedürfnisse vor allem in folgenden Bereichen häufiger genannt werden:

- Unterstützung durch andere Familienmitglieder und Freunde
- Bedürfnis nach mehr Information
- Finanzielle Unterstützung
- Hilfe beim Erklären der Behinderung anderen Menschen (z.B. Großeltern der Kinder, Geschwistern) gegenüber
- Unterstützung bei der Kinderbetreuung
- Unterstützung und Beratung durch Fachkräfte
- Erleichterung des Zugangs zu medizinischen und anderen öffentlichen Einrichtungen

Auch unter den Eltern, die bereits an Frühförderprogrammen teilnehmen, werden diese Bedürfnisse nur teilweise befriedigt. So zeigt sich etwa, daß viele Eltern gern noch mehr Information über die Krankheit bzw. Behinderung ihres Kindes hätten sowie darüber, wie die Kinder am besten gefördert werden könnten. Vor allem Mütter behinderter Kinder scheinen zudem ein großes Bedürfnis nach Entlastung in ihrer Erziehungsaufgabe zu haben, damit sie auch etwas Zeit für sich selbst haben (Bailey et al. 1992).

Begleitung der Eltern: Eltern müssen lernen, ihre Erwartungen an die Bedürfnisse der Kinder anzupassen und das Leben mit einem behinderten Kind anzunehmen. Zu einer positiven Einstellung zu kommen, fällt Eltern umso leichter, je mehr sie sehen, daß darin eine Aufgabe liegt, die sie bewältigen und an der sie selbst und ihre Familie wachsen können. Die Frühförderung und Früherziehung muß die Eltern bei dieser Aufgabe begleiten, sie beraten, Informationen bereitstellen, Erfahrungen austauschen und Belastungen mittragen (Grond 1985).

In dem Stadium des Sich-Einstellens auf die Existenz eines behinderten Kindes kommt der gegenseitigen Unterstützung von Betroffenen eine große Bedeutung zu. In mehreren Ländern wird deshalb die Beratung durch Kontakteltern, die selbst ein behindertes Kind haben und anderen Betroffenen beratend und unterstützend beistehen, von der öffentlichen Hand gefördert.

Einbeziehung der Eltern in die Förderung der behinderten Kinder: Die letzten Jahrzehnte sind von einem starken Wandel in der Beziehung zwischen den professionellen Diensten bzw. den Fachleuten (Ärzten, Psychologen, Therapeuten und Pädagogen) und den Eltern behinderter Kinder gekennzeichnet. Lange Zeit ging man davon aus, daß die Fachleute aufgrund ihrer speziellen Kenntnisse wüßten, welche Förderung, Therapie und Betreuung behinderte Kinder benötigten, und die Eltern als Laien zu betrachten seien, die die Entscheidungen bezüglich der zu treffenden Maßnahmen, aber auch die Durchführung der Maßnahmen Experten mit entsprechender fachlicher Ausbildung zu überlassen hätten. Diesem Gedankengang folgend war es das primäre Anliegen in der Frühförderung, genügend Therapeuten und andere Fachleute zu schulen, die diese Aufgabe übernehmen könnten.

Frühzeitig kamen jedoch Zweifel auf, wieweit auch die beste Therapie, höchstens einige Stunden pro Woche angewandt, die Entwicklung der Kinder entscheidend beeinflussen könnte, wenn es sich um so wesentliche Aspekte der Entwicklung wie beispielsweise die Sprache oder den Aufbau von mehr Selbständigkeit im Alltag handelt. Von diesen Überlegungen ausgehend entwickelte sich das Kotherapeuten-Modell, das in etwas einseitiger Interpretation die Eltern als Gehilfen oder verlängerten Arm der Therapeuten betrachtete. Die Eltern wurden hier z.B. von dem Logopäden oder dem Phsysiotherapeuten in bestimmte Übungen eingewiesen, die sie dann täglich mehrmals mit den Kindern zuhause durchführen sollten. Durch Mithilfe der Eltern konnte so die Häufigkeit und damit Wirksamkeit der therapeutischen Maßnahmen gesteigert werden. Inhalt und Anwendungsform der Therapie wurde hier vom Therapeuten festgelegt.

Im Kern enthielt freilich das Kotherapeuten-Modell bereits einen darüber hinausgehenden Ansatz. Wurde die Mitarbeit der Eltern ernst genommen, mußten sich die Therapeuten mit deren Lebenssituation auseinandersetzen und die vorgeschlagenen Maßnahmen darauf abstimmen bzw. sie gemeinsam mit den Eltern erarbeiten (Innerhofer und Warnke 1978).

Aus der Einsicht heraus, daß der Therapeut nur einen begrenzten Beitrag leisten kann, folgte das Bemühen, die Eltern selbst in die Lage zu versetzen, die Förderung der Kinder effizienter gestalten zu können. Der Beitrag des Therapeuten beschränkte sich daher im Extrem darauf, die Eltern zu befähigen, die Erziehungsaufgabe selbst besser zu meistern. Diese Weiterentwicklung wird in der Frühförderung vielfach das Kooperationsmodell genannt (Speck 1989).

Neukonzeption der Frühförderung - die Familie als Zentrum der unterstützenden Maßnahmen: Eine Reihe von Faktoren haben dazu geführt, daß von verschiedenen Autoren eine Abkehr von der Konzentration auf die funktionellen Defizite und den Entwicklungsrückstand der Kinder gefordert wird (z.B. Gallagher 1990). Vorrangig ist hier zu nennen, daß die Gefahr gesehen wird, die Vorgabe bestimmter Lernziele für die Kinder und die Konzentration auf Teilaspekte würde in die Entwicklung des Kindes frühzeitig eingreifen und die spontane Auseinandersetzung mit der Umwelt verfremden und stören, wenn dies nicht auf die Gesamtsituation des Kindes und seiner Familie abgestimmt ist. Durch die starke Einbeziehung der Eltern soll gewährleistet werden, daß in erster Linie nicht vorgefaßte Lernziele angestrebt, sondern jene Aktivitäten gefördert werden, die im Bezug zu den aktuellen Erfahrungen und Bedürfnissen der Kinder stehen.

Die Einsicht, daß die Familie in das Zentrum aller unterstützenden Maßnahmen gestellt werden muß, baut auf der Erfahrung, daß eine angemessene Förderung der Kinder nur erreicht werden kann, wenn die Familie als Ganzes gestärkt wird. Diese Neukonzeption orientiert sich dabei an der Vorstellung, daß die Fähigkeit einer Familie, mit einer besonderen Anforderung, wie sie die Erziehung eines behinderten Kindes darstellt, umzugehen, wesentlich davon abhängt, wieweit die Familie soziale Unterstützung erfährt und die Mitglieder der Familie selbst sich gegenseitig stützen.

Einen deutlichen Ausdruck hat diese neue Konzeption in der Formulierung des PL 99-547 in den USA gefunden. Dort wird als Grundlage für die umfassende Ausrichtung der Fördermaßnahmen ein "Individueller Familienunterstützungsplan" (Individual Family Service Plan) gefordert, auf den alle Einzelmaßnahmen bezogen sein sollen. Dieser Plan soll wenigstens sieben Komponenten enthalten (Opp 1991):

- eine Ermittlung des aktuellen (körperlichen, kognitiven, sprachlichen und psychosozialen) Entwicklungsstands des Kindes
- eine Beschreibung der Stärken und der Bedürfnisse der Familie, die in unmittelbarem Zusammenhang mit der Förderung des Kindes stehen
- eine klare Formulierung der Ziele der Förderung sowie der Kriterien, anhand derer das Erreichen der Ziele zu einem bestimmten, festzulegenden Zeitpunkt überprüft werden soll, um nötigenfalls Änderungen im Förderprogramm vorzunehmen
- eine Angabe der spezifischen Fördermaßnahmen, die anzuwenden sind, um den Bedürfnissen der Kinder und ihrer Familien gerecht zu werden
- genaue Angaben über Beginn, Dauer und Häufigkeit der vorgesehenen Maßnahmen

- Benennen einer Person, die eine besondere Beziehung zu dem Kind und der Familie hat und (als "Case Manager") für die vorgesehenen Maßnahmen verantwortlich ist und sie koordinieren soll
- Angaben darüber, wie durch die vorgesehenen Maßnahmen die spätere Einschulung des Kindes erleichtert werden kann.

Dieser Plan soll von einem multidisziplinären Team gemeinsam mit den Eltern erstellt und wenigstens einmal jährlich überprüft werden.

Aufgaben der Frühförderung ausgehend von einer Konzeption, die die Familie in den Mittelpunkt stellt: Die Konzeption, daß eine Förderung immer sowohl das Kind wie die Familie und im weiteren auch das soziale Netz der Familie im Auge behalten muß, bestimmt in zunehmenden Maß die Arbeit vieler Frühförderstellen. Aus dieser Konzeption folgt, daß die Hilfen neben

- einem kindbezogenen Angebot, auch
- Eltern- bzw. familienbezogene Angebote sowie im weiteren
- Angebote, die das formelle und informelle soziale Netzwerk betreffen (in Bezug auf das formelle Netzwerk z.B. Hilfen bei Behördenwegen, Beratung in sozialrechtlichen Angelegenheiten und Vermittlung von Betreuungsplätzen für die Kinder; in Bezug auf das informelle Netzwerk z.B. Herstellen von Kontakten zu anderen betroffenen Familien, Unterstützung bzw. Initiierung von Elterngruppen),

enthalten sollen. Die Orientierung an der Familie und dem sozialen Netzwerk legt eine Arbeitsweise nahe, die den Hauptakzent nicht auf Förderstunden mit dem einzelnen Kind und Beratungen mit einzelnen Müttern bzw. Elternpaaren setzt, sondern stärker gruppenorientiert arbeitet. Dies wird teilweise bereits in Förderprogrammen der USA vorgeführt, wo - allerdings nicht zuletzt auch aus Kostengründen - Förder- und Therapiestunden mit einzelnen Kindern nur 5% der aufgewendeten Zeit ausmachen, hingegen jeweils ein Drittel der Zeit der Hausförderung bzw. der Förderung der Kinder im Rahmen von Förderstunden für kleine Gruppen von Kindern gewidmet wird (Erickson 1992).

7.3 Entlastung von Familien mit einem behinderten Angehörigen

Traditionell hat sich die Sozialpolitik in den Maßnahmen für behinderte Menschen fast ausschließlich auf die Unterstützung einer außerfamiliären Betreuung konzentriert. In den letzten Jahren ist hier ein Umdenken festzustellen, wenigstens was die Maßnahmen für behinderte Kinder und Jugendliche betrifft. Es wird allgemein als günstiger betrachtet, daß behinderte Kinder und Jugendliche bei ihren Familien aufwachsen. Gleichzeitig ist auch das Verständnis dafür gewachsen, daß die Entscheidung einer Familie, ein behindertes

Kind außerhalb der Familie unterzubringen, eine verständliche Reaktion auf die Belastungen darstellt, die die Betreuung des Kindes mit sich bringt und für deren Bewältigung den Familien vielfach nur begrenzte Mittel zur Verfügung stehen. Auch empirisch konnte gezeigt werden, daß eine Heimeinweisung umso wahrscheinlicher ist, je schwerer die Behinderung eines Kindes ist und je weniger Möglichkeiten zu einer Aufteilung der Betreuungsaufgaben in einer Familie vorhanden sind (z.B. Cole und Meyer 1989).

Als ein weiterer entscheidender Faktor für die Heimeinweisung erweist sich die Unterstützung, die den Familien durch das Gesundheitssystem und die sozialen Dienste zur Verfügung steht. Kritisch ist neben der finanziellen Unterstützung der Familien vor allem die Zugänglichkeit von medizinischer Betreuung, die Beratung der Eltern bei Verhaltensschwierigkeiten der Kinder, die Unterstützung beim Transport und bei der Betreuung im Alltag (Cole und Meyer 1989).

Als geeignete Unterstützungsmaßnahmen haben sich neben dem Elterntraining, um die Eltern besser auf die Schwierigkeiten in der Betreuung der Kinder und für geeignete Fördermaßnahmen vorzubereiten, in den letzten Jahren auch entlastende Dienste für die Familien erwiesen. Die entlastenden Dienste werden von den Angehörigen vor allem für jene Zeiten gewünscht, wo die üblichen Betreuungseinrichtungen wie Tagesstätten, Kindergärten, Schulen und später die geschützten Werkstätten nicht geöffnet sind, und die Familie allein für die Betreuung zuständig ist. Die erforderlichen entlastenden Dienste unterscheiden sich von jenen Diensten, die etwa in der Betreuung älterer Menschen vonnöten sind. Es geht dabei nicht so sehr um Hilfen bei der Pflege oder der Haushaltsführung, sondern primär um eine Beschäftigung mit dem behinderten Familienmitglied, um die Möglichkeit einer Begleitung zu diversen Freizeitaktivitäten. Ein Anliegen der Familien dabei ist es, dem Behinderten eine Erweiterung seines Lebensraums zu ermöglichen, ein anderes, für sich selbst eine Entlastung zu erhalten, um selbst wieder Kraft schöpfen zu können und etwas für sich selbst tun zu können.

Bei der Einrichtung von entlastenden Diensten wurde die Erfahrung gemacht, daß von diesen entlastenden Diensten allzuleicht gerade Familien mit behinderten Angehörigen, die wegen ihres schwierigen Verhaltens ein besonderes Problem in der Betreuung darstellen, ausgeschlossen werden (Upshur 1982). Es ist zwar möglich, entlastende Dienste mit Mitarbeitern durchzuführen, die keine längere Ausbildung in der Behindertenarbeit haben, die Mitarbeiter müssen jedoch eine gewisse Einführung in die Betreuung behinderter Menschen erhalten, die auch praktische Erfahrungsmöglichkeiten einschließt. Zudem muß für schwierige Situationen ein Beratungs- bzw. Notdienst verfügbar sein, an den sich die Mitarbeiter wenden können (Upshur 1982).

7.4 Schulische und berufliche Ausbildung

Eine möglichst weitgehende Teilnahme an den allgemeinen Ausbildungsangeboten bei entsprechender Hilfestellung für die Kinder und Jugendlichen mit Behinderungen ist eine wichtige Voraussetzung für die spätere gesellschaftliche Integration. In den deutschsprachigen Ländern dominiert allerdings, trotz gewisser Veränderungen in den letzten Jahren, noch immer die getrennte Unterrichtung behinderter Kinder in Sondereinrichtungen, nur zögernd wird - zunächst meist im Rahmen von Schulversuchen - eine Teilintegration oder die gemeinsame Unterrichtung behinderter und nicht-behinderter Kinder beschritten. Der großzügige Ausbau von Sonderschuleinrichtungen ist nicht so ohne weiteres innerhalb von einigen Jahren rückgängig zu machen. Dabei ist freilich nicht zu übersehen, daß die Beschulung schwerer behinderter Kinder erst in den letzten beiden Jahrzehnten allgemeiner praktiziert wird. Früher wurden diese Kinder als nicht beschulbar vom Unterricht ausgeschlossen. Engagierten Sonderschullehrern wie Segal in England sowie den Eltern kommt hier das Verdienst zu, den Schulbesuch auch für schwerer behinderte Kinder durchgesetzt zu haben. Engagierte Sonderpädagogen führen ihre Skepsis gegenüber der schulischen Integration auf die Gefahr zurück, daß damit das Prinzip der schulischen Bildung und Erziehung für alle Kinder mit Behinderungen, auch der schwerstbehinderten Kinder, in einer auf die Bildungsmöglichkeiten dieser Kinder abgestimmten Didaktik unterlaufen werden könnte.

Mit der Integration von Kindern und Jugendlichen mit Behinderungen in den Regelunterricht erwächst der Schule allerdings insgesamt die Chance, den Anspruch auf ganzheitliche Förderung und Bildung radikaler ernst nehmen zu müssen. Die schulische Integration behinderter Kinder stellt somit eine Fortsetzung früherer Bemühungen um eine innere Reform dar (Innerhofer und Klicpera 1991). Die Schule kann sich in der Wahrnehmung der Erziehungsaufgabe diesen Kindern gegenüber nicht mehr auf die traditionelle Funktion der Wissensvermittlung zurückziehen. Ähnliches gilt auch für den Anspruch der Schule, von der Persönlichkeit und Individualität der Kinder auszugehen. Mit der Integration behinderter Kinder muß eine Individualisierung des Unterrichts Hand in Hand gehen.

In Österreich wurde mit der 15.Schulorganisationsnovelle der integrative Unterricht von behinderten Kindern in der Regelschule als eine primär von der Entscheidung der Eltern abhängige Wahlmöglichkeit durchgesetzt. Für diesen Unterricht sind verschiedene Organisationsmodelle vorgesehen, die eine Berücksichtigung der Lernschwierigkeiten behinderter Kinder ermöglichen sollen:

- von der stundenweise zusätzlichen Unterstützung von Kindern in Regelklassen durch sonderpädagogisch geschulte Lehrer in sogenannten „Stützklassen“

- über kooperative Klassen bzw. kooperative Förderklassen, in denen behinderte Kinder einen Teil der Zeit in einer getrennten Klasse, in einigen Gegenständen jedoch gemeinsam mit den nicht-behinderten Kindern einer Partnerklasse unterrichtet werden,
- bis zur gemeinsamen Unterrichtung (von zumeist 4) behinderten und etwa 16 nicht-behinderten Kindern in einer integrativen Klasse, in der ständig zwei Lehrer anwesend sind (im Allgemeinen ein Sonderschullehrer und ein Lehrer des jeweiligen Schultyps).

Die Integration behinderter Kinder bedeutet nicht, daß man auf die vielfältigen unterstützenden Dienste, wie sie sich im Sonderschulbereich herausgebildet haben, verzichten kann. Sie müssen jedoch organisatorisch neu gestaltet werden. In Österreich wurde versucht, dies dadurch zu erreichen, daß Sonderschulen zu sonderpädagogische Zentren umgestaltet wurden, von denen aus unterstützende Dienste den Schulen, aber nach Möglichkeit auch behinderten sowie sozial benachteiligten Menschen außerhalb der Schule angeboten werden sollen. Wieweit sich dieses Konzept realisieren läßt, werden die nächsten Jahre zeigen.

Ähnlich wie die schulische Ausbildung sollte auch die Berufsausbildung behinderter Jugendlicher primär in den regulären Berufsausbildungseinrichtungen erfolgen, wobei auf die besonderen, durch die Behinderung bedingten Einschränkungen Rücksicht zu nehmen wäre (siehe auch Kap.1.10). Im Unterschied zu Südtirol, wo entsprechende Anpassungen der Berufsausbildung in vielen Berufsschulen vorgenommen wurden, fehlen diese noch weitgehend in Österreich. Für lern- und geistig behinderte Jugendliche ist neben Hilfen für die Absolvierung der Lehre verstärkt auch die Anlehre als Vorbereitung für einfachere berufliche Tätigkeiten in Betracht zu ziehen, wobei sich diese an den jeweils in einer Region verfügbaren und für diese Gruppe geeigneten Arbeitsplätzen zu orientieren hätte (Klicpera und Innerhofer 1992, Schabmann und Klicpera 1995).

7.5 Unterstützungen im Arbeitsbereich

Berufliche Eingliederungsmaßnahmen sollen einerseits eine berufliche Ausbildung trotz der behinderungsbedingten Einschränkung ermöglichen. Dabei ist nicht nur der Zugang zu den traditionellen Ausbildungslehrgängen durch geeignete Unterstützungsmaßnahmen zu gewährleisten, der Leistungseinschränkung sollte auch durch Anpassung der Ausbildungsinhalte und der Ausbildungsformen Rechnung getragen werden. Bei später eintretenden Behinderungen sollten geeignete Umschulungs- und berufliche Rehabilitationsmaßnahmen zur Verfügung stehen.

Die Aufnahme einer Beschäftigung von behinderten Menschen wird durch eine Reihe an Maßnahmen erleichtert: Behinderteneinstellungsgesetz, besondere Arbeitsbeschaffungsmaßnahmen und Anpassungen der Beschäftigungsverhältnisse an die Leistungsmöglichkeiten der behinderten Menschen sowie eine Unterstützung während der Arbeitszeit. Für einen Teil der Behinderten wird es auch besondere Arbeitsplätze in geschützten Werkstätten geben müssen.

Ein Überblick über das Angebot an Hilfen für die Beschäftigung von behinderten Erwachsenen

Semlinger und Schmid (1985) gehen vom Gesichtspunkt der Arbeitsmarktpolitik aus und unterteilen die zur Verfügung stehenden Steuerungsinstrumente in 3 Gruppen:

a. Regulative Steuerung: Zu den Instrumenten der regulativen Steuerung werden Veränderungen der Anstellungsbedingungen gezählt. Sie sollen die Möglichkeiten schaffen, daß die behinderten Menschen auf dem allgemeinen Arbeitsmarkt eine Beschäftigung finden. Es sind dies:

- Die sogenannte Quotenregelung: Sie behält einen bestimmten Prozentsatz an Arbeitsplätzen in größeren Betrieben behinderten Menschen vor.
- Ein spezieller Kündigungsschutz: Er soll die Entlassung von behinderten Beschäftigten verhindern oder erschweren.
- Begünstigende Gebote: Sie machen es den Arbeitgebern zur Pflicht, behinderte Arbeitnehmer bei der Einstellung zu bevorzugen. Die Vergabe öffentlicher Aufträge wird an die Einhaltung dieser Begünstigung gebunden.
- Monetäre Anreize: Sie erleichtern die Einstellung behinderter Personen durch besondere finanzielle Unterstützung der Lohnkosten bzw. der Lohnnebenkosten für die Unternehmen.
- Verfahrensregeln und Vermittlungssysteme: Sie sehen die Einrichtung besonderer Vertretungsorgane und Gremien vor, die die Interessen der behinderten Menschen wahrnehmen und Möglichkeiten zur Einstellung laufend prüfen und aushandeln sollen.

b. Ausgleichende Steuerung: Mit Instrumenten zur ausgleichenden Steuerung sollen die individuellen Möglichkeiten der Behinderten zur Erlangung einer Beschäftigung auf dem allgemeinen Arbeitsmarkt verbessert werden. Hierzu sind zu rechnen:

- Berufliche Rehabilitations- und Weiterbildungsmaßnahmen
- Besondere Beratungs- und Arbeitsvermittlungseinrichtungen des Arbeitsmarktservice für behinderte Menschen
- Kostenausgleich für die Anpassung von Arbeitsplätzen bzw. für den Transport zum Arbeitsplatz durch Sach- und Geldleistungen

c. Schaffung eines Ersatzarbeitsmarktes: Maßnahmen zur Schaffung eines Ersatzarbeitsmarktes greifen am stärksten in den Beschäftigungsprozeß ein und versuchen direkt geeignete Arbeitsplätze für behinderte Menschen bereitzustellen. Verschieden Instrumente können hier zur Anwendung kommen:

- Arbeitsbeschaffungsmaßnahmen durch Finanzierung von Arbeiten im öffentlichen Bereich, die für arbeitslose Jugendliche, Langzeitarbeitslose, aber auch behinderte Menschen zugänglich sind
- Begünstigung von behinderten Personen im öffentlichen Dienst
- Spezielle Werkstätten für behinderte Menschen
- Vollzeitbetreuung in Anstalten und stationären Einrichtungen, die als ein geschlossenes System auch Beschäftigungsmöglichkeiten für schwerbehinderte Menschen bieten

Semlinger und Schmid (1985) analysierten die Maßnahmen in verschiedenen Ländern und zeigten dabei, daß verschiedene Länder jeweils in unterschiedlichem Ausmaß auf diese Instrumente der Arbeitsmarktpolitik zurückgreifen. Die BRD und Schweden weisen ein sehr entwickeltes System spezieller arbeitsmarktpolitischer Maßnahmen für behinderte Menschen aus, während sich die USA auf einige wenige Maßnahmen, vor allem begünstigende Angebote, verläßt. Auch in Österreich wird nur ein Teil der möglichen Interventionen realisiert. Hier setzt man derzeit vor allem auf drei Instrumente der Arbeitsmarktpolitik, auf die Quotenregelung, auf einen speziellen Kündigungsschutz und den Ausbau der Werkstätten. Andere Instrumente sind zwar ebenfalls vorhanden, kommen aber nur in einem geringen Ausmaß zur Anwendung.

Beschäftigungssituation behinderter Erwachsener am Beispiel der BRD

Eine aktuelle Aufstellung über die Anzahl der beschäftigten schwerbehinderten Personen in verschiedenen Alterstufen steht uns zwar nicht zur Verfügung, aus den vorhandenen Unterlagen läßt sich jedoch eine ungefähre Schätzung des Ausmaßes an Beschäftigungsmöglichkeiten entnehmen. 1992 gab es 6.6 Millionen als schwerbehindert registrierte Personen in der BRD (Frehe 1995), etwa die Hälfte dürften im Alter zwischen dem 18. und 55.Lebensjahr sein. Da man annehmen kann, daß der überwiegende Teil der 1.4 Million als beschäftigt gemeldeten schwerbehinderten Menschen dieser Altersgruppe zuzurechnen ist, beträgt der Anteil der beschäftigten Schwerbehinderten weniger als 40%.

Zum gleichen Zeitpunkt betrug die Anzahl der als arbeitslos gemeldeten schwerbehinderten Personen etwa 180.000. Damit hatte ihre Zahl gegenüber 1983 um 50% zugenommen, allerdings stammen die älteren Zahlen aus der Zeit vor der Wiedervereinigung. Schwerbehinderte Personen machten 1983 6.4% der als arbeitslos gemeldeten Personen aus. Damit war der Anteil der als arbeitslos gemeldeten Schwerbehinderten an der Gruppe der Arbeitslosen zwar deutlich größer als der Anteil der beschäftigten Schwerbehinderten an der Gruppe der sozialversicherungspflichtig Beschäftigten (4.6%), nur ein geringer

Anteil der in keinem Beschäftigungsverhältnissen stehenden Schwerbehinderten läßt sich aber als arbeitslos registrieren.

Einige Untersuchungen aus der BRD zeigen eine ungünstige Situation der Behinderten auf dem Arbeitsmarkt.

- Das Ausbildungsniveau der Behinderten ist schlechter als das Ausbildungsniveau der Nichtbehinderten.
- Ein größerer Anteil der Behinderten ist ausbildungsinadäquat eingesetzt.
- Behinderte bleiben länger arbeitslos, im Durchschnitt dauert ihre Arbeitslosigkeit etwa doppelt so lang wie bei Arbeitslosen ohne gesundheitliche Einschränkungen vergleichbaren Alters und beruflicher Vorgeschichte. Schwerbehinderte stellen also einen relativ großen Anteil an den Langzeitarbeitslosen. 1983 waren 48% der Schwerbehinderten über 1 Jahr arbeitslos, gegenüber 24% der Nichtbehinderten.
- Arbeitslose Schwerbehinderte finden auch schwerer von selbst wieder einen Arbeitsplatz und sind bei der Arbeitssuche häufiger auf die Vermittlungstätigkeit der Arbeitsämter angewiesen.

Nur ein Teil der schwerbehinderten Personen will weiterhin am Arbeitsprozeß teilnehmen. Viele scheiden vorzeitig aus dem Arbeitsprozeß aus und beziehen eine Erwerbsunfähigkeitsrente. Die frühzeitige Berentung aus gesundheitlichen Gründen trug in den letzten Jahren wesentlich zu dem beobachtbaren Trend einer Verkürzung der Lebensarbeitszeit in der BRD wie in anderen Industrieländern bei. In der Arbeiterrentenversicherung erfolgten bereits 1983 51% der Rentenzugänge wegen Berufsunfähigkeit. Das Durchschnittsalter der Männer bei Rentenbeginn wegen Berufs- oder Erwerbsunfähigkeit in der Arbeiterrentenversicherung lag 1983 bei 54.3 Jahren. Im letzten Jahrzehnt hat der Trend zur Frühpensionierung weiter zugenommen.

Beschäftigungssituation geistig behinderter Menschen

Für die Planung von Eingliederungshilfen für entwicklungsbedingt behinderte Menschen, also für Menschen mit früh eingetretenen Behinderungen, sind vor allem Untersuchungen relevant, die den Lebenslauf von Schülern verfolgt haben, die während der Schulzeit besondere Hilfen erhalten haben. Eine derartige Untersuchung wurde von Walker (1982) im Rahmen der National Child Development Study in Großbritannien durchgeführt. Hier wurde der Lebensweg von Kindern eines ganzen Jahrgangs verfolgt, unabhängig davon, ob sie eine reguläre Schule bzw. eine Sonderschule besuchten oder frühzeitig in ein Heim gegeben wurden.

Von den behinderten Schülern, unter denen zwei Drittel in der Schule als lernbehindert (nach deutschen Kriterien, in England als leicht geistig behindert bezeichnet: ESN-M) diagnostiziert wurden, waren mit 18 Jahren knapp die Hälfte in einem Anstellungsverhältnis, mehr als ein Viertel war arbeitslos und

15% befanden sich in einer geschützten Werkstatt. In einer Vergleichsgruppe von nicht-behinderten Schülern waren hingegen nur 4% arbeitslos.

Walker (1982) hat getrennt auch die Ergebnisse für schwer geistig behinderte Jugendliche berichtet. Von dieser Gruppe war zum Zeitpunkt der Untersuchung nur einer in einem regulären Anstellungsverhältnis, etwa ein Viertel befand sich in einer Anstalt (zu einem großen Teil bereits seit der Kindheit) und etwas mehr als die Hälfte in einer geschützten Werkstatt. Immerhin 15% dieser Gruppe waren ohne Beschäftigung zuhause.

Die Ergebnisse dieser Untersuchung überraschen in keiner Weise, aber sie präzisieren unsere Erwartungen in mehrerer Hinsicht:

1. Mehr als die Hälfte der geistig behinderten Erwachsenen hat die Möglichkeit einer Arbeit.
2. Ein Viertel von ihnen ist immer noch arbeitslos.
3. Auch unter den Bedingungen eines ausgebauten Netzes an geschützten Werkstätten zieht es ein Teil der Eltern von schwer behinderten Jugendlichen vor, ihre Kinder nicht in geschützte Werkstätten zu geben, weil sie mit dem Angebot nicht zufrieden sind.

Aus dem deutschen Sprachraum gibt es bisher keine Längsschnitt-Untersuchungen, die sich auf eine repräsentative Erfassung der Situation behinderter Jugendlicher und Erwachsener stützen können. Einige Untersuchungen, die den weiteren Lebensweg ehemaliger Sonderschüler verfolgt haben, haben zwar den Nachteil, daß sie nur einen Teil der von Kindheit an behinderten Jugendlichen und Erwachsenen erfassen (ein Teil der schwerbehinderten Kinder wird bereits frühzeitig in einem Heim untergebracht). Sie geben jedoch eine ungefähre Vorstellung über die gegenwärtige Arbeitssituation und den Bedarf an öffentlichen Hilfen für diese Gruppe von behinderten Menschen.

Mlczoch (1979) ist es gelungen, Auskunft über die gegenwärtigen Lebensumstände jener Schüler zu erhalten, die 7-20 Jahre zuvor Sonderschulen für schwerstbehinderte Kinder in Wien besucht haben. Ihre Ergebnisse zeigen, daß die Versorgungssituation für geistig behinderte Erwachsene selbst in einem städtischen Raum in Österreich noch Ende der 70-er Jahre nicht sehr günstig war. Nur 37% wurden durch die öffentlichen, institutionellen Angebote wie Werkstätten oder Heime erreicht. Ein relativ großer Teil lebte zuhause bei den Angehörigen, ohne einer regelmäßigen Beschäftigung nachzugehen.

Der Nachuntersuchungszeitraum dieser Untersuchung war relativ lang, sodaß ein größerer Teil der behinderten Menschen in einer Zeit die Schule verließ, in der kaum Beschäftigungseinrichtungen für behinderte Menschen vorhanden waren. Die Untersuchung von Forster und Mitarbeitern konnte hierzu ergänzende Informationen über die Situation Ende der 70-iger Jahre gewinnen (Forster 1979/80). In dieser umfangreichen Untersuchung wurden der weitere Lebensweg und die gegenwärtigen Lebensumstände von ehemaligen Sonderschülern aus verschiedenen Sonderschultypen in Wien und

Niederösterreich, die zwischen 1969 und 1972 die Schule abgeschlossen haben, rekonstruiert. Wir beziehen uns zunächst auf die Teilstichprobe der ehemaligen Schüler aus Sonderschulen für Schwerstbehinderte (N=40), wobei der größte Teil der Stichprobe in Wien die Schule besuchte. In dieser Stichprobe war fast die Hälfte der behinderten Erwachsenen bei der Nachuntersuchung in einer Werkstatt bzw. Beschäftigungstherapieeinrichtung tätig, ein Viertel konnte einer regelmäßigen Arbeit nachgehen oder zuhause im Familienbetrieb mithelfen. Ein Fünftel war allerdings auch in dieser Stichprobe ohne Beschäftigung zuhause.

Deutliche Unterschiede ergaben sich in dieser Untersuchung zwischen dem städtischen und dem ländlichen Raum. In Niederösterreich war kein einziger schwerbehinderter Erwachsener bei der Nachuntersuchung in einer Werkstatt beschäftigt (wobei allerdings die Stichprobe mit nur 7 Personen aus dem ländlichen Raum sehr klein war), einige halfen hingegen im Familienbetrieb mit.

Tab.1: Beschäftigungsverhältnisse von ehemaligen Sonderschülern 7 - 10 Jahre nach Schulaustritt (Schüler von Sonderschulen für Schwerstbehinderte in Wien und Niederösterreich, Daten nach Forster 1979/1980)

in Anstalten oder Pflegeheimen untergebracht	8%
in Werkstätten (z.T. zuhause, z.T. im Heim)	45%
arbeitet	12%
Mithilfe im Familienbetrieb	13%
Heimarbeit, Aushilfen	2%
bei Angehörigen ohne regelmäßige Beschäftigung	20%

Sowohl von Mlczoch (1979) wie von Forster (1979/1980) wird die Situation der schwerbehinderten Erwachsenen, die ohne Beschäftigung zuhause sind, als ungünstig beschrieben. Forster (1979/80) hob hervor, daß der Informationsstand über die Einrichtungen für behinderte Menschen vor allem im ländlichen Raum gering ist und die Inanspruchnahme von Hilfen auch durch das Transportproblem erschwert wird. Der Vergleich der beiden Untersuchungen weist darauf hin, daß der Anteil der geistig behinderten Erwachsenen, der nach dem Besuch der Sonderschule eine Werkstatt für behinderte Menschen besuchen, innerhalb der letzten 20 Jahre zugenommen hat. Erwachsene, deren Schulbesuch längere Zeit zurückliegt, dürften heute seltener Werkstätten besuchen als die geistigbehinderten Menschen, die in einer Zeit die Schule beendet haben, als bereits ein ausgebautes System von Tageseinrichtungen für behinderte Menschen vorhanden war.

Aus den Untersuchungen in Großbritannien und in Österreich können wir also folgern, daß gegenwärtig in den westeuropäischen Ländern etwa die Hälfte der geistigbehinderten Erwachsenen Werkstätten oder Tageseinrichtungen für Behinderte besucht. Ein kleinerer Teil der geistigbehinderten Erwachsenen ist in Anstalten untergebracht. In Großbritannien ist dieser Anteil mit 25% relativ hoch, wie hoch der Anteil in Österreich ist, läßt sich aus den vorhandenen Angaben nicht mit Sicherheit feststellen (die beiden referierten Untersuchungen haben die geistigbehinderten Menschen, die seit Kindheit in einem Heim bzw. einer Anstalt untergebracht waren, nicht erfaßt).

Die Beschäftigungssituation von körper- und sinnesbehinderten Menschen
Sowohl bei den körper- wie bei den sinnesbehinderten Menschen handelt es sich um eine Gruppe, die nach Art und Schweregrad der Beeinträchtigung sehr heterogen ist. Zudem spielt es auch eine wesentliche Rolle zu welchem Zeitpunkt die Behinderung eingetreten ist, da es von diesem Zeitpunkt einerseits abhängt, wieweit die Betroffenen lernen konnten, mit ihrer Behinderung umzugehen bzw. die Beeinträchtigung durch bestimmte Techniken zu kompensieren. Andererseits ist natürlich auch entscheidend, ob die Betroffenen vor dem Eintritt ihrer Behinderung bereits einen Beruf erlernen konnten.

Wir wollen uns hier auf die Darstellung jener Gruppe Körperbehinderter und Sinnesbehinderter beschränken, deren Behinderung bereits frühzeitig eingetreten ist und die deshalb bereits in der Schulzeit besondere Fördermaßnahmen erhalten haben. Forster (1979/80) konnte im Rahmen der Nachuntersuchung ehemaliger Sonderschüler in Wien und Niederösterreich auch den weiteren Lebensweg von ehemaligen Schülern der Haupt- und Sonderschulen für Körperbehinderte und jener der Haupt- und Sonderschulen für Seh- und Hörgeschädigte verfolgen.

Tab.2: Berufsausbildung und Beschäftigungsverhältnisse ehemaliger Schüler von Sonderschulen für Körper-, Seh- und Hörbehinderte in Wien und Niederösterreich 7-10 Jahre nach Schulaustritt (Daten nach Forster 1979/1980)

	Körperbeh.	Sehbehind.	Hörb.
Berufsausbildung begonnen	70%	92%	88%
Berufsausbildung abgeschlossen	53%	80%	75%
Erwerbstätig: Regulärer Arbeitsplatz	52%	74%	82%
Geschützter Arbeitsplatz	9%	10%	-
Informell erwerbstätig (Mithilfe)	3%	5%	5%
In Werkstatt (extern+intern)	11%	-	-
In Krankenhaus, Pflegeheim	6%	-	-
Zuhause ohne Tätigkeit	21%	5%	5%
In Ausbildung, Anderes	2%	6%	6%

Nach ihren Ergebnissen zu schließen, ist die berufliche Situation dieser Gruppe behinderter Erwachsener wesentlich günstiger als jene der geistigbehinderten. Der Großteil hat eine Berufsausbildung, teils in Form einer Lehre, teils in einer weiterführenden Schule, begonnen, und die Mehrzahl hat diese Ausbildung auch abschließen können. Zum Zeitpunkt der Nachuntersuchung (7-10 Jahre nach Schulabschluß) hatten die meisten eine Arbeitsstelle. Vor allem unter den Körperbehinderten findet sich jedoch eine größere Gruppe, die weder einen regulären noch einen geschützten Arbeitsplatz gefunden hat und die entweder ohne Beschäftigung zuhause ist oder eine Werkstatt für Behinderte bzw. eine Beschäftigungstherapie besucht.

7.5.1 Die Arbeitseingliederung behinderter Menschen über Quotenregelungen

Besondere Maßnahmen von staatlicher Seite für die Wiedereingliederung behinderter Menschen in den Arbeitsprozeß wurden in Europa erstmalig nach dem 1.Weltkrieg ergriffen. Es waren vor allem die vielen Kriegsversehrten, die in den Arbeitsprozeß eingegeliedert werden sollten. So hat Deutschland 1919 eine Regelung erlassen, nach der in den Betrieben ein bestimmter Prozentsatz an Arbeitsplätzen für Invalide bereitgestellt werden müsse. Ein ähnliche Regelung wurde 1920 in Österreich und 1923 in Italien und Polen erlassen (Kettle 1985). In anderen Ländern ist man später diesem Beispiel gefolgt.

Zunächst wurde nur an die Anstellung von Kriegs- und Arbeitsinvaliden gedacht. In den letzten Jahrzehnten ist jedoch der Kreis der Anspruchsberechtigten in den meisten Ländern ausgeweitet worden, bzw. es gilt die Verpflichtung zur Einstellung invalider Arbeitnehmer unabhängig von der Ursache der Invalidität.

Im Inhalt jedoch haben die einzelnen Länder diese Regelung verschieden definiert. So ist die für behinderte Arbeitnehmer vorgesehene Quote in den verschiedenen Ländern sehr unterschiedlich (Italien 15%, Frankreich 10%, BRD 6%, Österreich 4%, England 3%, Holland 2%, Japan 1.5%). Unterschiedlich ist auch die Definition der Gruppe, die unter die Quotenregelung fällt, und der Anwendungsbereich der Regelung. In vielen Ländern sind kleinere Betriebe ausgeschlossen, wobei jedoch die Betriebsgröße, ab der eine Einstellungsverpflichtung gegeben ist, unterschiedlich angesetzt wird (Frankreich ab 10 Arbeitnehmer, BRD ab 16, England ab 20, Österreich und Holland ab 25, Italien ab 35).

Die Durchführung der Quotenregelung ist in den verschiedenen Ländern ebenfalls sehr unterschiedlich. Die BRD und Österreich sehen eine (relativ geringe, in Österreich 1994 öS 1.870,-) Ausgleichsabgabe für jene Betriebe vor, die die Quote nicht erfüllen. Andere Länder, wie z.B. Großbritannien, haben dagegen keine effektiven Maßnahmen, um die Nichteinhaltung der Quote zu sanktionieren und betrachten die Quotenregelung mehr als eine Richtschnur und einen moralischen Kodex für die Betriebe.

In vielen Ländern wird berichtet, daß die vorgesehenen Quoten bei weitem nicht erfüllt werden. Aus England wird über die letzten 30 Jahre ein ständig steigender Prozentsatz an Firmen berichtet, die um Ausnahmegenehmigung ansuchen. In vielen Ländern ist zudem festzustellen, daß die öffentliche Hand in der Einhaltung der Quotenregelung kein besseres Beispiel gibt als private Betriebe (Lonsdale und Walker 1985).

In den letzten Jahren ist die Qotenregelung zum Teil sehr kontrovers diskutiert worden. In Großbritannien vor allem wird von Unternehmerseite, von der Arbeitsmarktverwaltung und von einem Teil der Gewerkschaften vorgeschlagen, die - ohnehin nicht sehr wirksamen - Zwangsmaßnahme der Quotenregelung abzuschaffen und durch eine freiwillige Verpflichtung zur Einstellung von Behinderten zu ersetzen. Allerdings wird von den Befürwortern der Quotenregelung darauf verwiesen, daß sich Kampagnen, die Arbeitgeber davon überzeugen sollten, Behinderte auf freiwilliger Basis einzustellen, sich ebenfalls nicht als sehr wirksam erwiesen haben (Lonsdale und Walker 1985). Befürworter der Quotenregelung weisen darauf hin, daß diese Regelung eine hohe Akzeptanz in der Bevölkerung genießt und daß von dem Großteil der Bevölkerung besondere Maßnahmen zum Schutz des Rechtes behinderter Menschen auf Arbeit als sinnvoll angesehen werden.

Die Quotenregelung ist in Österreich und der BRD mit einem besonderen Kündigungsschutz für behinderte Arbeitnehmer verbunden. Zusätzlich geniessen behinderte Arbeitnehmer noch einige andere Vorteile, wie ein Anrecht auf zusätzlichen Urlaub. Im Betrieb sind sie in der BRD durch einen Vertrauensmann in der Personalvertretung repräsentiert, der ihre Anliegen wahrnimmt.

Sozialwissenschaftler in Österreich und in der BRD gehen davon aus, daß das Behinderteneinstellungsgesetz bzw. das Schwerbehindertengesetz eher durch den Kündigungsschutz für invalide Arbeitnehmer als über eine vermehrte Neueinstellung behinderter Personen wirksam war.

7.5.2 Werkstätten für Menschen mit Behinderungen

Die "Werkstatt für Behinderte" ist eine wirtschaftlich bedeutsame Form der Arbeitseingliederung behinderter Menschen in den westlichen Industrieländern. Historisch gesehen hat sie ihre Wurzeln in den Versuchen, Arbeitnehmer, die durch einen Unfall die reguläre Arbeit verloren haben, weiterhin eine Beschäftigung zu ermöglichen. Der Träger ist oft ein privater Verband, die Gelder kommen von der öffentlichen Hand, da - von Ausnahmen abgesehen - die Erhaltungskosten nicht erwirtschaftet werden können.

Ziele der Werkstätten: Als Ziele für die Werkstätten werden meist genannt:

- *Sinnvolle Nutzung der Arbeitskraft behinderter Menschen.* Die Werkstätten verstehen sich als eine Organisationsform, in der die Arbeitsleistung behinderter Menschen ökonomisch sinnvoll genutzt werden kann.
- *Eingliederung der behinderten Menschen in den regulären Arbeitsprozeß.* Werkstätten sollten zu einer Wiederherstellung (Rehabilitation) der Arbeits-

fähigkeit und damit zu einer Eingliederung der Behinderten in den regulären Arbeitsprozeß führen.

- *Soziale Unterstützung.* Werkstätten sollten behinderten Menschen die sozialen und psychologischen Vorteile zugänglich machen, die mit einer Arbeitstätigkeit in unserer Gesellschaft verbunden sind.

Diese Ziele sind sehr hoch gegriffen, und es ist nicht schwer nachzuweisen, daß die Behindertenwerkstätten in der heutigen Form diesen Zielen nicht gerecht werden. Was die Ökonomie betrifft, so ist inzwischen klar geworden, daß eine wirtschaftliche Produktivität selbst dann nicht erreicht wird, wenn in den Werkstätten nur behinderte Menschen mit einer relativ hohen verbliebenen Arbeitsleistung aufgenommen werden (Review of Assistance for Disabled People, 1982).

Nicht viel besser schneiden die Werkstätten beim zweiten Ziel ab, beim Anliegen, behinderte Menschen in den regulären Arbeitsprozeß einzugliedern. So nahmen in Großbritannien in den 80-iger Jahren nur 1% der Beschäftigten in den geschützten Werkstätten reguläre Stellen an (Review of Assistance for Disabled People, 1982).

Schwerer zu beantworten ist die Frage, wieweit es den Werkstätten gelingt, ihren behinderten Mitarbeitern die sozialen Vorteile einer Arbeitstätigkeit zugänglich zu machen, wenn diese Tätigkeit im Ghetto der Werkstatt erfolgt.

Wenn auch diese Zielsetzung zu kritisieren ist, weil sie etwas vorspiegelt, was mit dieser Form der Beschäftigung nicht zu erreichen ist und damit Hoffnungen bei den Betroffenen weckt, die enttäuscht werden müssen, steht es für uns außer Frage, daß die Behindertenwerkstätten grundsätzlich eine unverzichtbare Möglichkeit der Beschäftigung für behinderte Menschen darstellen. Es geht daher um die differenzierende Frage, in welcher Form die Werkstätten zu führen sind, daß ein Teil der negativen Begleitwirkungen vermieden und die positiven Auswirkungen gestärkt werden können.

Unterschiedliche Organisationsformen: In vielen Ländern haben sich verschiedene Tagesstrukturen für behinderte Menschen herausgebildet, die ein gestuftes Angebot an Betreuungs- bzw. Beschäftigungsmöglichkeiten darstellen.

In *Großbritannien* werden drei Hauptorganisationsformen unterschieden:

- Sheltered workshops, die hauptsächlich von der Arbeitsmarktverwaltung geführt bzw. unterstützt werden und ein minimales Ausmaß an Arbeitsfähigkeit bei den Beschäftigten voraussetzen (etwa 30% der normalen Arbeitsleistung). Anfang der 80-er Jahre wurden in diesen Einrichtungen 13.800 behinderte Erwachsene beschäftigt (Review of assistance for disabled people, 1982).
- Adult Traning Centers, in denen sich vor allem geistigbehinderte Erwachsene finden. 1983 wurden hier 49.500 Personen betreut (Stübig 1987).

- Day Centers übernehmen zum Teil die Tagesbetreuung jener schwerbehinderten Menschen, die nicht in (als Spitäler bezeichneten) großen stationären Behinderteneinrichtungen untergebracht sind, die aber nur eine geringe Selbständigkeit aufweisen und daher viel Betreuung erfordern. Ein Teil der Schwerbehinderten wird auch in den Adult Trainig Centers betreut.

In den *USA* werden ähnlich wie in Großbritannien regular program workshops, die der Produktion einen höheren Stellenwert einräumen, von den work activities centers für schwerer Behinderte unterschieden (Whitehead 1979).

In *Österreich* wurde ebenfalls eine strikte Trennung zwischen verschiedenen Organisationsformen für die Beschäftigung Behinderter eingeführt: Geschützte Werkstätten sind Einrichtungen, die von dem Arbeitsmarktservice, den Landesregierungen und durch Beiträge aus dem Ausgleichstaxfond (in den jene Betriebe einzahlen müssen, die die Quoten des Behinderteneinstellungsgesetzes nicht erfüllen), unterstützt werden. Die Beschäftigten sollen mindestens 50% der regulären Arbeitsleistung erbringen. Sie werden nach kaufmännischen Gesichtspunkten geführt.

Neben diesem, dem Umfang nach relativ kleinen Angebot an Arbeitsplätzen - es umfaßt etwa 1000 Arbeitsplätze - , sind für die Beschäftigung schwerer behinderter Personen sogenannte beschäftigungstherapeutische Einrichtungen geschaffen worden, die von der Sozialhilfe finanziert werden.

In der *BRD* ist hingegen eine organisatorische Trennung der verschiedenen Beschäftigungseinrichtungen für behinderte Menschen bisher weitgehend unterblieben. Die ursprünglich vorgesehene Aufnahmevoraussetzung für die Werkstätten für Behinderte - eine Arbeitsleistung von wenigstens 30% der regulären Arbeitsleistung - wurde nie strikt angewandt und 1979 abgeschafft. Als minimale Aufnahmebedingungen werden heute genannt: Gemeinschaftsfähigkeit, weitgehende Unabhängigkeit von Pflege und ein (nicht mehr näher definiertes) Mindestmaß an wirtschaftlich verwertbarer Arbeitsleistung. Darüber hinaus solllten diese Richtlinien nach den Empfehlungen der Werkstattordnung großzügig ausgelegt werden. Trotzdem wurden neben Vollzeiteinrichtungen an vielen Orten Tagesstätten für schwerbehinderte Menschen, die die Anforderungen der Werkstatt nicht erfüllen, geschaffen. In manchen Werkstätten hat man allerdings intern Tagesstätten für jene behinderten Menschen eingerichtet, von denen keine oder nur eine sehr geringe produktive Arbeitsleistung zu erwarten ist.

In der *Schweiz* sind die Beschäftigungseinrichtungen für Behinderte im Dachverband der Werke für Behinderte zusammengefaßt. Es ist der einzelnen Werkstatt bzw. ihrem Träger überlassen, welche Orientierung sie ihrer Tätigkeit geben. Die Werkstätten unterscheiden sich demnach in ihrer produktiven Orientierung, wobei zwischen produktionsorientierten geschützten Werkstätten und gemischten Werkstätten, die sowohl Produktionsbetrieb wie Beschäftigungsstätte sind, differenziert wird (Bernath 1985). Unterschiede gibt es auch in der Orientierung an der Betreuung verschiedener Behindertergruppen. Während manche Werkstätten z.B. nur sinnesbehinderte Personen betreuen, sind andere für die Betreuung aller behinderten Menschen offen.

Entstehung und Entwicklung der geschützten Werkstätten im internationalen Vergleich: International gesehen hat die Anzahl der Plätze in geschützten Werkstätten in den letzten 30 Jahren einen beträchtlichen Zuwachs erfahren. Gab es Anfang der fünfziger Jahre noch kaum solche Einrichtungen, so stellen sie heute in den meisten industrialisierten Ländern eine Organisationsform von beträchtlicher Größe dar.

Ausgangspunkt für geschützte Werkstätten war vielfach die Arbeitseingliederung Erwachsener, die durch Unfall oder eine Krankheit eine Beeinträchtigung ihrer Arbeitsfähigkeit erlitten haben. Sie sollten durch spezielle Hilfestellungen aufgefangen und wieder einer beruflichen Tätigkeit zugeführt werden. Diese Zielsetzung läßt sich in Großbritannien etwa in den Empfehlungen der Tomlinson-Kommission aus den 40-er Jahren ablesen.

An geistigbehinderte Menschen wurde zunächst bei der Errichtung der geschützten Werkstätten nicht gedacht. Gerade diese Personengruppe hat jedoch entscheidend zur Ausweitung des Werkstättenangebotes beigetragen. So ist etwa in den USA die Anzahl der Plätze in den regular program workshops von Ende der 60-er bis zum Ende der 70-er Jahre nur um 85%, jene in den work activities centers jedoch um über 600% gestiegen. Während früher die körperbehinderten Menschen den größten Anteil der in Werkstätten Beschäftigten ausmachten, stellen heute die geistigbehinderten Menschen über 80% (Whitehead 1979).

In der *Bundesrepublik Deutschland* war die Ausweitung des Angebotes an Plätzen in geschützten Werkstätten in den letzten 30 Jahren noch beeindruckender. 1962 wurden in 17 Werkstätten insgesamt 500 Beschäftigte gezählt, 1984 gab es in 350 anerkannten Werkstätten 75.000 Arbeits- und Trainingsplätze (Semlinger und Schmid 1985). Diese Zahl ist in den letzten Jahren noch angewachsen. 1988 wurde mit rund 380 Werkstatt-Trägern und 620 Werkstattbetrieben die Zahl von 100.000 Werkstattplätzen erreicht (Anders 1989). Die Bundesarbeitsgemeinschaft der Werkstätten für Behinderte ging bei der Planung von 1.5 Werkstattplätzen auf tausend Einwohner aus, wobei allerdings ein regionales Gefälle bereits jetzt vorhanden ist und in manchen Gegenden die Zahl von 2 Werkstättplätzen auf 1000 Einwohner überschritten wurde (Semlinger und Schmid 1985). In den letzten Jahren ist aufgrund der Entwicklung der jährlichen Zugänge der Bedarf an Werkstättenplätzen nach oben korregiert worden und die Bundesarbeitsgemeinschaft schätzt, daß bis Mitte der 90-er Jahre weitere 25-35.000 Werkstattplätze benötigt werden (Anders 1986), was für die gesamte BRD dann ein Verhältnis von etwa 2 Werkstattplätze auf 1000 Einwohner entsprechen würde.

Die *Schweiz* hat ebenfalls in den letzten 30 Jahren ein umfangreiches System an geschützten Werkstätten aufgebaut (Bernath 1985). 1983 gab es in der Schweiz 218 Werkstätten für Behinderte mit cirka 13.000 beschäftigten behinderten Menschen, dies entspricht etwa 2 Werkstattplätze auf 1000 Einwohner oder 1 Werkstattplatz auf 240 Beschäftigte. Damit ist das Werkstattangebot in der Schweiz auf die Einwohnerzahl bezogen größer als jenes in der BRD.

Noch stärker ausgebaut sind die geschützten Werkstätten in den *Niederlanden*, wo bei einer Einwohnerzahl von 15 Millionen 86.000 Werkstattplätze zur Verfügung stehen (etwa 5.5 Plätze je 1000 Einwohner), wobei alle am regulären Arbeitsmarkt Benachteiligten Zugang haben (Krug 1995).

In *Schweden* werden derzeit etwa 30.000 Behinderte in 350 beschützenden Werkstätten betreut (Willmann 1987, Abrahamsson und Alm 1995), die seit 1980 von regionalen "Stiftungen für beschützende Arbeit" getragen wurden und derzeit überwiegend in einer staatlichen Gesellschaft (Samhall) zusammengefaßt sind. Zusätzlich sieht das schwedische Sozialsystem ein zeitlich gestaffeltes System von Lohnunterstützungen für behinderte Erwachsene vor. 1995 wurden 45.800 Personen mit staatlichen Lohnzuschüssen angestellt. Schweden hat damit, bezogen auf die Bevölkerungszahl, das am stärksten ausgebaute System an geschützten Arbeitsplätzen und geschützten Werkstätten. Pro tausend Einwohner stehen etwa vier Werkstattplätze zur Verfügung. Dabei ist allerdings zu berücksichtigen, daß in die geschützten Werkstätten nicht nur behinderte Menschen, sondern auch andere Personen mit Arbeitsplatzproblemen aufgenommen werden (Semlinger und Schmid 1985).

Ein direkter Vergleich des Angebotes an Werkstättenplätzen in verschiedenen Ländern ist nicht möglich, da zum Teil die Werkstättenplätze in größeren stationären Einrichtungen mitgezählt werden (etwa in der Bundesrepublik, wo die Arbeitseinrichtungen der großen Anstalten zur Bundesarbeitsgemeinschaft für Werkstätten gehören). In anderen Ländern geschieht dies nicht. Unsicherheit bezüglich der Zahl an geschützten Arbeits- und Beschäftigungsmöglichkeiten ergibt sich auch durch Unterschiede in der stationären Unterbringung behinderter Erwachsener. So ist etwa in der Bundesrepublik Deutschland und in der Schweiz nach wie vor eine größere Anzahl von Geistigbehinderten in psychiatrischen Landeskrankenhäusern untergebracht. In Großbritannien werden viele geistigbehinderte Erwachsene nach wie vor in großen Anstalten, mit einer spitalsähnlichen Organisationsform, betreut. Die dort untergebrachten behinderten Menschen werden bei der Zählung der Werkstattplätze nicht erfaßt.

Die Organisation der Werkstätten für Behinderte in der BRD: Als Beispiel soll die Organisationsform der Werkstätten für Behinderte in der BRD etwas ausführlicher dargestellt werden. Rechtliche Grundlage für die Werkstätten für Behinderte in der BRD ist das Schwerbehindertengesetz. Die Werkstätten sollen behinderten Erwachsenen, die "nicht, noch nicht oder noch nicht wieder auf dem allgemeinen Arbeitsmarkt tätig sein können, einen Arbeitsplatz oder Gelegenheit zur Ausübung einer geeigneten Tätigkeit" bieten (§ 52). Voraussetzung zur Aufnahme ist ein Mindestmaß an wirtschaftlich verwertbarer Arbeitsleistung, das allerdings seit 1979 nicht mehr näher definiert wird.

Die Standards für den Personalschlüssel sind relativ niedrig, wobei zwischen dem Aufnahme- und Trainingsbereich und dem eigentlichen Arbeitsbereich (mit jeweils verschiedenen Kostenträgern, im ersten Fall die Arbeitsmarktverwaltung, im zweiten Fall die Sozialhilfe) unterschieden wird.
Im Arbeits- und Trainingsbereich ist ein Personalschlüssel von 1:6, im Arbeitsbereich ein Personalschlüssel von 1:12 vorgesehen.

Die begleitenden sozialpädagogischen Dienste sind unabhängig davon geregelt (1 Sozialpädagoge auf 120 beschäftigte Behinderte), Personal für die psychologische und therapeutische Betreuung muß direkt mit den Trägern ausgehandelt werden (Semlinger und Schmid 1985). Der tatsächliche Personalschlüssel liegt etwas besser als die Richtlinien ihn vorsehen. 1988 beschäftigten die Werkstätten etwa 20.000 Mitarbeiter für die Betreuung und Arbeitsorganisation (Anders 1989).

Die Werkstätten für Behinderte sollen eine Mindestgröße von 120 beschäftigten behinderten Personen aufweisen (wobei diese Zahl auch durch den Verbund mehrerer Werkstätten erreicht werden kann), um ein genügend großes Angebot an verschiedenen Arbeitsplätzen erreichen zu können. Träger der Werkstätten sind in der BRD fast ausnahmslos private Verbände. Die Werkstätten sind jedoch für ein bestimmtes Einzugsgebiet zuständig. Behinderte Menschen, die den Aufnahmekriterien entsprechen, haben ein Recht auf Aufnahme.

Gerade im ländlichen Raum haben sich bei der Realisierung größerer Werkstätten beträchtliche Probleme ergeben. Man geht heute davon aus, daß die Fahrtzeiten zu den Werkstätten nicht mehr als 30-40 min betragen sollten. Trotzdem betragen die Fahrtkosten, die von den Werkstätten getragen werden, in einzelnen Werkstätten unter diesen Bedingungen fast die Hälfte der von der öffentlichen Hand vergüteten Tagessätze.

Für die Arbeit der Werkstätten existieren verschiedene Konzeptionen, die sich jedoch bisher noch nicht eindeutig durchsetzen konnten. Nach Tews und Wöhrl (1981) wird eine Aufgliederung der Werkstätten in einen stärker produktiv orientierten und einen mehr pädagogisch orientierten Teil, bei dem das Angebot von Beschäftigungs- und Fördermöglichkeiten im Vordergrund steht, erwogen. Im Allgemeinen jedoch geht man noch immer von der einheitlichen Werkstätte für alle behinderte Menschen aus, obwohl eine Differenzierung innerhalb einer Werkstatt und zwischen den Werkstätten eines Werkstättenverbundes in behindertenspezifische Gruppen von vielen empfohlen wird (Speck 1987).

Die finanziellen Regelungen der bundesdeutschen Werkstätten für Behinderte sehen neben einem Grundgehalt für die beschäftigten behinderten Menschen in Form einer monatlichen Prämie (die offiziell als Lohn bezeichnet wird und 1986 durchschnittlich 220 DM betrug) die Übernahme der Krankenversicherung durch die Träger und einen Beitrag zur Rentenversicherung vor, der nicht an die Prämie, sondern an den Durchschnittsverdienst aller Rentenversicherten gebunden ist (bis 1984 betrug die Bemessungsgrundlage 90% des Durchschnittsverdienstes, 1984 wurde sie auf 70% gesenkt). Der Lohn für die behinderten Mitarbeiter ist von den erzielten Erträgen und der Arbeitsleistung der einzelnen Beschäftigten abhängig und zeigt damit eine große Streuung (Bernhart 1977).

Nach dem Schwerbehindertengesetz werden Aufträge von Betrieben an Werkstätten für Behinderte gefördert. Betriebe, die die vorgesehene Beschäftigungsquote nicht erfüllt haben, können bis zu 30% der in diesem Fall zu entrichtenden Ausgleichsabgabe durch die Vergabe von Aufträgen an Werkstätten für Behinderten ersetzen. Auch die öffentliche Hand ist angewiesen, Angebote von Werkstätten für Behinderte bevorzugt zu berücksichtigten, wobei innerhalb von festgelegten Bandbreiten auch teurere Angebote akzeptiert werden können (Tews und Wöhrl 1981). Trotz dieser Begünstigung von Aufträgen an die Werkstätten ist auch in der BRD, wie in den anderen Ländern, die Beschaffung von Aufträgen ein Problem.

Kritik an den geschützten Werkstätten: Die Kritik, die allenthalben von Betroffenen und Experten an der Beschäftigung behinderter Menschen in den Werkstätten für Behinderte geäußert wird, läßt sich in folgenden Punkten zusammenfassen:

- Es werden überwiegend einfache unqualifizierte Arbeiten ausgeführt.
- Die Werkstätten sind als Zulieferer für die Industrie in einer schlechten Verhandlungsposition und erhalten nur Arbeitsaufträge, für die sich ein Maschineneinsatz nicht lohnt, und dies zu ungünstigen Bedingungen.
- Die Beschaffung von Arbeitsaufträgen ist in vielen Werkstätten ein konstantes Problem, und häufig haben die Werkstätten zuwenig Arbeitsaufträge.
- Die Werkstätten werden zuwenig nach betriebswirtschaftlichen Gesichtspunkten geführt.
- Die Entlohnung der behinderten Mitarbeiter für die geleistete Arbeit ist äußerst gering.
- Auch der rechtliche Status der Beschäftigten in den Werkstätten ist äußerst ungünstig. Es gibt in den meisten Werkstätten weder ein formelles Mitspra-

cherecht noch eine Interessensvertretung der beschäftigten behinderten Menschen.

- Förderung und Anlernen für neue Tätigkeiten kommt gegenüber der eigentlichen Arbeit vielfach zu kurz.
- Werkstätten für Behinderte stellen eine Form der Segregation dar. Dem behinderten Arbeitnehmer wird die Teilnahme an den Erfahrungen und am Arbeitsleben der Nicht-behinderten vorenthalten.
- Obwohl die Werkstätten für Behinderte den Auftrag der Rehabilitation übernommen haben, ist die Anzahl der behinderten Personen aus den Werkstätten, die einen regulären Arbeitsplatz finden, sehr gering. Nach Rusch et al. (1985) sind es zudem vielfach Personen, die nur relativ kurz die Werkstätten besucht haben und bei denen eine Arbeitseingliederung wahrscheinlich schon vor dem Besuch der Werkstätten möglich gewesen wäre.

Vor allem die Arbeiten, die in den Werkstätten ausgeführt werden, sind in mehreren Untersuchungen einer detailierten Analyse unterzogen worden. So haben in der BRD Deutsch und Frieling (1980) die Arbeitsplätze in 8 Behindertenwerkstätten mit einem Arbeitsplatzbewertungssystem (Fragebogen zur Arbeitsanalyse, FAA) untersucht. Aufgrund der Beobachtung von 302 Arbeitsplätzen kamen sie zu dem Schluß, daß die meisten Arbeitsplätze durch ein minimales Anforderungsspektrum, ausgeprägte Repetivität und einseitige Beanspruchung gekennzeichnet sind. Es konnten zwar 17 verschiedene Tätigkeitstypen identifiziert werden, der häufigste Tätigkeitstyp, einfache Montage und Verpackung, machte jedoch bereits ein Drittel aller Tätigkeiten aus. Zwei weitere Tätigkeitstypen, Handlangertätigkeiten und einfache Haushaltstätigkeiten sowie konventionelle Maschinenbedienungen, waren für ein weiteres Drittel der Arbeitsplätze bestimmend. Zu weitgehend ähnlichen Ergebnissen kam auch die Untersuchung von Whelan und Speake (1979) über die Arbeitssituation in den Adult Training Centers in Großbritannien. Auch sie fanden, daß kaum Arbeiten ausgeführt werden, die den Einsatz von Maschinen erfordern und daß die Tätigkeiten sehr einfach und repetitiv sind.

Eine grundsätzlicher gehaltene Kritik, aus der sich viele der zuvor genannten Kritikpunkte ableiten lassen, sieht in der Arbeitsweise der Werkstätten für Behinderte die Pflege und Betreuung der behinderten Menschen zu sehr betont. In der Tat haben verschiedene Untersuchungen gezeigt, daß in der Einstellung von Mitarbeitern in Werkstätten für Behinderte einer Erhöhung der Arbeitsproduktivität nur eine untergeordnete Bedeutung zugemessen wird (Lane 1985). Die Aufgabe der Werkstätten wird stärker in der Sozialerziehung gesehen. Viele Mitarbeiter lehnen die moderne Industriearbeit, vor allem die Fließbandarbeit und ähnliche arbeitsteilige Produktionsweisen, ab und meinen, daß diese Arbeit niemand und am wenigsten behinderten Menschen zugemutet werden sollte. Das Bestreben der Betreuer geht nach diesen Berichten eher dahin, eine soziale Gemeinschaft in der Werkstatt zu bilden.

Auch einfache Putz- und Instandhaltungsarbeiten werden - nach eigenen Beobachtungen - oft abgelehnt und an externe Firmen übergeben, und dies obwohl sie ohne weiteres von den behinderten Mitarbeitern der Werkstatt geleistet werden könnten, wie z.B. Küchenarbeiten und Reinigungsarbeiten.

Diese negative Einstellung gegenüber der Arbeitsorganisation in Industriebetrieben ist nach Lane (1985) verbunden mit einer Skepsis und einer abwertenden Haltung gegenüber dem Arbeitsvermögen von behinderten Menschen, speziell von geistigbehinderten Menschen. Betreuer würden vielfach denken, daß sich die behinderten Menschen in der Werkstatt am wohlsten fühlen würden und die Aufnahme einer Arbeit außerhalb weder wünschen noch in Betracht ziehen. Diese Einstellung würde sich mit jener der Eltern der behinderten Menschen decken, denen die möglichen Belastungen und Gefahren, die in ihren Augen mit einer Arbeitseingliederung verbunden sind, Angst bereiten. Wenn dagegen die geistigbehinderten Menschen selbst nach ihrer Meinung gefragt wurden, so meinte immerhin ein Drittel, daß sie nicht so gerne in die Werkstatt gehen würden. Die überwiegende Mehrzahl meinte zudem, daß sie gerne außerhalb der Werkstatt arbeiten würden, wenn dies möglich wäre (Lane 1985).

Problematik einer Werkstatt für alle behinderten Menschen: Dadurch, daß sich die geschützten Werkstätten international recht einheitlich zu einer Beschäftigungsstätte primär für Menschen mit einer geistigen Behinderung entwickelt haben, fühlen sich jene Gruppen oft an den Rand gedrängt, deren Behinderung weniger durch ein reduziertes Leistungsvermögen und eine erschwerte Lernfähigkeit bedingt ist, sondern durch andere Probleme. Vor allem körperbehinderte und psychisch behinderte Menschen sehen ihre Anliegen in der derzeitigen Organisationsweise der Werkstätten und in dem dort vorhandenen Angebot an Arbeitsplätzen zu wenig berücksichtigt. Zum Teil rührt das Unbehagen von körperbehinderten und psychisch behinderten Menschen auch aus der Angst, durch ihre Beschäftigung in den Werkstätten für Behinderte zusätzlich zu den eigenen Schwierigkeiten auch etwas von dem Makel abzubekommen, mit dem geistigbehinderte Personen in unserer Gesellschaft versehen sind.

Die Erfahrung mit der bisherigen Betreuung psychisch behinderter Menschen in den Werkstätten für Behinderte hat gezeigt, daß sich die gegenwärtige Arbeitsweise der Werkstätten für psychisch behinderte Menschen insofern ungünstig auswirkt, als der geringe Leistungsdruck, der in den meisten Werkstätten herrscht, als realitätsfern empfunden wird und daß im normalen Betrieb der Werkstätten aber auch zuwenig Gelegenheit vorhanden ist, die entstehenden Schwierigkeiten und die damit aktualisierten persönlichen Probleme aufzuarbeiten. Vor allem aber müssen Mittel und Wege gefunden werden, um die Leistungsmotivation der psychisch behinderten Menschen zu heben. Ihre

Leistungsmotivation ist in den geschützten Werkstätten vielfach besonders gering, was sich in den Fehlzeiten, in häufigen Arbeitsunterbrechungen und einer oft geringeren Produktivität als bei den übrigen behinderten Mitarbeitern der Werkstätten ausdrückt (Wedekind 1987).

In der BRD ist daher ein Trend festzustellen, in dem Netz der Werkstätten für Behinderte eigene Abteilungen oder eigene Werkstätten für psychisch behinderte Menschen zu schaffen, die ihren Bedürfnissen besser Rechnung tragen. Für die Betreuung dieser Abteilungen wird ein anderer Personalschlüssel (mehr sozialpädagogisches und psychologisches Personal) gefordert und es werden Anpassungen in der Organisationsform vorgeschlagen (Wedekind 1987). Diese Anpassungen sollen garantieren, daß die erbrachten Leistungen ein Einkommen ermöglichen, das dem Durchschnittseinkommen entspricht und daß für die Beschäftigten ein klarerer Zusammenhang zwischen ihrer Leistung und dem erzielten Einkommen besteht. In Österreich wurden im Rahmen der Psychiatriereform Anfang der 80-er Jahre von vornherein eigene Werkstätten für psychisch behinderte Menschen geschaffen, eine Analyse und Evaluation der dabei gemachten Erfahrungen steht jedoch noch aus.

Entwicklungstendenzen: Es zeichnen sich heute zwei Entwicklungstendenzen ab. Auf der einen Seite steht eine starke Tendenz zum weiteren Ausbau der Behindertenwerkstätten, auf der anderen die Bestrebungen, zumindest die leichter behinderten Menschen in reguläre Betriebe und Organisationen zu integrieren.

In der zweiten Hälfte der 70-er Jahre ist es in einigen Ländern mit einem ausgebauten System an Werkstätten für Behinderte zu einer ernsten Krise gekommen. In der Schweiz etwa hat sich zu dieser Zeit bei einer Umfrage gezeigt, daß 60% der Behindertenwerkstätten an einem Mangel an Aufträgen leiden und deshalb nicht genügend Arbeit vorhanden ist, um die behinderten Mitarbeiter sinnvoll zu beschäftigen (Bernath 1985). Die Behindertenwerkstätten waren weitgehend auf Subaufträge aus der Industrie angewiesen, die vielfach nur kurzfristig gegeben wurden. Bei einem Rückgang der Produktion wurden viele Aufträge nicht mehr nach außen in die Werkstätten vergeben, sondern in den Betrieben selbst bearbeitet. Eine ähnliche Situation war in Schweden und in Großbritannien gegeben. Neben dem Mangel an Aufträgen wurde auf dem damals enger werdenden Markt deutlich, daß die Behindertenwerkstätten bei den Subaufträgen aus der Industrie in einer ungünstigen Verhandlungsposition waren und nur ein geringes Entgelt für die geleistete Arbeit erzielen konnten. In diesen Ländern wurden als Reaktion auf diese Situation zentrale Koordinierungs- und Verkaufsorganisationen geschaffen und eine stärker betriebswirtschaftlich orientierte Arbeitsweise der Werkstätten eingeführt.

Die Werkstättenverbände mit ihren zentralen Verwaltungsorganen sind in der Zwischenzeit vielfach zu einem beachtlichen Wirtschaftsfaktor geworden mit einer starken Lobby. Sie haben sich teilweise zu Unternehmen mit einem modernem Management, mit eigenen Einkaufs- und Vertriebsorganen entwickelt.

Es wäre nur zu verständlich, wenn Werkstätten versuchten, die weniger behinderten Mitarbeiter zu halten, da sie nicht nur die Produktivität der Werksatt steigern helfen, sondern auch die Betreuungsarbeit insgesamt erleichtern. Aber das kann weder im Interesse der Behinderten liegen, noch im Interesse der öffentlichen Hand.

Gegenüber dem imponierenden Ausbau der Behindertenwerkstätten haben die Versuche, behinderte Menschen in den regulären Arbeitsprozeß zu integrieren, einen schweren Stand. Nicht nur, daß die Integrationsarbeit selbst mühevoll und mit ständigen Rückschlägen belastet ist. Auch die Unternehmen selbst stehen der Eingliederung der behinderten Menschen in den regulären Produktionsprozeß oft nicht positiv gegenüber.

Die distanzierte Haltung der Werkstätten zur Integration der behinderten Menschen in den regulären Arbeitsprozeß hat noch einen weiteren Grund. Integriert werden vor allem jene behinderten Personen, die ein relativ hohes Leistungsniveau haben und wenig zusätzliche Betreuung erfordern. So ergibt sich notwendig, daß in den Werkstätten eine Gruppe schwerbehinderter Menschen zurückbleibt, für die die Arbeit dort den Stellenwert einer Abwechslung in der Tagesgestaltung annehmen dürfte.

In dieser Situation, in der sich verschiedene Entwicklungen abzeichnen, die jedoch alle ihre Gefahren und möglichen Nachteile haben, ist es notwendig, ernsthaft über Kompromisse und Alternativen nachzudenken. Es sollten Lösungen angestrebt werden, die einerseits einer möglichst weitgehenden Arbeitsintegration nicht entgegenstehen, sondern diese fördern. Andererseits sind die berechtigten Anliegen der schwerer behinderten Menschen und die Gefahr im Auge zu behalten, daß diese noch stärker an den Rand der Gesellschaft gestellt werden, wenn sie als einzige kleinere Gruppe in Beschäftigungseinrichtungen zurückbleiben. Eine Möglichkeit zur Vermeidung einer solchen Randstellung erblicken wir darin, Werkstätten oder Beschäftigungsgruppen in größere Einrichtungen mit verschiedenen Aufgaben zu integrieren.

7.5.3 Arbeitseingliederung von Schwerbehinderten außerhalb geschützter Werkstätten: Internationale Erfahrungen

Die Kritik an den geschützten Werkstätten hat in den 70-er Jahren erste Versuche angeregt, auch für schwerbehinderte Menschen die Arbeitseingliederung an regulären Arbeitsplätzen anzustreben. Mittlerweile sind diese Bemühungen über ein erstes Versuchsstadium weit hinaus und es haben sich vor allem in den USA Modelle einer externen Arbeitseingliederung entwickelt, die in ihrer Differenziertheit durchaus als Alternative, zumindest aber als Ergänzung zur herkömmlichen Betreuung in geschützten Werkstätten anzusehen sind.

Es werden verschiedene Formen von Arbeitseingliederung unterschieden, wobei für diese Unterscheidung sowohl die Form der Anstellung wie das Ausmaß der Unterstützung maßgebend sind.

- *Sheltered industrial groups (SIG).* Als eine Vorform dieser Arbeitseingliederung kann die Bildung von Arbeitsgruppen behinderter Menschen in regulären Betrieben betrachtet werden, eine Form, die in verschiedenen Ländern (Großbritannien, Schweiz) Eingang gefunden hat. In Großbritannien wurden diese Arbeitsgruppen früher Enklaven genannt, jetzt spricht man von sheltered industrial groups (SIG). Diese Form ist bereits 1960 entstanden, erfaßt aber auch heute noch nur eine relativ kleine Zahl von behinderten Menschen (1982 etwa 300 Personen). Die Gruppen bestehen meist aus 4-8 behinderten Menschen (Lonsdale und Walker 1985). werden von einem privaten Träger angestellt, der mit der Firma die geleistete Arbeit verrechnet. Sie erhalten das branchenübliche Entgelt, wobei der Fehlbetrag zwischen den Kosten und dem Erlös von der Arbeitsmarktverwaltung bzw. den sozialen Diensten getragen wird.
- In anderen Ländern (auch in Österreich) wurden sogenannte *„dislozierte" bzw. externe Werkstattgruppen* gebildet, die Arbeitsgruppen in auswertigen Betrieben bilden, aber formell noch den Werkstätten für Behinderte bzw. den Beschäftigungstherapieeinrichtungen angehören, also kein reguläres Gehalt erhalten, sondern eine etwas erhöhte Prämie für die geleistete Arbeit.
- *Unterstützte Beschäftigung.* Eine weitere Form wird in den USA stukturierte oder unterstützte Beschäftigung genannt (Horner und Bellamy 1979, Rusch 1990). In dieser Form sollen die Behinderten intensiv auf die Anstellung und die konkreten Arbeitsaufgaben vorbereitet werden, weiters ist eine Unterstützung und laufende Kontrolle durch spezielles Personal vorgesehen, das auch die eventuell notwendig werdende Ausbildung für neue Aufgaben bei einer Umstellung des Arbeitsvorgangs übernimmt. Es kann sich dabei um einzelne Arbeitsstellen in einer Firma oder um eine Arbeitsgruppe behinderter Personen handeln, die - ähnlich den externen Werkstattgruppen - gemeinsam bestimmte Aufgaben übernehmen. In diesem Fall arbeitet vielfach eine kleine Gruppe behinderter Personen gemeinsam mit einem Betreuer in einem Betrieb. Gelegentlich übernimmt eine Gruppe von behinderten Menschen als mobiles Team auch Arbeitsaufträge in verschiedenen Firmen (z.B. Reinigungsarbeiten).
- *Reguläres Arbeitsverhältnis.* Als letzte Form und in gewisser Weise als Ziel der Eingliederung schließlich wird das reguläre Arbeitsverhältnis über den Arbeitsmarkt angesehen. Hier handelt es sich also um konkurrenzfähige Arbeitsplätze (competitive employment). Der regulären Beschäftigung kann

eine befristete Anstellung in Betrieben vorausgehen. In dieser Zeit soll den behinderten Arbeitnehmern die Möglichkeit gegeben werden, sich in der neuen Situation und an neuen Aufgaben zu erproben.

Aufgrund der Erfahrungen der letzten Jahre wird heute zunehmend von der Einrichtung spezieller Arbeitsgruppen für behinderte Menschen in Betrieben abgeraten. Einzelne Arbeitsstellen für behinderte Menschen ermöglichen in einem weit höheren Maße, daß diese von der Unterstützung durch nicht-behinderte Kollegen profitieren können und daß sich ein intensiverer Kontakt zu den Kollegen ergibt. Nicht-behinderte Kollegen können damit zum Teil jene Funktionen übernehmen, die sonst Mitarbeiter sozialer Dienste übernehmen müßten (Brown et al. 1991).

Trendwende in der Beschäftigung Behinderter: Neuere Arbeiten zeigen, daß die Unterstützung der Arbeitseingliederung durch die Behörden ein positives Echo bei den Rehabilitationseinrichtungen ausgelöst hat (Schalock et al. 1989). Es ist in den USA zu einer Trendwende bei der Beschäftigung behinderter Personen gekommen. Während früher nur wenige Prozent aus den Werkstätten auf einen regulären Arbeitsplatz gewechselt sind, ist es in den letzten Jahren diesen Einrichtungen bei etwa 18% der Betreuten gelungen, für sie ein Arbeitsverhältnis in externen Betrieben zu finden. Der Großteil davon wurde auf reguläre Arbeitsplätze vermittelt (10%), die übrigen jeweils zur Hälfte auf unterstützte oder temporäre Arbeitsplätze. Kritisch ist freilich anzumerken, daß in den USA die Bezahlung auf den meisten regulären Arbeitsplätzen, die geistig behinderte Erwachsene einnehmen, derzeit sehr gering ist. Ein finanzieller Vorteil erwächst den geistig behinderten Arbeitnehmern vor allem daraus, daß der Bezug dieses Einkommens mit dem Weiterbezug finanzieller Unterstützungen durch die Sozialhilfe vereinbar ist. Hierin liegt auch eine der Schwierigkeiten bei der Übertragung der Arbeitseingliederungsmodelle aus den USA auf deutschsprachige Verhältnisse. In Österreich ist das Arbeitsentgelt in manchen Tätigkeit nicht oder nur unwesentlich höher als die finanziellen Leistungen durch Sozialhilfe, erhöhte Kinderbeihilfe und eventuell Hinterbliebenenrenten. Durch die Aufnahme einer beruflichen Tätigkeit drohen jedoch diese finanziellen Leistungen für immer zu entfallen, selbst wenn das Arbeitsverhältnis nach einiger Zeit beendet werden muß.

Arbeitsplätze für geistig behinderte Menschen: Von Interesse sind die Erfahrungen, auf welchen Arbeitsplätzen es vor allem gelungen ist, geistig behinderten Menschen eine konkurrenzfähige Arbeitsstelle zu verschaffen (Schalock et al. 1989):

- An erster Stelle stehen Arbeitsplätze im Gastgewerbe, vor allem in Kantinen und Imbißketten.
- An zweiter Stelle folgen Arbeitsstellen bei Gebäudeinstandhaltungs- und Reinigungsfirmen.

- Weitere Arbeitsstellen beinhalten einfache Montage- und Verpackungsaufgaben.

Diese 3 Formen von Arbeitsplätzen machen etwa die Hälfte aller Arbeitsstellen aus. Einige Arten von Arbeitsplätzen haben eine lange Tradition in der Arbeitseingliederung von geistigbehinderten Menschen, z.B. die Beschäftigung in einer Kantine oder Cafeteria, wo es das berühmte, auch verfilmte Beispiel von Billy gibt, der in einer Universitäts-Cafeteria gearbeitet hat.

Um die Arbeitseingliederung stärker voranzubringen, scheint es jedoch nötig zu sein, ein weiteres Spektrum an Arbeitsplätzen zu erschließen. Dies gilt insbesondere für geistig behinderte Frauen, die derzeit - ähnlich wie nichtbehinderte Frauen - auf dem regulären Arbeitsmarkt nur in wenigen Berufen eine Arbeit finden. Aus diesem Grund wurden von unserer Arbeitsgruppe im Rahmen eines vom Sozialministerium geförderten Projekts 130 für lern- und geistig behinderte Menschen in Frage kommende Arbeitsplätze in ihren Anforderungen analysiert und beschrieben (Schabmann und Klicpera 1995).

Fertigkeiten, die für ein erfolgreiches Bestehen in regulären Arbeitsverhältnissen erforderlich sind: Während Bemühungen um die Arbeitsrehabilitation in den Werkstätten sich vor allem auf die Steigerung der Produktivität richteten, zeigte sich bei dem Bemühen um eine Arbeitseingliederung sehr deutlich, daß nicht nur die Arbeitsproduktivität, sondern ein angemessenes Verhalten am Arbeitsplatz von entscheidender Bedeutung dafür ist, ob es einem Behinderten gelingt, seine Stelle zu halten oder nicht. Rush und andere entwickelten deshalb das Konzept der Überlebensfertigkeiten am Arbeitsplatz.

Es wurde auch deutlich, daß die für eine Arbeitsstelle wesentlichen Fertigkeiten nicht abstrakt und losgelöst vom jeweiligen Setting bestimmt werden können, sondern eine ökologische Validität haben müssen, d.h. vor allem daß sie der Sichtweise der Arbeitgeber und der Mitarbeiter am Arbeitsplatz entsprechen müssen.

Vorteile der Tätigkeit behinderter Personen aus der Sicht der Arbeitgeber: Aus der Sicht der Arbeitgeber wird als Vorteil vor allem die relativ hohe Arbeitsmotivation behinderter Menschen selbst bei einfachen Aufgaben genannt. Darüber hinaus wird als ein Vorteil angeführt, daß bei einfachen Aufgaben oft eine stärkere Personalfluktuation festzustellen ist, während behinderte Menschen eher dazu zu motivieren sind, diese Aufgaben für längere Zeit auszuüben.

7.5.4 Berufliche Rehabilitationszentren

Berufliche Rehabilitation kann entweder durch betriebsinterne Ein- und Umschulungen oder durch berufliche Rehabilitationsmaßnahmen in überbetrieblichen Einrichtungen erfolgen. Spezielle Zuschüsse zu betrieblichen Qualifikationsmaßnahmen sollen Betriebe veranlassen, geeignete Ausbildungsplätze für behinderte Menschen bereitzustellen. Einarbeitungen und kurzfristige Umschulungen werden bei geeigneten Rahmenbedingungen häufiger in Betrieben vorgenommen (Tews und Wöhrl 1981). Betriebsinterne Umschulungen, die zu einer deutlichen Verbesserung der Qualifikation führen, sind hingegen relativ selten. Die meisten Maßnahmen, die bei einem Eintreten einer Behinderung bei einem bereits beschäftigten Arbeitnehmer betriebsintern gesetzt werden, bestehen in Veränderungen der Arbeitsbedingungen und Arbeitsinhalte sowie in betriebsinternen Umsetzungen. Ein betriebsinterner Wechsel des Arbeitsplatzes ohne spezielle rehabilitative Maßnahmen führt allerdings vielfach zu einer Verschlechterung der Arbeitssituation (geringere Entlohnung, weniger Aufstiegschancen etc.). Daher bemühen sich vielfach behinderte Menschen ihren Arbeitsplatz zu behalten, selbst wenn sie dabei Tätigkeiten ausüben müssen, von denen ihnen ärztlicherseits abgeraten wurde (Tews und Wöhrl 1981).

In vielen Ländern haben sich neben den Werkstätten für Behinderte spezielle überbetriebliche Einrichtungen zur Arbeitsrehabilitation für behinderte Menschen herausgebildet.

Am stärksten wurde dieses System in der BRD ausgebaut (Tews und Wöhrl 1981, Semlinger und Schmid 1985), wo es neben 34 Berufsbildungszentren für behinderte Schulabgänger mit 10.500 Plätzen ein Netz von 21 Berufsförderzentren mit 15.300 Plätzen zur Umschulung und Weiterbildung für behinderte Erwachsene gibt, die bereits im Berufsleben gestanden sind. Die Rehabilitationsmaßnahmen in den Berufsförderzentren dauern in den meisten Fällen (80% nach Tews und Wöhrl 1981) 18 bis 24 Monate, die Kosten werden entweder von den Rentenversicherungen oder von der Arbeitsmarktverwaltung getragen. Ziel der Berufsförderzentren ist es möglichst zukunftsbezogene, behinderungsgerechte Ausbildungen anzubieten. Dazu werden von einem eigenen Lehrkörper Ausbildungslehrgänge für verschiedene Berufsbilder angeboten, in denen praktischer (in eigenen Werkstätten, aber auch in externen Übungsfirmen) und theoretischer Unterricht miteinander verbunden wird. Der eigentlichen Umschulung geht eine Phase der Arbeitserprobung und Berufsfindung voraus. Die Umschulung wird oft durch eine nachfolgende, finanziell geförderte betriebliche Einarbeitungszeit ergänzt.

Berufsförderungswerke sind relativ große Einrichtungen mit 300 bis 1800 Plätzen, die ein größeres Einzugsgebiet versorgen und daher mit einem Internat bzw. angeschlossenem Heim verbunden sind. Eine Mindestgröße von mehreren hundert Plätzen wird für erforderlich gehalten, um eine genügende Anzahl von qualifizierten Ausbildungslehrgängen und auch begleitende Dienste anbieten zu können. Die meisten Berufsförderungswerke sind für Erwachsene mit verschiedenen Behinderungen offen, daneben gibt es noch einige kleinere spezielle Einrichtungen für Querschnittsgelähmte und Blinde.

Der Erfolg der Berufsförderwerke wird positiv beurteilt, sie weisen eine hohe Rate an Absolventen auf, die nach Beendigung der Rehabilitationsmaßnahmen eine Beschäftigung finden. Etwa die Hälfte stuft ihre berufliche Situation als gebessert ein.

Neben den Berufsförderwerken, die speziell zur beruflichen Rehabilitation geschaffen wurden, bieten in der BRD auch Abteilungen bzw. Krankenhäuser zur medizinischen Rehabilitation nicht nur Maßnahmen an, die die Krankheit selbst unmittelbar beeinflussen sollen, wie Physiotherapie und Arbeitstherapie, sondern auch berufsfördernde Rehabilitationsmaßnahmen, um den langen Zeitraum, der für medizinische Rehabiltationsmaßnahmen oft erforderlich ist, effektiver zu nutzen.

In anderen Ländern, wie etwa in Großbritannien, existiert demgegenüber vor allem ein etwas breiter gefächertes System für kurzfristige Reahbilitationsmaßnahmen (etwa 3 Monate), dessen 27 Zentren mit 15.000 Plätzen von der Arbeitsmarktverwaltung getragen werden. Es wird jedoch als wenig erfolgreich beurteilt (Cornes 1985). Als Grund für den geringen Erfolg dieser Kurzzeitmaßnahmen wird die geringe Professionalisierung und die mangelnde Qualität der Rehabilitationsmaßnahmen angesehen.

7.6 Unterstützung im Wohnbereich

Behinderten Menschen sollten geeignete Wohnmöglichkeiten das Führen eines möglichst normalen Lebens ermöglichen. Ein Teil dieser Hilfen richtet sich an jene behinderten Menschen, die entweder allein oder bei ihrer Familie leben. Durch ambulante Hilfen wäre hier die Belastung möglichst gering zu halten. Bei einem anderern Teil der behinderten Menschen müssen (nach dem Ausmaß der erforderlichen Betreuung gestufte bzw. den individuellen Bedürfnissen entsprechende) gemeindenahe Wohnmöglichkeiten eine Betreuung außerhalb der Familie ermöglichen.

Für die Gestaltung von Maßnahmen im Wohnbereich waren in den letzten beiden Jahrzehnten das Normalisierungsprinzip und das Prinzip der Gemeinwesenintegration von besonderer Bedeutung. Beide Prinzipien, die bereits dargestellt wurden, sind primär in der Auseinandersetzung mit den traditionellen Betreuungseinrichtungen, den großen Anstalten, und in Hinblick auf die Lebensgestaltung von Menschen mit geistiger Behinderung formuliert worden.

Die Frucht dieser Auseinandersetzungen war die Bewegung zur Deinstitutionalisierung. Sie hat dazu geführt, daß die Anzahl der geistig behinderten Menschen, die in traditionellen Anstalten betreut wird, in den letzten 20 Jahren in den westlichen industrialisierten Ländern deutlich abgenommen hat.

Als Alternative zur Unterbringung in Anstalten wurde zunächst das Modell von Wohnheimen für behinderte Menschen bevorzugt. In diesen Wohnheimen sollte eine größere Gruppe von 12-35 Menschen ein Zuhause finden. Bei der Größe dieser Einrichtungen orientierte man sich jedoch noch sehr stark an den Erfahrungen der Anstalten, in denen die Betreuung ebenfalls in Gruppen ähnlicher Größe organisiert wird. Es wurde davon ausgegangen, daß nur eine etwas größere Gruppe den behinderten Menschen genügend Möglichkeiten bietet, innerhalb des Wohnheims Anschluß an Menschen zu finden, mit denen sie sich verstehen. Auch stand die Überlegung im Vordergrund, daß nur Strukturen dieser Größenordnung Vorsorge für verschiedene Lebenslagen bieten könnten, also etwa auch eine Wohnmöglichkeit für behinderte Menschen darstellen können, die bereits älter sind. Andererseits waren bei der Konzeption der Wohnheime auch ökonomische Überlegungen von Bedeutung. Etwas größere Einrichtungen sind, so die Überlegung, billiger zu führen als Einrichtungen für eine kleinere Gruppe von behinderten Menschen.

International läßt sich jedoch eine zunehmende Distanzierung vom Wohnheimkonzept feststellen. Der Hauptgrund für diese Entwicklung liegt in dem Wunsch nach einer stärkeren sozialen Integration der behinderten Menschen in das Gemeinwesen und nach einer weiterreichenden Angleichung der Wohnbedingungen behinderter Menschen an jene nicht-behinderter Erwachsener. Einrichtungen, in denen mehr als fünf behinderte Menschen wohnen, werden nun bereits als (zu) große Einrichtungen bezeichnet. Diesem Trend folgend sollte es Wohneinrichtungen nicht angesehen werden, daß sie in irgendeiner Weise spezielle Einrichtungen darstellen. Sie sollten Bedingungen bieten, die möglichst jenen gleichen, unter denen nicht-behinderte Menschen des gleichen Alters wohnen. Wohnformen für 10 und mehr Menschen mit Behinderungen weichen nun aber sehr deutlich von den Wohnformen ab, die heute in unserer Gesellschaft üblich sind. Zudem ist es bei einem Wohnheim dieser Größe kaum zu vermeiden, daß es als eine spezielle Einrichtung kenntlich ist.

Mit dieser Tendenz wird auch von der Vorstellung eines gestuften Systems von Wohneinrichtungen Abstand genommen. Es sollten nicht von vornherein verschiedene Formen von Wohneinrichtungen konzipiert werden, die für verschiedene Formen und Schweregrade von Behinderung geeignet sind, vielmehr sollte man für alle behinderten Menschen ähnliche (möglichst normale) Wohnformen schaffen und den behinderten Menschen soviel Unterstützungsmöglichkeiten bieten, wie sie aufgrund ihrer Behinderung benötigen.

In den 70-er und 80-er Jahren hat man sich in einer Zusammenarbeit von Sozialwissenschaftlern und Architekten um die Formulierung verschiedener Modelle für die Organisation und den Aufbau von Wohneinrichtungen für behinderte Menschen bemüht. Unter diesen Modellen ist das Modell der Core- und Cluster-Wohnungen am bekanntesten geworden. Dieses Modell wurde ursprünglich in Nebraska eingeführt und sieht vor, daß von einem Zentrum aus, das gleichzeitig eine kleine Wohneinrichtung darstellt, mehrere umliegende Wohneinheiten betreut werden. Dieses Modell hat auch für die

Konzeption der gemeindenahen Wohneinrichtungen in Wien, vor allem von "Jugend am Werk", Pate gestanden. Allerdings hat sich die Zusammenlegung von zentralem Stützpunkt und Wohneinheit nicht sonderlich bewährt, sodaß zwar an manchen Orten nach wie vor darauf geachtet wird, Wohneinheiten für behinderte Menschen, die im Alltag eine gewisse Unterstützung benötigen, nicht allzu sehr verstreut einzurichten, die Stützpunkte für die ambulante Betreuung stellen jedoch zumeist eigene Einheiten dar. Darüber hinaus wird von vielen engagierten Organisationen besonders die Notwendigkeit von Flexibilität bei der Organisation von Wohneinrichtungen betont und damit der Wert allgemein gültiger Modelle in Frage gestellt. Kein Modell kann auch nur annähernd Sicherheit für die Lebensqualität in einer Einrichtung bieten (Raynes et al. 1987). Mit dieser Betonung von Flexibilität ist auch die stärkere Beachtung des individuellen Lebensstils der Bewohner verbunden. Wohnungen von behinderten Menschen sollen keine „Einrichtungen“ sein, sondern - wie bei nicht-behinderten Menschen - einen persölichen Wohnraum darstellen, über den die dort wohnenden eine möglichst vollständige Verfügung ausüben können (Racino und O´Connor 1993).

Gegenwärtige Wohnsituation erwachsener geistig behinderter Menschen in den industrialisierten Ländern: Zuverlässige Angaben über die Wohnsituation geistig behinderter Erwachsener stehen nicht sehr viele zur Verfügung. In den meisten Fällen handelt es sich um Schätzungen von Experten. Eine derartige Schätzung stammt aus England (DHSS 1971), danach wohnen etwa 40% der Geistigbehinderten im Erwachsenenalter bei ihrer Familie. Genauere Angaben gibt es für Schweden (Grunewald 1986). Bei einem gut ausgebauten öffentlichen Betreuungssystem, in dem geistig behinderten Erwachsenen ein Anspruch auf eine Rente und verschiedene Sozialleistungen garantiert ist, wird angenommen, daß die meisten geistig behinderten Personen den öffentlichen Stellen bekannt sind. Geistige Behinderung wird hier als Folge eines Begabungsdefizits definiert, daß so schwerwiegend ist, daß der betroffene Erwachsene besondere Unterstützung und Hilfe bei seiner Lebensführung benötigt. Nach dieser Definition gab es in Schweden bei einer Population von etwa 8.3 Millionen 24.807 geistig behinderte Erwachsene (0.46% der erwachsenen Bevölkerung). Die Unterbringung wird von Grunewald (1986) für das Jahr 1984 wie folgt angegeben:

Elternhaus	27.8%
Eigene Wohnung	17.6%
Gruppenwohnung	20.9%
Pflegeheim	33.7%

In Schweden ist derzeit bereits die Mehrzahl der geistig behinderten Erwachsenen, die nicht bei der eigenen Familie wohnen, in kleinen Wohneinheiten mit 1-4 Bewohnern untergebracht. Allerdings wohnen immer noch relativ viele in größeren Anstalten bzw. Pflegeheimen. Immerhin wurde der Beschluß gefaßt, in den nächsten Jahrzehnten alle größeren Wohneinheiten zu schließen, wobei mit den wenigen großen Anstalten begonnen werden soll.

In den anderen westeuropäischen Ländern zeichnet sich zwar eine ähnliche Entwicklung ab, jedoch ist die Ausgangslage vielfach ungünstiger und die Vorgehensweise weniger bestimmt. In Großbritannien etwa hat sich zwar die Anzahl der geistigbehinderten Erwachsenen, die in gemeindenahen Wohneinrichtungen wohnen, von Mitte der 70-er bis Mitte der 80-er Jahre mehr als verdoppelt. Auch hier wohnen aber noch immer dreimal so viele geistigbehinderte Menschen in anstaltsartigen Spitälern als in Wohneinrichtungen der Gemeinden (Raynes et al. 1987).

Aus den deutschsprachigen Ländern gibt es nur für wenige Regionen detaillierte Analysen über die Wohnsituation geistig behinderter Erwachsener. Eine Untersuchung in Südtirol hat gezeigt, daß in dieser überwiegend ländlichen Region, in der erst Ende des 70-er Jahre mit dem Aufbau von gemeindenahen Wohneinrichtungen begonnen wurde, jüngere geistig behinderte Menschen, die außerhalb der Familie leben, überwiegend in diese Wohneinrichtungen aufgenommen worden sind. Ältere geistig behinderte Menschen leben hingegen vielfach in Pflege- oder Altersheimen (Klicpera et al. 1995).

In den vielen Ländern wird noch immer ein größerer Anteil erwachsener geistig behinderter Menschen in psychiatrischen Krankenhäusern betreut. Schätzungen sprechen davon, daß in Österreich etwa ein Fünftel der Patienten in den psychiatrischen Krankenhäusern geistig behindert ist, in der BRD wird der Anteil auf 25% geschätzt. In Österreich ist mit dem neuen Unterbringungsgesetz eine rechtliche Handhabe geschaffen worden, solche unangemessenen Betreuungsformen zu verhindern. In psychiatrischen Krankenhäusern sollen nur mehr Personen aufgenommen werden, die eine stationäre psychiatrische Behandlung benötigen. Es ist zu hoffen, daß dies dazu nicht nur zu einer Umstrukturierung der psychiatrischen Krankenhäuser führt, sondern auch daß für diese Gruppe gemeindenahe Wohnplätze geschaffen werden.

Kritik an den Anstalten und Deinstutionalisierung: Die Lebensqualität in vielen großen Anstalten wies früher derartig gravierende Einschränkungen auf, daß bereits in den 50-er Jahren versucht wurde, Minimalstandards für die Betreuung festzulegen. Schlafsäle mit 20 oder mehr Betten, schlechte medizinische Versorgung, kaum Möglichkeiten, ein individuelles Leben zu führen, häufige Anwendung von Zwangsmaßnahmen waren einige jener Merkmale, die in den 60-er und 70-er Jahren in vielen Ländern - nicht zuletzt in den USA - zu massiver Kritik an der Anstaltsbetreuung führten. Außerdem wurde deutlich, daß die Anstalten wegen strengen Reglementierung der Abläufe, in der auf individuelle Besonderheiten wenig Rücksicht genommen wurde, und der Geschlossenheit ihres Systems dem Typus der totalen

Institution (Goffman 1961, 1970) entsprachen und damit zur Mißachtung von menschlichen Grundrechten verleiteten.

Goffman (1961, 1970) wies in seiner Kritik an den Anstalten auf die gemeinsame Tendenz hin, der alle Einrichtungen unterliegen, die einer Gruppe von Betreuten ein permanentes Zuhause bieten und von Betreuern versorgt werden. Als gemeinsames Merkmal hob er hervor, daß in diesen Einrichtungen Arbeit, Freizeit und Wohnen nicht getrennt sind, sondern einer umfassenden Planung und strikten Reglementierung unterliegen. Jede Aktivität wird in der Gegenwart vieler anderer ausgeführt, für eine individuelle Berücksichtigung von Bedürfnissen und Interessen besteht dabei wegen der rationellen Durchführung aller Abläufe keine Möglichkeit.

Spätere Bemühungen um eine genauere Kenzeichnung der negativen Merkmale einer totalen Institution haben die Orientierung des Tagesablaufs an den Interessen einer reibungslosen Organisation und nicht an den Bedürfnissen der Bewohner hervorgehoben (King et al. 1971). In einer beispielhaften Untersuchung über stationäre Einrichtungen für behinderte Kinder haben King et al. (1971) in Anlehnung an Goffman (1961, 1970) die Orientierung verschiedener Einrichtungen anhand von 4 Betreuungsmerkmalen bestimmt:

- Rigidität der Betreuung: Hierunter fällt z.B., wieweit in der Zeit, wann die Bewohner aufstehen bzw. zu Bett gehen, zwischen den Wochentagen und den Wochenenden differenziert wird.
- Blockbehandlung: In vielen Einrichtungen werden die Alltagsabläufe immer für die gesamte Gruppe der Bewohner gemeinsam organisiert und ein Teil der Gruppe muß auf die übrigen warten. Ein typisches Beispiel stellt etwa die Organisation der Essenszeiten dar, wo eventuell die Bewohner mit dem Essen warten müssen, bis alle genommen bzw. bekommen haben, oder nicht vom Tisch aufstehen dürfen, bevor alle fertig sind.
- Depersonalisierung: Wieweit ist es den Bewohnern möglich, ihr Leben individuell zu gestalten und etwa ihre Kleidung täglich selbst auszuwählen oder ihr Zimmer nach ihren Vorlieben selbst zu gestalten?
- Soziale Distanz zwischen Betreuern und Bewohnern: Die soziale Distanz zwischen Betreuern und Bewohnern wird z.B. dadurch unterstrichen, daß gewisse Räume nur für die Betreuer zugänglich sind.

Die massiv einsetzende Kritik hat in vielen Ländern zu Veränderungen der Anstalten geführt, die allerdings in zwei unterschiedliche Richtungen gingen. Zum einen wurden in manchen Ländern große Anstrengungen unternommen, die Qualität der Betreuung in diesen Einrichtungen zu verbessern. Dies gilt für den anglo-amerikanischen Raum ebenso wie für die deutschsprachigen Ländern. Teilweise parallel dazu setzte andererseits eine Bewegung zur Deinstitutionalisierung der Behindertenbetreuung ein, in der man bemüht war, behinderte Menschen aus großen Institutionen zu entlassen und wieder in die

Familien zu integrieren oder in gemeindenahen kleineren Einrichtungen unterzubringen.

Mittlerweile hat eine größere Zahl an Untersuchungen die Auswirkungen der Deinstitutionalisierung auf die Lebensqualität behinderter Menschen dokumentiert. Unter den Ergebnissen dieser Untersuchungen seien einige wenige herausgegriffen. Wie Übersichten (z.B. Rotegard et al. 1985) zeigen, lassen sich folgende Trends feststellen:

- Angemessenes Verhalten und Selbständigkeit im lebenspraktischen Bereich nimmt nach Übersiedlung von größeren Anstalten in kleinere gemeindenahe Wohneinrichtungen deutlich zu. Diese Veränderungen im adaptiven Verhalten zeigen sich bei einem Großteil der behinderten Menschen allerdings erst allmählich. Es braucht etwa ein halbes bis dreiviertel Jahr, bis sich die Bewohner in der neuen Umgebung soweit eingelebt haben, daß sie die neuen Möglichkeiten in den gemeindenahe Wohneinrichtungen auch nutzen können. Für diese Veränderungen sind mehrere Faktoren verantwortlich: einmal haben geistig behinderte Menschen, die in Anstalten lebten, nicht die Gelegenheit, Fertigkeiten, die an sich besitzen, auch auszuüben und verlieren so das Zutrauen zu sich, das sie erst langsam wiedererwerben müssen. Zum anderen wird in gemeindenahen Wohneinrichtungen bedeutend mehr Zeit darauf verwendet, Fertigkeiten, die die Bewohner noch nicht ausreichend besitzen, mit ihnen zu üben. Drittens dürfte auch die Geschwindigkeit, mit der neue lebenspraktische Fertigkeiten von Bewohnern in gemeindenahen Wohneinrichtungen erworben werden, höher sein als in abgeschlosseneren, größeren Wohneinrichtungen, da die Bewohner mehr Gelegenheit haben, diese Tätigkeiten zu beobachten und stärker motiviert sind, sich die erforderlichen Fertigkeiten anzueignen.
- Im Vergleich zu den Anstalten ist die Interaktionsdichte zwischen Betreuern und Bewohnern in kleinen Wohneinrichtungen deutlich größer.
- Die Außenkontakte von Bewohnern sind in gemeindenahen Wohneinrichtungen deutlich größer als in Anstalten. Dies ist jedoch in hohem Maß von der Einstellung und dem Verhalten der Betreuer sowie von den Tagesbeschäftigungen der Bewohner abhängig. Wenn diese Kontakte nicht gefördert werden, dann gehen sie nach einiger Zeit wieder deutlich zurück.

Je mehr eine Wohneinrichtung einem Zuhause ähnlich ist, desto eher zeigen auch schwerbehinderte Erwachsene ein angemessenes Verhalten und eine Verbesserung ihrer sozialen Interaktionen. Diese Effekte sind aber immer durch entsprechendes Verhalten der Betreuer vermittelt und hängen davon ab, wieweit es den Bewohner ermöglicht wird, ihren Lebensstil tatsächlich selbst zu bestimmen.

Der Optimismus über die positiven Auswirkungen gemeindenaher Wohneinrichtungen wird vor allem durch einige Langzeituntersuchungen an kleinen Gruppen schwerbehinderter Erwachsener, die zuvor lange Jahre in

Anstalten untergebracht waren, gestützt. So berichtete Felce (1988), daß schwerbehinderte Erwachsene, die aus einer Anstalt in kleine Wohngruppen übersiedelten, zuvor nur etwa 20% der Zeit angemessene Aktivitäten zeigten, während dies nach einigen Monaten mehr als 50% waren. Dieser Anstieg war vor allem durch die Zunahme an Aktivitäten im Haushalt bedingt. Nicht nur das Ausmaß an Akvitäten, auch deren Vielfalt nahm deutlich zu. Schließlich erhöhte sich die Anzahl der Kontakte mit Familienmitgliedern beträchtlich und die Häufigkeit von Außenkontakten stieg von einigen wenigen Gelegenheit pro Jahr auf ein fast tägliches Nutzen von Einrichtungen in der Umgebung.

Diese Langzeituntersuchungen zeigen, daß im günstigen Fall zwei förderliche Bedingungen zusammentreffen. Einmal werden durch die Nähe und größere Zugänglichkeit zur Gemeinde mehr Begegnungen mit nichtbehinderten Personen möglich, die auf die Entwicklung geistig behinderter Erwachsener einen deutlichen positiven Einfluß ausüben. Zum anderen wird die Entwicklung durch die Förderung und Unterstützung durch die Betreuer angeregt. Nach Felce (1988) ermutigen Betreuer in Gruppenwohnungen dreimal so oft explizit ein angemessenes Verhalten bei den Bewohnern als Betreuer in großen Einrichtungen.

Wohnqualität in heutigen, überwiegend gemeindenahen Wohneinrichtungen: In den letzten Jahren sind relativ große Anstrengungen unternommen worden, die Lebensqualität in Wohneinrichtungen für behinderte Menschen zu verbessern. Zwar dominieren in den deutschsprachigen Ländern immer noch größere Wohnheime, jedoch sind diese zumeist in kleinere Gruppen von 8-10 behinderten Menschen. Die Gruppengröße hat damit gegen früher deutlich abgenommen. Für eine Gruppe stehen 3-4 Betreuer zur Verfügung, wobei der Personalschlüssel in den meisten Einrichtungen bei einem hohen Betreuungsbedarf 1 Betreuer auf 1.5 Betreute, bei einem geringen Betreuungsbedarf hingegen 1:2.5 beträgt (Neumann 1988). Allerdings bestehen auch heute noch zwischen verschiedenen Einrichtungen große Unterschiede in qualitativen Merkmalen wie auch beim Wohnstandard und bei der Personalausstattung.

Ein nicht unwesentliches Merkmal der Betreuung in größeren Wohneinrichtungen ist auch heute noch die zentrale Versorgung für viele Alltagsroutinen. Sowohl das Kochen wie das Waschen der Wäsche wird von zentralen Einrichtungen wahrgenommen und es bietet sich daher für die Bewohner keine Möglichkeit, bei diesen Tätigkeiten im Alltag mitzuwirken. Aus der Größe der Einrichtungen ergibt sich auch, daß die meisten Dienste, von der ärztlichen Versorgung bis zu Angeboten für die Freizeitgestaltung, in der Einrichtung selbst vorhanden sind und daher keine Notwendigkeit besteht, Einrichtungen außerhalb mitzubenutzen.

Obwohl beträchtliche Verbesserungen in den Anstalten und großen Heimen durchgeführt wurden, bestehen in der Alltagsgestaltung für die Bewohner beträchtliche Einschränkungen. Die Gestaltung der Einrichtungen sieht vielfach kaum privaten Raum mit einer Rückzugsmöglichkeit vor. Die große Anzahl der Bewohner erfordert eine relativ strikte Regulierung etwa des Badens, wo zusätzlich meist wenig Rücksicht auf Wahrung eines Intimbereichs genommen wird (Raynes et al. 1987). Aus organisatorischen Gründen werden die Bewohner zudem relativ früh geweckt. Für jene, die weniger Hilfe benötigen, ergeben sich dadurch mitunter längere Wartezeiten bis zum Frühstück, eine Zeit, die die meisten dann unbeschäftigt verbringen müssen.

Die Verbesserung der Personalsituation in den Heimen hat auch zur Folge, daß es die Bewohner mit einer größeren, nach Dienstplan wechselnden Gruppe von Mitarbeitern zu tun haben. Auch dies verhindert das Aufkommen einer intimeren Wohnatmosphäre (Neumann 1988).

An positiven Merkmalen kleinerer, gemeindenaher Wohneinrichtungen wird in Untersuchungen, die die Lebensqualität dieser Einrichtungen erfaßt haben (z.B. Raynes et al. 1987), die stärkere Beteiligung der Bewohner an den Alltagsaufgaben, die vermehrte Verfügbarkeit privaten Raums und die verstärkte Öffnung nach außen hervorgehoben. In vielen Einrichtungen ist es üblich, daß die Bewohner ein eigenes Zimmer haben, in manchen Ländern (z.B. in Schweden) gilt dies sogar als unverzichtbarer Standard, von dem nur auf Wunsch eines Bewohners abgegangen wird, der mit einem anderen, selbst gewählten Kollegen oder Partner zusammenwohnen will.

Die Beobachtung von gemeindenahen Wohneinrichtungen hat allerdings sehr deutlich gemacht, daß die negativen Merkmale einer anstaltsmäßigen Wohnform nicht allein von der Größe der Einrichtung abhängen. Aus diesem Grund ist es möglich, daß auch gemeindenahe Wohneinrichtungen, die als Alternative zu den Anstalten ins Leben gerufen wurden, Merkmale der traditionellen Anstalten annehmen. Man kann von einer „Institutionaliserung in der Gemeinde“ sprechen. Die Forschungsgruppe um Landesman-Dwyer hat sich besonders intensiv mit derartigen Merkmalen anstaltsähnlicher Führung einer Wohneinrichtung auseinandergesetzt. Landesman-Dwyer (1988) hat folgende Gruppe von Merkmalen hervorgehoben:

1. Rigide Administration: Kennzeichen einer anstaltsähnlichen Betreuung ist, daß die Betreuung durch viele Vorschriften reguliert und den Betreuern damit wenig Möglichkeit gelassen wird, ihr Verhalten an die jeweiligen Umstände und besonderen Bedürfnisse der Bewohner anzupassen. Hinzu kommt, daß die Verantwortung stark hierarchisch strukturiert ist und Verantwortliche der höheren Ränge nur mehr zu einem geringen Teil in alltägliche Betreuungsarbeit involviert sind, sodaß die von ihnen ausgearbeiteten Regeln für die Betreuungsarbeit oft als praxisfern empfunden werden.
2. Inadäquate Interaktionen der Betreuer mit den Bewohnern: Beobachtungen in anstaltsähnlichen Einrichtungen zeigen, daß die Betreuer nur einen sehr geringen Anteil ihrer Zeit (10-15%) in direkter Interaktion mit den Bewohnern verbringen und die übrige Zeit etwas für die Bewohner machen

oder untereinander interagieren. Außerdem sind die Interaktionen mit den Bewohnern meist nur sehr kurz. Vielfach wird die Betreuungsarbeit von den Betreuern als Belastung empfunden, sodaß ständig das Gefühl da ist, es müßten mehr Betreuer beschäftigt werden, um die Betreuungsqualität zu verbessern. Die Realität zeigt allerdings, daß mehr Betreuer nicht zu einer Veränderung der Interaktionsdichte mit den Bewohnern und zu einer Verbesserung der Lebensqualität in diesen Einrichtungen führen, sodaß Landesman-Dwyer (1988) dies den Mythos des Betreuermangels nennt.

3. Unzureichende Nutzung von Ressourcen: Anstaltsähnliche Wohneinrichtungen tendieren dazu, alle erforderlichen Dienste und Einrichtungen intern bereitzustellen und kaum außerhalb vorhandene Angebote zu nutzen.
4. Eingeschränkte Beziehungen mit der Umgebung: Anstaltsähnliche Einrichtungen sind weitgehend in sich geschlossene Einrichtungen, die nur wenig Beziehungen zur Außenwelt und den sie umgebenden Gemeinden haben. An den geringen Außenkontakten wird klar, daß die Einrichtung gemeindenaher Wohnformen noch nicht zu einer sozialen Integration führt. Voraussetzung dafür ist vielmehr, daß aktiv die Fähigkeit behinderter Menschen gefördert wird, öffentliche Einrichtungen zu nutzen, und in der Öffentlichkeit eine Bereitschaft geschaffen wird, behinderte Menschen bei der Teilnahme am Leben der Gemeinschaft zu unterstützen (Raynes et al. 1987).

Das Problem schwerer Verhaltensstörungen bei behinderten Menschen als besondere Aufgabe für gemeindenahe Wohnformen: Anpassungsschwierigkeiten und Verhaltensstörungen sind bei Behinderungen, die als Folge einer Gehirnschädigung auftreten, deutlich häufiger anzutreffen als bei anderen Behinderungsformen und bei nicht-behinderten Menschen. Etwa ein Viertel bis ein Drittel der schwer geistig behinderten Erwachsenen zeigt ernste Verhaltensauffälligkeiten. Diese Verhaltensauffälligkeiten sind nicht nur die wichtigste Belastungsquelle für Familien behinderter Menschen und die Hauptursache für Heimweinweisungen, sie können auch dazu führen, daß ein gemeinwesen-integriertes Wohnen behinderter Menschen auf Schwierigkeiten stößt und ganz oder vorübergehend abgebrochen wird. Der einzige Ausweg, der sich dann anbietet, ist jener, die behinderten Menschen in eine psychiatrische Anstalt einzuweisen.

Erhebungen in Großbritannien haben ergeben, daß die Betreuungsbedürfnisse von behinderten Menschen mit schweren Verhaltensstörungen in gemeindenahen Wohneinrichtungen oft nicht angemessen berücksichtigt werden. Nur bei einem geringen Prozentsatz ist ein Behandlungsplan vorhanden und wegen des Mangels an Alternativen wird häufig zu starken Restriktionen gegriffen (Emerson 1990).

7.7 Unterstützung der Familien erwachsener behinderter Menschen

Das Wohnen erwachsener geistig behinderter Menschen bei ihrer Familie

Bei den Überlegungen über die Gestaltung von Betreuungseinrichtungen für erwachsene geistig behinderte Menschen wird im deutschen Sprachraum oft davon ausgegangen, daß die Herkunftsfamilie keine angemessene Lebens- und Wohnsituation für einen erwachsenen geistig behinderten Menschen darstellt. So wurde etwa in einem Projektbericht des Instituts für soziales Design die Anzahl der für erwachsene geistig behinderte Menschen benötigten öffentlichen Wohnplätze mit der Anzahl der erwachsenen Geistigbehinderten gleichgesetzt (Berdel et al. 1981).

Bei der Einschätzung und Beurteilung des Wohnens erwachsener geistig behinderter Menschen bei ihren Eltern stehen die Meinungen und Urteile, die sich die Betreuer und Fachleute aufgrund ihrer Erfahrungen gebildet haben, oft im Gegensatz zu den Wünschen und Werten der Eltern und der Angehörigen. Betreuer betonen immer wieder, daß die Eltern in Gefahr sind, ihre behinderten Kinder beim Übergang zum Erwachsenenalter nicht loslassen zu können, daß sie ihm zu wenig Selbständigkeit zutrauen und in der Folge auch zugestehen. Die Betreuer und Fachleute sehen daher ihre Aufgabe auch sehr stark darin, die Behinderten bei der Ablösung von ihrer Familie zu unterstützen und die Eltern dahin zu führen, ihren erwachsenen behinderten Menschen ein eigenes Leben, losgelöst von der Familie, zuzugestehen. Eltern sehen zwar auch die Gefahr zu geringer Selbständigkeit beim Wohnen in der Familie, sie betonen hingegen die Einschränkungen, die das Leben in einem Wohnheim mit sich bringt, und sehen die über Jahre gewachsene Bindung zwischen ihren Kindern und ihnen als einen weitaus größeren Wert an, die sie durch ein Wegziehen der nun erwachsen gewordenen behinderten Kinder nicht gefährden wollen (Klicpera et al. 1995).

Die bisherigen Untersuchungen, in denen die Sichtweise der behinderten Menschen zu erfassen versucht wurde, ergeben ein widersprüchliches Bild. Einerseits haben Gespräche mit geistig behinderten Menschen, die von den Eltern weg und in ein Wohnheim ziehen, ergeben, daß viele sich zuhause beengt und zu sehr bevormundet fühlten (Cattermole et al. 1988). Zwei Drittel spielten selbst eine aktive Rolle beim Wegziehen von Zuhause. In einer anderen englischen Untersuchung (Flynn & Saleem 1986) äußerten ebenfalls zwei Drittel von geistigbehinderten Erwachsenen, die in einer Behindertenwerkstatt arbeiteten und zuhause bei den Eltern wohnten, den Wunsch von Zuhause auszuziehen. Die meisten wollten allein leben, einige in ein Wohnheim ziehen. Auch von diesen Behinderten kamen Klagen über allzu große Einschränkungen durch die Eltern. Viele, die ausziehen wollten, sagten, ihre Eltern würden das nie zulassen.

Auch eine amerikanische Untersuchung (Zetlin & Turner 1985) kam zu dem Schluß, daß es bei leicht geistigbehinderten Meschen in der Adoleszenz und im frühen Erwachsenenalter häufig zu Konflikten mit den Eltern um die zugestandene Autonomie kommt. Diese Konflikte wären in Familien mit geistig behinderten Jugendlichen gravierender, als dies sonst gewöhnlich der Fall ist, weil sich die Eltern sehr unsicher seien, was sie von ihren Kindern erwarten können. Auch die Jugendlichen müßten sich in dieser Lebensphase erneut mit den Beschränkungen auseinandersetzen, die ihnen ihre Behinderung auferlegt.

Auf der anderen Seite gibt allerdings auch ein Teil der geistig behinderten Menschen, die in Wohnheimen leben, an, daß sie lieber bei ihren Angehörigen wohnen würden (Klicpera et al. 1995). In ländlichen Gegenden scheint zudem das Leben bei der Familie auch für Erwachsene so selbstverständlich zu sein, daß von behinderten Menschen, die in der gleichen Situation sind, kaum Kritik daran geübt wird. Auch im anglo-amerikanischen Raum wird in den letzten Jahren betont, daß das Zusammenleben von Erwachsenen mit ihren Eltern häufiger ist, als zunächst angenommen und daß dies als eine mögliche Lebensform akzeptiert werden muß (Seltzer und Krauss 1994).

Es ist also davon auszugehen, daß die Lebenssituation behinderter Erwachsener sehr unterschiedlich ist und daß sich auch die Werthaltungen der Familien voneinander unterscheiden. Es besteht die Gefahr, daß die Anliegen jener Familien übersehen werden, die gemeinsam mit einem behinderten Familienmitglied leben, wenn sich die öffentliche Hand einseitig auf die Schaffung von öffentlichen Wohnplätzen für erwachsene behinderte Menschen konzentriert. In dieser Situation erscheint es angemessen, den Betroffenen und ihren Angehörigen die Wahl der ihrer Meinung nach angemessenen Lebensform zu überlassen, sie bei dieser Entscheidung zu unterstützen und Hilfen anzubieten, die auch für jene Familien, die sich für ein Zusammenleben mit ihren erwachsenen behinderten Angehörigen entscheiden, eine Entlastung darstellen.

Beziehung erwachsener behinderter Menschen zu ihren Geschwistern: Bei nicht-behinderten Erwachsenen sind die Art und Häufigkeit des Kontakts zu den Geschwistern sehr von den Lebensumständen, aber auch von der Einstellung der Geschwister abhängig. Die erhöhte Mobilität und soziale Veränderungen haben zu einer Lockerung der familiären Bindungen geführt, die meisten Geschwister sind zwar bereit, einander in Not zu helfen, aber nur wenige leben als Erwachsene noch zusammen oder stehen in täglichem Kontakt (Cicirelli 1982).

Eine amerikanische Untersuchung über die Geschwisterbeziehung von Erwachsenen mit einer leichten geistigen Behinderung aus Mittelschichtsfamilien (Zetlin 1986) fand, daß etwa ein Viertel der behinderten Erwachsenen ein sehr enges Verhältnis zu einem der Geschwister hatte, den sie auch sehr häufig sahen. Nur für 10% der behinderten Erwachsenen übernahmen allerdings die Geschwister regelmäßig einen wesentlichen Teil der Verantwortung und täglich einen größeren Teil der alltäglichen Betreuungsaufgaben. Etwas häufiger, bei einem weiteren Viertel, waren die Geschwister regelmäßig, aber nicht sehr häufig dem behinderten Bruder bzw. der behinderten Schwester bei den Alltagsproblemen behilflich.

Geschwister so könnte man aufgrund dieser Untersuchung sagen, sind zwar für den Großteil der behinderten Erwachsenen Menschen, zu denen sie Vertrauen und mit denen sie ein gutes Verhältnis haben, nur für einen geringen Teil können sie jedoch eine wesentliche unterstützende Funktion übernehmen.

Eltern scheinen allerdings häufiger mehr von den Geschwistern eines behinderten Kindes zu erwarten. Aber auch hier gibt es nur wenige Untersuchungen, die sich mit dieser Frage auseinandergesetzt haben. Aus dem angloamerikanischen Sprachraum berichtet Schatz (1983) aufgrund von Gesprächen mit einer größeren Anzahl von Eltern erwachsener geistig behinderter Kinder, daß 25% der Eltern hoffen, daß ihr behindertes Kind eines Tages bei einem der Geschwister wird wohnen können. Dieses Thema scheint allerdings in den Familien häufig nicht offen angesprochen zu werden. Nach Caldwell und Guze (1960) hat der Großteil der Geschwister (zwischen 10 und 16 Jahren) von geistig Behinderten über diese Frage nicht nachgedacht. Nur 12% meinten, daß dies ihre Aufgabe ist.

Die Einstellung der Eltern wie auch der Geschwister wird - wie eigene Untersuchungen (Klicpera 1994) zeigen - durch kulturelle Leitbilder geformt. Während etwa in Wien die meisten Eltern von den Geschwistern ihrer behinderten Kinder nicht erwarten, daß sie später die Sorge für ihren behinderten Bruder oder die behinderte Schwester übernehmen, bemüht sich ein großteil der Eltern in Südtirol von früh auf, die Geschwister darauf hin zu erziehen, später diese Verantwortung zu übernehmen.

7.8 Unterstützung von Freizeitaktivitäten, Erwachsenenbildung für behinderte Menschen

Unterstützung bei Freizeitaktivitäten soll behinderten Menschen die Aufrechterhaltung von Kontakt zu Personen außerhalb der Familie, die Teilnahme am kulturellen Leben und die Möglichkeit zu einer befriedigenden Gestaltung ihres Lebens geben. Hier, ebenso wie durch entsprechende Bildungsangebote, ist das Bedürfnis der behinderten Menschen nach Weiterentwicklung zu respektieren und zu fördern. Nicht zu Unrecht wird darauf hingewiesen, daß diese Anliegen bisher gegenüber dem Ausbau von Beschäftigungs- und Wohneinrichtungen vernachlässigt wurden, daß diesen Aufgaben jedoch in den kommenden Jahren zunehmendes Gewicht zukommen wird (Kräling 1990, Zielniok und Schmidt-Thimme 1990).

Ein Bedarf nach besonderen Anregungen und speziellen Angeboten für die Freizeitgestaltung und die Fortbildung ergibt sich u.a. durch die oft recht monotone Tätigkeit, die vielfach die Arbeitsplätze behinderter Menschen kennzeichnet. Zusätzliche Anregungen in der Freizeit können hier einen gewissen Ausgleich schaffen (Zielniok und Schmidt-Thimme 1990). Empfehlenswert sind auch Initiativen wie die ganzjährige Tagesbildungsstätte (TABS) in München, in der behinderten Mitarbeitern aus Werkstätten für Behinderte in größeren Abständen die Möglichkeit zum Erwerb neuer Kompetenzen und zur Weiterentwicklung ihrer Interessen und ihrer Persönlichkeit gegeben wird.

Ohne spezielle Angebote ist das Freizeitverhalten, vor allem geistig behinderter Menschen, durch passive Aktivitäten gekennzeichnet. Dies gilt auch dann, wenn behinderte Menschen in gemeindenahen Wohneinrichtungen wohnen und - im Unterschied zu den traditionellen Anstalten - in ihren Aktivitäten nicht durch äußere Bedingungen eingeschränkt sind (König 1989). Dies dürfte die Folge davon sein, daß behinderte Menschen von früh auf von vielen Erfahrungen, an denen gleichaltrige Nichtbehinderte teilhaben, ausgeschlossen sind, wie auch Folge ihrer eingeschränkten Lernfähigkeit sowie ihres geringen Selbstbewußtseins sein. Die Entwicklung von Interessen und der Erwerb jener Kompetenzen, die für die Gestaltung der Freizeit und die Teilnahme an regulären Freizeitaktivitäten wesentlich sind, muß daher gezielt gefördert werden.

Aktivitäten in diese Richtung sind bisher zumeist von Behinderteneinrichtungen ausgegangen (z.B. Einrichtung von Freizeitclubs für behinderte Menschen). Daneben haben jedoch auch Jugendverbände, Jugendzentren, die Volkshochschulen etc. versucht, ihr Angebot für behinderte Menschen zu öffnen bzw. spezielle Angebote für behinderte und nichtbehinderte Jugendliche und Erwachsene zu organisieren. Zur Unterstützung dieser Aktivitäten ist die Mitarbeit ehrenamtlicher Helfer wesentlich, vor allem in einer Anfangsphase, in der sowohl auf Seiten der behinderten wie der nichtbehinderten Teilnehmer noch eine größere Unsicherheit herrscht. Die ehrenamtlichen Helfer benötigen eine Einführung und Beratung bei ihrer Aufgabe, kommen aber im Allgemeinen gut damit zurecht.

Einen besonderen Stellenwert haben aus ähnlichen Gründen Ferienaktionen für behinderte Menschen. Auch hier ergab sich bisher wegen der Schwierigkeiten, solche Unternehmungen in die vorhandenen Urlaubsangebote zu integrieren, die Notwendigkeit, spezielle Angebote zu organisieren. Ohne diese Angebote ist es behinderten Menschen bisher kaum möglich, ähnlich wie der Großteil der nichtbehinderten Erwachsenen pro Jahr ein bis zwei Wochen zu verreisen und damit neue Eindrücke zu gewinnen (Kräling 1990, Zielniok und Schmidt-Thimme 1990).

7.9 Hilfen bei der Wahrnehmung der Interessen behinderter Menschen

Der Schutz der Interessen behinderter Menschen vor ungebührlicher Einflußnahme ist die Grundlage des traditionellen Rechtsinstruments der Entmündigung bei gleichzeitiger Bestellung eines Vertreters, des Vormunds, der die Interessen des behinderten Menschen wahrzunehmen hat. Die Entmündigung zielt in erster Linie auf den Schutz gegenüber Geschäften, die unter Ausnutzung von Gutgläubigkeit zum Nachteil des behinderten Menschen geschlossen werden, zum anderen beinhaltet sie ein starkes Element der Kontrolle, indem der behinderte Erwachsene der Aufsicht und Entscheidungsvollmacht des Vormunds unterstellt wird.

Das Instrument der Entmündigung widerspricht in wesentlichen Momenten der Betonung der Würde des behinderten Menschen und der Zuerkennung der vollen Bürgerrechte, wie dies etwa in der Behindertencharta der Vereinten Nationen proklamiert wurde. Es ist mit Grundprinzipien der Maßnahmen für behinderte Menschen, die dem behinderten Menschen ein normales altersentsprechendes Leben ermöglichen wollen, unvereinbar, wenn einem behinderten Erwachsenen rechtlich der Status eines mündigen Erwachsenen abgesprochen wird. Auf der anderen Seite enthält die Einsetzung eines Vormundes für einen behinderten Menschen auch den Gedanken, daß ihm durch diese Person besondere, individuelle Unterstützung zuteil werden soll.

Mitbeeinflußt von der Advocacy-Bewegung in den USA und Canada ist in Österreich im Rahmen einer Reform des Vormundschaftsrechts versucht worden, die Rolle eines Rechtsbeistands und die unterstützende Funktion in der Interessensvertretung stärker zu betonen und die Rechte des behinderten Menschen dabei möglichst wenig einzuschränken (Forster 1985).

8 Soziale Dienste für ältere Menschen

Situation älterer Menschen: Ursachen für den Bedarf an sozialen Diensten

Die Betreuung älterer Menschen nimmt in den Sozialdiensten aus mehreren Gründen bereits einen hohen Stellenwert ein. Dies wird sich in Hinkunft noch verstärken.

Demographische Veränderungen: Durch die höhere Lebenserwartung und den deutlichen Geburtenrückgang in den letzten 20 Jahren wird in den industrialisierten Ländern der Anteil älterer Menschen an der Gesamtbevölerung weiter zunehmen. Dabei ist besonders hervorzuheben, daß es zu einer beträchtlichen Zunahme sehr alter Menschen (über 80 Jahre) kommen wird, die nur begrenzt für ihre eigenen alltäglichen Bedürfnisse sorgen können und daher auf Hilfestellungen und Pflege durch andere angewiesen sind.

Neben dem voraussichtlichen Bedarf an Pflege für ältere Menschen ist jedoch auch zu berücksichtigen, daß eine größere Gruppe von Personen in jüngerem Alter und bei relativ gutem Gesundheitszustand die Berufslaufbahn beendet. Diese Gruppe, oft Senioren genannt, hat besondere Bedürfnisse und die Erwartung, am gesellschaftlichen Leben teilzunehmen. Das Wegfallen einer regelmäßigen beruflichen Tätigkeit erfordert eine Umstellung in der Lebensführung, die manchen gewisse Schwierigkeiten bereitet und mit der Gefahr der Vereinsamung verbunden ist.

Die Zunahme des Anteils älterer Menschen an der Bevölkerung wird in den kommenden Jahrzehnten gerade in jenen Regionen besonders markant ausfallen, in denen bis Ende der 60-er Jahre ein relativ hoher Geburtenüberschuß vorhanden war und es in der Folge zu einem besonders deutlichen Geburtenrückgang kam. Ländliche Regionen sind somit von diesem Anstieg stärker betroffen als städtische Regionen. Die folgende Tabelle stammt aus Angaben von Antalovsky et al. (1988) und Kytir und Münz (1989).

	Österreich	Wien	Tirol	Vlbg.
Anteil der Über-60-igen	20.1%	25.5%	16.2%	14.6%
Anteil der Über-75-igen	8.3%	9.7%	5.3%	4.8%
Änderung der Über-60-igen in nächster Zeit (1988=100)				
bis zum Jahr 2000	+ 6%	-11%	+17%	+29%
bis zum Jahr 2025	+43%	+ 3%	+89%	+104%

Größere Distanz zwischen den Generationen: Die Änderung der Lebensgewohnheiten und der Familienstruktur führt zu einer zunehmenden Distanz der Generationen. Ältere Menschen verlassen sich in ihrer Lebensplanung nicht mehr auf die Hilfe der jüngeren Generationen in der Familie, sondern leben nach der Loslösung der erwachsenen Kinder aus dem Elternhaus ihr eigenes Leben weiter. Daran ändert sich auch durch die Pensionierung wenig.

Nach Ansicht von Soziologen (Rosenmayr und Rosenmayr 1978) ist in der heutigen Gesellschaft eine größere äußere Distanz zwischen den Generationen einer Familie im Allgemeinen die ideale Wohnform. Dies wird in Schlagworten wie "Intimität auf Abstand" (Rosenmayr und Rosenmayr 1978) oder "Innere Nähe durch äußere Distanz" (Tartler 1961) ausgedrückt. Ursache für dieses Bedürfnis nach äußerer Distanz ist die Funktionslosigkeit der älteren Generation in der Familie, die zu einer psychischen Distanzlosigkeit permanenter menschlicher Nähe führt. Die Intimbeziehungen erweisen sich als nicht mehr regulierbar, da entsprechende soziale Rollen für ältere Menschen in der Familie fehlen und die jüngere Generation wegen dieser Rollenunsicherheit durch die ständige Anwesenheit der älteren Menschen überfordert ist.

Die hier beschriebene Lebensform dürfte jedoch in erster Linie für großstädtische Verhältnisse gelten. 1987 lebten von den über 60-jährigen, die Kinder hatten, in Österreich nur 28% mit einem ihrer Kinder im gleichen Haus. In kleineren ländlichen Gemeinden mit einem besonders hohen Anteil an landwirtschaftlichen Betrieben traf dies jedoch für 95% der gleichen Altersgruppe zu (Scholta 1990).

Die Trennung der Wohn- und Lebenswelten der Generationen wird auch durch eine Wohnbaupolitik und eine Stadt- bzw. Gemeindeentwicklungspolitik gefördert, die an kleinen Haushaltsgrößen ausgerichtet ist und zu einer stärkeren Trennung zwischen alten und neuen Siedlungsräumen führt. Die Trennung der Generationen einer Familie wird dadurch auch in jenen Fällen zu einer Notwendigkeit, in denen ein Zusammenleben gewünscht würde.

Finanzielle Situation älterer Menschen: Die Trennung der Lebenswelt der älteren Generation von jener ihrer Kinder wird durch die finanzielle Absicherung der alten Menschen über eigene Pensionsansprüche begünstigt. 1988 bezogen in Österreich 87.5% der älteren Menschen Pensionsleistungen.

Allerdings stellen die alten Menschen immer noch einen unverhältnismäßig hohen Anteil jener Menschen, die zur Bestreitung des Lebensunterhalts auf Unterstützungszahlungen angewiesen sind. Dies gilt vor allem für ältere Frauen. 18% aller Pensionistinnen erhielten 1988 in Österreich Ausgleichzahlungen, weil die Pensionsleistungen und die Unterhaltsansprüche unter dem Ausgleichzulagenrichtsatz blieben (Rowhani 1990). Frauen stellen damit 80% der Bezieher von Ausgleichzulagen, obwohl sie insgesamt nur zwei Drittel der Pensionisten ausmachen (in Österreich erhalten Bezieher kleiner Pensionen, die über kein sonstiges Einkommen verfügen, eine monatliche Ausgleichszulage bis zu einem bestimmten Richtsatz - für Alleinstehende derzeit 6.500 öS; in der BRD sind Pensionisten in diesem Fall auf den Bezug von Sozialhilfe angewiesen). Auch bei Zusammentreffen von eigenem Pensionsanspruch und

Witwenpension bleibt die Pensionshöhe von Frauen um etwa 20% unter jener der Männer (Rowhani 1990).

Die gegenwärtigen Rentenberechnungen benachteiligen Frauen über das schon während der Erwerbstätigkeit niedrigere Einkommen hinaus, da sie jene Zeiten, in denen Frauen wegen der Kindererziehung und der Pflege von Familienangehörigen keiner Berufstätigkeit nachgehen konnten, nicht berücksichtigen (eine Anrechnung von Kindererziehungszeiten ist in Österreich erst 1992 beschlossen worden).

Abnahme der Erwerbsbeteiligung im Alter: Seit Mitte der 70-er Jahre ist in den industrialisierten Ländern ein Rückgang der Chancen für eine berufliche Tätigkeit für Menschen über 45 Jahren festzustellen. Personalleiter betrachten diese Altergruppe vielfach als zu alt für eine Neueinstellung. Ältere Arbeitnehmer haben, wenn sie wegen einer Betriebseinstellung oder Umstrukturierungsmaßnahmen arbeitslos geworden sind, deshalb nur geringe Chancen, wieder eine neue Arbeit zu finden. Österreich ist von diesem Trend, der sich in den letzten Jahren weiter verschärft hat, besonders stark betroffen (Finder 1994). Von den 55-65-jährigen Männern sind derzeit in Österreich nur 35%, von den Frauen nur 14% berufstätig. Dies hat zu einer deutlich über dem Durchschnitt liegenden Arbeitslosigkeit älterer Menschen (vor allem der Langzeitarbeitslosigkeit) und zur dramatischen Zunahme der Frühpensionierungen geführt. Da die Kosten für die Frühpensionen aus der Pensionsversicherung nicht mehr finanziert werden können, wird derzeit in vielen Ländern überlegt, ein Malussystem für Frühpensionierungen, aber auch für Betriebe mit einer geringen Quote älterer Arbeitnehmer einzuführen.

Die Ursachen für die Arbeitsplatzprobleme älterer Arbeitnehmer liegen - neben der insgesamt angespannten Situation am Arbeitsmarkt und der Krise älterer Produktionszweige mit einem höheren Anteil älterer Arbeitnehmer - vor allem in einer Entwertung der beruflichen Erfahrungen älterer Arbeitnehmer, bedingt durch häufige betriebliche Umstrukturierungen und einem raschen Veralten einmal erworbenen Wissens. Da diese Faktoren nicht ohne weiteres zu ändern sind, wird zunehmend überlegt, durch veränderte Arbeitszeitmodelle einen gleitenden Übergang in die Pensionierung und damit auch ein längeres Verweilen in der aktiven Beschäftigung zu ermöglichen (siehe etwa Evers et al. 1994).

Zunahme von Ein-Personenhaushalten: Bedingt durch die kürzere Lebenserwartung und das höhere Alter der Männer im Vergleich zu ihrem Ehepartner ist die Lebenssituation von Männern und Frauen im höheren Alter recht unterschiedlich. Während ein immer größerer Teil der Frauen mit zunehmendem Lebensalter in einem Ein-Personenhaushalt lebt, trifft dies nur für einen viel geringeren Teil der Männer zu. Die folgende Tabelle zeigt den Geschlechtsunterschied im Familienstand und in der Häufigkeit von Ein-Personenhaushalten in Österreich für das Jahr 1981 (nach Antalovsky et al. 1988).

Österreich 1981	Verheiratet		Verwitwet		1 Pers.Haushalt	
	Männer	Frauen	Männer	Frauen	Männer	Frauen
60-64 Jahre	86%	55%	5%	29%	8%	27%
65-69 Jahre	82%	42%	8%	42%	10%	37%
70-74 Jahre	76%	31%	14%	53%	13%	44%
75-80 Jahre	68%	20%	22%	64%	17%	50%
> 80 Jahre	51%	8%	40%	76%	26%	41%

Ein-Personenhaushalte sind in Großstädten insgesamt, insbesondere unter alten Leuten, häufiger als in ländlichen Gemeinden. In Wien lebten 1981 43% der über 65-jährigen in Ein-Personenhaushalten. Während insgesamt in dieser Altersgruppe doppelt soviele Frauen wie Männer lebten, machten die Frauen unter den in Ein-Personenhaushalten Lebenden 86% aus.

Besonders für ländliche Gegenden stellt der Anteil der Ein-Personenhaushalte eine Überschätzung der Isolation der älteren Menschen dar. Sinnvoller ist es, auch die Nähe der Kinder und das Zusammenleben mit Kindern in einem Haus zu berücksichtigen, wie dies bei der Auswertung der Mikrozensus-Daten für 1987 von Kytir und Münz (1989, Seite 35 ff) geschehen ist.

Wohnform älterer Menschen über 60 Jahren	Männer	Frauen
Allein, keine Kinder in der Nähe	7%	21%
Allein, Kinder in der Nähe	4%	15%
Mit anderen älteren Menschen zusammen	47%	26%
Mit Kindern im gleichen Haus	42%	38%

Rückgang der innerfamiliären Pflege: Die Pflege und Unterstützung der Eltern im Alter hat in unserer Gesellschaft nicht mehr die Selbstverständlichkeit, die sie früher vielleicht einmal gehabt hat. Die Hälfte der alten Menschen verneint, daß es die Verantwortung der jüngeren Familienmitglieder sei, den Älteren bei der Haushaltsführung und bei der Krnakenpflege zu helfen (Hörl 1989). Ein Drittel sieht die Jüngeren auch nicht dafür zuständig, den alten Menschen in ihrer Familie beim Lösen von Problemen beizustehen.

Gerade die Übernahme von längerfristigen Pflegeaufgaben gegenüber älteren Familienmitgliedern überfordert heute viele Familien, da diese Aufgaben in ihrem Eintreten nicht kalkulierbar und zeitlich recht aufwendig sind. Die zunehmende Berufstätigkeit der Frauen im Erwerbsalter gibt der jüngeren Generation wenig zeitlichen Spielraum, zusätzliche Verpflichtungen zu übernehmen. Die Teilnahme am Berufsleben ist jedoch zu einer derartigen Selbstverständlichkeit geworden, daß die Eltern selbst nicht daran denken, sie in Frage zu stellen, wenn sie auf die Unterstützung der Kinder angewiesen wären.

Ein Zurückgreifen auf die fachliche Hilfe sozialer Dienste, wie etwa den ambulanten Diensten der Heimhilfe, scheint in dieser Situation natürlich und unausweichlich. Haben die Familien bereits zuvor die Haushaltsführung rationell gestaltet, so ist es auch hier die auf der Hand liegende Möglichkeit, sich auf die Ausformung und das Angebot spezialisierter Dienste im Rahmen einer gesamtgesellschaftlichen Arbeitsteilung zu stützen (Hörl 1989).

Situation der Familien mit einem pflegebedürftigen älteren Menschen

Der Großteil der pflegebedürftigen älteren Menschen wird in der eigenen Familie betreut. Bei älteren Männern geschieht dies überwiegend durch die Ehefrauen. Wenn Frauen pflegebedürftig werden, ist allerdings der Mann oft schon verstorben oder selbst krank. In diesem Fall kommen innerhalb der Familie in erster Linie die Kinder (und hier vor allem die Töchter) als Unterstützung und Pflegepersonen in Frage. Sind keine Kinder in der Nähe oder in der Lage die Betreuung zu übernehmen, so helfen häufiger auch Geschwister (vor allem Schwestern). Andere Mitglieder der Familie übernehmen nur selten Pflegeaufgaben. Wenn weder Kinder noch Geschwister Hilfe leisten können, so wird dies gelegentlich auch von Freunden getan (Chapell und Guse 1989). Östereichweit lebt jeder zweite pflegebedürftige ältere Mensch mit jüngeren Familienmitgliedern zusammen (Kytir und Münz 1989).

Von den pflegenden Angehörigen wird zwar oft die subjektive Belastung sogar in jenen Fällen, wo von außen (objektiv) betrachtet ein hohes Maß an Einschränkung durch die Betreuung gegeben ist, als relativ gering dargestellt (Montgomery 1989), trotzdem fühlt sich fast die Hälfte der pflegenden Angehörigen erheblich nervlich oder psychisch belastet (Hörl 1989). Bei den Angehörigen, die sich um alte, hilfsbedürftige Menschen kümmern, überwiegt aber das Gefühl, diese Hilfe selbstverständlich, ohne dazu direkt gezwungen zu sein, zu leisten (Hörl 1989). Das Hauptmotiv für diese Hilfe ist persönliche Dankbarkeit und ein allgemeines Gefühl mitmenschlicher Verpflichtung. Unter den Angehörigen, die alte Menschen betreuen, sagt immerhin ein Viertel, daß sie sehr gern helfen, und weitere 50% sagen, daß sie gern helfen.

In der Untersuchung von Hörl (1989) waren etwa 80% der primär helfenden Angehöigen aus der Generation der Kinder. In den allermeisten Fällen waren es Töchter oder Schwiegertöchter. Zwei Drittel der Angehörigen hatten selbst eine Familie. 60% waren berufstätig, nur bei 11% handelte es sich um nichtberufstätige Hausfrauen. Eine Mehrfachbelastung der Angehörigen war also überwiegend gegeben.

Ein Viertel der Angehörigen, die in Wien gemeinsam mit der Heimhilfe ihren alten Verwandten, meist den Eltern, beistanden, wäre bereit, die Angehörigen zu sich zu nehmen. Knapp die Hälfte sieht sich dazu aber überhaupt nicht in der Lage (Hörl 1989). Die Mehrzahl der Angehörigen lehnt eine Heimeinweisung trotzdem kategorisch ab.

Die subjektive Belastung hängt natürlich von der Beeinträchtigung bzw. der Pflegebedürftigkeit der zu pflegenden Person ab. Wichtiger noch dürfte jedoch der Kontext sein, in dem die Pflege erbracht wird, d.h. um die persönliche Belastung zu verstehen, muß das Ausmaß und die Art der Pflege in Relation zu den Erwartungen und den verfügbaren Ressourcen betrachtet werden. Wieweit sich Familienangehörige, die die Pflege eines älteren Familienmitglieds übernommen haben, eingeschränkt und überlastet fühlen, wird also entscheidend davon bestimmt, wie sie ihre Aufgabe wahrnehmen, wieweit sie sich von anderen bei dieser Aufgabe unterstützt fühlen und ähnliches. Es hat sich als relativ schwierig erwiesen, diese subjektive Belastung vorherzusagen (Montgomery 1989).

Die Belastungen, die die Pflege in der Familie für die Angehörigen mit sich bringt, gehen über die zeitliche und körperliche Belastung hinaus. Die Pflege bringt viel Unsicherheit mit sich, durch mangelndes Wissen über die zur Pflege erforderlichen Verrichtungen, durch ungenügende Information über die Krankheiten und Beschwerden, die Anlaß für die Pflege sind. Besonders belastend sind vielfach auch die psychischen Begleiterscheinungen von Alterskrankheiten. Schließlich wird durch die Übernahme von Pflege in der Familie das Rollengefüge in der Familie wesentlich verändert und nicht wenige sind darauf ungenügend vorbereitet. Unterstützung der Familienmitglieder sollte in diesen Fällen auch in Beratung und Aufklärung, Weitergabe von Informationen und im Schaffen von Möglichkeiten zur Aussprache bestehen.

Wenn auch die subjektive Belastung schwer zu verstehen und vorherzusagen ist, so zeigt die bisherige Forschung relativ eindeutig, daß die persönliche Einschätzung der Belastung durch eine Pflegeperson aus der Familie entscheidend dafür ist, wielange die Pflege in der Familie geleistet werden kann und ob der Pflegebedürftige in ein Pflegeheim eingewiesen wird oder nicht (Montgomery 1989).

Die Hilfe für pflegebedürftige Menschen in der Familie wird oft idealisiert, von einigen Experten wird jedoch darauf hingewiesen, daß das Ungleichgewicht im Geben und Nehmen, wie es für die Pflege in der Familie chrakteristisch ist, auch negative Konsequenzen haben kann (Chapell und Guse 1989). Wenn die Hilfeleistung nicht erwiedert werden kann und damit keine Kontrolle und kein Einfluß darauf möglich sind. so kann dies zu Depression bei dem Pflegebedürftigen und zu einer Abnahme des Sebstbewußtseins führen. Die pflegenden Kinder suchen nach Möglichkeit eine stärkere äußere und innere Distanz zu wahren, um der veränderten Beziehung gerecht zu werden, auch wenn sie die alltägliche Betreuung aufrechterhalten. Einen gewissen Schutz und Ausgleich stellt hier dar, daß oft sehr verschiedene Standards eingenommen werden, was als Hilfe gilt und was eine Pflicht oder ähnliches anzusehen ist. Dies kann allerdings auch zu Mißverständnissen und Spannungen Anlaß geben.

8.1 Spezielle Freizeit- und Bildungsangebote für ältere Menschen

In der BRD wird durch das Bundessozialhilfegesetz als Aufgabe der sozialen Dienste im § 75 definiert, den alten Menschen die Möglichkeit zu erhalten, am sozialen Leben der Gemeinschaft teilzunehmen. Dazu seien besondere Integrationshilfen nötig, da im Alter die Chancen, Kontakte zu knüpfen, reduziert sind und damit die Gefahr der Isolation und Vereinsamung auftritt. Durch geeignete Aktivitätsangebote soll in der offenen Altenhilfe auch die Möglichkeit zu einer sinnvollen Tätigkeit geschaffen werden.

Als Mitverursacher der Randstellung älterer Menschen wird ein negatives Bild vom Alter in der Gesellschaft gesehen, dem mit der Förderung einer positiven "Alterskultur" entgegengetreten werden soll (Schmidt und Zeman 1988). Dem Leitbild des aktiven Seniors entsprechend soll die Freizeit durch eine Vielzahl an Angeboten genutzt und Langweile vermieden werden.

Altenklubs entstanden im deutschen Sprachraum ab Mitte der 50-er Jahre in einem größeren Ausmaß, vor allem in den Großstädten. Träger sind sowohl die Kommunen wie Wohlfahrtsverbände und kirchliche Organisationen. Sie sind Treffpunkte meist alleinlebender, pensionierter älterer Menschen. Im Allgemeinen haben sie am Nachmittag geöffnet und bieten neben Gesprächsmöglichkeiten bei Kaffee und Kuchen die Möglichkeit zu Gesellschaftsspielen (v.a. Kartenspiele) sowie ein bestimmtes Programm (Diavorträge, Gymnastik). Sie werden vor allem von älteren Frauen aus einfacheren Verhältnissen in Anspruch genommen (Seidel 1986). Altenclubs werden von einer Klubleiterin geführt, die meist zwischen 40 und 60 Jahre alt ist und keine spezielle Ausbildung für diese Aufgabe hat.

In Wien besteht österreichweit das dichteste Netz an Altenklubs. 1990 wurden von der Gemeinde 191 Klubs geführt, zusätzlich gibt es eine kleinere Anzahl an Klubs der Pensionistenverbände. Die Klubs haben nur von Anfang Oktober bis Ende April geöffnet, in den Sommermonaten werden von der Gemeinde Wien an 10 Orten Urlaubsaktionen für Senioren durchgeführt.

Teilnehmende Beobachtungen in Seniorenzentren und Altenclubs zeigen, daß die propagierten Ziele der Integration und Aktivierung nicht so ohne weiteres mit der vorgefundenen Situation und den Erfahrungen und Bedürfnissen der älteren Besucher und Mitglieder übereinstimmen. In den Tageszentren bilden sich vielfach gewisse Cliquen, die Neuhinzukommenden ablehnend gegenüberstehen. Wer zueinander Kontakt gefunden hat, möchte diese langsam gewonnene Vertrautheit nicht ohne weiteres mit anderen teilen und durch neue Mitglieder gefährden. Auch die Aktivierung und Anregung zu Beschäftigungen stößt auf Widerstand, wenn die Mitglieder einen ruhigeren Stil gefunden und an der Gesellschaft anderer ein Genügen finden (Schmidt und Zeman 1988).

In den Großstädten der BRD ist die Teilnahme an Aktivitäten von Altenclubs in letzten Jahren deutlich rückläufig. Da nur mehr wenig neue Mitglieder gefunden werden, steigt das Durchschnittsalter der Besucher und die Tendenz zum passiven Konsumieren von Angeboten nimmt weiter zu (Seidel 1986). In Wien ist hingegen die Anzahl der Mitglieder (1990 etwa 18.000) derzeit noch stabil.

Das Bild der Altenzentren in der Öffentlichkeit und bei alten Leuten selbst ist in der Tendenz eher negativ besetzt, die Einrichtungen werden vielfach als etwas abgetan, was nur für Leute ist, die mit ihrer Zeit nichts anzufangen wissen. Dieses negative Bild soll durch vermehrte Professionalität (Fortbildung der Mitarbeiter in Animation etc.), durch attraktivere Gestaltung der Zentren (Cafeteria-ähnlich, offenere Räumlichkeiten mit flexibleren Nutzungsmöglichkeiten), mehr Beteiligungs- und Mitgestaltungsmöglichkeiten und eine Generations-übergreifende Öffnung verändert werden.

Eine Alternative zu den herkömmlichen Altenklubs stellen von den älteren Menschen selbst geführte Zentren dar, von denen einige in den letzten Jahren im deutschen Sprachraum entstanden sind (Radebold 1986). Als Träger dieser Zentren fungieren Vereine, in denen die älteren Menschen selbst die Verantwortung für das Zentrum übernehmen und für alle Aktivitäten verantwortlich sind. Kennzeichen des Angebots sind sowohl Aktivitäten im Freizeit- wie im Gesundheits- und Bildungsbereich. Über das Kursangebot und einen offenen Betrieb in Form einer Cafeteria hinaus werden auch Beratung und zum Teil ambulante Dienste (Besuchsdienst etc.) angeboten. Gut funktionierende grössere Zentren haben im Allgemeinen einen Stamm von 50-100 aktiven und regelmäßigen Mitarbeitern, zu denen noch gelegentliche Nutzer aus dem näheren Umkreis des Zentrums hinzukommen. Der Vorteil dieser Zentren liegt darin, daß sie der Eigeninitiative und damit der Selbstbestätigung und Selbstverwirklichung genügend Raum geben. Größere Zentren werden häufig zusätzlich von jüngeren professionellen Helfern und Zivildienern unterstützt.

Die offene Führung dieser Zentren bietet verstärkt Möglichkeiten, neue Bekanntschaften zu machen. Interessen werden aktiviert. Befragungen von Nutzern dieser Angebote zeigen eines hohes Ausmaß an Zufriedenheit (Radebold 1986).

Veranstaltungen an Volkshochschulen und Einrichtungen der Erwachsenenbildung greifen in zunehmendem Ausmaß die Anliegen der älteren Menschen auf. Es zeigt sich bei den älteren Menschen eine Bevorzugung altershomogener Gruppen, die in der zeitlichen Gestaltung (Angebote nicht am Abend, sondern tagsüber), in den Inhalten und dem Tempo des Vorgehens den Interessen und Bedürfnissen älterer Menschen Rechnung tragen. Es ist daher sinnvoll, wenn eigene Fachbereiche oder Abteilungen für die Bildungsarbeit mit älteren Menschen eingerichtet werden, um die Weiterentwicklung dieser Arbeit zu fördern. Es werden vor allem Kursangebote zu den Themen Gesundheit, Gymnastikgruppen, aber auch Sprachkurse und psychologische, musische und handwerkliche Kurse bevorzugt (Seidel 1986).

In Universitätsstädten stellen auch die Hochschulen ein Bildungsangebot für ältere Menschen dar, das in einem zunehmenden Maß von älteren Menschen genutzt wird.

Kurse und Seminare zur Vorbereitung auf die Pensionierung und das Alter werden ebenfalls zunehmend angeboten. Die Veranstalter dieser Kurse sind sowohl Erwachsenenbildungseinrichtungen wie Gewerkschaften und große Betriebe. Es soll sowohl Aufklärung über die sozialen und rechtlichen Aspekte der Pensionierung wie über die Veränderung der Lebenssituation geleistet werden. Vielfach handelt es sich dabei um Veranstaltungen, die über mehrere Tage gehen und in Bildungshäusern durchgeführt werden. Teilweise werden auch wöchentliche Veranstaltungen über einen längeren Zeitraum angeboten. Die Teilnahme ist freiwillig, die Kosten werden zum Teil von den Betrieben übernommen.

Selbsthilfegruppen älterer Menschen: Im Blickpunkt der Öffentlichkeit stehen Gruppen wie die "Grauen Panther", die Selbsthilfe mit einem sozialpolitische Engagement für die Interessen älterer Menschen verknüpfen. Für die meisten Altenselbsthilfegruppen steht jedoch nicht sosehr ein sozialpolitisches Anliegen im Vordergrund als der Versuch, gemeinsam ihre durch die Beendigung der Beschäftigungsverhältnisse frei gewordene Zeit zu gestalten (Reis 1986). Gesellige Aktivitäten und Freizeitgestaltung nehmen daher einen großen Raum ein, auch Aktivitäten, die einen bestimmten Inhalt und Ziele (z.B. Engagement für ein Umweltanliegen) haben, sollen Raum schaffen für unstrukturierte Kommunikation sowie Anregungen dafür geben. Als besondere Merkmale von Selbsthilfegruppen älterer Menschen werden weiters das große Bedürfniss nach Harmonie und damit die Vermeidung von kontroversiellen Themen und von Auseinandersetzungen hervorgehoben.

Inhalte der Selbsthilfegruppen älterer Menschen können sehr unterschiedlicher Art sein: Engagement im kulturellen Bereich, Vermittlung von Arbeitseinsätzen Älterer, Durchführung sozialer Dienste, Organisation von Reisen und Ausflugsfahrten etc.

Altenwerkstatt: Altenwerkstätten als Beschäftigungsangebote für ältere Menschen, die sich auch nach ihrer Pensionierung weiter betätigen wollen, gibt es bereits seit längerer Zeit. Sie haben mit der Zunahme von Frühpensionierungen an Bedeutung gewonnen. Ein wichtiges Anliegen dieser Werkstätten ist es, neben der Möglichkeit zu einem geringen Zuverdienst älteren Menschen die Gelegenheit zu geben, über die Arbeit den Kontakt mit anderen Menschen und den gewohnten Tages- und Wochenrhythmus aufrecht zu erhalten. Die meisten

Altenwerkstätten werden von Selbsthilfegruppen geführt. Ihr Arbeitsangebot kann mitunter recht spezialisiert sein und darauf aufbauen, das in einem langen Berufsleben erworbene Wissen jüngeren Arbeitnehmern oder Gruppen von Selbständigen weiterzugeben (Beispiele von mehreren Initiativen aus der BRD in Massow 1989).

Telephonketten: Für ältere, in ihrer Mobilität eingeschränkte Menschen ist das Telephon ein wichtiges Mittel, das es ihnen ermöglicht, mit anderen in Kontakt zu bleiben. Telephonketten stellen den Versuch dar, auch jenen älteren Menschen, die wenig verbliebene Kontakte haben, mithilfe des Telephons Aussprachemöglichkeiten zu bieten.

8.2 Ambulante Altenbetreuung (Hauspflegedienste, Essen auf Rädern, Reinigungsdienste, Besuchsdienste)

Bedarf: Ende der 70-er Jahre ergaben Untersuchungen in der BRD (Sozialdata 1980), daß etwa ein Viertel der zuhause wohnenden Personen über 65 Jahre auf Hilfestellungen und Pflege durch andere Menschen angewiesen sind. In 18% wird diese Hilfe durch die Familie geleistet, 1.5% werden durch ambulante Pflegedienste erreicht und 4% würden Hilfen benötigen, können aber keine angemessene Hilfe erhalten.

Im Rahmen einer Mikrozensus-Erhebung in Österreich wurde bei älteren Menschen (über 60 Jahre) 1987 die Pflege- und Hilfsbedürftigkeit anhand der Beeinträchtigung bei alltäglichen Funktionen (Stiegensteigen, Sich-Anziehen etc.) bestimmt (Kytir und Münz 1989). Danach waren 5.9% der älteren Menschen auf die Pflege durch andere Menschen und 13.7% auf Hilfestellungen angewiesen. Der Anteil der plege- bzw. hilfsbedürftigen Personen stieg von 1.8% bzw. 13.6% bei den 60-64-Jährigen auf 31.2% bzw. 44.8% bei den Personen, die 85 Jahre und älter waren.

Wenn Hilfsbedürftigkeit ausschließlich bei Tätigkeiten der Haushaltsführung bei den Männern nicht berücksichtigt wurde, waren Frauen vor allem in den höheren Altersstufen wesentlich häufiger hilfs- und pflegebedürftig als Frauen. Es zeigte sich auch eine soziale Ungleichheit in der Häufigkeit der Hilfs- und Pflegebedürftigkeit. Bei den Männern war die Pflegebedürftigkeit unter früheren Arbeitern deutlich erhöht (mehr als dreimal so hoch wie unter früheren Angestellten und Beamten), in etwas geringerem Ausmaß auch bei früher in der Landwirtschaft Beschäftigten. Bei den Frauen waren es vor allem Bäuerinnen, die eine hohe Pflegebedürftigkeit aufwiesen.

Erforderliche Hilfestellungen: Man kann folgende Hilfestellungen für ältere Menschen voneinander unterscheiden:

1. Ärztlicher und krankenpflegerischer Behandlungsbedarf, der in manchen Fällen aufgrund des Zusammentreffens mehrerer Krankheiten (Multimorbidität) intensiv sein wird.
2. Grundpflege wie Körperpflege, Hilfe bei Mahlzeiten, beim An- und Ausziehen etc.
3. Überwachende Tätigkeiten, um z.B. bei einem Sturz und Verletzungen rasch helfen zu können
4. Allgemeiner Bedarf an Hilfen beim täglichen Leben: Hauswirtschaftliche Versorgung (Wäschereinigung, Mahlzeitenzubereitung, Einkaufen, Sauberhalten der Wohnung etc.), Unterstützung der Mobilität etc.
5. Erhaltung und Vermittlung sozialer Kontakte, Hilfen bei der Kommunikation und der Teilnahme am öffentlichen Leben
6. Betreuungsbedarf aufgrund psychosozialer Probleme wie Depression, Suizidgedanken, Resignation etc.

Das Angebot an ambulanten Diensten: Ursprünglich war die Heimhilfe bei ihrer Gründung vielfach zur Überbrückung von Krisensituationen (etwa bei plötzlichen Erkrankungen der Hausfrau) gedacht, es zeigte sich jedoch, daß die Familien zumeist flexibel genug sind, akute Krisensituationen zu bewältigen. Es sind vielmehr jene Fälle, in denen alte Menschen ständig oder zumindest über längere Zeit versorgungs- und pflegebedürftig sind, wo die ambulanten Dienste der Heimhilfe in Anspruch genommen werden (Hörl 1989, Grunow et al. 1983). Mit den Jahren wurde das Angebot mehrmals erweitert, in Wien umfaßt es derzeit (neben der Hauskrankenpflege, siehe Kap.6) folgende Dienste:

- Die Heimhilfe stellt das umfassendste Betreuungsangebot dar, sie bietet Unterstützung bei der Körperpflege, beim Aufräumen in der Wohnung, beim Einheizen, beim Waschen kleinerer Wäsche, bei Besorgungen sowie eventuell beim Kochen und übernimmt auch leichte medizinische Pflege. Die Heimhilfe steht den Nutzern zwischen weniger als 5 und mehr als 15 Stunden wöchentlich zur Verfügung, in Abhängigkeit von der Hilfs- bzw. Pflegebedürftigkeit. Bei schwerer Pflegebedürftigen kann die Heimhilfe auch zweimal pro Tag kommen. Im Prinzip ist auch eine Betreuung in den Abendstunden und am Wochenende möglich, allerdings ist dieser Wochenenddienst noch gering ausgebaut.
- Essen auf Rädern bietet wochentags (für einen Teil auch am Wochenende) eine Mittagsmahlzeit (die gekühlt geliefert und zuhause aufgewärmt werden muß).
- Der Reinigungsdienst verrichtet vierteljährlich (bei besonderem Bedarf auch monatlich) größere Reinigungsarbeiten in der Wohnung. Besonders bewährt hat sich dieser Dienst für ältere Menschen, die nach einem Krankenhausauf-

enthalt nachhause zurückkehren und für die über diesen Dienst eine rasche Reinigung ihrer Wohnung möglich ist.

- Der Wäschepflegedienst übernimmt (in der Regel einmal im Monat, gegebenenfalls auch öfter) das Abholen der Wäsche und den Transport in die Wäscherei (Kosten für die Wäscherei werden nicht getragen) sowie kleinere Ausbesserungsarbeiten.
- Ein Reparaturdienst schließlich kann kleinere Arbeiten ausführen, die nicht an eine handwerkliche Konzession gebunden sind.
- Eine Sonderstellung nimmt der Besuchsdienst ein, für diesen Dienst wird keine Bezahlung verlangt. Der Besuchsdienst kann zweimal pro Woche für jeweils zwei Stunden den alten Menschen Gesellschaft leisten oder sie bei Spaziergängen, aber auch bei Arztbesuchen und Behördenwegen begleiten.

Inanspruchnahme von Heimhilfe: In Österreich nahmen nach den Ergebnissen der Mikrozensus-Erhebung 1987 10% der Pflegebedürftigen und 11% der Hilfsbedürftigen ständig oder im Fall einer Krankheit soziale Dienste in Anspruch. Die Inanspruchnahme der sozialen Dienste war deutlich von Haushaltssituation abhängig, sie wurden von einem Viertel der Alleinstehenden, aber nur von 4% der Pflege- oder Hilfsbedürftigen, die mit ihren Kindern im gleichen Haus wohnen, in Anspruch genommen (Kytir und Münz 1989).

Seit Einführung der ambulanten Dienste ist ein starker Zuwachs im Angebot und der Inanspruchnahme dieser Dienste zu verzeichnen. In Wien beginnt ein erster, noch zögernder Ausbau des Heimhilfedienstes mit dem Jahr 1958, als nach dem Vorbild schwedischer Organisationen der Verein "Die Frau und ihre Wohnung" gegründet wurde. Nach der formellen Gründung der Heimhilfe in Wien 1973 waren anfänglich jährliche Zuwachsraten von etwa 25% zu verzeichnen. Erst Anfang der 80-er Jahre sind die Zuwachsraten zurückgegangen und lagen zuletzt bei etwa 4% (Althaler et al. 1986, der gleichen Quelle sowie Antalovsky et al. 1990 sind auch die in den nächsten Absätzen berichteten Zahlen entnommen).

1985 wurden die ambulanten Dienste der Heimhilfe in Wien insgesamt von 16.709 Personen in Anspruch genommen. 8.354 wurden Ende 1985 bereits seit mehr als einem Jahr betreut, die übrigen wurden entweder nur kurzfristig betreut oder kamen im Verlauf des Jahres hinzu. In der Inanspruchnahme der Heimhilfe gibt es zudem jahreszeitliche Schwankungen, am meisten Personen werden während der Wintermonate betreut. Insgesamt wechseln pro Jahr etwa 50% der die Heimhilfe in Anspruch nehmenden Personen. Ende 1985 standen 11.198 Personen, Ende 1987 11.956 Personen in Betreuung.

In Wien beziehen derzeit 5.4% der Über-65-Jährigen ambulante Pflege- und Sozialdienste, der Anteil steigt in den höheren Altersgruppen, unter den über 85-Jährigen beträgt der Anteil 15%. Trotz des beträchtlichen Ausbaus der Heimhilfe in Wien ist die Betreuungsdichte noch deutlich geringer als in den skandinavischen Ländern. In Stockholm wird von 7.000 Heimhelfern ein doppelt so hoher Anteil der alten Menschen durch Heimhilfe versorgt als in Wien (Eurag 1988).

Der größte Anzahl von Personen, 12.011, nahm Ende 1987 in Wien den Reinigungsdienst in Anspruch (der Reinigungsdienst wies in den letzten Jahren den größten Zuwachs auf), 11.956 Personen die Heimhilfe und 5.954 Personen Essen auf Rädern. Der Besuchsdienst und die mobile Krankenpflege wurde hingegen von deutlich weniger Personen in Anspruch genommen (4.879 bzw. 4.584 Personen). Der Wäschepflegedienst wies die geringste Anzahl an Benützern auf (2.851 Personen). Ein Großteil der Personen wurde von mehreren ambulanten Diensten betreut.

Etwa 90% der durch die Heimhilfe betreuten Personen sind über 65 Jahre (der Anteil der jüngeren, frühinvaliden Personen ist in den letzten Jahren gestiegen), 71% über 75 Jahre. 83% sind Frauen. Über 80% leben in einem Ein-Personen-Haushalt, nur 2% in einem Haushalt mit 3 oder mehr Personen. Dem Einkommen nach weicht die Gruppe der die Heimhilfe in Anspruch nehmenden Personen nur unwesentlich von der entsprechenden Gesamtaltersgruppe ab.

Die durch die Heimhilfe betreuten Menschen weisen fast alle chronische Krankheiten auf, am häufigsten sind Herz- und Kreislaufstörungen (bei etwa zwei Drittel), 40% leiden an Erkrankungen des rheumatischen Formenkreises, etwa ein Viertel an Diabetes. Immerhin bei einem Fünftel sind Orientierungsschwierigkeiten aufgrund von Zerebralsklerose oder anderen senilen Hirnerkrankungen vorhanden (Hörl 1989). Bei einer allmählichen, längerdauernden Verschlechterung des Gesundheitszustandes ist es dann meist ein plötzlicher Anlaß, oft ein Spitalsaufenthalt, der zum Ansuchen um Heimhilfe führt. Nur selten ist der Anlaß, daß früher helfende Personen nicht mehr die Pflege weiterführen können. Die Initiative zum Ansuchen um Heimhilfe geht dann, wenn Angehörige vorhanden sind, nur bei einem geringen Teil von den alten Menschen selbst aus, sondern meist von den Angehörigen oder vom Spitalspersonal. Die Angehörigen stellen hier vielfach die Verbindung zu den sozialen Diensten her.

In Wien lassen sich nach dem Ausmaß der Inanspruchnahme der sozialen Dienste 4 Benutzergruppen unterscheiden (Antalovsky et al. 1990). Diese 4 Benutzergruppen entsprechen auch 4 verschiedenen Leistungsgruppen:

- Hilfe bei der einfachen Haushaltsführung (Beziehergruppe 1, 42%): Dieser Gruppe wird ausschließlich bei der Haushaltsführung geholfen. Sie kann vorübergehend auch ohne Hilfe zurechtkommen, ein Einsatz am Wochenende ist daher nicht erforderlich.
- Personen mit Bedarf an Körperpflege und bei den meisten Haushaltstätigkeiten (Beziehergruppe 2, 36%): Die Betreuten können nur mehr kleinere

Arbeiten im Haushalt übernehmen. Ihre Mobilität ist stark eingeschränkt, ein Teil kann das Haus nicht mehr verlassen.

- Personen, bei denen auch ein Bedarf an Grundpflege besteht (Beziehergruppe 3, 16%): Hier handelt es sich um Personen, die ohne Heimhilfe in ein Pensionistenheim ziehen müßten.
- Intensiv pflegebedürftige Personen (Beziehergruppe 4, 6%): Ohne Hilfe müßten ohne Heimhilfe diese Menschen in ein Pflegeheim aufgenommen werden. Etwa die Hälfte benötigt auch an den Wochenenden Pflege.

Gestaltung der Heimhilfe: Das grundsätzliche Problem der ambulanten Pflegedienste besteht darin, daß die Angebote an Pflege- und Hilfsleistungen zeitlich genau beschränkt und auch der Inhalt der Leistungen spezifiziert sind. Es gibt Listen an Pflege- und Betreuungsaufgaben, die von den mobilen Diensten ausgeführt werden und für die ein bestimmter Zeitrahmen vorgesehen ist. Diese Entwicklung wurde als Taylorisierung der sozialen Hilfsdienste bezeichnet. Die Bedürfnisse der älteren Menschen, die diese Dienste in Anspruch nehmen, entsprechen jedoch nur zum Teil diesen Angeboten. Während private Hilfe immer jeweils von den tatsächlichen Bedürfnissen ausgeht und in jedem Fall individuell ausgehandelt werden kann, sind die Bedürfnisse hier normiert. De facto freilich nehmen - wie wir noch zeigen werden - die ambulanten sozialen Dienste eine Mittelstellung zwischen einem strikten Regelment und dem in familiären Bereich üblichen individuellen Eingehen auf die Bedürfnisse älterer Menschen ein.

Ein weiteres Problem ergibt sich aus der Tatsache, daß diese Hilfe in der Wohnung der Betroffenen stattfindet und damit der Mitarbeiter des sozialen Dienstes in die Privatsphäre aufgenommen wird. Dies führt auf der einen Seite zu einer gewissen Abwehrhaltung, auf der anderen Seite - nachdem ein Kontakt einmal hergestellt ist - zu einer persönlichen Beziehung und entsprechenden Erwartungen, die durch den Auftrag nur zum Teil gedeckt sind. Die Tatsache, daß es sich bei der Heimhilfe um eine berufliche, kontrollierte Tätigkeit handelt, ist in die sich aufbauende Beziehung nur zum Teil einzuordnen.

Die Anordnung, was an Hilfestellungen zu leisten ist, ist weder zur Gänze dem Betroffenen noch dem Mitarbeiter, der die Pflegeleistung ausführt, überlassen, sondern wird vielmehr im vorhinein festgelegt, wobei diese Festlegung im Allgemeinen von einer anderen Stelle als dem sozialen Dienst, der die Betreuung übernimmt, geschieht. In Wien übernimmt diese Aufgabe der soziale Stützpunkt, in der BRD kommt den Ärzten dabei eine wesentliche Bedeutung zu.

Um diese Situation und die unterschiedlichen Anforderungen zu bewältigen, werden von den Mitarbeitern verschiedene Strategien entwickelt (Heinemann-Knoch et al. 1985, Hörl 1989). Diese Strategien sollen dem Helfer ermöglichen, die an ihn herangetragenen Erwartungen zu begrenzen, zu mehr Handlungsspielraum in der Ausführung der Hilfsverrichtungen zu gelangen. Dazu ist es für den Helfer nötig, die zu erbringenden Leistungen mit den betroffenen Personen und ihren Angehörigen auszuhandeln. In der Praxis erweist sich die Absprache mit den Angehörigen jedoch als schwierig. Zwischen den Heimhelferinnen und den Angehörigen gibt es zwar kaum ein Gegeneinander, aber auch kaum eine explizite Aufteilung der Tätigkeiten und Hilfen (Hörl 1989).

Die ambulanten Hilfsdienste kombinieren meist gesundheitsbezogene mit rein pflegerischen Aktivitäten und sozialen Betreuungsmaßnahmen. Im Zeitbudget der Heimhelferinnen wird durchschnittlich die Hälfte der Zeit für Hilfen bei der Haushaltsführung aufgewandt, jeweils etwa 20% wird für pflegerische Aktivitäten (Körper- und Krankenpflege) und für die persönliche Betreuung verwendet (Pauli 1988). Für die alten Menschen wird die Heimhelferin damit eine wesentliche Kontaktperson. Manche alte Menschen können die Beziehung zu den Heimhelferinnen am besten so gestalten, indem sie sie wie Mitglieder der eigenen Familie, gleichsam wie Töchter, behandeln (Hörl 1989).

Um eine zu starke Vereinnahme der Heimhelferinnen durch die Betreuten zu verhindern, wird von Seiten der Träger der Heimhilfedienste oft auf einen regelmäßigen Wechsel der Heimhelferinnen Wert gelegt, der wenigstens jährlich erfolgen sollte. Hörl (1989) konnte in seiner Untersuchung zeigen, daß in Wien tatsächlich 9 Monate nach Beginn der Heimhilfe in etwa der Hälfte der Fälle ein Wechsel der Heimhelferinnen stattgefunden hatte. Fast die Hälfte der alten Menschen drückte ein Bedauern über diesen Wechsel aus. Diese Praxis ist daher nicht unumstritten. In einem englischen Projekt wurden Heimhelferinnen ermutigt, die Beziehung zu ihren Klienten persönlicher zu gestalten, und es wurde besonderer Wert auf die Kontinuität der Beziehung gelegt. Dies führte zu deutlich größerer Zufriedenheit bei den älteren Menschen (Goldberg und Connelly 1982).

Organisationsmodelle der Heimhilfe. *Sozialstationen in der BRD:* In der BRD wird die ambulante Altenbetreuung seit Anfang der siebziger Jahre von sogenannten Sozialstationen aus organisiert. Diese betreuen ein Einzugsgebiet von mindestens 15-25.000 Personen (je nachdem ob es sich um ein ländliches oder ein städtisches Einzugsgebiet handelt) und umfassen mindestens 3, möglichst 4 Fachkräfte, davon mindestens eine Krankenschwester bzw. einen Krankenpfleger und Alten- bzw. Familienpfleger. Dazu kommen teilprofessionelle Helfer und ehren- und nebenamtliche Helfer. Die Helfer operieren von einer Sozialstation aus, die mit Verwaltungsräumen, Aufenthaltsräumen für die Mitarbeiter, Waschräumen bzw. einem Bad und gelegentlich mit Besprechungszimmer für die Klienten ausgestattet ist.

Es gab Pläne, die Sozialstationen zu einem umfassenden Zentrum der psychosozialen Betreuung auszubauen, diese Pläne wurden jedoch bis auf wenige Ausnahmen zugunsten einer sogenannten kleinen Lösung fallengelassen.

Träger der Sozialstationen sind meist die Wohlfahrtsverbände, in einzelnen Fällen auch Kirchengemeinden oder selten die Gemeindeverwaltungen. Die Leistungen werden entweder von den Krankenkassen bezahlt (wenn es sich um einen Behandlungsfall, nicht aber wenn es sich um einen Pflegefall handelt), von anderen Versicherungsträgern (z.B. Unfallversicherung), von der Sozialhilfe übernommen oder durch Eigenleistungen der Betroffenen aufgebracht. Die direkte Vergütung der Leistungen deckt allerdings nur ein Viertel der Kosten, der Rest wird von den Gemeinden, den Ländern, den Trägern oder durch Beiträge von Pflegevereinen und Spenden aufgebracht.

Organistionsmodelle in Österreich: Auch in Österreich sind in einigen Bundesländern ähnliche Organisationsmodelle erprobt worden. In Wien wird die ambulante Betreuung durch die Heimhilfe und die Hauskrankenpflege von 10 sozialen Stützpunkten aus, die von der Gemeindeverwaltungen geführt werden, dezentral organisiert. In anderen Bundesländern werden die ambulanten Dienste direkt von Vereinen geführt, in Vorarlberg etwa von Pflegevereinen. Tirol ist jenes Bundesland, in dem die Organisation der ambulanten Dienste in Form von Sprengeln am weitesten gediehen ist.

Organisation der Inanspruchnahme der Heimhilfedienste in Wien: Ein sogenannter Kontaktbesuchsdienst der Bezirksverwaltung besucht nach Vorankündigung (sowie auf Wunsch) alle älteren Menschen (über dem 70.Lebensjahr), um sie über die angebotenen sozialen Dienste zu informieren. Dieser Besuch wird jeweils nach 5 Jahren erneut angeboten (Barbisch et al. 1990). Ein Bedarf an ambulanten Diensten muß beim zuständigen sozialen Stützpunkt gemeldet werden, diese Meldung kann von den Betroffenen selbst, von Krankenhäusern und Anstalten aus, vom Kontaktbesuchsdienst oder von Ärzten erfolgen. Schwestern der Stützpunkte beurteilen im Rahmen eines Hausbesuchs den Gesundheitszustand und die erforderlichen Hilfeleistungen. Das Einkommen der alten Leute soll bei diesem Hausbesuch auch erhoben und in einen Sozialpaß eingetragen werden, um das Ausmaß des Kostenbeitrags für die Dienste festlegen zu können. Die Dienste werden allerdings nicht von Mitarbeitern der sozialen Stützpunkte, sondern von 12 Wohlfahrtsverbänden und gemeinnützigen Vereinen erbracht. Eine Wahl des Vereins ist im Prinzip möglich, in der Regel wird jedoch der für die Wohngegend zuständige Verein mit der Betreuung beauftragt. Nur bei dringenden Fällen kann eine erste Versorgung durch Springerinnen des sozialen Stützpunkts erfolgen.

1985 wurden von der Heimhilfe in Wien im Jahresdurchschnitt bereits 2.654 Personen beschäftigt, die diese Arbeit überwiegend als Teilzeitbeschäftigung ausübten (Althaler et al. 1986). Fast alle in der Heimhilfe tätigen Personen sind

Frauen, die meisten zwischen 30 und 50 Jahre alt (Pauli 1988). Gewöhnlich werden von einer Heimhelferin 3-6 alte Menschen betreut.

Kosten und finanzielle Regelung der ambulanten Dienste in Wien: In den Rahmenvereinbarungen zwischen dem Sozialamt der Gemeinde Wien und den Trägern der sozialen Dienste werden sowohl die Beträge, die die Träger für die geleisteten Dienste erhalten, als auch arbeitsrechtliche Bestimmungen festgelegt (Barbisch et al. 1990). Pro Stunde Heimhilfe erhielten die Träger von dem Sozialamt 1988 155 öS ersetzt, wobei die Heimhelferinnen einen Brutto-Stundenlohn von 71 öS erhielten und der Rest zur Abdeckung der Spesen der Träger diente. Für die Betreuung von Pflegefällen erhielten die Heimhelferinnen zusätzlich eine Zulage von 10%. Für den Besuchsdienst werden keine Regiekosten, sondern nur der Bruttostundensatz von 60 öS für die Mitarbeiterinnen vergütet.

Nach den Vereinbarungen mit dem Sozialamt müssen Heimhelferinnen mindestens 86 Stunden pro Monat beschäftigt werden. Wird dies nicht gewährleistet, müssen die Träger trotzdem einen entsprechenden Betrag als Mindestvergütung bezahlen.

Für die Berechnung der Kostenbeteiligung der Benützer von ambulanten Diensten wird das Einkommen in 7 Stufen eingeteilt. In der niedrigsten Stufe (Einkommen nach Abzug der Mietkosten nicht mehr als 5.321 öS pro Monat) muß nur ein Beitrag für das Essen auf Rädern gezahlt werden. In allen anderen Stufen wird ein gestaffelter Kostenbeitrag berechnet, der allerdings für die Heimhilfe nicht stundenweise, sondern monatlich pauschal abgerechnet wird (nach 4 Stufen der Inanspruchnahme). Wenn intensive Pflege erforderlich und ein hohes Einkommen vorhanden ist (über 10.000 öS monatlich) kann der Selbstbehalt für die Heimhilfe bis zu 6.000 öS im Monat ausmachen.

Da die ambulanten sozialen Dienste in Wien überwiegend von alten Menschen mit niedrigem Einkommen in Anspruch genommen werden, beträgt der Kostendeckungsgrad durch den Selbstbehalt nur 20%. Er ist damit niedriger als bei den stationären Diensten (35%) (zumindest nach den offiziellen Kostensätzen) (Antalovsky et al. 1990).

Evaluation der Heimhilfe: Durch das Einsetzen der Heimhilfe werden die alten Menschen durchwegs beträchtlich entlastet. Während vor Einsetzen der Heimhilfe die alten Menschen durchschnittlich 16 von 25 Tätigkeiten selbst ausführen mußten, sinkt die Anzahl nun auf durchschnittlich 10 selbst ausgeführte Tätigkeiten, während die Heimhilfe im Durchschnitt etwa 6 Tätigkeiten übernimmt, vor allem im Bereich der Hauswirtschaftsfunktionen. Im Verlauf der Zeit ist die Aufteilung der Tätigkeiten zwischen den alten Menschen, der Heimhilfe und anderen helfenden Personen nicht stabil. Manche Tätigkeiten werden von der Heimhilfe neu übernommen, andere wieder abgegeben (Hörl 1989).

Fast alle Klienten der Heimhilfe sind mit der erhaltenen Hilfe zufrieden, drei Viertel sogar sehr zufrieden (Hörl 1989). Nur wenige äußern zusätzliche Wünsche, die meist in Richtung auf eine Ausweitung der Hilfe gehen. Positiv wird von den alten Menschen meist die gute Beziehung zu den Heimhelferinnen hervorgehoben. Auch von den Heimhelferinnen wird fast immer betont, daß sie sich mit den alten Menschen, die sie betreuen gut verstehen. Fast die Hälfte der Heimhelferinnen etwickelt mit der Zeit das Gefühl einer gewissen Verbundenheit mit ihren Klientinnen und hat das Gefühl, daß die alten Menschen ihnen nahestehen (Hörl 1989).

Schwieriger als die Frage nach der Zufriedenheit der Nutzer von Heinmhilfediensten ist die Frage zu beantworten, wieweit dieses Angebot tatsächlich den Bedürfnissen entspricht und nicht in manchen Fällen dazu führt, daß vorhandene Fertigkeiten nicht mehr genutzt werden. So wird z.B. berichtet, daß das Essen auf Rädern auch dort in Anspruch genommen wird, wo die eigentlichen Probleme beim Einkaufen der Nahrungsmittel und nicht beim Kochen und Zubereiten von Mahlzeiten liegen (Goldberg und Connelly 1982).

Es ist von verschiedener Seite auch die Befürchtung geäußert worden, daß die Verfügbarkeit professioneller Heimhilfen und von Hauspflegediensten die informelle Pflege in der Familie ersetzen könnte. Zu dieser Frage liegen nicht viele Untersuchungsergebnisse vor. Die bisherigen Ergebnisse lassen diese Befürchtung eher unbegründet erscheinen. So haben Horowitz et al. (1983, zitiert nach Chapell und Guse 1989) in einer Längsschnittuntersuchung die Auswirkungen der Inanspruchnahme von ambulanter Heimhilfe auf die innerhalb der Familie geleistete Pflege untersucht. Es zeigt sich, daß durch die Verfügbarkeit von Heimhilfe Angehörige, die bereits vor der Inanspruchnahme von Heimhilfe ein großes Ausmaß an Hilfestellungen für pflegebdürftige ältere Leute leisteten, das Ausmaß der Hilfestellungen trotz der Heimhilfe beibehielten. Wenn jedoch keine Heimhilfe zur Verfügung stand, ging in dem gleichen Zeitraum das Ausmaß an familiär erbrachter Hilfe zurück. In jenen Familien, wo die Angehörigen etwas mithalfen, wurde durch das Einsetzen von Heimhilfe die familiär erbrachte Hilfe sogar gesteigert. Wo allerdings auch zuvor keine Hilfen von Familienangehörigen verfügbar waren, hatte auch die Heimhilfe keinen Einfluß.

Auch eine Untersuchung in Wien konnte nachweisen, daß das Einsetzen von Heimhilfe nur zu einem geringen Rückgang der von Angehörigen geleisteten Hilfe führt (Hörl 1989). 92% der Angehörigen von alten Menschen, die einige Wochen nach Beginn der Heimhilfe befragt wurden, drückten ihre Bereitschaft aus, auch weiterhin mitzuhelfen. Bei einer neuerlichen Befragung der alten Menschen, der Angehörigen und der Heimhelferinnen nach 9 Monaten zeigte sich, daß sich tatsächlich die Angehörigen nicht zurückgezogen hatten. Die Angehörigen wurden allerdings durch die Heimhilfe in fast allen Fällen entlastet. Nur etwa ein Drittel der Angehörigen kam nun seltener auf Besuch, ein etwa ebenso großer Teil nutzte die Entlastung durch die Heimhilfe, um mehr mit den alten Menschen zu reden. Die Entlastung wirkte sich auch auf die familiären Beziehungen aus. Nach den Angaben der Heimhelferinnen führte die Heimhilfe bei mehr als der Hälfte der Fälle zu einer Abnahme der Spannungen und zu einer Verbesserung der familiären Beziehungen.

Es scheint also, daß formelle ambulante Dienste die Möglichkeiten von Familien zur informellen Hilfe nicht negativ, sondern eher positiv beeinflussen. Die formelle Unterstützung dürfte die Familie ermutigen und die Motivation aufrecht erhalten, selbst soviel wie möglich zur Unterstützung von Angehörigen zu tun.

8.3 Zusätzliche Hilfen für pflegebedürftige ältere Menschen, die zuhause leben

Notrufsysteme: Ein erhöhtes Maß an Sicherheit läßt sich dadurch gewährleisten, daß ein Notrufsystem zur Verfügung steht, über das bei Bedarf rasch Hilfe herbeigeholt werden kann. In Wien wurde 1974 der *Sozialnotruf der Stadt Wien* eingerichtet, über dessen Telephonverbindung auch eine Krankenschwester erreichbar ist. 1982 wurde das *Notrufsystem "Seniorenalarm"* installiert. Ältere Menschen, die an dieses System angeschlossen sind, können (etwa im Fall eines Sturzes, nach dem sie nicht mehr allein aufstehen können) über einen am Körper angebrachten kleinen Sender und ein Zusatzgerät am Telephon einen Notruf an eine Einsatzzentrale übermitteln, die rund um die Uhr besetzt ist.

Rehabilitationsdienste für ältere Menschen und Übergangspflege: Die aufgrund von Krankheiten bestehende Beeinträchtigung kann durch geeignete Rehabilitationsmaßnahmen auch bei älteren Menschen soweit reduziert werden, daß eine selbständige Lebensführung weiter möglich ist. Rehabilitationsdienste stehen jedoch für ältere Menschen oft nicht im erforderlichen Ausmaß zur Verfügung. Oft wird aus einem vorübergehenden Aufenthalt in einem Krankenhaus eine längere oder endgültige Hospitalisierung oder Unterbringung in einem Pflegeheim, weil keine Möglichkeit besteht, die älteren Menschen bei dem Übergang nach zuhause eine Zeitlang intensiver zu unterstützen.

Eine derartige Möglichkeit könnte durch **Einrichtungen zur teilstationären Pflege** (**Tagesheime und Tageszentren** für den Aufenthalt, die Betreuung und die Versorgung hilfsbedürftiger alter Menschen, **Tagespflegeheime** für die Pflege und Therapie) geschaffen werden. Das Angebot einer teilstationären Pflege ist derzeit in Österreich noch sehr gering. In Wien werden derzeit nur zwei derartige Zentren geführt, die eine ganztägige Betreuung anbieten. Relativ stark ist dieses Angebot in den 70-er Jahren in Großbritannien ausgebaut worden (Goldberg und Connelly 1982). Die Tageszentren bieten dort ein weites Spektrum an Aktivitäten und Diensten und richten sich an sehr unterschiedliche Personengruppen, von eher aktiven bis zu bereits pflegebedürftigen und in ihrer Mobilität eingeschränkten älteren Menschen. Tageszentren unterscheiden sich untereinander sehr stark in ihrem Angebot, bei dem sowohl der Charakter eines Klubs (allerdings mit einem breiteren Angebot als z.B. die Altenklubs in Wien sowie längeren Öffnungszeiten) wie auch der einer medizinischen Einrichtung dominieren kann. Auch die Trägerschaft ist sehr unterschiedlich, Tageszentren können als Teil einer medizinischen Einrichtung geführt werden, sie können Teil des Angebots des Sozialdienstes der Gemeinden sein, überwiegend werden sie jedoch von gemeinnützigen Verbänden, Pfarrgemeinden u.ä. geführt. Als Ziel der Tageszentren gilt sowohl die Entlastung der Angehörigen wie die Pflege und die Aktivierung der Besucher, vor allem das Durchbrechen der Isolation älterer Menschen. Bemühungen um eine Evaluation dieser Angebote kommen zu dem Schluß, daß wahrscheinlich - ohne gezielte Maßnahmen - eine gemeinsame Betreuung der eher aktiven und der bereits stärker pflegebedürftigen Menschen nicht günstig ist. Evaluationen zeigen weiter, daß nur ein Teil der älteren Menschen diese Angebote aufgreift, daß aber die Zufriedenheit der Besucher der Tageszentren und ihrer Angehörigen mit dem Angebot relativ groß ist (Goldberg und Connelly 1982).

Möglichkeit zur Kurzzeitpflege: Angehörige, die ältere Menschen zuhause pflegen, sind durch die ständig erforderliche Anwesenheit oft sehr belastet. Eine gewisse Entlastung würde es für viele bedeuten, wenn die pflegebedürftigen älteren Menschen für kürzere Zeit in eine stationäre Pflegeeinrichtung gebracht werden könnten. Pflegeheime sollten daher Plätze für Kurzzeitunterbringungen bereithalten, eine Möglichkeit, die derzeit noch kaum gegeben ist.

8.4 Spezielle Wohnangebote für ältere Menschen

Die Wohnsituation der älteren Menschen ist nach vielen Umfrageergebnissen häufig als ungünstig zu bezeichnen. Viele ältere Menschen leben in Wohnungen, die nach heutigen Vorstellungen unzureichend ausgestattet sind (keine Badegelegenheit in der Wohnung, keine Zentralheizung etc.). Wohnungsverbesserungen können die älteren Menschen schon aufgrund ihrer schlechteren finanziellen Situation vielfach nicht mehr vornehmen. Die schlechte Ausstattung betrifft vielfach nicht nur die Wohnungen selbst, sondern auch die unmittelbare Wohnumgebung. Die Sanierung dieser Wohngebiete führt oft dazu, daß die Mietkosten für ältere Menschen nicht mehr erschwinglich sind.

Trotz der schlechteren Ausstattung ist die Wohnzufriedenheit der älteren Menschen, die in ihrer eigenen Wohnung leben, im Vergleich zur Gesamtbevölkerung relativ hoch (Scholta 1990). Ein wesentlicher Faktor ist hier sicherlich die Gewöhnung an die eigene Wohnung und die vertraute Umgebung, die man nicht missen will.

Die erhöhte Mobilität in der heutigen Gesellschaft betrifft jedoch auch die älteren Menschen. Sei es, daß sie aus beruflichen Gründen ihren Wohnsitz in einer Gegend gewählt haben, in der sie nicht bleiben wollen, und daher mit der Pensionierung umziehen, sei es, daß sie gezwungenermaßen umziehen, weil sie die alte Wohnung nicht mehr halten können. In der Auseinandersetzung um die Folgen der Mobilität für das psychische und gesundheitliche Wohlbefinden nimmt seit längerer Zeit auch die Frage um die Folgen eines Umzugs für ältere Menschen einen wichtigen Platz ein (Baglioni 1989). Untersuchungen in den 40-er und 50-er Jahren über den Umzug von älteren Menschen aus Institutionen ergaben Hinweise, daß ein Umzug für ältere Menschen eine besondere Belastung darstellt und mit einer Verschlechterung des Gesundheitszustands und einer erhöhten Mortalität einhergeht. In den letzten Jahrzehnten hat sich eine Vielzahl an Untersuchungen mit dieser Frage befaßt. Als entscheidend hat sich dabei herausgestellt, wieweit die neue Umgebung mit den bisherigen Lebensgewohnheiten der alten Menschen vereinbar ist und wieweit sie selbst auf diesen Umzug vorbereitet sind und eine Wahlmöglichkeit hatten bzw. zur Überzeugung gelangt sind, daß dieser Umzug ihr eigener Entschluß ist.

Altenwohnungen und Seniorenwohnanlagen: In einigen Ländern (z.B. Schweiz, Großbritannien) gibt es das Angebot spezieller *Altenwohnungen*, die von ihrer Lage, Ausstattung und Größe her eine selbständige Haushaltsführung auch für leicht gehbehinderte alte Menschen erleichtern sollen. Diese Wohnungen sollen nach Möglichkeit so gelegen sein, daß sie für ambulante Hilfsdienste leicht erreichbar sind und daß ein entsprechendes Dienst- und Aktivitätsangebot in Anspruch genommen werden kann. Gelegentlich ist auch eine Ausstattung mit einem Notrufsystem vorgesehen, damit die Bewohner bei einem Sturz rasch Hilfe herbeirufen können. Altenwohnungen können allein oder in einigen Gebäuden gruppiert angelegt sein. Vielfach wird darauf geachtet, daß sie sich in der Nähe eines Servicezentrums für alte Menschen befinden. In Großbritannien wird häufig für eine Gruppe von Altenwohnungen ein Betreuer bzw. in den meisten Fällen eine Betreuerin angestellt, die in der gleichen Wohnanlage wohnt und neben Nachbarschaftsdiensten (regelmäßiges Vorbeischauen bei den älteren Bewohnern, den Kontakt zu den Angehörigen Halten, Vereinbarung von Arztbesuchen) vor allem in Notfällen einspringen soll, wenn z.B. jemand krank ist. Sie sollte deshalb dauernd erreichbar sein und einen guten Kontakt zu den Bewohnern halten.

Sowohl in der Schweiz (Madörin 1985) wie in Großbritannien (Goldberg und Connelly 1982) gibt es einen relativ hohen Bestand an Altenwohnungen, allerdings nach Regionen sehr unterschiedlich. Im Kanton Baselland kamen z.B. bereits Mitte der 70-er Jahre auf 100 Einwohner über 65 Jahren 4 spezielle

Altenwohnungen. Das Durchschnittsalter der Bewohner von Altenwohnungen liegt in der Schweiz mit 76 Jahren etwa um 5 Jahre unter dem von Altersheimbewohnern. Der Umzug in eine Altenwohnung findet also nicht erst dann statt, wenn es keine andere Möglichkeit mehr gibt. Im Unterschied zum Altersheim wohnen in Altenwohnungen auch wesentlich mehr Ehepaare (Madörin 1985). Die Lebensgewohnheiten sowie das Ausmaß der sozialen Kontakte der Bewohner von Altenwohnungen entsprechen trotz der gesundheitlichen Beeinträchtigung, die etwa mit jener von Altersheimbewohnern vergleichbar ist und das häufigste Umzugsmotiv darstellt, viel mehr den Lebensumständen von alten Menschen, die zuhause wohnen, als den Bewohnern von Altersheimen.

In Großbritannien ist im Vergleich zur Schweiz wesentlich häufiger die unzureichende sanitäre Ausstattung der früheren Wohnung ein Motiv für den Umzug in eine Altenwohnung. Die triste Wohnungssituation älterer Menschen hat es dort erforderlich gemacht, eine enge Kooperation zwischen den Sozialämtern und den Wohnungsämtern anzustreben, damit bei der Errichtung von Sozialwohnungen bereits ein gewisser Anteil an Altenwohnungen eingeplant und der Bereitstellung von Sozial- bzw. Gemeindewohnungen für ältere Menschen eine gewisse Priorität eingeräumt wird. Auch wird der Umzug von älteren Menschen in die Nähe von Angehörigen unterstützt, sodaß diese leichter die Betreuung übernehmen können (Goldberg und Connelly 1982). Ähnliche Initiativen aus Österreich wären sicher zu begrüßen.

Die Lebenszufriedenheit der Bewohner von Alterswohnung ist sowohl im Vergleich zu den Bewohnern von Altersheimen wie im Vergleich zu alten Menschen, die in ihren alten Wohnungen bleiben, sehr groß (Madörin 1985).

Auf eine selbständige Lebensführung zugeschnitten sind auch die *Seniorenwohnheime*, wie sie z.B. in der BRD geführt werden. In ihnen sind spezielle Aktivitätsangebote für ältere Menschen vorhanden, es können auch Erleichterungen für die Haushaltsführung in Anspruch genommen werden

Altenwohngemeinschaften: In den letzten Jahren sind Wohngemeinschaften älterer Menschen wiederholt als Alternative zu Alten- und Pensionistenheimen vorgeschlagen worden (z.B. Pirhofer und Plöckinger 1989). In der Tat weisen Altenwohngemeinschaften einige Vorteile gegenüber Pensionistenheimen auf. Sie ermöglichen eine größere Selbständigkeit und Eigenversorgung der Bewohner, bieten aber auch Kontaktmöglichkeiten und erleichtern den Bewohnern die Haushaltsführung. Vor allem aber sind Wohngemeinschaften von der Größe her überschaubarer als Altenheime.

Im Unterschied zu den Wohngemeinschaften jüngerer Leute bedarf es zur Bildung von Altenwohngemeinschaften vielfach des Anstoßes von außen, da diese Lebensform den meisten älteren Menschen zunächst fremd ist. Sie kommen wohl auch nicht für jeden älteren Menschen in Frage. Die bisherigen Erfahrungen sind jedoch ermutigend.

Einrichtungen der stationären Altenhilfe, Altenheime: Bis gegen Ende des 19.Jahrhundert waren alte Menschen, deren Familien nicht für sie sorgen konnten und für die man sich um eine Unterbringung bemühte, gemeinsam mit anderen Bedürftigen in Armenhäusern untergebracht. Mit dem Bemühen um eine Differenzierung wurden in der zweiten Hälfte des 19.Jahrhunderts psychisch Kranke in eigene Anstalten verlegt und die früheren Einrichtungen zu Altenheimen umgewidmet oder eigene Einrichtungen für alte Leute geschaffen. Das dabei leitende Modell wich allerdings längere Zeit nicht vom traditionellen Modell der Armenhäuser ab. Versorgung, Pflege und teilweise auch Arbeit waren in diesen Anstalten miteinander verbunden, es herrschte eine strenge Disziplin (Kondratowitz 1988).

In der Folge kam es auch unter den Einrichtungen der stationären Altenhilfe zu einer weiteren Differenzierung, bei der zwischen Wohnheimen und Pflegeheimen für alte Menschen unterschieden wurde. Erst in den zwanziger Jahren unseres Jahrhunderts wurden in größerem Ausmaß eigene Einrichtungen für ältere Menschen konzipiert, die in ihrem Alter noch relativ selbständig waren und nur eine teilweise Unterstützung für ihre Lebensführung benötigten. In Deutschland wurde das Modell der Altenwohnheime, in denen ältere Menschen das ihnen zuvor gewohnte bürgerliche Leben in bescheidenerem Umfang weiterführen konnten, vor allem auch durch den Rentnerbund als Interessensvertretung propagiert, um auf diese Weise mit öffentlicher Unterstützung Schutz vor der Existenzbedrohung durch Inflation zu finden. Die Errichtung von Wohnheimen für alte Menschen wird deshalb als Ausdruck einer Mittelstandspolitik interpretiert (Kondratowitz 1988).

Die eben dargestellten Entwicklungen sind nicht an allen Orten gleichmäßig verlaufen. In ländlichen Gebieten wurden vielfach die beschriebenen Differenzierungen der stationären Einrichtungen nicht vollzogen, jedoch finden sich auch im großstädtischen Bereich Unterschiede. In Wien etwa wurde mit dem Aufbau von einem Netz an Pensionistenheimen durch die Gemeinde erst in den 60-er Jahren begonnen. 1982 gab es 16 Pensionistenheime der Gemeinde mit 4.587 Heimplätzen. 1989 waren es bereits 27 Heime mit 7.316 Plätzen, weitere 5 Heime mit 1155 Plätzen waren im Bau und eines in Planung. Etwa 10% der Plätze in den Pensionistenheimen sind in eigenen Abteilungen (sogenannten B-Stationen) für Pflegefälle vorgesehen. Hinzu kamen 33 private Alten- und Pflegeheime mit 2.248 Wohnheim- und 1.391 Pflegeplätzen. In den privaten Einrichtungen hatte die Anzahl der Wohnheimplätze gegenüber Anfang der 80-er Jahre nur unwesentlich zugenommen (+ 5% gegenüber 1983), die Anzahl der Pflegeplätze war hingegen beträchtlich (+ 40%) gesteigert worden.

An Pflegeplätzen stehen in 10 Pflegeheimen der Gemeinde Wien 6.530 Plätze zur Verfügung, etwa 5% dieser Plätze werden durch Personen unter 60 Jahren in Anspruch genommen. Insgesamt stehen somit in Wien etwa 8.200 Pflegeplätze für alte Menschen in stationären Pflegeeinrichtungen zur Verfügung und 8.900 Wohnheimplätze. Dies bedeutet, daß etwa 2.5% bzw. 2.7% der über-65-Jährigen in Pflege- bzw. Wohneinrichtungen für alte Menschen untergebracht sind.

In ganz Österreich wohnen derzeit 3.5% der über 65-Jährigen in Einrichtungen der stationären Altenhilfe, in der BRD 4.5%, in England 5%, in Schweden 9% und in den Niederlanden 13% (Kraan et al. 1990 zitiert nach Baldock und Evers 1990). Zwischen den westeuropäischen Ländern bestehen somit beträchtliche Unterschiede im Versorgungsgrad mit stationären Einrichtungen für alte Menschen.

Zu den Einrichtungen der stationären Altenhilfe werden in der BRD Altenheime bzw. Pensionistenheime, Seniorenwohnheime und Pflegeheime gerechnet. In der BRD verteilten sich die 4.5% im Jahr 1982 folgendermaßen auf diese verschiedenen Formen auf: 0.9% wohnten in Seniorenwohnheime, 2.4% in Altenheimen und 1.2% in Pflegeheimen.

Obwohl zu einem bestimmten Zeitpunkt nur ein geringer Teil der Altenbevölkerung in Heimen lebt, verändert sich dieses Bild mit zunehmenden Alter (Kytir und Münz 1989). Von den 65-69-Jährigen lebten nur 1.6% in Heimen und Anstalten, von den alten Menschen mit 85 und mehr Jahren jedoch 15.8%. Der Anteil der Heimbewohner ist bei Frauen zudem doppelt so hoch wie bei Männern der gleichen Altersstufe. Ein noch höherer Anteil ergibt sich, wenn man den letzten Lebensabschnitt betrachtet. Danach verbringt fast ein Viertel der alten Menschen diesen Abschnitt ihres Lebens im Heim (Majce 1978).

Gründe für die Inanspruchnahme: Insgesamt kann man zwei größere Faktoren für die Übersiedlung ins Altenheim nennen: medizinische und soziale Gründe. Altenheimbewohner weisen im Durchschnitt bei der Aufnahme einen schlechteren Gesundheitszustand auf als gleichalte Menschen, die zuhause leben. Vielfach veranlaßt allerdings die Angst vor der Aufnahme in ein Pflegeheim ältere Menschen - solange sie noch etwas rüstig sind - zur Aufnahme in ein Altersheim, da diese zwar gewöhnlich keine Pflegefälle aufnehmen, sich aber bemühen, die Bewohner, wenn sie pflegebedürftig geworden sind, weiterhin zu betreuen und nicht in ein Pflegeheim einweisen. Auch schlechte Wohnbedingungen sind ein wesentlicher Grund für die Übersiedlung ins Altenheim.

Altenheime werden in erster Linie von Alleinstehenden in Anspruch genommen, vor allem von älteren Frauen. Aber auch alleinstehende Männer stellen wegen der dort vorhandenen Vollversorgung eine größere Gruppe dar. Etwa die Hälfte der Altenheimbewohner hat keine Kinder (Dieck 1987). Bei vielen Heimbewohnern ist der Kontakt mit ihrer Familie nur gering, zum Teil weil sie weiter entfernt von der Familie wohnen.

Experten sind der Ansicht, daß über die Motive zur Aufnahme in ein Altersheim nicht allzu viel bekannt ist, da rückwirkend die Motive vielfach anders gesehen werden und manche Gründe - etwa Konflikte mit Angehörigen - nicht ohne weiteres genannt werden.

Betreuungssituation in den Altenheimen: Altenheime sind nach Ausstattung und Qualität der Betreuung sehr unterschiedlich. Viele Träger setzen auf größere Einrichtungen, um in den Altenheimen auch begleitende Dienste anbieten zu können und einen genügend großen Stock an Personal zur Verfügung zu haben, der eine Kontinuität der Betreuung sichert. Es wird auch davon ausgegangen, daß größere Einrichtungen eher eine ökonomische Führung der Heime gewährleisten.

Saup (1985) hat die Situation der Bewohner in einer größeren Anzahl von Altenheimen in Berlin untersucht und dabei folgende, häufiger anzutreffende Bedingungen als besonders belastend identifiziert:

- Wohnen in Doppel- und Mehrbettzimmern: Die überwiegende Mehrzahl der Bewohner von Doppelzimmern berichtet von großen Beeinträchtigungen des Wohlbefindens durch das Zusammenleben mit einem unvertrauten älteren Menschen. Die Anwesenheit einer zweiten Person wird als ständiges Ausgesetztheit der Beobachtung und Kontrolle durch andere erlebt. Es fällt vielfach schwer, sich auf die Gewohnheiten eines anderen Menschen und den individuellen Tages- und Schlafrhythmus einzustellen. Zudem sind Bewohner von Zwei- und Mehrbettzimmer sehr eng mit den körperlichen und psychischen Beschwerden anderer Menschen konfrontiert.
- Enge von Einzelzimmern: Die Hälfte der Bewohner von kleineren Einzelzimmern (12-15 qm) beklagt sich über das Gefühl von Beengtheit.
- Standardisierte Möblierung: Der Verzicht auf eigene Möbel und persönliche Besitztümer wird von vielen als Verlust persönlicher Identität erlebt und ist schwer zu verwinden. Durch die Standardausstattung der Zimmer und Fehlen von Depots ist es in einem Teil der Altenheime nicht möglich eigene Möbel mitzubringen.
- Benutzung von Gemeinschaftstoiletten
- die Privatheit verletzendes Verhalten des Personals: In einem Teil der Altenheime ist es das Personal nicht gewöhnt, bei Betreten der Zimmer der Bewohner anzuklopfen und abzuwarten. Manche fühlen sich durch diese mangelnde Respektierung ihrer Privatsphäre beeinträchtigt.
- Mangelnde Verfügbarkeit von absperrbaren Kästen und Zimmer sowie von Hausschlüsseln
- Raumstrukturen und Abläufe, die die soziale Isolation begünstigen: Starre Sitzordnungen wurden hier ebenso genannt wie Fehlen von Sitzgruppen in Zimmernähe. Vielfach sind in den Altenheimen Zimmer auf langen Gängen aneinandergereiht und man betritt bei Verlassen des Zimmers gleich einen öffentlichen, unpersönlichen Raum. Durch diese mangelnde Untergliederung der Altenheime bleibt das eigene Zimmer als einziger vertrauter, privater Raum und die Rückzugstendenz wird bei einem Teil der Bewohner sehr verstärkt.

- Desorientierung erzeugende Gleichförmigkeit in der Gestaltung der verschiedenen Stockwerke und Abteilungen

Für die Gestaltung von Altenheimen werden derzeit folgende Prinzipien als wesentlich erachtet (siehe z.B. Goldberg und Connelly 1982), Prinzipien, die in vielen Heimen nur mangelhaft verwirklicht sind:

- Altenheime sollten den Bewohnern einen möglichst großen Handlungsspielraum geben: In möglichst vielen Bereichen wären Wahlmöglichkeiten vorzusehen. Durch Dezentralisierung wäre die Möglichkeit zur Mitgestaltung zu erweitern. Dies läßt sich nur realisieren, wenn der Alltag nicht durch starre Regeln eingeengt und sowohl die Bewohner selbst als auch die unmittelbar für die Betreuung zuständigen Mitarbeiter den größtmöglichen Entscheidungsspielraum haben.
- Altenheime sollten den Bewohnern die Möglichkeit geben, ihren Lebensbereich nach Möglichkeit selbst zu bestimmen. Dies beginnt bei der Gestaltung der eigenen Zimmer und sollte auch die Gestaltung der unmittelbaren Wohnumgebung miteinbeziehen. Mitsprachemöglichkeiten bei der Planung von Aktivitäten sollten ebenso selbstverständlich sein wie die Möglichkeit, zu einem selbst festgelegten Zeitpunkt aufzustehen und sich niederzulegen. Auch die Übernahme von Aufgaben in den Altersheimen bedeutet, daß die Bewohner mehr Kontrolle und Gestaltungsspielraum gewinnen.
- Bewohner sollten ihre Privatsphäre selbst regulieren können. Dies wird durch kleine abgrenzbare Wohngruppen mit gleitenden Übergängen zwischen dem privaten und dem öffentlichen Bereich erleichtert.
- Altenheime sollten sowenig wie möglich in sich geschlossene Einheiten darstellen, sondern nach außen offen sein und den Kontakt mit der Umgebung sowie das Aufrechterhalten mit Verwandten, früheren Bekannten etc. anregen und erleichtern.
- Altenheime sollten genügend Anregungen bieten und eigenständige Aktivitäten der Bewohner fördern.

8.5 Stationäre Pflegeeinrichtungen

Pflegeabteilungen und Pflegeheime: Der Bedarf an stationären Pflegeeinrichtungen für ältere Menschen wird mit 2-2.5% der älteren Menschen angegeben (Dahlem 1982). Dieser Bedarf wird höher eingeschätzt als der Bedarf an Wohnheimplätzen für ältere Menschen. Zuverlässige Bedarfsschätzungen liegen allerdings nicht vor.

In Wien wurden 1985 etwas mehr als die Hälfte der Anträge auf Aufnahme in ein Pflegeheim von den Krankenhäusern aus gestellt. Pro Monat warteten 600-700 Patienten in den Krankenhäusern auf einen Pflegeplatz, die durchschnittliche Wartezeit betrug 6-8 Wochen (Althaler et al. 1986).

Die allgemeine Zunahme des Anteils sehr alter Menschen in der Bevölkerung zeigt sich besonders deutlich in den stationären Einrichtungen. Das Durchschnittsalter in den Heimen ist in den letzten Jahren deutlich angestiegen. Dies zeigt sich bereits beim Eintrittsalter. Verbunden mit dem Ausbau der ambulanten Betreuungsdiensten wird das Alter bis zum Einzug in ein Altenheim immer höher. Dies bedingt jedoch auch eine Zunahme der schwer hilfs- und pflegebedürftigen Menschen in den Heimen (Tews 1988). Zudem steigt in den industrialisierten Ländern auch der Anteil der Altenheimbewohner mit psychiatrischen Krankheitsbildern, wobei dies mit der Tatsache zusammenhängt, daß eine Aufnahme in stationäre psychiatrische Einrichtungen nach Möglichkeit vermieden bzw. möglichst kurz gehalten wird.

In den Pflegeheimen ist weiter eine Tendenz zur Verkürzung der Aufenthaltszeiten festzustellen, die Pflegeeinrichtungen werden immer mehr zu Sterbeeinrichtungen.

In der Entwicklung der Pflegeheime gab es verschiedene Orientierungen. Über lange Zeit orientierte man sich an dem Leitbild einer Versorgungseinrichtung als Anstalt mit dem Charakter einer totalen Institution, später an dem Leitbild des Krankenhauses. Erst in den letzten beiden Jahrzehnten wurde das Leitbild des Krankenhauses durch die Auffassung modifiziert, daß es sich auch bei Pflegeeinrichtungen um Wohneinrichtungen handelt.

Obwohl die Notwendigkeit von Pflegeheimen allgemein akzeptiert ist und auf einer vordergründigen Ebene auch zugestanden wird, daß sich das Pflegepersonal bemüht, die Betreuten gut zu versorgen, sind mit dem Einzug in eine Pflegeheim viele negative Vorstellungen verbunden. Sie werden als letzte Möglichkeit, als Endstation betrachtet. Sie lösen bei älteren Menschen die Vorstellung aus, daß man zu nichts mehr imstande ist und mur mehr auf das Sterben warten muß.

Bei den älteren Menschen taucht bei dem Gedanken, in ein Pflegeheim zu müssen, auch die Vorstellung auf, von der Familie abgeschoben zu werden. Auf der anderen Seite tun Angehörige in den meisten Fällen alles, um die Verlegung in ein Pflegeheim zu vermeiden, bei ihnen löst der Gedanke an eine Unterbringung im Pflegeheim sehr leicht Schuldgefühle aus. Speziell von den Kindern der alten Leute wird die Zeit der Einweisung als eine der unglücklichsten Zeiten ihres Lebens beschrieben (Tobin 1989).

Der Einzug in ein Pflegeheim ist als Prozeß beschrieben worden, der bereits beginnt, wenn es klar wird, daß diese Entscheidung ansteht. Bei den betroffenen alten Menschen löst dies häufig Depressionen aus und führt zu Apathie und einer kognitiven Einengung (Tobin 1989). Vor allem die erste Zeit nach Einzug in das Pflegeheim werden die meisten desorientiert und extrem depressiv, andere zeigen ein bizarres Verhalten oder eine starke Verschlechterung ihres Gesundheitszustandes (von Tobin Erstes-Monat-Syndrom genannt). Nach Stein et al. (1985) sind es vor allem 5 Faktoren, die die Neueinziehenden

Sorgen bereiten und zu einer starken Belastung führen: Orientierungsprobleme in der neuen Umgebung, die Trennung von der Familie, Krankheits-bezogene Sorgen, die Sorge, ob man im Heim mit Teilnahme und Respekt behandelt wird, und das Bedürfnis nach einem privaten Raum.

Nach etwa zwei Monaten haben sich bei einem Teil die anfänglichen Eingewöhnungsschwierigkeiten gelegt. Bei etwa der Hälfte sind jedoch langfristig deutliche negative Auswirkungen festzustellen. Für diese negativen Auswirkungen sind zwar auch Persönlichkeitsmerkmale der Betreuten wichtig (bei passiven älteren Leuten sind die negativen Effekte schlimmer), wesentlicher sind jedoch Merkmale der Pflegeeinrichtung (Tobin 1989).

Pflegeheime ähneln in vielem totalen Institutionen, wie sie von Goffman (1961) beschrieben wurden. Sie weisen sehr weitgehende Unterschiede in der Situation von Mitarbeitern und Betreuten und ein sehr großes Machtgefälle auf. Die Autonomie der Betreuten wird in einem hohen Ausmaß eingeschränkt, es wird recht strikt auf die Einhaltung gewisser Regeln geachtet. Mit den Bedürfnissen der Betreuten wird eher bürokratisch, nach einem einheitlichen Schema umgegangen. Die Betreuten identifizieren sich recht stark miteinander und grenzen sich gegen die Betreuer ab.

Die organisatorische Struktur der meisten Pflegeheime sieht eine zentralisierte Führung der meisten Dienste vor, die nicht der unmittelbaren Pflege dienen. So werden die Einrichtungen zur Zubereitung von Mahlzeiten, für das Waschen der Wäsche, aber auch für Physiko- und Ergotherapie entweder ganz aus den Gebäuden der Heime ausgelagert oder zentral untergebracht (Welter 1983). Dies führt dazu, daß Pflegestationen, ähnlich wie in den Krankenhäusern, nur passive Aufenthalts- und Ruheräume darstellen. Alle Aktivitäten finden außerhalb der den Bewohnern vertrauten Umgebung statt. Auch in der Führung der Einrichtungen sind hierarchische, zentralisierte Organisationsformen vorherrschend, die von oben abgesegneten Regelungen betreffen weite Bereiche der Stationsführung und lassen kaum spontane Aktivitäten in den Stationen zu.

Von den Betreuern als unangemessen und pathologisch gewertetes Verhalten kann eine Reaktion auf die Situation im Pflegeheim und die damit verbundenen Belastungen darstellen. Dies gilt insbesondere für das häufige aggressive Verhalten und die paranoiden Tendenzen der Pflegeheimbewohner (Tobin 1989). Ein Gutteil der Einschränkungen, die das Leben im Pflegeheim mit sich bringt, wird den Mitarbeitern angelastet und zwar sowohl von den Pflegeheimbewohnern wie von den Angehörigen. Dies zu akzeptieren und damit umzugehen, zeichnet gut geführte Einrichtungen aus.

Ein Großteil der Pflegeheimbewohner hat mehr oder weniger starke kognitive Einschränkungen, von Experten wird geschätzt, daß etwa drei Viertel deutliche kognitive Einschränkungen aufweisen (Tobin 1989). Dies erfordert bei den Betreuern eine spezielle Vorbereitung und die Beherrschung bestimmter Techniken (Burnside 1981). Einige dieser Pflegeroutinen bestehen darin, daß auf die älteren Menschen langsamer zugegangen werden muß, daß kurze, häufige Kontakte vorzuziehen sind, daß nicht argumentiert werden soll. Der Kommunikationsstil muß die eingeschränkten kommunikativen Fertigkeiten der alten Menschen berücksichtigen. In der Pflege muß zudem ein Gleichgewicht gefunden werden zwischen dem Unterstützen des Realitätssinns und dem Akzeptieren von Realitätsverleugnung bei den Betreuten.

Von besonderer Bedeutung sind Maßnahmen, die das Erinnerungsvermögen der Pflegeheimbewohner unterstützen. Solche Maßnahmen müssen in die Pflegeroutinen einfließen: Unterstützen des Wiedererkennens, Geben vieler Hinweise etc. Auch entsprechende Manipulationen der Umgebung können das Wiedererkennen und damit die Orientierung der alten Leute fördern.

Es sind viele Techniken bekannt, wie die Selbständigkeit alter, auch dementer Menschen erhöht werden kann. Diese Techniken können auch die Pflege wesentlich erleichtern, z.B. durch Vermeidung von Inkontinenz. Das Problem ist, daß diese Techniken kaum in die Alltagsroutinen von Pflegeheimen Eingang finden. Die Anwendung dieser Techniken müßte durch klare Zuständigkeiten gefördert werden.

Besuche von Angehörigen sind in Pflegeheimen sehr wichtig. Angehörigen fällt es jedoch schwer, die Verschlechterung im Befinden ihrer Familienmitglieder zu ertragen. Oft scheint es auch so, als ob demente Personen die Angehörigen nicht einmal erkennen, obwohl am Tag nach einem Besuch die älteren Menschen dann davon sprechen oder durch ihr Verhalten anzeigen, daß sie den Besuch sehr wohl wahrgenommen haben. Angehörige brauchen hier eine Unterstützung und auch Anleitungen, wie sie mit verwirrten und in ihrer Mitteilungsfähigkeit beeinträchtigten alten Menschen kommunizieren können. Von Seiten der Pflegeheime muß versucht werden, durch verschiedene Formen der Einbeziehung von Angehörigen den Kontakt aufrechtzuerhalten.

Wenn ein regelmäßiger Besuch durch Angehörige nicht möglich ist, sollte ein Besuchsdienst durch ehrenamtliche Helfer einen regelmäßigen persönlichen Kontakt nach außen aufrechterhalten. Auch hier braucht es aber die Unterstützung und Koordination seitens des Pflegeheims.

Eine sehr wichtige Aufgabe bei der Führung von Pflegeeinrichtungen stellt die Unterstützung der Mitarbeiter in den Pflegediensten dar. Es wurde bereits erwähnt, daß diese oft mit aggressivem, kritischem und abwertendem Verhalten seitens der Betreuten konfrontiert sind. Ähnliches gilt auch für die Angehörigen. Die Verschlechterung im Befinden wird unwillkürlich der Institution und ihren Mitarbeitern angelastet, ebenso all die Einschränkungen, die eine Pflegeinstitution mit sich bringt. Zudem sind die Mitarbeiter selbst ständig mit den Schwierigkeiten der Betreuten, mit ihrem schlechter werdenden Gesundheitszustand, dem Sterben konfrontiert. Dies führt auch bei ihnen zu Gefühlen der Hilflosigkeit und zur Demoralisierung. Supervision und Fortbildung sind in dieser Situation unbedingt nötig, um frühzeitiges Ausscheiden aus dem Beruf zu verhindern und eine qualitativ hochstehende Pflege zu gewährleisten.

Sterbebegleitung, Hospiz für Sterbende: Die Erfahrung im Umgang mit Sterbenden ist den meisten Menschen abhanden gekommen. Das Bedürfnis, die letzte Phase des Lebens würdig zu gestalten, wird jedoch von vielen geteilt. Um den Angehörigen, aber auch den Mitarbeitern in Pflegeeinrichtungen dabei zu helfen, sollten Möglichkeiten geboten werden, sich mit dem Sterben auseinanderzusetzen und sich auf die Gestaltung dieses Abschnitts vorzubereiten.

Da die Sterbebegleitung in vielen Familien, wo die Erwachsenen berufstätig sind, nicht möglich ist, Krankenhäuser aber dafür ebenfalls kein geeigneter Ort sind, wurden vom angloamerikanischen Raum ausgehend in den letzten Jahren eigene Einrichtungen dafür geschaffen, sogenannte Hospize.

Kostenfragen bei der Organisation der sozialen Dienste für ältere Menschen: Die Kostenfrage wird vor allem in Bezug auf den Vergleich ambulanter und stationärer Dienste gestellt. In Wien belaufen sich derzeit die Kosten der ambulanten Dienste in Abhängigkeit von der Leistungsstufe zwischen 890 und 4.360 Schilling pro Woche bzw. zwischen 129 und 623 Schilling pro Tag. Die durchschnittlichen Kosten bei einer Unterbringung in einem Wohnheim für ältere Menschen belaufen sich derzeit auf 300 und in einem Pflegeheim auf 633 Schilling pro Tag (Antalovsky et al. 1990). Dieser Vergleich zeigt, daß bei einem ausgebauten ambulanten Dienst die reinen Betreuungskosten ambulanter und stationärer Dienste sich etwa die Waage halten. Je intensiver die ambulante Betreuung, desto eher fällt die Kostenrechnung zugunsten der stationären Betreuung aus.

Selbst bei Vorhandensein einer Kostenbeteiligung durch die Nutzer (sogenannter Selbstbehalt) wird nur ein Teil der Kosten von den älteren Menschen getragen, die die Dienste in Anspruch nehmen. In Wien ist dabei ein nach Einkommenshöhe gestaffelter Selbstbehalt vorgesehen. Ältere Menschen, die ambulante Dienste in Anspruch nehmen, beziehen zu etwa 50% ein so geringes Einkommen, daß sie nur einen sehr geringen Selbstbehalt zahlen müssen. Bei der Berechnung des Selbstbehalts ambulanter sozialer Dienste wird in Rechnung gestellt, daß die Nutzer eine Reihe regelmäßiger Fixkosten haben. So ist insgesamt der Kostendeckungsgrad für die ambulante Betreuung mit derzeit etwa 20% deutlich niedriger als für die stationäre Betreuung (35%) (Antalovsky et al. 1990).

Bei der Berechnung der Kosten stationärer und ambulanter Betreuung ist freilich auch in Rechnung zu stellen, daß für die ambulanten Dienste kaum Investitionskosten anfallen.

9 Gemeinwesenarbeit und Aufgaben der Prävention

Als zentrale Methoden der Sozialarbeit wird meist eine Trias angegeben, Einzelfallbetreuung (casework), Gruppenarbeit und Gemeinwesenarbeit. In der Praxis der sozialen Dienste dominiert jedoch eindeutig die Einzelfallbetreuung. Gruppenarbeit und vor allem Gemeinwesenarbeit wird von den Mitarbeitern der sozialen Dienste meist als etwas angesehen, was man machen sollte, aber bei der gegebenen Arbeitsverteilung nicht machen kann (Wolff 1983).

9.1 Gemeinwesenarbeit

Gemeinwesenarbeit wird, soweit sie überhaupt realisiert wird, in eigenen Projekten und von getrennten Teams in Angriff genommen. Vor allem zwei Bereiche sind zu nennen, wo Gemeinwesenarbeit in den letzten Jahren in Österreich und der BRD in Angriff genommen wurde, im Rahmen von Projekten zur Stadtsanierung und in Neubauvierteln am Stadtrand. In beiden Fällen handelt es sich um Situationen, wo soziale Desintegration als akute Gefahr erscheint und von politischer Seite Zeichen einer stärkeren Mitbeteiligung von Bürgern erwünscht sind.
Die Gemeinwesenarbeit sollte folgende Funktionen erfüllen:

- Unterstützung sozialer Netzwerke,
- anwaltschaftliche Vertretung der Interessen der Bevölkerung,
- Unterstützung von lokalen Initiativen,
- Erfassen gemeinsamer Anliegen und Anregen einer Aktion, die diese Anliegen berücksichtigt.

In der konkreten Gemeinwesenarbeit, im skandinavischen Raum auch Milieuarbeit genannt (Ebbe und Friese 1989), wird zwischen einer Arbeitsweise unterschieden, die durch eine stärkere Zusammenarbeit der bestehenden sozialen Dienste und institutionaliserten Interessensvertretungen ein verbessertes Aufgreifen der lokalen Bedürfnisse anstrebt, und einer Arbeitsweise, die sich direkt an die Bewohner wendet (Graswurzel-Arbeit).

Die Gemeinwesenarbeit muß sich in konkreten Projekten ausdrücken. Als idealtypisches Vorgehen bei der Initiierung eines Gemeinwesen-Projekts wird ein Kreislauf von Ideensammlung, genauer Analyse der Situation des Gemeinwesens, Planung, Aktion und Evaluation beschrieben. Die fachkundige Arbeit der Gemeinwesenarbeiter drückt sich in der systematischen Situationsanalyse aus, die es ihnen als Außenstehenden gestattet, ein zuverlässiges Bild der Interessenslage aller Bewohner eines bestimmten Gebietes zu erhalten.

Gemeinwesenarbeit ist zu einem guten Teil auch *Kulturarbeit*, sie soll die Initiative und Kreativität der Bewohner bei der Gestaltung ihrer Umwelt ermöglichen und aktivieren. In dieser Akzentuierung der kulturellen Aspekte in der Sozialarbeit drückt sich auch eine stärkere Distanz zur herkömmlichen Sozialarbeit aus, die als Verwaltung und Bürokratie mit wenig Innovationspotential gesehen wird. Die Betonung des Kulturellen stellt dabei mit heraus, daß es bei der Gemeinwesenarbeit heute vor allem um eine Erhöhung der Lebensqualität aller Bewohner geht und nicht nur um die Linderung von Armut und Notsituationen. Zudem wird dadurch auch deutlich gemacht, daß die Mitarbeit der Bewohner in ihrem Interesse liegt und nicht Wohltätigkeit ist, wie dies in der traditionellen ehrenamtlichen Tätigkeit als Motiv im Vordergrund steht.

Ein weiteres Motiv für die Betonung des Kulturellen in der Sozialarbeit wird darin gesehen, daß in der postmodernen Gesellschaft eine allgemeine Orientierung als Grundlage für die Lebensgestaltung zunehmend in Frage gestellt worden ist und damit die Anforderungen an den Einzelnen, einen individuellen Lebensstil zu finden, gewachsen sind. Aus diesem Grund kommt kulturellen Initiativen vor allem in der Jugendsozialarbeit eine zunehmende Bedeutung zu (Wendt 1990).

Sozialarbeit als Förderung von sozialen Netzwerken: Vor allem in den USA ist die Auffassung, daß Hilfeleistungen in erster Linie in natürlichen sozialen Netzwerken erbracht werden, von der Sozialarbeit zum Teil mit großem Elan aufgegriffen worden. Die Aufgabe der sozialen Dienste wird primär darin gesehen, die bestehenden sozialen Netzwerke zu stärken bzw. die Bildung sozialer Netzwerke in der Gemeinde anzuregen. Froland et al. (1981) unterscheiden dabei 5 Strategien:

- Aktivieren der persönlichen Netzwerke: Aufgabe der sozialen Dienste ist es, an den vorhandenen sozialen Beziehungen anzuknüpfen und die dem Betroffenen Nahestehenden zu ermutigen bzw. sie dabei zu unterstützen, geeignete Formen des Beistands zu entwickeln.
- Herstellen des Kontakts zwischen Menschen, die Hilfe leisten wollen, und Menschen, die Hilfe benötigen: Eine Form, in der sich diese Vermittlungstätigkeit abspielt, wäre, Menschen anzusprechen, die selbst schmerzliche Erfahrungen gemacht haben und deshalb bereit sind, anderen, die eine ähnliche Erfahrung machen, beizustehen.
- Unterstützung von Selbsthilfegruppen, in denen Hilfe ausgetauscht wird.
- Förderung von unterstützenden sozialen Netzwerken in der Nachbarschaft: Solche sozialen Netzwerke gruppieren sich vielfach um Schlüsselfiguren, die aufgrund ihrer vielfältigen Kontakte von kritischen Situationen in der Gemeinde erfahren oder aufgrund ihrer Stellung bzw. persönlicher Ausstrahlung in der Lage sind, den Zusammenhalt in einer Nachbarschaft zu fördern. Schlüsselfiguren stellen auch Mitglieder von Pfarrgemeinden dar

bzw. die Pfarrer selbst, denen es aufgrund ihrer Stellung nicht schwer fällt, persönliche Hilfe zu mobilisieren.

- Förderung lokaler Aktionsgruppen (community empowerment)

Gemeinwesenarbeit als Versuch der Institutionalisierung und Unterstützung intermediärer Strukturen: Neue Ansätze der Gemeinwesenarbeit zielen bewußt darauf, intermediäre Strukturen zwischen Familie, Markt und Staat, die zentrale Anliegen aufgreifen können, zu fördern und zu stärken. Sie orientieren sich nicht an den Interessen und Anliegen von Randgruppen, sondern an jenen Anliegen, die heute breite Teile der Bevölkerung gemeinsam haben.

In der Diskussion im deutschen Raum wird dabei als grundsätzliche Voraussetzung für das Bemühen um eine Stärkung intermediärer Strukturen genannt, daß die Initiativen des Staates und die Kräfte des Marktes nicht ausreichen, um die Aufgaben, die der Gesellschaft gestellt sind, zu meistern. Trotz seit Jahren anhaltender relativ hoher Arbeitslosigkeit bleiben viele Aufgaben (etwa im Umweltschutz) unerledigt, gibt es nur unzureichend Betreuungsplätze für Kinder und für alte Menschen. Weder Markt noch Staat scheinen derzeit in der Lage, jene formellen „Arbeitsverhältnisse“ zu schaffen, die die Bewältigung dieser Aufgaben mit herkömmlichen Mitteln erlauben würden. Die Familien allein sind aber ebenfalls nicht mehr in der Lage, dies von sich aus zu tun.

In neuen Formen von Solidargemeinschaften wird eine Chance gesehen, trotz mangelnder Marktfähigkeit von Angebot und Nachfrage das vorhandene Potential an menschlichen Fähigkeiten und Zeit sinnvoll einzusetzen. Beispiele derartiger Projekte sind sowohl aus dem deutschen wie dem anglo-amerikanischen Sprachraum bekannt (z.B. Petersson 1990, Pieper 1990). Sinnvolle Komponenten sind:

- Etablierung einer Tauschbörse, in der verschiedene Dienstleistungen auf privater Basis ausgetauscht werden können
- Einrichten von Gemeinschaftseinrichtungen, etwa Werkstätten, in denen man gemeinsam tätig werden kann

Solche intermediäre Strukturen müßten, damit sie Aussicht auf Stabilität haben, mehr als ein Anliegen aufgreifen und sich so in ihrer Wirkung von der kurzfristigen Aktivierung, die etwa in Bürgerinitiativen erfolgt, unterscheiden. Über ihre speziellen Funktionen hinaus sollen sie die Ausbildung von Solidarität fördern.

Kritische Aspekte in der Gemeinwesenorientierung der sozialen Dienste

In der politischen Auseinandersetzung um die Funktion der sozialen Dienste taucht im Englischen immer wieder das Schlagwort der "community care" auf. Mit diesem Begriff ist eine stärkere Orientierung der sozialen Dienste am Wohl des ganzen Gemeinwesens gemeint, es impliziert aber auch, daß die sozial engagierten Mitglieder einer lokalen Gemeinde sich um alle jene sorgen sollen, die besondere Unterstützung und Hilfe benötigen. Professionellen sozialen Diensten sollte dabei nur eine unterstützende und koordinierende Rolle zukommen (Bulmer 1987).

Die Auseinandersetzung mit diesem Konzept macht eine Besinnung darauf erforderlich, was das Gemeinwesen und im Besonderen die lokale Gemeinde heute im Leben der Menschen für eine Rolle spielt. Von Soziologen wird auf die Unschärfe des Begriffs lokales Gemeinwesen (Community) hingewiesen, die Idealisierungen förderlich ist. Empirische Untersuchungen zeigen, daß die Bindungen der Menschen an eine bestimmte Lokalität heute weniger eng geworden sind als früher. Diese Ausweitung des Horizonts ist einerseits auf den Einfluß der Massenmedien zurückzuführen, andererseits durch den Zuwachs an Mobilität bedingt, den der verbreitete Besitz des Autos sowie des Telephons mit sich gebracht hat.

Gegenüber den engen Beziehungen im Gemeinwesen, wie sie früher sowohl in ländlichen Gebieten wie in Arbeiterbezirken typisch waren, haben sich die Beziehungen heute in mehrfacher Hinsicht verändert. Ein Unterschied liegt darin, daß man früher mit anderen Menschen in verschiedenen Lebenslagen zusammentraf und aufeinander in verschiedener Hinsicht angewiesen war. Heute sind diese Beziehungen hingegen stärker entflochten. Mit den Menschen, in deren Nähe man wohnt, hat man bei der Arbeit keinen Kontakt. Auch die Freizeit und der Urlaub werden häufig an anderen Orten verbracht, als dies die Nachbarn tun. Selbst das Einkaufen spielt sich durch die stärkere Inanspruchnahme von Großmärkten und Einkaufszentren kaum mehr in der Nachbarschaft ab.

Hinzu kommt die größere Fluktuation unter den Bewohnern. Während man früher einen Teil der Leute aus der Nachbarschaft noch aus der gemeinsamen Schulzeit näher kannte, sind diese Berührungspunkte bei größerem Wechsel unter den Bewohnern in der Nachbarschaft seltener geworden. Aus einem multiplen Beziehungsgefüge sind so mehrere eindimensionale Beziehungen herausgewachsen, die sich nur gering überlappen.

Die Nachbarschaft ist nur mehr für wenige Menschen der zentrale Lebensraum, vor allem für Kinder bzw. Mütter mit kleinen Kindern sowie für ältere Menschen. Die ärmeren Bevölkerungsschichten können ebenfalls nur begrenzt von der Ausweitung des Horizonts an Möglichkeiten profitieren und bleiben stärker an die unmittelbare Nachbarschaft gebunden.

Mit der größeren Mobilität verändern sich somit die Beziehungen zur Nachbarschaft. Die Nachbarschaft ist nicht mehr der Ort, an den einen viele Interessen und gefühlsmäßige Erfahrungen binden. Sowohl die Erwartungen wie die Bereitschaft zur Solidarität haben sich reduziert. Im Englischen wird diese neue Art der Beziehung zur Nachbarschaft bzw. lokalen Gemeinde recht anschaulich als "community with limited liability" beschrieben.

Bei allem Bedauern, das man über den Fortfall engerer Beziehungen im lokalen Gemeinwesen empfinden kann, muß man jedoch bedenken, daß der Zusammenhalt und die häufigeren gegenseitigen Hilfen aus einer Notsituation heraus entstanden sind. Es gab für die Familien, die z.B. in einem armen Arbeiterviertel lebten, keine andere Möglichkeit zu überleben, als sich in den Wechselfällen des Lebens (z.B. bei der Krankheit eines Elternteils) gegenseitig auszuhelfen und die spärlichen Ressourcen miteinander zu teilen. Der Rückgang dichter sozialer Beziehungen in der Gemeinschaft ist, wie bereits erwähnt, in erster Linie durch den Anstieg der Ressourcen bedingt, der die Menschen nicht mehr so stark aufeinander angewiesen macht (z.B. eigene Waschmaschinen statt Gemeinschaftswaschküche). Mit der Abnahme engmaschiger Beziehungen hat zudem auch die gegenseitige soziale Kontrolle nachgelassen.

Die Veränderungen im Zusammenleben haben auch Auswirkungen auf die Struktur des Zusammenhalts in der Verwandtschaft. Nach Willmott (1986) lassen sich in der modernen Gesellschaft 4 Typen von Verwandtschaftsbeziehungen unterscheiden. Nur mehr knapp über 10% der Verwandten leben weiterhin nahe beisammen und stehen sich regelmäßig bei. Die Mehrzahl der Familien wohnt heute nicht mehr auf relativ engem Raum zusammen (außer den Kernfamilien), sondern ist verstreut. Etwa die Hälfte hält trotzdem noch engeren Kontakt, trifft sich häufiger und unterstützt sich regelmäßig. Ein Drittel der Familien hält mit den Verwandten zwar noch einen gewissen Kontakt, sieht sich aber relativ selten, vor allem wegen der großen Entfernungen. Praktische Hilfe kann hier nur in Ausnahmesituationen erwartet werden. Bei dem letzten Typ, etwa 5 Prozent, ist der Kontakt nur mehr selten, praktische Hilfe von der Verwandtschaft wird nicht erwartet.

Soziologen haben auch die Beziehungen, die zwischen Nachbarn, ein weiteres wichtiges Element des Gemeinwesens, bestehen, näher analysiert. Diese Analysen zeigen, daß Beziehungen zwischen Nachbarn ein Element der Nähe wie der Distanz enthalten. Aufgrund des Beisammenwohnens besteht die Möglichkeit, einander kurzfristig auszuhelfen. Gleichzeitig jedoch entsteht aufgrund der räumlichen Nähe das Bedürfnis, sich abzugrenzen und sich einer Nachrede und dem Tratsch durch Einschränkung des Kontakts zu entziehen. Die Form der Beziehung zu den Nachbarn scheint sich im Verlauf der Zeit nicht wesentlich geändert zu haben. Allerdings werden vor allem in der Stadt zunehmend Nachbarschaftsbeziehungen angetroffen, in denen der Kontakt zu den umliegenden Nachbarn sehr eingeschränkt ist. Vor allem in großen Wohnhäusern nimmt eine größere Anzahl von Leuten überhaupt keinen Kontakt zu den unmittelbaren Nachbarn auf.

Entscheidend verändert hat sich die Art der Beziehungen zwischen den Familien und dem Gemeinwesen. Die Veränderung wird häufig mit einem zunehmenden Trend zum Rückzug in die Privatsphäre beschrieben. Eine größere Bedeutung der Privatsphäre wurde zuerst in den Familien der Mittelklasse deutlich, hat aber in der Periode nach dem 2.Weltkrieg allmählich auch die Familien der Arbeiterschicht erfaßt. Der Trend wird zu einem wesentlichen Teil durch den wachsenden Wohlstand der Familien getragen, durch den es den Familien möglich wurde, ihre Wohnungen komfortabler auszustatten. Die Motivation zur komfortableren Ausstattung der Wohnung ist auch durch die Zunahme von Wohnungen bzw. Häusern, die sich im Eigentum der Bewohner befinden, bedingt. Einen wesentlichen Beitrag hat zudem das Fernsehen geleistet, das dazu geführt hat, daß Familien seltener ausgehen und statt dessen die Freizeit zuhause verbringen.

In England ist deutlich, daß die zunehmende Privatisierung des Lebensstils vor allem bei Familien aus der Arbeiterschicht zu einem Rückgang der Außenkontakte und der Einbettung der Familien in das soziale Netz in der Nachbarschaft geführt hat. Familien der Mittelschicht hingegen pflegen weiterhin stärker auch Beziehungen außerhalb (Allan 1979). Dies hängt damit zusammen, daß Mittelschichtsfamilien größeren Wert auf Pflege von Freundschaften legen, während die Freundschaften von Mitgliedern der Arbeiterschaft weit stärker situationsgebunden sind und sich damit bei einem vermehrten Rückzug in die eigenen vier Wände leichter auflösen.

Konsequenzen für die sozialen Dienste: Die Veränderungen der Beziehungen zur Nachbarschaft und lokalen Gemeinde haben notwendigerweise Auswirkungen auf die Möglichkeit gegenseitiger Hilfestellung und solidarischer Aktion. Diese Auswirkungen sind von jenen Politikern, die auf eine stärkere Einbettung der sozialen Dienste in die Gemeinde wertlegen, zuwenig berücksichtigt worden.

Das Konzept der „community care" sieht in einer extremen Form vor, daß alle Hilfestellungen durch die sozialen Netzwerke in der Gemeinde erfolgen sollen. Die Aufgabe der Sozialarbeiter besteht darin, die Hilfsmöglichkeiten der Gemeinde zu aktivieren und zu koordinieren. Vor Augen hat man dabei vor allem die Betreuung, Pflege und den Beistand für alte Menschen, für behinderte Menschen und für Familien mit Kindern.

Kritik wird vor allem daran geäußert, daß zuwenig berücksichtigt wird, daß die Übernahme von Betreuungsaufgaben durch die Art der Beziehung zwischen dem potentiellen Helfer und dem Betreuten bestimmt wird. Nicht jede Betreuungsaufgabe kann durch ein Mitglied der Gemeinde übernommen werden. Zu differenzieren wäre zwischen verschiedenen Betreuungsaufgaben:

- körperliche Pflege
- materielle Unterstützung, wobei dies Hilfe bei der Haushaltsführung, beim Einkaufen und beim Ausgehen miteinschließt
- psychologische Unterstützung
- allgemeine Sorge und Mitgefühl mit anderen Menschen

Körperliche Pflege als der am meisten in die Privatsphäre eines anderen Menschen eingreifende Teil der Betreuung kann von den Menschen einer Gemeinde wohl nur von Angehörigen übernommen werden. Angehörige kommen auch am ehesten in Frage, wenn es um die langfristige materielle Unterstützung eines Menschen geht.

Von Nachbarn kann nur ein kurzfristiger Beistand in einer Notsituation oder eine langfristige Hilfe erwartet werden, die relativ geringe Anforderungen und Belastungen mit sich bringt. Nur unter bestimmten Umständen, vor allem wenn man sich gegenseitig in der Betreuung von Kindern unterstützt, entwickelt sich aus der nachbarschaftlichen Beziehung eine längerfristige Freundschaft.

Freunde leisten am ehesten psychologische Unterstützung. Von ihnen wird jedoch kaum Hilfe bei der körperlichen Pflege erwartet. Ihr Beistand ist somit bei jenen Menschen, die stärker auf die Unterstützung anderer angewiesen sind, wie ältere, gebrechliche Menschen, ein zusätzlicher Dienst, der im Allgemeinen auf der Hilfe, die Angehörige leisten, aufbaut.

Beziehungen zwischen formeller und informeller Hilfe: Als formelle Hilfe werden sowohl die professionellen sozialen Dienste der öffentlichen Hand wie die Dienste der Wohlfahrtsverbände, die teilweise mit ehrenamtlichen Helfern arbeiten, und die privatwirtschaftlichen Dienstangebote bezeichnet. Sie haben gemeinsam, daß es in ihnen gewisse Regeln gibt, die Inhalt und Form der Hilfeleistung bestimmen, und daß die Hilfe nicht für bestimmte Personen erbracht wird, sondern ein allgemeines Angebot darstellt. Informelle Dienste hingegen werden nur für bestimmte Personen geleistet, die man kennt und zu denen man eine persönliche Beziehung hat. Informelle Dienste werden daher im Allgemeinen spontan geleistet und sind viel weniger organisiert als formelle Dienste.

Ein Aspekt der Gemeinwesenorientierung besteht darin, daß formelle Dienste in ihrem Angebot enger mit den informellen Hilfen, die in der Gemeinde erbracht werden, zusammenwirken sollen. Diese Abstimmung von formellen und informellen Diensten bereitet jedoch Schwierigkeiten und die Beziehung zwischen diesen Hilfsformen ist durch ein Ungleichgewicht gekennzeichnet, in dem die formellen Dienste meist den dominierenden Teil darstellen:

- Kolonialisierung des informellen Bereichs durch den formellen Bereich: Als massivste Form des Eingriffs formeller Dienste in das System informeller Hilfen kann die Schaffung eines Abhängigkeitsverhältnisses angesehen werden. In der Tendenz führt dies dazu, daß informelle Hilfe allmählich durch formelle Dienste ersetzt wird.
- Übernahme von Teilaufgaben informeller Hilfe durch die formellen Dienste: Formelle Dienste greifen in informelle Hilfen ein, indem sie z.B. koordinierend tätig werden, manchmal ist davon nur ein kleiner Schritt zur Kontrolle

informeller Hilfe. Ein Beispiel stellt die Registrierung von Kinderbetreuungsplätzen dar.

- Kooption von Mitgliedern aus dem informellen Bereich in die formellen Dienste: Schlüsselfiguren aus dem informellen Bereich werden Aufgaben durch die formellen Dienste übertragen bzw. werden sie als paraprofessionelle Mitarbeiter in den formellen Diensten angestellt. Die formellen Diensten wollen sich so einen größeren Einfluß auf die informellen sozialen Netzwerke einer Gemeinde sichern. Ein wesentliches Problem stellt hier allerdings dar, daß Paraprofessionelle sehr leicht relativ rasch den Standpunkt der formellen Dienste übernehmen und damit der Austausch zwischen formellem und informellen System nicht wesentlich gestärkt wird (Bulmer 1987, Kardorff und Stark 1987).

Neben dem Dominieren der formellen Dienste gibt es gelegentlich auch die Austragung von Konflikten, vor allem dann, wenn sich Aktionsgruppen von Betroffenen bemühen, ihre Interessen gegenüber den sozialen Diensten zu artikulieren. Die Zusammenarbeit zwischen formeller und informeller Hilfe funktioniert hingegen eher auf einer ad-hoc-Basis. Eine Stärkung der Zusammenarbeit setzt wohl voraus, daß die Position der informellen Hilfeleistungen gegenüber den formellen Diensten gestärkt wird und ihnen mehr Mitsprachemöglichkeiten und mehr Rechte eingeräumt werden.

Bezahlung von ehrenamtlichen, freiwilligen sozialen Diensten: Einen kritischen, umstrittenen Punkt bei der Stärkung der Gemeinwesenorientierung sozialer Dienste stellt die Frage dar, wieweit ehrenamtliche, freiwillige Helfer für die geleisteten Dienste bezahlt werden sollen. Dies rührt an das Grundverständnis der Natur freiwilliger sozialer Hilfeleistungen. Als Motiv für freiwilliges Engagement wird oft Altruismus angenommen, der dem Egoismus, der in der Marktwirtschaft als treibende Kraft wirksam ist, gegenübergestellt wird. Die Schwierigkeit dieser Erklärung liegt darin, daß in der Realität selbstlosem Altruismus leicht andere Motivationen unterstellt werden können und daß irgendeine Form der Reziprozität beim Leisten von Hilfe immer erwartet werden zu scheint, auch wenn die Erwartung bzw. die Annahme von Reziprozität nicht an die Person geknüpft werden muß, der Hilfe geleistet wird.

In der Praxis ergibt sich auch das Problem, daß freiwillige, ehrenamtliche Hilfeleistungen dort am leichtesten zu rekrutieren sind, wo der Bedarf relativ gering ist, nämlich in relativ wohlhabenden Gegenden, und daß ehrenamtliche Hilfe eher von Angehörigen der Mittelschicht geleistet wird. Menschen aus sozial schlechter gestellten Schichten können eher angesprochen werden, wenn sie für die von ihnen geleistete Hilfe ein Entgelt bekommen, auch wenn dieses gering ist (Qureshi 1985).

Für die Klienten sozialer Dienste ist es persönlich angenehmer, wenn sie wissen, daß jene Personen, die ihnen helfen und zu denen sie zuvor keine persönliche Beziehung hatten, etwas für ihre Hilfe bezahlt bekommen (Qureshi

1985). Dies gibt ihnen das Gefühl, daß sie nicht in der Schuld der Helfer stehen.

Einige Versuche, formelle und informelle Hilfe miteinander zu verbinden, stellen es in die Verantwortung der lokalen Sozialarbeiter, verschiedene Formen der Hilfeleistung miteinander zu kombinieren und geben ihnen dafür eine bestimmte Geldsumme, die sie dafür verwenden können. Ein solcher Versuch ist das Kent Community Care Scheme in Großbritannien, das allgemeine Beachtung gefunden hat. Hier können die Sozialarbeiter das Geld auch dazu verwenden, Leuten, die zu Hilfeleistungen in der Gemeinde bereit sind, kleinere Summen für ihre Dienste zu bezahlen. In anderen Regionen werden Personen aus der Gemeinde angestellt, um sich um die Betreuung älterer und hilfsbedürftiger Menschen in der Nachbarschaft zu kümmern (in Großbritannien als "street wardens" bezeichnet).

9.2 Aufgaben der Prävention

Die sozialen Dienste sollen nicht bloß bereits bestehende Probleme und Belastungen vermindern, sie sollen auch präventiv tätig sein. In vielen Bereichen ist diese Orientierung an präventiven Maßnahmen von großer Bedeutung, dies gilt etwa für das Problem des Drogenmißbrauchs, des Alkoholismus, aber auch in Bezug auf Aids. Die Größe dieser Probleme und die geringe Wirksamkeit von Therapiemaßnahmen, wenn diese Probleme einmal aufgetreten sind, erfordert ein verstärktes Bemühen um Prävention.

Bei der Prävention werden gewöhnlich drei Formen von Maßnahmen unterschieden. In der Primärprävention wird versucht, durch geeignete Maßnahmen das Auftreten eines Problems zu verhindern. Die Sekundärprävention versucht, die Vorläufer bestimmter Probleme rechtzeitig zu erkennen und durch Intervention der Entstehung des eigentlichen Problems vorzubeugen. In der Tertiärprävention schließlich sollen durch therapeutische und rehabilitative Maßnahmen negative Folgeerscheinungen dieser Probleme vermieden werden.

Proponenten des Präventionsgedankens haben lange Zeit die besondere Bedeutung der Primärprävention betont und die Aufgabe der Prävention deutlich von der Behandlung von Störungen und Krankheiten abgrenzen wollen. Primärprävention müsse sich an die Allgemeinbevölkerung richten und könne nicht von bestehenden Behandlungseinrichtungen ausgehen.

Auch heute wird vielfach noch kritisiert, daß Prävention meist negativ definiert wird als Maßnahmen zur Abwendung eines drohenden Schadens, vor allem zur Krankheitsverhütung, zur Vorbeugung von abweichendem, gemeinschaftsschädigendem Verhalten. Diese Betonung möglicher Gefahren führe zu einer einseitigen, verengten Betrachtungsweise. Sinnvoller dürfte es sein, den Akzent auf positive Aspekte zu legen, also die Gesundheitsförderung und nicht die Krankheitsverhütung ins Zentrum zu rücken. Dafür spricht unter anderem, daß damit die Mitbeteiligung der Gemeinschaft stärker herausgefordert ist und nicht Experten bestimmen, was als schädlich zu betrachten ist, sondern eine Auseinandersetzung und ein Dialog darüber eingeleitet werden kann, welche Ziele angestrebt werden sollen (Trojan et al. 1987).

Führende Vertreter der Präventionsforschung (Rolf 1989) betonen demgegenüber heute, daß zwischen der Primär- und der Sekundärprävention nur ein gradueller und kein absoluter Unterschied besteht. Je spezifischer das Risiko ist, das es abzuwenden gilt, bzw. je mehr über kritische Lebensereignisse bekannt ist, desto sinnvoller ist es, die Bemühungen um Prävention auf diese Risiken zu konzentrieren. So gibt es einen allmählichen Übergang von Bemühungen, die allgemeine soziale Kompetenz und das Gesundheitsbewußtsein der Bevölkerung zu erhöhen, zu dem Bemühen, in der erfolgreichen Bewältigung bestimmter Lebensphasen (z.B. Eintritt in den Kindergarten, Übertritt von der Schule in die Berufswelt) beizustehen, und zu der Konzentration auf bestimmte Risikogruppen, die weiter oder enger definiert sein können. So ist z.B. bekannt, daß Frauen mit Kleinkindern in unserer Gesellschaft in einem relativ hohen Ausmaß belastet sind und zu Depressionen und Gefühlen der Hilflosigkeit neigen, die sich auch auf ihre Erziehungsaufgaben auswirken. Hier liegt eine Risikogruppe vor, die eine bestimmte Lebenssituation gemeinsam hat. Andere Risikogruppen sind durch Gemeinsamkeiten im Lebenslauf geprägt. Dies trifft etwa auf Mädchen zu, die im Heim aufgewachsen sind. Viele dieser Mädchen sind später, wenn sie selbst Kinder bekommen, nicht in der Lage, ihre Aufgabe als Mutter spontan, ohne Ambivalenz, wahrzunehmen und sich auf die Bedürfnisse ihrer Kinder einzustellen.

Die Forschung hat deutlich gemacht, daß die meisten Probleme des Erwachsenenalters sich bereits in der Kindheit und Jugend ankündigen und spezifische Vorläufer haben, an denen eine Prävention ansetzen kann. Es sind vielfach die wichtigen Entwicklungsschritte, wie die Einordnung in eine Gruppe anderer Kinder beim Eintritt in den Kindergarten und in die Grundschule, die Kooperation in einer geleiteten Gruppe und bei einer vorgegebenen Aufgabe, die sich als Vorläufer von Problemen identifizieren lassen. Deshalb schließen sich auch die Aufgaben der primären und der sekundären Prävention nicht aus, sondern ergänzen einander.

Präventive Maßnahmen in diesen Bereichen machen die Zusammenarbeit der sozialen Dienste mit anderen öffentlichen Einrichtungen notwendig, vor allem mit der Schule, den Einrichtungen der Erwachsenenbildung und den Gesundheitsdiensten. In manchen Bereichen ist eine Prävention nur möglich, wenn eine vertrauensvolle Zusammenarbeit mit Gruppen unmittelbar Betroffener aufgebaut werden kann, dies gilt etwa für die Prävention von Aids, wo eine wirkungsvolle Prävention auf die Zusammenarbeit mit Homosexuellen-Organisationen und mit der Prostituiertenszene angewiesen ist. In diesen Fällen sollten die betroffenen Risikogruppen direkt in die präventiven Maßnahmen einbezogen werden, entweder durch eine Zusammenarbeit mit staatlichen Organisationen wie in den skandinavischen Ländern oder durch Übertragung von Aufgaben an private Vereine (z.B. in Österreich die Aids-Hilfe).

Es sollen im Folgenden einige Bereiche genannt werden, in denen die Bemühungen um eine Prävention besonderes Augenmerk gefunden haben und die wohl auch in der Zukunft wichtige Aufgabenbereiche der sozialen Dienste darstellen werden.

- Elternerziehung: Seit Beginn der 70-er Jahre ist ein Boom an Programmen für die Unterweisung von Eltern in Eriehungsmethoden festzustellen. Eine Reihe an Programmen kann auf eine beträchtliche Erfahrung verweisen. Diese Programme scheinen einem Bedürfnis vieler Eltern zu entsprechen, das nicht zuletzt auf Verunsicherung beruht. Ein Problem vieler Programme ist allerdings, daß sie zu sehr an einem Mittelschichtspublikum orientiert sind und damit nur einen Teil der Eltern ansprechen (L'Abato 1986).
- Partnerschaftserziehung: Die Idee, durch frühzeitige Aufklärung und Training Kommunikationsschwierigkeiten in Beziehungen zu verhindern, hat viele Programme entstehen lassen. Wenig geklärt ist allerdings die Frage, wieweit Verhaltensweisen, die in relativ konfliktfreien Perioden aufgegriffen werden, auch in Zeiten der beginnenden Entfremdung noch eingesetzt werden (L'Abato 1986).
- Förderung sozialer Kompetenzen bei Kindern und Jugendlichen: Die Fähigkeit, mit anderen Kontakte einzugehen und sich in eine Gruppe hineinzufinden, ist für die langfristige Entwicklung von Kindern entscheidend. Soziale Anpassungschwierigkeiten sagen deshalb spätere Probleme als Erwachsener am besten voraus. Diese Einsicht hat Anlaß für die Entwicklung von Programmen und Unterrichtsmethoden geboten, die die soziale Stellung von Kindern im Kindergarten und der Schule verbessern sollen (Weissberg und Allen 1986). Die Schule bietet sich als Ort für eine derartige Intervention an, da Kinder Gruppenaktivitäten bevorzugen und eine unmittelbare Übertragung neu gelernter Verhaltensweisen möglich ist. Interventionen zielen sowohl auf Kinder, die bereits gewisse Schwierigkeiten erkennen lassen (isolierte Kinder; von anderen abgelehnte Kinder), als auch auf die ganze Klasse. Erfahrungen zeigen, daß sich das Thema des Miteinander-Umgehens in den Klassenunterricht integrieren läßt, wenn von den Anliegen und dem Verständnisniveau der Kinder ausgegangen wird. Für einige Interventionen sind anhaltende Wirkungen beschrieben worden (Übersicht bei Weissberg und Allen 1986, McCord & Tremblay 1992).

III Die Situation der Mitarbeiter in den sozialen Diensten

1 Berufsbilder in den sozialen Diensten

Es haben sich im Bereich der sozialen Dienste eine Reihe von Berufsbildern herausgebildet, die relativ umschriebene Aufgaben haben und bereits auf eine gewisse Tradition zurückblicken können.

Vielen Berufsbildern in den sozialen Diensten ist gemeinsam, daß sie noch nicht jenen Grad an Professionalisierung erreicht haben, der andere Berufsbilder auszeichnet. Am deutlichsten ist ein Bemühen um stärkere Professionalisierung bei den Sozialarbeitern (Sozialassistenten) ausgebildet, deren Ausbildung gegenwärtig auch in einigen Ländern erweitert und an die Universitäten angebunden werden soll.

Wegen der Vielfalt der Aufgabenbereiche in den sozialen Dienste ist es hier nicht möglich, alle Berufsgruppen, die in den sozialen Diensten tätig sind, kurz darzustellen.

Altenpflegerin, Familienpflegerin, Heimhelferin: Hier handelt es sich um Personen, die jene Familien bzw. jene Personen unterstützen sollen, die auf Pflege angewiesen sind. Diese Aufgaben werden in verschiedenen Organisationsformen von unterschiedlichen Personen- bzw. Berufsgruppen wahrgenommen.

In Österreich wird derzeit eine zweijährige Ausbildung zur Altenhelferin von den Fachschulen für Altenhilfe der Caritas angeboten. Ähnliche Ausbildungen (zum Altenbetreuer, Altenpfleger) mit einer Dauer von 18 Monaten werden auch von einigen anderen Einrichtungen angeboten.

In manchen Regionen (z.B. in Südtirol) gibt es seit einigen Jahren eine gemeinsame Ausbildung von Alten- und Familienhelferinnen. Die öffentliche Verwaltung bemüht sich, hauptberuflich tätige Kräfte einzusetzen, es besteht allerdings ein großer Mangel an ausgebildeten Kräften.

Die meisten der in der offenen Altenpflege Beschäftigten absolvieren als Heimhelferinnen jedoch nur eine Kurzausbildung von einem Monat. Im Zuge der Reform der Krankenpflege-Hilfsberufe ist daran gedacht, auch die Ausbildung der ambulanten Hilfsberufe im Alten- und Pflegedienst zu verbessern. Die vorliegenden Modelle sehen eine 6-monatige theoretische und eine 6-10-monatige praktische Ausbildung vor (Ebner et al. 1989).

Wie bereits bei der Darstellung der Heimhilfe erwähnt, wird die Heimhilfe in Wien vorwiegend von Frauen zwischen 30 und 50 Jahren in Teilzeitarbeit (zu zwei Drittel mit einer Wochenarbeitszeit zwischen 25 und 30 Stunden) ausgeführt. 1985 verdienten die Heimhelferinnen damit zwischen 5 und 7.500 öS. 79% der Heimhelferinnen in Wien sind verheiratet, die meisten haben minderjährige Kinder zu versorgen. Für 80% stellt der Verdienst für die Heimhilfe ein Zusatzeinkommen für die Familie dar, das etwa ein Drittel des Gesamteinkommens der Familie ausmacht. Für fast alle würde es daher eine erhebliche finanzielle Einschränkung bedeuten, wenn sie auf ihr Einkommen verzichten müßten. Fast ein Drittel gibt an, daß sie es sich auf keinen Fall leisten könnten, zuhause zu bleiben. Nach dem Familieneinkommen und dem Beruf der Ehemänner (21% öffentliche Bedienstete, 18% Angestellte, 43% Arbeiter, vor allem Facharbeiter) gehören die Heimhelferinnen überwiegend der unteren Mittelschicht an (alle Angaben nach den Ergebnissen einer repräsentativen Erhebung zur Berufssituation von Heimhelferinnen in Wien, Pauli 1988).

Für die Heimhelferinnen stellt ihre Tätigkeit nur in Ausnahmefällen die erste berufliche Tätigkeit dar. Ein (im Verhältnis zu den übrigen berufstätigen Frauen) überproportional großer Anteil (47%) absolvierte ursprünglich eine Lehre (v.a. als Schneiderin, Bürokaufmann und Friseurin). Ein relativ großer Anteil hat die Tätigkeit im Anschluß an die Ausbildung häufiger gewechselt und weist auch, primär aus familiären Gründen, längere Unterbrechungen der Berufstätigkeit auf. Die meisten früheren Tätigkeiten zeigen keinen Bezug zur Aufgabe einer Heimhelferin, nur 12% waren früher Hilfsschwester in einem Krankenhaus.

Als Motiv für die Wahl der jetzigen Tätigkeit werden neben der für eine Hausfrau günstigen Zeiteinteilung vor allem altruistische Beweggründe ("jemandem helfen") und die Freude am Umgang mit Menschen genannt. Für 10% spielte auch die Absicht eine Rolle, einen sozialen Beruf zu ergreifen. Im Einklang mit den genannten Motiven stehen auch die Vorstellungen über den Traumberuf, der fast bei der Hälfte ein sozialer Beruf ist (bei einem Drittel Krankenschwester, bei 10% Kindergärtnerin).

Das Selbstverständnis ihres Berufs ist bei den meisten Heimhelferinnen überwiegend positiv. Sie betrachten ihre Tätigkeit als sinnvoll und identifizieren sich mit ihr. Das Selbstverständnis des Berufs liegt zwischen dem eines persönlichen sozialen Dienstes und jenem, bei dem der Akzent auf die Aufgabe der Haushaltsführung gelegt wird (vergleichbare Berufe wären dabei Haushälterin, Bedienerin, Köchin). Die Akzente werden dabei von den Heimhelferinnen unterschiedlich gesetzt. Die meisten Heimhelferinnen stehen einer Sichtweise, die mit ihrer Aufgabe einen umfassenderen Betreuungsauftrag verbindet, zurückhaltend gegenüber. Sie sehen in der Beschränkung auf praktische Hilfestellungen Vor- und Nachteile und möchten die Möglichkeit, sich auf praktische Verrichtungen zu beschränken, nicht missen.

Obwohl die Heimhelferinnen ihren Beruf nicht als besonders angesehen betrachten, der Beruf auch keine Aufstiegsmöglichkeiten und ihrer Meinung nach auch eine zu geringe Bezahlung bietet, sind die meisten nicht unzufrieden. Dazu trägt einmal bei, daß der Beruf als relativ sicher wahrgenommen wird, zum anderen aber das Gefühl, eine sinnvolle und in sich positive Aufgabe auszuführen, die zu Erfolgen bei den Klienten und zu Dankbarkeit den Heimhelferinnen gegenüber führt.

Von der beruflichen Tätigkeit her ist der Beruf der Heimhelferin einer, der wenig Möglichkeiten zum Austausch mit Kolleginnen bietet. Für den Großteil ist dies keine wesentliche Belastung. Hauptbezugspunkt bei der Arbeit ist neben den Klienten die Einsatzleiterin, zu der im Allgemeinen ein konfliktfreies Verhältnis besteht und die den Heimhelferinnen relativ viel Autonomie bei der Ausübung ihrer Tätigkeit läßt. Der persönliche Bekanntenkreis, vor allem die eigene Familie, kann eventuelle Probleme, die sich aus der beruflichen Beanspruchung ergeben, auffangen.

Von der gewerkschaftlichen Interessensvertretung wird gegenwärtig der Versuch gemacht, in Betriebsvereinbarungen Regelungen für die Abgeltung von Arbeitsleistungen außerhalb der üblichen Dienstzeit zustandezubringen.

Amtsvormünder: Früher wurden unehelichen Kindern Amtsvormünder gestellt, da man davon ausging, daß eine angemessene Erziehung dieser Kinder nicht gewährleistet ist und die öffentliche Hand die Interessen dieser Kinder vertreten muß. Neben den Amtsvormündern für uneheliche Kinder gab es vielfach auch eine öffentliche Vormundschaft für Personen, die entmündigt wurden.

Mit der Umstellung des Vormundschaftswesens sind auch hier neue Aufgaben und Berufsanforderungen entstanden. Überwiegend werden von den Amtsvormündern heute Verwaltungstätigkeiten in Bezug auf die Regelung von Unterhaltsansprüchen (bzw. die Vertretung der Mündel vor dem Gericht), die Überprüfung von Einkommensnachweisen etc. verlangt. Eine spezielle Ausbildung zum Amtsvormund existiert in Österreich nicht, vielmehr erfolgt neben der amtsinternen Einarbeitung berufsbegleitend eine Fortbildung in Form von Kursen und Seminaren (zum Teil als Pflichtseminare).

BehindertenpädagogInnen, BehindertenbetreuerIn: Auch hier handelt es sich um Berufsbilder, die erst in den letzten Jahrzehnten als Berufe mit einer eigenen Ausbildung entstanden sind. In der BRD, wo es bereits eine eigene Ausbildung zum Heilerziehungspfleger (2 Jahre Vollzeitausbildung oder 3 Jahre berufsbegleitende Ausbildung) bzw. Heilerziehungshelfer (1 Jahr berufsbegleitende Ausbildung und 1 Jahr Praktikum) gibt, ist die Ausbildung an die großen Einrichtungen (Heime) der Wohlfahrtsverbände gebunden. In Österreich ist eine entsprechende Ausbildung an einigen Stellen im Aufbau.

Die Berufe haben in den letzten zwanzig Jahren durch den Ausbau der Behindertenbetreuung einen quantitativ bedeutsamen Aufschwung genommen. In der BRD wird allein für die Zeit von 1971 bis 1984 eine Verdreifachung der

Beschäftigten angegeben, wobei man von einem weiteren Ausbaubedarf ausgeht (Neumann 1988). Ein Mehrbedarf ergibt sich vor allem auch daraus, daß Mitte der 80-er Jahre in der BRD noch die Hälfte der Mitarbeiter in den Wohneinrichtungen für behinderte Menschen ihre Aufgabe ohne spezielle Ausbildung ausübten.

Die Belastungen in diesem Beruf werden von den Mitarbeitern als relativ hoch eingestuft. Zum Teil ergibt sich die Belastung aus den besonderen Arbeitszeitregelungen in Wohneinrichtungen, wo vielfach ein geteilter Dienst (einige Stunden in der Früh, dann wieder am Nachmittag und Abend) sowie unregelmäßige Arbeitszeiten und Wochenendarbeit die Arbeitszeit länger erscheinen lassen. Hinzu kommt, daß in den Betreuungsteams Abwesenheiten anderer Mitarbeiter kurzfristig aufgefangen werden müssen. Die Arbeitszeitregelung ist vor allem auch für die Familien der Mitarbeiter ein Problem.

Ähnlich wie in anderen sozialen Berufen nehmen die Mitarbeiter ein breites Spektrum an Aufgaben wahr, von der körperlichen Versorgung und Pflege, z.T. auch der Organisation des Haushalts bis zur pädagogischen Begleitung und Förderung. Die Art, wie die Aufgaben wahrgenommen werden sollen, wird im Allgemeinen nicht näher definiert. Jeder Mitarbeiter muß auch für sich selbst definieren, was als Erfolg der Tätigkeit zu gelten hat. Dies läßt ein hohes Ausmaß an Eigendefinition der Aufgaben zu, kann aber auch zur Verunsicherung führen. In den meisten Gruppen ist kein formeller Leiter bestellt und selbst, wenn dies der Fall ist, hat dies auf die Arbeitsaufteilung nur wenig Einfluß. Mitarbeiter unterschiedlicher Qualifikation führen in den Gruppen sehr ähnliche Aufgaben aus. Auch hier gibt es also wenig Abstützung und Anleitung für die Betreuungsarbeit.

Hinzu kommt als ein besonderes Charakteristikum für Mitarbeiter von Wohneinrichtungen, daß ihre Arbeit eigentlich die Begleitung der Freizeit der Behinderten darstellt. Dies wird von einem Teil der Mitarbeiter durchaus als Konflikt erlebt.

Zu diesen Belastungen, die allgemein für die Heimerziehung gelten, kommen noch spezifische Belastungen der Arbeit mit behinderten Menschen hinzu: vor allem zu Beginn der Tätigkeit wird relativ große Unsicherheit empfunden, später sind es zunehmend die bei einem Teil der behinderten Menschen vorhandenen Verhaltensauffälligkeiten, die als belastend empfunden werden.

Ein weiterer Belastungsfaktor liegt darin, daß im Alltag die Versorgung von Grundbedürfnissen und die Pflege eindeutig im Vordergrund steht. Die Betreuer haben so das Gefühl, daß die pädagogischen Aufgaben ständig zu kurz kommen. Dies birgt die Gefahr in sich, daß das Erlebnis, auf ein Ziel hinzuarbeiten, verlorengeht.

BerufsberaterIn: Die Tätigkeit des Berufsberaters ist in Österreich, wie in manchen anderen Ländern, Teil des öffentlichen Arbeitsmarktservice. Eine eigenständige Ausbildung ist dafür nicht vorgesehen, vielmehr wird das dafür notwendige Wissen berufsbegleitend in Fortbildungen vermittelt. Einstellungsvoraussetzung ist der Abschluß einer weiterführenden Schule. In anderen Ländern (z.B. den USA) ist die Vorbereitung auf die Beratungstätigkeit stärker strukturiert und wird in Kursform an den Universitäten angeboten.

BewährungshelferInnen: Das Berufsbild des Bewährungshelfers ist aus dem Bereich der Justizverwaltung heraus entstanden, wobei hier die Jugendgerichtsbarkeit eine Vorreiterrolle gespielt hat. In vielen Ländern unterscheidet man zwischen ehrenamtlichen und fest angestellten BewährungshelferInnen, wobei nur die fest angestellten Bewährungshelfer eine einheitliche Ausbildung aufweisen. In Österreich ist heute zur Anstellung als Bewährungshelfer die Ausbildung eines Sozialarbeiters Voraussetzung (Nach der Gründung der Bewährungshilfe hat es eine Zeitlang berufsbegleitend eine spezielle Ausbildung für Bewährungshelfer gegeben. Diese wurde inzwischen eingestellt.)

ErzieherInnen: Das Berufsbild der Erzieher hat eine lange Tradition, Ausbildungsgänge allerdings sind erst spät entwickelt worden und befinden sich derzeit weiter im Umbruch. In Österreich ist eine eigene Ausbildung an Bildungsanstalten vorgesehen, deren Dauer von den Eingangsvoraussetzungen abhängt (für Maturanten 1 Jahr, ohne Matura 2 Jahre, 5 Jahre als Fachschule).

Ehe- und FamilienberaterIn: In Österreich existiert seit 1971 eine eigene Ausbildung zu diesem Berufsbild, die nahezu ausschließlich in Privatschulen bzw. Lehranstalten mit Öffentlichkeitsrecht unter kirchlicher bzw. kirchennaher Trägerschaft angeboten wird. Die meisten Absolventen arbeiten später in von den Diözesen geführten Familienberatungsstellen. Zum Teil handelt es dabei um eine Zusatzausbildung für Absolventen sozialer Berufsausbildungen. Die Ausbildung dauert an den kirchlichen Lehranstalten, die ein gemeinsames Curriculum aufweisen, dreieinhalb Jahre, und ist berufsbegleitend (für nähere Informationen siehe Stumm et al. 1995). (Zum Teil wird die Aufgabe der Familienberatung auch von den klassischen Berufen wie PsychologInnen, ÄrztInnen und JuristInnen wahrgenommen.)

FreizeitpädagogInnen: Dieses Berufsbild hat noch sehr undeutliche Konturen. Eine eigene Ausbildung ist derzeit nur in Kursform möglich.

FrühpädagogInnen: Dieses Berufsbild ist erst in den letzten Jahren entstanden. Teilweise stellt es eine Spezialisierung im Rahmen der pädagogischen Ausbildung dar, teilweise geschieht die Ausbildung im Rahmen von Kursen berufsbegleitend.

JugendleiterIn (JugendbetreuerIn): Mitarbeitern der offenen Jugendarbeit wird eine Ausbildung in Kursform angeboten, die auch ehrenamtlichen Mitarbeitern offensteht und von Trägern von Jugendzentren teilweise zur Voraussetzung für die Übernahme in ein Dienstverhältnis gemacht wird.

JustizwachebeamtInnen: Die JustizwachebeamtInnen absolvieren in Österreich nach einer Einschulung am Arbeitsplatz einen 3-monatigen Lehrgang an einer Justizwacheschule, in der auch auf die sozialen Betreuungsaufgaben in den Justizanstalten eingegangen wird. Ein zusätzlicher (3-monatiger) Fachkurs ist für dienstführende Beamte, eine 2-jährige Fachausbildung für leitende Beamte vorgesehen.

Kindergärtnerin und Kinderpflegerin: Mitte der 80-er Jahre wurde in Österreich die Ausbildung der Kindergärtnerinnen an der Bildungsanstalt für Kindergartenpädagogik reformiert und die Ausbildung auf fünf Jahre erweitert, der Abschluß führt zur Hochschulreife. Die Kinderpflegeschulen sehen eine dreijährige Ausbildung vor.

Krankenpflegepersonal: Für Krankenschwestern und -pfleger ist derzeit in Österreich wie in den meisten europäischen Ländern eine dreijährige Ausbildung vorgesehen. Die Anzahl der in der Krankenpflege Beschäftigten hat sich seit den 60-er Jahren mehr als verdoppelt (Swoboda 1985), eine weiterer Bedarf ist abzusehen. Es ergeben sich beträchtliche Rekrutierungsschwierigkeiten.

Ein Hauptproblem stellt hier dar, daß viele Absolventen der Ausbildung nur einige Jahre in dem Beruf tätig sind. Dabei handelt es sich um ein internationales Problem. In England etwa wurde gezeigt, daß nach 3 Jahren mehr als die Hälfte der neu eintretenden Krankenschwestern in öffentlichen Spitälern ihren Dienst bereits quittiert haben (Barry et al. 1989). Auch in Österreich ist der Großteil der Schwestern, die den Dienst aufgeben, zwischen 21 und 30 Jahre alt (Swoboda 1985). Die Gründe für diese ungünstige Situation sind sowohl in den Arbeitsbedingungen zu suchen (relativ hohe Wochenarbeitszeit, ungünstige Dienstzeiten, geringe Aufstiegschancen etc., Swoboda 1985), als auch in Spannungen, die sich aus widersprüchlichen Erwartungen an den Schwesternberuf ergeben, wobei vor allem der Konflikt zwischen den traditionellen Erwartungen des helfenden und dienenden Beistehens und den fachlichen Anforderungen für viele Berufsabbrecher schwer zu verkraften ist (Murray 1983, Ostner und Beck-Gernsheim 1979).

Für das Helferinnen und Helfer in der Krankenpflege (StationsgehilfInnen) gibt es derzeit in Österreich wie in vielen Ländern nur eine Kurzausbildung. Sie stellen jedoch z.B. in Wien noch immer fast ein Drittel der in der Krankenpflege Beschäftigten (Swoboda 1985).

Das Bild der ambulant arbeitenden Sanitätsassistentin hat eine wechselvolle Geschichte. In einigen Ländern existierte es einige Zeit, wurde dann in andere Dienste integriert und ist wieder im Entstehen begriffen. In Südtirol z.B. gibt es derzeit Sanitätsassistenten vor allem zur Unterstützung der Amtsärzte und in dem Bereich der öffentlichen Hygiene sowie der Vorsorgemedizin.

Lebens- und SozialberaterIn: In Österreich wurde gleichzeitig mit der gesetzlichen Neuordnung der psychologischen Tätigkeit durch das Psychologengesetz auch das seit längerem bestehende „freie" Gewerbe der Lebensberatung neu geregelt und zu einem konzessionspflichtigen Gewerbe umgestaltet, für das eine Befähigung über das Absolvieren bestimmter Ausbildungen nachgewiesen werden muß. Aufgabe der Lebens- und Sozialberater ist die Beratung, Betreuung und Begleitung in wichtigen Entscheidungs- und Problemsituationen. In Hinkunft kann als für diese Aufgabe nur mehr befähigt gelten, der entweder ein Universitätsstudium mit pädagogischen, psychologischen und soziologischen Lehrveranstaltungen, eine Pädagogische Akademie, die Sozialakademie, die Erzieherausbildung, das Propädeutikum, die Ausbildung zum Familienberater oder eine spezielle Ausbildung zum Lebensberater, wie sie von verschiedenen Institutionen (vor allem den Wirtschaftsförderungsinstituten) bzw. Vereinen angeboten wird, absolviert hat. Zusätzlich muß eine gewisse Anzahl an Stunden Selbsterfahrung und an Supervision für die praktische Tätigkeit nachgewiesen werden (für eine detailliertere Darstellung siehe Stumm et al. 1995). Nach Stumm et al. (1995) gibt es derzeit in Österreich etwa 1.100 Personen mit einer entsprechenden Gewerbeberechtigung, von denen etwa die Hälfte diesen Beruf auch ausübt.

PsychologInnen: Die Berufsbezeichnung Psychologe ist in Österreich erst seit 1991 mit dem In-Kraft-Tretens des Psychologengesetzes gesetzlich geschützt, aber auch dabei nur für Teilbereiche. Für das Berufsbild des Klinischen Psychologen und des Gesundheitspsychologen wurde dabei eine postgraduelle theoretische (im Ausmaß von 160 Stunden) und praktische (im Rahmen einer psychologischen Tätigkeit in einer dafür anerkannten Einrichtung des Sozial- und Gesundheitswesens im Ausmaß von 1.480 Std. + 120 Std. Supervision) Ausbildung vorgeschrieben (für Details und eine Übersicht über Anbieter des theoretischen Teils der Ausbildung siehe Stumm et al. 1995). Danach ist durch die Eintragung in die Liste der Klinischen bzw. Gesundheitspsychologen beim Psychologenbeirat des Bundesministeriums für Gesundheit und Konsumentenschutz die selbständige Berufsausübung gestattet.

Trotz des verbesserten Berufsschutzes befinden sich Psychologen sowohl in den sozialen wie in den Gesundheitsdiensten in einer schwierigen Position. Sie müssen sich eine von außen anerkannte Berufsidentität vielfach erst durch persönlichen Einsatz erkämpfen.

Psychologen sind im Bereich der sozialen Dienste in Gefahr, in die Rolle des einfachen Betreuers zu geraten und in dieser Funktion mit anderen Berufen, wie Erzieher, Behindertenbetreuer, Sozialarbeiter etc., zu konkurrieren, ohne ein eigenes Profil aufweisen zu können. Es wäre wichtig, spezielle Qualifikationen für den Psychologen zu definieren und auf diese Aufgaben vorzubereiten. Solche Qualifikationen könnten sein:

- Arbeit mit schwierigen Klienten
- Organisation von Teamarbeit, Berücksichtigung von Techniken der Gruppenarbeit
- Supervision, Konzentration auf den Prozeß statt auf die Inhaltsebene
- Achten auf Methodik und Systematik bei der Analyse eines Problems und bei der Planung von Interventionen
- Fortbildung anderer Mitarbeiter in psychologischen Basisfertigkeiten

PsychotherapeutIn: Mit dem Psychotherapiegesetz wurde in Österreich 1990 die Ausübung von Psychotherapie und die Ausbildung zum Psychotherapeuten gesetzlich geregelt. Die Psychotherapieausbildung gliedert sich demnach in eine propädeutische und eine fachspezifische Ausbildung. Zugelassen zu der Ausbildung können alle Personen, die Matura bzw. die Studienberechtigungsprüfung abgelegt, eine Krankenpflegeschule, eine Ausbildung für den medizinisch-technischen Dienst oder den Vorbereitungslehrgang der Sozialakademie absolviert haben (in Einzelfällen kann die Zulassung auf Grund besonderer Gründe auch vom Psychotherapiebeirat gestattet werden), werden. Das Propädeutikum sieht einen theoretischen (im Ausmaß von 765 Std.) und praktischen (Selbsterfahrung, Praktikum in einer Einrichtung des Gesundheits- und Sozialwesens und Supervision) Ausbildungsteil vor. Für den theoretischen Teil gibt es gegenwärtig 13 zugelassene Anbieter, darunter die Universitäten in Wien, Graz, Klagenfurt, Salzburg und Innsbruck, die dies als Hochschullehrgang anbieten. Nach Stumm et al. (1995), die einen detaillierten Überblick über die verschiedenen Angebote geben, waren Anfang 1995 etwa 2000 Teilnehmer in die Ausbildungsgänge eingeschrieben, die zwischen 2 und 6 Semestern dauern. Nach Absolvierung des Propädeutikums besteht die Möglichkeit, die fachspezifische Ausbildung in verschiedenen Therapieschulen (mit unterschiedlicher methodischer bzw. theoretischer Orientierung), die vom Psychotherapiebeirat anerkannt wurden, zu beginnen. Die Mindestdauer der fachspezifischen Ausbildung (4 Jahre) sowie die Mindestanzahl der Stunden, die für einzelne Ausbildungsteile (Selbsterfahrung, Theorie, Supervision der praktischen Tätigkeit, Praktikum + Supervision) vorzusehen sind, wurden für alle Ausbildungen im Psychotherapiegesetz definiert, werden jedoch z.T. deutlich überschritten (für eine Übersicht über die bis Mitte 1995 anerkannten 24 Ausbildungen und deren Anforderungen siehe Stumm et al. 1995).

Bei der Zulassung von Ausbildungseinrichtungen verschiedener Therapieschulen für die fachspezifische Ausbildung durch den Psychotherapiebeirat bzw. das Bundesministerium für Gesundheit und Konsumentenschutz wurde in Österreich bisher ein Mittelweg zwischen einer engen Orientierung an Therapieschulen, deren Methoden wissenschaftlich evaluiert wurden und sich als effektiv erwiesen haben (wie dies zum Teil in der BRD diskutiert wird, wo nach manchen Vorschlägen nur einige wenige Therapieschulen, wie Psychoanalyse, Verhaltenstherapie und personenzentrierte Gesprächstherapie, anerkannt werden sollen), und einer Zulassung aller derzeit propagierten Therapierichtungen eingehalten. Längerfristig stellt sich jedoch die Frage, wie eine solche Evaluation von therapeutischen Methoden aussehen soll und wie vor allem auch die Qualität der Ausbildung, für die nun ein relativ großer Markt existiert und die von den Auszubildenden selbst finanziert werden muß (die Kosten betragen nach Stumm et al. 1995 für das Fachspezifikum je nach Anbieter zwischen 170.000 und mehr als 690.000 öS), gesichert werden kann.

SozialarbeiterIn (SozialpädagogInnen, SozialassistentInnen): Das Berufsbild der Sozialarbeiter hat die längste Tradition in den sozialen Diensten. Die Entwicklung der personenbezogenen sozialen Dienste ist eng mit der Ausbildung dieses Berufsbildes verbunden.

Es hat seinen Ursprung einerseits in den privaten und kirchlichen Initiativen zur Verbesserung der Lage der armen Bevölkerungsschichten, andererseits in der öffentlichen Wohlfahrtspflege und im Armenwesen. Mit der Veränderung der Produktionsmethoden in der Landwirtschaft und der industriellen Revolution ging eine "Freisetzung" einer großen Zahl von Arbeitskräften sowie eine massenhafte Verelendung einher, die das traditionelle Armenwesen zunächst aufzufangen bemüht war. Diese Versuche erwiesen sich als unzureichend und waren auch starker Kritik ausgesetzt, die Entwicklung der industriellen Ordnung zu untergraben. In diese Zeit fällt die Entwicklung einer systematischen Sozialarbeit (siehe Wendt, 1990, für einen augezeichneten Überblick über diese Entwicklung). Es lassen sich dabei verschiedene Entwicklungslinien unterscheiden:

- Die Ausbildung der Methode des Casework (der methodischen Einzelfallhilfe) ergab sich aus dem Bemühen, materielle Hilfe durch Hilfe zur Selbsthilfe und Aktivierung der Hilfsmöglichkeiten in der lokalen Gemeinschaft zu ersetzen oder wenigstens zu ergänzen. Sowohl kirchliche wie private karitative Vereine entwickelten ein System von Besuchs- und lokalen Betreuungsdiensten, für deren Arbeit Richtlinien erarbeitet wurden. Im anglo-amerikanischen Bereich wurden diese Richtlinien zu einer Einzelfalldiagnostik weiterentwickelt, die Entscheidungen darüber ermöglichen sollte, welche Art der Hilfe angemessen ist.
- Die Settlement-Bewegung in England und den USA ist ein erstes Beispiel für eine Form der Sozialarbeit, bei der der Schwerpunkt auf die Stützung der lokalen Gemeinschaften gelegt wurde. Durch Bildungsmaßnahmen, kulturelle Veranstaltungen, Gründung von Vereinen und Selbsthilfegruppen, aber auch durch Unterstützung der lokalen Interessen in der Öffentlichkeit sollte die Entwicklung des Gemeinwesens gefördert werden.
- Sozialarbeit als praktische Anwendung der Sozialwissenschaften setzte sich frühzeitig die Aufgabe, durch Bestandsaufnahme der sozialen Probleme die

Öffentlichkeit aufmerksam zu machen und systematische Grundlagen für die Erarbeitung sozialpolitischer Maßnahmen zu schaffen. Die Anfänge der Entwicklung systematischer Sozialarbeit sind somit identisch mit den Anfängen empirischer Sozialforschung.

- In Sozialprojekten wurde immer wieder versucht, eine Alternative zu den durch den Markt und die Trennung von Kapital und Arbeit bestimmten gesellschaftlichen Organisationsformen zu schaffen. Vor allem die Genossenschaftsbewegung hat hier ihren Ursprung.

Die Sozialarbeit war lange überwiegend vom ehrenamtlichen Engagement getragen. Bemühungen um eine Verberuflichung der Sozialarbeit sind allerdings bereits früh zu erkennen. In der kirchlichen Tradition nahm diese Verberuflichung zuerst die Gestalt von Ordensgründungen (im katholischen Bereich) bzw. von kirchlichen Ämtern (Diakonissinen im evangelischen Bereich) an. Die starke Ausweitung der karitativen Orden sowie die Gründung der Einrichtung der Diakonissinen erfolgte erst im 19.Jahrhundert.

Um die Jahrhundertwende wurden erstmals Frauen in größerem Umfang von den Gemeinden zur Wahrnehmung der öffentlichen Fürsorge angestellt. Damit einher ging die Gründung von Ausbildungseinrichtungen für jene, die sich dieser Aufgaben annahmen. Im deutschen Sprachraum wurden diese Ausbildungseinrichtungen sehr bald von den Ländern und Gemeinden, die soziale Dienste einrichteten bzw. von den kirchlichen Trägern übernommen. Vor allem in den USA hingegen waren die Bemühungen erfolgreicher, den Berufsstand der Sozialarbeiter als Profession zu etablieren, der selbst eine gewisse Verantwortung für die Ausbildung und die Erarbeitung von Ausbildungsrichtlinien übernahm.

Im deutschsprachigen Raum ist im Unterschied zu den USA keine einheitliche, in sich gestufte Ausbildung für die Mitarbeiter sozialer Dienste zustandegekommen. In der BRD werden Sozialarbeiter bzw. Sozialpädagogen in Fachhochschulen für Sozialwesen ausgebildet oder (in einigen Bundesländern) in Berufsakademien. Der Titel Sozialpädagoge, der den meisten Bundesländern der BRD üblich ist, spiegelt den lange Zeit starken Einfluß der Pädagogik auf das Berufsverständnis der Mitarbeiter sozialer Dienste, nach dem die Tätigkeit in den sozialen Diensten überwiegend eine erzieherische Funktion ausübt. In Österreich erfolgt die (seit Mitte der 80-er Jahre 3-jährige) Ausbildung zum Sozialarbeiter in Sozialakademien, Teil der Ausbildung ist ein halbjähriges Langzeitpraktikum.

SupervisorIn: In den letzten Jahren besteht in Österreich - angeregt von der bundeseinheitlichen Regelung der Psychotherapieausbildung - das Bemühen, auch die Ausbildung in Supervision zu vertiefen und zu einheitlichen Richtlinien für die Ausbildung zu gelangen. Anbieter entsprechender Ausbildungen sowie verschiedener Berufsverbände haben eine „Österreichische Vereinigung für Supervision" gegründet, die Richtlinien für die Ausbildung formuliert hat und relativ strikte Eingangsvoraussetzungen für die Teilnahme an einer Ausbildung (Mindestalter 27 Jahre und 5 Jahre Berufspraxis, abgeschlossene Ausbildung in einem Sozialberuf, Selbsterfahrung mit Supervision). Inzwischen gibt es, wie der detailierten Darstellung von Stumm et al. (1995) zu entnehmen ist, eine relativ große Anzahl von Anbietern einer entsprechenden Ausbildung.

2 Allgemeine Probleme der sozialen Berufe

Vor allem fünf Probleme betreffen viele sozialen Berufe:

1. Zwiespalt und Ambivalenz in der Aufgabenstellung zwischen Hilfestellung und Kontrolle: Die sozialen Berufe haben nicht nur die Aufgabe übernommen, Bedürftigen Hilfestellungen zu leisten, sie sind auch mit der Aufgabe betraut, den Zugang zu den von der öffentlichen Hand eingerichteten Hilfsmaßnahmen zu regulieren. Diese Kontrolle wird durch mehrere Klauseln notwendig, die eine Prüfung der Bedürftigkeit des Hilfesuchenden und der Möglichkeit einer Unterstützung durch Verwandte erfordern. Finanzielle Zuwendungen werden z.B. vom Einkommen der Hilfesuchenden abhängig gemacht, zudem ist auch die Heranziehung des Vermögens vorgesehen.

In einigen Teilbereichen sind die Anforderungen an die kontrollierende Tätigkeit der Mitarbeiter der sozialen Dienste besonders groß. Dies gilt etwa für die Tätigkeit der Bewährungshelfer.

Allgemein kann man sagen, daß die traditionelle Funktion der Familie und der lokalen Gemeinschaft, für ein geordnetes Miteinander zu sorgen, teilweise auf die sozialen Dienste übertragen wurden.

Mitarbeiter der sozialen Dienste sind hier in einem besonderen Dilemma, weil sie sich einerseits der persönlichen Hilfe verpflichtet wissen und durch den Kontakt mit den Betroffenen eine persönliche Beziehung aufgebaut wird, andererseits aber im Interesse des Trägers der sozialen Dienste und der Öffentlichkeit auf die Kontrollfunktion nicht verzichtet werden kann.

2. Die Gefahr des Ausbrennens: Mit dem Begriff Ausbrennen oder "burn out" werden langfristige Folgen ungünstiger Arbeitsbedingungen in den sozialen Diensten und der anhaltenden Überforderung beschrieben. Die Gefahr des Ausbrennens ist in den sozialen Berufen deshalb besonders groß, da die Arbeit aus verschiedenen Gründen als besonders belastend gelten kann (Maslach 1982). Soziale Berufe haben es in erster Linie mit Menschen zu tun, die aus einer schwierigen Situation heraus um Hilfe und Unterstützung nachsuchen. Die ständige Konfrontation mit menschlichem Leid und negativen Situationen stellt an sich bereits eine beträchtliche Belastung dar. Hinzu kommt, daß

Bemühungen der Mitarbeiter oft nur zu einem geringen Erfolg führen, da die Umstände, aber auch die persönliche Situation der Menschen schwer zu ändern ist. Der Erfolg ist oft auch schwer zu beurteilen und nur relativ selten kommt eine positive Rückmeldung durch die Klienten, daß ihnen die Bemühungen der Mitarbeiter etwas bedeutet haben.

Man kann am Phänomen des Ausbrennens drei Aspekte unterscheiden.

- Als Folge der negativen Erfahrungen im Beruf tritt einerseits eine Begrenzung der Sichtweise auf die Perspektive der Institution ein, wobei die Probleme der um Hilfe Ansuchenden abgewertet und ihre Motivation, um Hilfe anzusuchen, in negativem Licht betrachtet wird. Dieser Aspekt wird als Entpersönlichung der beruflichen Einstellung bezeichnet.
- Andererseits kommt es bei einem Teil der Mitarbeiter in den sozialen Diensten zu einer Energie- und Lustlosigkeit, die als emotionale Erschöpfung verstanden wird. Die Belastung greift hier stark in das persönliche Leben der Mitarbeiter ein und führt zu negativen Auswirkungen auf das Familienleben und die Beziehung zu Freunden, zu Schlaflosigkeit, anderen psychosomatischen Beschwerden und zu einem erhöhten Alkoholmißbrauch.
- Der dritte Aspekt bezieht sich auf die Einstellung zum eigenen Beruf. Die negativen Erfahrungen führen zu einem Mangel an Erfolgs- und Kompetenzgefühl und insgesamt zu einer mangelnden Erfüllung im Beruf.

Es gibt verschiedene Möglichkeiten mit diesem Gefühl des Ausbrennens umzugehen (Maslach und Jackson 1982). Eine Möglichkeit besteht darin, den persönlichen Umgang mit den Klienten zu meiden und sich vermehrt auf bürokratische Tätigkeiten und die Schreibtischarbeit zurückzuziehen bzw. zu versuchen, durch andere Aktivitäten, Urlaub und Freizeit Abstand zu gewinnen. Als Gefahr erscheint hier, daß aus diesem Rückzug eine verminderte Umgänglichkeit auch im persönlichen Leben wird. Die andere Bewältigungsweise besteht in dem Bemühen um eine verstärkte Zusammenarbeit mit Kollegen, um Erfahrungen austauschen und Verantwortung teilen zu können. Diese Tendenz führt allerdings fast zwangsläufig dazu, daß vielmehr Zeit in die innere Organisation, in Besprechungen etc. investiert werden muß, Zeit, die der Klientenarbeit verlorengeht und die ihrerseits wieder zu Frustrationen führen kann, wenn die Organisation nicht auf die Bedürfnisse der Mitarbeiter verständnisvoll und konstruktiv reagiert.

3. Die Bürokratisierung der Dienste durch die Anforderungen der Kontrolle und die zentrale Leitung: Den sozialen Diensten ist der Auftrag einer Aktenführung gegeben, um ihre Entscheidungen nachvollziehbar und kontrollierbar zu machen. In unterschiedlichem Ausmaß unterliegen sie auch einer Berichtspflicht an vorgesetzte Behörden oder Kontrolleinrichtungen - wobei diese Berichte unterschiedlichen Charakter haben können: zum Teil dienen sie der Entscheidung darüber, ob die getroffene Maßnahme weiter fortgesetzt werden soll, zum Teil wird anhand dieser Berichte in summarischer Weise die weitere Finanzierung bzw. der Kostenersatz entschieden. Mit dieser Berichtspflicht geht eine Formalisierung der Kriterien einher, an Hand derer die Inanspruchnahme der sozialen Dienste geregelt wird.

4. Unsicherheiten im Selbstverständis der Mitarbeiter sozialer Dienste: Für Mitarbeiter der sozialen Dienste ist es nicht leicht ein angemessenes Selbstverständnis zu finden. Ihre Aufgabe verleitet sie dazu, die Lebenssituation anderer zu problematisieren und deren Sichtweise in Frage zu stellen. Ihre Rolle grenzt sie als Helfer von der Mitwelt ab und führt zu einer eigenen Helferkultur.

Als Idealbild der Helfer gilt der eigenverantwortlich und professionell arbeitende Psychotherapeut. De facto können aber nur wenige Mitarbeiter in diesen exklusiven Bereich vordringen. Für die übrigen ist die Berufsperspektive auf lange Sicht gesehen nicht sehr attraktiv, dies führt zu häufigen Berufsabbrüchen.

Spezialisierung und Berufsperspektive in den sozialen Berufen: Viele soziale Berufe sind nicht nur wegen der Belastungen, sondern auch durch die Art ihrer Aufgabenstellung wenig dafür geeignet, eine längerfristige Berufsperspektive zu geben. Heimerzieher und Jugendarbeiter etwa sind eher Berufe, die nur vorübergehend, in einem jüngeren Alter, von den meisten Menschen gut ausgefüllt werden können. Mit dem Älterwerden wird die Distanz zu der Betreuungsgruppe zu groß.

In den letzten Jahren besteht die Tendenz, nicht nur die sozialen Dienste immer weiter zu spezialisieren, sondern auch für diese Dienste jeweils spezielle Ausbildungsgänge zu entwickeln. Dies erschwert jedoch den Umstieg von einer Aufgabe innerhalb der sozialen Dienste zu einer anderen Aufgabe. Deshalb verdienen Überlegungen besondere Beachtung, eine gemeinsame Grundausbildung für die sozialen Dienste zu konzipieren und die nötige Spezialausbildung auf dieser Grundausbildung aufzubauen.

Tendenz zur Professionalisierung in den sozialen Berufen: Die Entwicklung vieler Berufe zielt auf Erlangung des Status einer Profession. Nach den klassischen Professionalisierungstheorien ist damit eine Reihe von Merkmalen angesprochen, wie die Autonomie der Berufsausübung, das Kollegialitätsprinzip, Professionsethik, Selbstverwaltung der Ausbildung. Im Kern ist damit die Ausbildung einer autonomen Handlungsstruktur gemeint, die auf der Anwendung wissenschaftlich-theoretischer Kenntnisse bei gleichzeitiger Reflexion und Kenntnis der Besonderheit des Einzelfalls beruht. Die Vermittlung des Allgemeinen (wissenschaftlicher Erkenntnisse) und des Besonderen (Verständnis für den Einzelfall) unterliegt besonderen Kriterien und muß gewissen Standards genügen, die nur von Kollegen erarbeitet und beurteilt werden können, woraus sich die oben erwähnten Merkmale (Autonomie der Berufsausübung, Kollegialitätsprinzip etc.) ableiten.

Für zentrale Berufsbilder der sozialen Dienste ist umstritten, wieweit sie die Kriterien einer Profession erfüllen. Sahle (1987) argumentiert etwa, daß inhärente Widersprüche in der Rolle der Sozialarbeiter das Erreichen eines professionellen Status nicht zulassen. Sozialarbeiterisches Handeln sei gleichzeitig zwei Sphären professionellen Handelns verpflichtet, der Sicherung des Normenbestands der Gesellschaft (Kontrollaspekt) und der Unterstützung beim Finden eines eigenen Wegs (Therapieaspekt). Beide Sphären würden sich gegenseitig ausschließen und so müßte notwendigerweise eine Lücke bei der Bestimmung dessen ergeben, was den Standard beruflicher Handlungen darstellt. Diese Lücke muß der einzelne Sozialarbeiter für sich schließen und damit würden in das Berufsbild des Sozialarbeiters sehr stark persönlichkeitsspezifische Faktoren einfließen.

Sahle (1987) hat in vier Fallbeispielen anhand einer Analyse der Sozialarbeiter-Klient-Interaktionen deutlich gemacht, daß Sozialarbeiter das inhärente Dilemma ihres Berufs jeweils durch das Einnehmen unterschiedlicher Positionen zu lösen versuchen, die entweder durch einseitige Identifikation mit dem Klienten oder durch Identifikation mit der kontrollierenden Funktion der Institution gekennzeichnet waren. Aus dieser Analyse wurde weiters deutlich, daß dieses Dilemma für viele Sozialarbeiter eine starke Belastung darstellt, die zu persönlichem Mehreinsatz und zu einer ungenügenden Trennung von Beruf und privatem Bereich führt.

Der soziale Status von Berufen hängt auch mit dem Status der Klientel zusammen, mit der eine Berufsgruppe arbeitet, und mit dem Erfolg, den sie dabei erzielt. So läßt sich in vielen sozialen Berufen eine Tendenz feststellen, sich bevorzugt jenen Gruppen von Klienten zu widmen, bei denen man einen größeren Erfolg des eigenen Bemühens wahrnimmt, auch wenn dies nicht jene Personen sind, die am meisten Hilfe benötigen. Diese Tendenz wurde kritisch als "den Rahm Abschöpfen" ("creaming") bezeichnet.

5. Zunahme von ungesicherten Arbeitsverhältnissen: Ein beträchtlicher Teil der Ausweitung sozialer Dienste ist in den letzten Jahren durch die Förderung gemeinnütziger Arbeiten seitens der Arbeitsmarktverwaltung ermöglicht worden. Andere Dienste müssen sich über kurzfristige Projektförderungen finanzieren. Dies bedeutet für die Mitarbeiter in manchen sozialen Diensten, daß sie sich zumindest in der Anfangsphase ihrer beruflichen Tätigkeit auf ungesicherte Arbeitsverhältnisse bei oft geringer Bezahlung einstellen müssen.

Die sozialen Dienste haben auf diese Weise die Möglichkeit zur Ausweitung ihres Angebots, allerdings geschieht dies auf Kosten der Mitarbeiter. Für den Bereich der sozialen Dienste für Kinder und Jugendliche machten die über Arbeitsbeschaffungsmaßnahmen geschaffenen Stellen in der BRD ein Viertel des gesamten Beschäftigungszuwachses in den 80-er Jahren aus (Rauschenbach et al. 1988). Ähnliches gilt für Österreich, wobei hier große Unterschiede zwischen den verschiedenen Diensten bestehen.

Auch der Einsatz von Zivildienern und in manchen Ländern der Einsatz von Mädchen, die ein freiweilliges soziales Jahr ableisten, hat in den letzten 10-15 Jahren für manche Bereiche der sozialen Dienste eine relativ große Bedeutung bekommen. In der BRD stellen sie z.B. in den sozialen Diensten für Kinder und Jugendliche bereits 5-10% des vollzeittätigen Personals (Rauschenbach et al. 1988).

Rechnet man noch Praktikanten und die Beschäftigung von Mitarbeitern auf der Basis von Werkverträgen bzw. in Teilzeitarbeitsverhältnissen hinzu, die zum Teil unter der Grenze liegen, ab der eine Verpflichtung zur Sozialversicherung gegeben ist, so kann man mit Recht feststellen, daß in den sozialen Diensten die Grenze zwischen ehrenamtlicher Tätigkeit und regulären Arbeitsverhältnissen unter dem Druck der Arbeitslosigkeit bzw. einer erhöhten Sparsamkeit im Sozialbereich teilweise verschwunden ist.

Supervison und Teamarbeit als Antwort auf die beruflichen Probleme und als zusätzliche Anforderung

Um die Belastungen und Rollenkonflikte von Mitarbeitern in den sozialen Diensten zu reduzieren, wird der Supervision und der Zusammenarbeit im Team eine große Bedeutung zugemessen. Dabei ist allerdings nicht zu übersehen, daß auch die Supervision und die Teamarbeit im Spannungsfeld spezieller organisatorischer Anforderungen stehen und nicht nur entlastende Funktionen haben.

Zielsetzungen und Methoden der Supervision: Die Supervision verfolgt verschiedene Zielsetzungen, die zum Teil aus ihrer Entwicklung erklärbar sind. Als eine Quelle kann die psychoanalytisch orientierte Fallbesprechung nach Balint (1974) gelten, bei der die Teilnehmer (ursprünglich Ärzte) durch Fallbesprechung zu einem tieferen Verständnis des Falls und vor allem der Beziehung zwischen dem Klienten und dem Mitarbeiter kommen sollen. In anderen Zugangsweisen, die znächst psychoanalytisch (z.B. Foulkes), später durch den systemischen Ansatz geprägt waren, soll gerade der institutionelle Kontext der Arbeit in den Blickpunkt gerückt werden. Allgemein kann man feststellen, daß die Supervision

- auf eine Erhöhung der Sensibilität gegenüber den Bedürfnissen der Klienten bzw. eine Schulung des Problembewußtseins,
- auf eine Stärkung fach- und interaktionsbezogener Fertigkeiten und damit eine Erhöhung der Eigenverantwortlichkeit sowie
- auf die Förderung der persönlichen emotionalen Entwicklung der Mitarbeiter und schließlich
- auf eine Verbesserung der Interaktionen unter den Mitarbeitern

hinzielt (Pühl 1990). Schwerpunktmäßig kann man eine Fallsupervision, bei der die fachliche Arbeit mit den Klienten im Vordergrund steht, von einer

Teamsupervision, bei der in erster Linie die Zusammenarbeit in einem bestehenden Team von Mitarbeitern thematisiert wird, unterscheiden. Supervision kann sowohl Teil der Ausbildung sein wie auch ein Mittel der Weiterbildung. Sie wird heute überwiegend von externen Supervisoren durchgeführt und die Kosten werden vielfach vollständig oder zu einem größeren Teil von den Einrichtungen getragen. Allerdings existieren auch Modelle kollegialer Supervision (z.B. Rotering-Steinberg 1990), und Supervision kann auch als ein Teil der Mitarbeiterführung betrachtet werden.

Fachaufsicht und Supervision in den sozialen Diensten: Der Verantwortliche in den sozialen Diensten vereinigt in sich wenigstens drei Rollen (Timms 1980). Er ist Mitglied der Verwaltungshierarchie, er soll die Mitarbeiter unterstützen und er ist ein Lehrer bzw. eine Person, die für die berufliche Weiterentwicklung der ihm Unterstellten verantwortlich ist.

Als Teil einer bürokratischen Organisation stellt sich auch für die sozialen Dienste die Frage nach ihrer Kontrollierbarkeit und nach geeigneten Formen der Aufsicht über die sozialen Dienste. Aus verschiedenen Gründen kann es aber nach Meinung verantwortlicher Mitarbeiter in den sozialen Diensten (Jaffe 1986) nicht zielführend sein, eine zu enge Aufsicht über die sozialen Dienste einzuführen.

- Ein Grund dafür ist, daß eine zu enge Aufsicht die zentralen Stellen direkter verantwortlich für die getroffenen Entscheidungen und somit in der Öffentlichkeit angreifbarer macht.
- Eine enge Aufsicht würde auch bedeuten, daß die Verwaltung genaue Richtlinien für die Entscheidung herausgibt, was bei der Pluralität der Werte, die von Entscheidungen in der sozialen Arbeit berührt werden, und der Vielfalt der Wertmaßstäbe, die in der Gesellschaft Geltung beanspruchen, schwer realisierbar erscheint.
- Positiv gesehen, wird durch die Delegierung eines Großteils der Verantwortung an die in der praktischen Arbeit Stehenden diesen die Möglichkeit zu einer am Einzelfall orientierten Betreuung gegeben.

Das Dilemma wird einerseits so gelöst, daß die Verantwortung für Entscheidungen und die Kontrolle an das Team der Mitarbeiter delegiert wird, daß also die Arbeit des einzelnen Mitarbeiters durch die Gruppe abgestützt und kontrolliert werden soll. Damit soll garantiert werden, daß die Entscheidungen dezentral gefällt und verantwortet und so die Umstände des Einzelfalls angemessen berücksichtigt werden. Gleichzeitig soll damit verhindert werden, daß der einzelne Mitarbeiter in seiner Entscheidung allein gelassen wird und so die Gefahr besteht, daß sich eine einseitige Sichtweise unreflektiert bei Entscheidungen durchsetzt.

Andererseits wird in der Kontrolle in erster Linie auf die angemessene Einstellung der Mitarbeiter zur Arbeit und ausreichendes Fachwissen Wert gelegt.

Als Mittel zur Förderung einer angemessenen Einstellung sowie der umsichtigen Berücksichtigung fachlicher Gesichtspunkte dienen Supervision und Fortbildung.

Besonders die kritische Diskussion über das Vorgehen der sozialen Diensten bei einzelnen Fällen von Kindesmißhandlung hat die Sensibiliät der sozialen Dienste, aber auch der Öffentlichkeit für die Frage nach einer angemessenen Kontrolle und Supervision in den sozialen Diensten verstärkt. In der Diskussion (Clare 1988) wird hervorgehoben, daß die Mitarbeiter der sozialen Diensten nicht nur eine von ihnen selbst verantwortete Entscheidung treffen müssen, die der Problematik des Einzelfalls gerecht wird. Die Leitung der sozialen Dienste muß auch in der Lage sein, diese Entscheidungen nach außen, gegenüber der Öffentlichkeit zu vertreten und über ihr Vorgehen Rechenschaft abzulegen, da die sozialen Dienste eine Verantwortung gegenüber der Öffentlichkeit haben, in deren Namen sie gewisse Funktionen ausübt.

Um der doppelten Verantwortung sozialer Dienste, gegenüber dem Klienten, der eine angemessene Betreuung und Hilfestellung erwartet, und gegenüber der Öffentlichkeit, gerecht zu werden, ist eine regelmäßige Fachaufsicht erforderlich (in Großbritannien wurden vom Beckwith-Kommitte wöchentliche Supervisionssitzungen für alle Mitarbeiter empfohlen). Diese Fachaufsicht sollte unterschieden werden von der Supervision, die mehr einen beratenden Charakter hat. Während die Fachaufsicht Folge der Verantwortung vorgesetzter Stellen ist und deshalb nur von Vorgesetzten wahrgenommen werden kann, kann eine beratende Supervision auch von Fachkräften außerhalb der Organisation durchgeführt werden.

Die Fachaufsicht sollte auch einen Schutz für den einzelnen Mitarbeiter darstellen, der in schwierigen Fällen allzu leicht eine defensive bzw. eine allzu optimistische Haltung einnimmt, um sich emotional vor den Belastungen, die durch die Konfrontation mit Gewalt und Mißhandlungen ausgelöst werden, abzuschirmen. Dem Zweck der Absicherung dienen zwar auch die internen Verfahrensregeln, die Jugendämter für das Vorgehen etwa bei Verdacht auf Kindesmißhandlung erlassen haben. Diese Verfahrensregeln decken jedoch die Grauzone um die eindeutigeren Fällen von Mißhandlung nur unzureichend ab und können auch auf die Art, wie mit den betroffenen Familien gesprochen wird, keinen übermäßigen Einfluß nehmen.

Untersuchungen aus Großbritannien (Übersicht bei Parsloe 1981, Clare 1988), wo diese Problematik stärker bewußt ist, zeigen, daß die Fachaufsicht in den sozialen Diensten sehr inkonsistent gehandhabt wird. Der Inhalt, der bei der Supervision besprochen wird, wird in den meisten Fällen von den Mitarbeitern und nicht von den Vorgesetzten bestimmt. Von den Mitarbeitern werden die Sitzungen zwar im Allgemeinen als emotional unterstützend erlebt, es wird jedoch nur selten das Vorgehen und die Arbeitsweise der Mitarbeiter so sorgfältig und konkret durchbesprochen, daß die Qualität der Arbeit davon profitieren könnte. Außer Besprechungen werden andere Möglichkeiten der Fachaufsicht kaum genutzt (gemeinsame Bearbeitung eines Falls, Analyse von Tonband- und Videoaufzeichnungen etc.). Ein wesentlicher Grund dafür liegt darin, daß es in den sozialen Diensten für Mitarbeiter, die in die Position des Vorgesetzten aufsteigen, kaum Ausbildungsangebote für ihre Führungsaufgaben gibt.

Formen der Zusammenarbeit, Teamarbeit: In den sozialen Diensten ist das Zusammenwirken verschiedener Berufsgruppen nötig. Ist die Regelung der Zusammenarbeit in vielen Fällen bereits deshalb schwierig, weil sich die Aufgaben der einzelnen Mitarbeiter oft nicht genau definieren lassen und somit einer unterschiedlichen Auslegung unterliegen, so werden durch das Zusammenwirken verschiedener Berufsgruppen zusätzliche Anforderungen gestellt.

Die Zusammenarbeit verschiedener Berufsgruppen in den sozialen Diensten stellt eine Chance dar, weil damit für die Lösung der vorhandenen Aufgaben verschiedene Erfahrungen und Kompetenzen wirksam werden können, sie bereitet aber in der Praxis häufig Probleme. Probleme in der Zusammenarbeit ergeben sich aus den vielfältigen Unterschieden zwischen den Berufsgruppen in der Ausbildung und damit der Denk- und Handlungsweise, den Karrieremustern und dem Status der Berufe, wobei sich die Aufgabenbereiche der Berufe vielfach überschneiden.

Die Kooperationsform zwischen verschiedenen Berufen wird einerseits davon abhängen, wieweit die an der Kooperation beteiligten Berufe Aufgaben wahrnehmen, die im Rahmen des sozialen Dienstes von gleichrangiger oder unterschiedlicher Bedeutung sind. Im letzteren Fall wird man oft eine Kernleistung von Zusatzleistungen unterscheiden können (Wöhrl 1988).

Weiters ist die Kooperationsform davon abhängig, wie eng die Absprache zwischen den einzelnen Mitarbeitern sein muß und wieweit hier bestimmte Absprachen von vornherein zwingend festgelegt oder durch die Struktur der Dienste erforderlich sind. Wöhrl (1988) unterscheidet nach diesem Gesichtspunkt etwa zwischen zuarbeitenden, konsultativen und teamartigen Kooperationsformen.

Ein anderer wichtiger Faktor bei der Gestaltung der Kooperationsform ist das Bestehen von hierarchischen Strukturen innerhalb der sozialen Dienste, die Weisungsrechte begründen und Unterschiede innerhalb einer Berufsgruppe, öfter aber zwischen Mitgliedern verschiedener Berufsgruppen schaffen.

3 Situation ehrenamtlicher Mitarbeiter

Der Begriff ehrenamtliche soziale Arbeit hat sich im deutschen Sprachraum für die freiwillige und unentgeltliche Übernahme von Aufgaben im Rahmen der sozialen Dienste von Vereinen und öffentlichen Trägern weithin durchgesetzt. Der Begriff geht auf die Mitbeteiligung von Bürgern an der Selbstverwaltung der Gemeinden zurück, die sich in den deutschen Ländern im Verlauf des 19.Jahrhunderts allmählich, auch im Armenwesen, entwickelt hat. Im sogenannten Elberfelder System der Armenpflege (siehe Müller 1982) wurde Bürgern die Betreuung eines Sprengels übertragen, in dem sie durch Hausbesuche die Notlage erkunden und so Beschlüsse der Bezirksverwaltung über die Höhe der erforderlichen Unterstützung vorbereiten sollten, weiters sollten sie den Familien durch Rat und persönliches Einwirken beistehen. Ein System von Ehrenbeamten und ehrenamtlichen Bezirksvorstehern hat sich auch heute noch in den sozialen Diensten einiger deutscher Großstädte gehalten (Kammerer und Deutsch 1986). Der Großteil des freiwilligen sozialen Engagements entwickelte sich freilich bereits im 19.Jahrhundert in den ab 1848 entstehenden Wohlfahrtsverbänden und Vereinen, in denen die unentgeltliche soziale Arbeit nicht mit einem öffentlichen Amt verbunden ist. Trotzdem ist die Bezeichnung „ehrenamtliche Tätigkeit“ erhalten geblieben.

Schätzungsweise 80% der in den sozialen Diensten ehrenamtlich Arbeitenden sind Frauen. Vor allem bei den ehrenamtlichen Mitarbeitern der Familienhilfe und der Altenhilfe handelt es sich fast ausschließlich um Frauen (Kammerer und Deutsch 1986). Dabei sind jedoch verschiedene Lebenssituationen zu unterscheiden, die Frauen zu einer ehrenamtlichen Arbeit motivieren (Backes 1987, Notz 1989):

- Frauen, die zuhause kleine Kinder oder pflegebedürftige Angehörige betreuen, für die die Hausarbeit allein zwar unbefriedigend, eine Erwerbsarbeit jedoch nicht möglich;
- Frauen mittleren Alters, deren Kinder bereits selbständiger geworden sind und die ein neues Betätigungsfeld suchen, aber keine Erwerbsarbeit anstreben;
- Frauen, die zwar gern berufstätig sein würden, die aber eine mögliche berufliche Tätigkeit als weniger befriedigend einschätzen als die relativ selbständige Tätigkeit, die ihnen eine ehrenamtliche Mitarbeit ermöglicht;
- ältere Frauen, die die ehrenamtliche Arbeit nach ihrer Pensionierung aufnehmen;
- junge Frauen, die keinen Arbeitsplatz gefunden haben;
- Frauen, die sich noch in Ausbildung befinden (meist zu einem sozialen Beruf) und sich durch die ehrenamtliche Arbeit auf ihre Tätigkeit vorbereiten wollen;

- Berufstätige Frauen, die ihre Erwerbsarbeit als wenig befriedigend oder zu einseitig empfinden und daher in der ehrenamtlichen Arbeit eine Ergänzung suchen.

Ehrenamtliche Arbeit besteht in den meisten Fällen in der persönlichen Unterstützung und Beratung anderer Menschen. Sowohl in der offenen Altenarbeit wie in anderen Bereichen, wie der Mitarbeit in einem Frauenhaus, der Jugendarbeit, der Arbeit mit Obdachlosen etc., stehen der persönliche Kontakt, die Gespräche und Begleitung bei Alltagsaufgaben im Vordergrund. Ehrenamtliche Mitarbeiter treten dabei den Betroffenen nicht als Vertreter einer Behörde gegenüber, dies erleichtert in vielen Fällen den Aufbau einer Beziehung.

Der Kontakt spielt sich in vielen Fällen im privaten Raum ab. Wegen des informellen Charakters der Beziehungen zwischen ehrenamtlich Arbeitenden und Betroffenen sind diese auch weniger vorgeprägt und die Art der Beziehung hängt sehr stark von der Persönlichkeit der ehrenamtlich Tätigen ab. Wie überhaupt die ehrenamtliche Arbeit in vielen Bereichen dem Einzelnen viel Gestaltungsmöglichkeiten offenläßt.

Im Allgemeinen sind die ehrenamtlich Tätigen in eine Gruppe eingebunden, die sich regelmäßig trifft und austauscht. Eine hierarchische Struktur ist nicht vorhanden, es handelt sich auch nicht um ein formelles, vertraglich vereinbartes Arbeitsverhältnis. Allerdings haben mitunter die hauptamtlichen Mitarbeiter sozialer Dienste einen wesentlichen Einfluß auf die Arbeitsmöglichkeiten ehrenamtlich Tätiger. Zum Teil sind die hauptamtlichen Mitarbeiter auch formell verantwortlich für die Betreuungsaufgaben. Zwischen haupt- und ehrenamtlichen Mitarbeitern treten nicht nur aus diesem Grund häufiger Spannungen auf. Den hauptberuflichen Mitarbeitern wird oft vorgeworfen, ehrenamtlich Tätige als Lückenbüßer zu betrachten, sie nur für Hilfstätigkeiten heranzuziehen, nicht genügend Informationen weiterzugeben. Spannungen ergeben sich vielfach dann, wenn ehrenamtlich Tätige und hauptamtliche Mitarbeiter die gleichen Aufgaben wahrnehmen (Notz 1989). Aus diesem Grund wird danach getrachtet, die Aufgaben zu entflechten, eine eindeutige Bestimmung, welche Aufgaben besser hauptamtlich Tätige und welche Aufgaben ehrenamtlich Tätige übernehmen, ist aber nicht möglich.

Die Regelungen, wieweit für die ehrenamtlichen Tätigkeiten bzw. für die dabei entstandenen Aufwendungen Entschädigungen bezahlt werden, sind sehr uneinheitlich. Umfragen in der BRD aus den letzten Jahren zeigen, daß zwei Drittel der ehrenamtlich Tätigen nicht einmal die ihnen dabei entstehenden Kosten ersetzt erhalten, wobei dies zum Teil darauf zurückzuführen ist, daß die Mitarbeiter die erforderlichen Abrechnungen als zu kompliziert und aufwendig empfinden (Notz 1989). Eine Abdeckung durch Haft- und Unfallversicherung ist in vielen Diensten mittlerweile üblich.

Die Wohlfahrtsverbände als traditionell wichtigste Träger ehrenamtlicher Tätigkeiten stellen in den letzten Jahren eine Abnahme der Zahl ehrenamtlicher Mitarbeiter fest, die sich vollzeitlich engagieren. Diese Abnahme betrifft vor allem die Mitarbeit von Frauen, bei den mitarbeitenden Frauen läßt sich zudem ein Anstieg im Alter feststellen. Weiters werden häufiger befristete, zeitlich weniger aufwendige Tätigkeiten gewählt (Arbeitskreis der Gesellschaft für Sozialen Fortschritt 1989). Diese Veränderungen stehen mit der zunehmenden Teilnahme von Frauen am Erwerbsleben in Zusammenhang.

Veränderungen ergeben sich auch in der Art der ehrenamtlich ausgeführten Tätigkeiten. Es besteht heute eine geringere Bereitschaft, im Rahmen einer ehrenamtlichen Tätigkeit häusliche Arbeiten für andere zu leisten.

Auch die Struktur der sozialen Dienste bzw. die Arbeitsbedingungen in diesen Diensten beeinflussen die Möglichkeiten zur ehrenamtlichen Tätigkeit. So bieten die Kinderbetreuungseinrichtungen heute kaum Möglichkeiten für eine ehrenamtliche Mitarbeit, obwohl die Bereitschaft zur Mitarbeit in diesem Bereich recht groß wäre. Vor allem im Bereich der Dienste für behinderte und für alte Menschen ist hingegen im deutschsprachigen Raum für die letzten 20 Jahre ein anhaltender Zuwachs an ehrenamtlichem Engagement festzustellen.

Ein zunehmender und insgesamt recht großer Anteil ehrenamtlicher Mitarbeiter hat entweder von der beruflichen Ausbildung her oder durch den Besuch von Fortbildungen eine spezifische Qualifikation für die ehrenamtlich übernommene Tätigkeit (Schätzungen sprechen von 25-40% je nach sozialem Dienst, Notz 1989). Auch das Interesse an dem Besuch an Weiterbildungsveranstaltungen ist unter den ehrenamtlich Tätigen recht groß, das Angebot an speziellen Weiterbildungsveranstaltungen ist allerdings nicht sehr umfangreich und deutlich geringer als jenes für hauptamtliche Mitarbeiter (Kammerer und Deutsch 1986).

Neubestimmung der Funktion ehrenamtlicher Tätigkeit im Rahmen einer sich wandelnden Struktur der Arbeitsgesellschaft: Von den Wirtschafts- und Sozialwissenschaften wird seit einiger Zeit eine Tendenz zur Spaltung des Arbeitsmarkts festgestellt (Hegner 1989). Auf der einen Seite wachsen die Qualifikationsanforderungen in vielen Bereichen und in Zusammenhang mit den seit den siebziger Jahren schwächer werdenden Geburtsjahrgängen läßt sich deshalb ein Mangel an Fachkräften ab der zweiten Hälfte der 90-er Jahre vorhersagen. Arbeitsplätze mit hohen Qualifikationsanforderungen sind deshalb gut bezahlt und relativ sicher. In einem zweiten Segment des Arbeitsmarkts werden nur geringe Qualifikationsanforderungen gestellt (z.B. bei Reinigungarbeiten, einfachen Handreichungen), hier besteht eine geringe Arbeitsplatzsicherheit und geringe Entlohnung.

Gleichzeitig kam es zu einer deutlichen Abnahme des Arbeitsvolumens im verarbeitenden Gewerbe, bedingt vor allem durch eine gewaltige Produktivitätssteigerung, diese Abnahme konnte nur teilweise durch den Dienstleistungssektor ausgeglichen werden. Insgesamt hat sich so das Volumen an verfügbarer Erwerbsarbeit in den letzten beiden Jahrzehnten vermindert, was nur teilweise durch eine Reduktion der Jahresarbeitszeit pro Arbeitnehmer aufgefangen wurde (1960: 2000 Stunden, 1984: 1700 Stunden, Hegner 1989). Dies führte zu der gegenwärtigen relativ hohen Arbeitslosigkeit.

Vier Maßnahmen, um eine drohende Spaltung der Gesellschaft zu verhindern, werden diskutiert:

- Stärkere Besteuerung, damit der öffentlichen Hand zusätzliche Mittel für eine Ausweitung bezahlter Beschäftigung zufließen (eventuell unter Heranziehung neuer Abgabenformen, sogenannte Maschinen- oder Produktivitätssteuern, aber auch stärkere Besteuerung der Kapitalerträge)
- Weitere Verkürzung der effektiven Arbeitszeit, bei gleichzeitiger Reduktion des Einkommenszuwachses
- Qualifizierungsoffensive für Arbeitslose
- Aufwertung der Eigenarbeit als funktionalem Äquivalent für die verminderte Erwerbsarbeit

Vor allem die vierte vorgeschlagene Maßnahme hat unmittelbare Relevanz für die ehrenamtliche Tätigkeit. Die Eigenarbeit kann einerseits auf die Schaffung von Gebrauchswerten gerichtet sein (z.B. Wohnungsverbesserung), andererseits kann sie eine Erweiterung von Hilfen in den natürlichen sozialen Netzwerken bedeuten.

Es ist abzusehen, daß diese Entwicklung nicht von selbst und ohne Spannungen abgehen wird, obwohl sich manche Tendenzen zu einer zunehmenden Bedeutung der Gebrauchsarbeit abzeichnen. Hegner (1989) schlägt vor, diese Entwicklung zu unterstützen, dadurch daß:

- die Ausbildung sowohl auf die Erwerbs- wie auf die Gebrauchsarbeit vorbereitet,
- Flächennutzungspläne entsprechende Einrichtungen zur Unterstützung der Gebrauchsarbeit vorsehen,
- Eigeninitiativen (z.B. im Bereich der Pflege) steuer- und versicherungsrechtlich unterstützt werden.

Schlußwort

Abschließend sollen einige allgemeine Anliegen der sozialen Dienste nochmals besonders hervorgehoben werden, die wahrscheinlich in den nächsten Jahren von besonderer Bedeutung sein werden und die gleichzeitig von einer intensiveren Mitarbeit von Psychologen profitieren könnten.

Veränderung der Einstellung zu den sozialen Diensten

In den meisten Ländern sind soziale Dienste in einem sehr unterschiedlichen Ausmaß der Bevölkerung zugänglich, dies trifft auch für Österreich zu. In einer repräsentativen Befragung wurde von Antalovsky et al. (1988) die Gründe erhoben, weshalb soziale Dienste von Menschen, die diese Dienste benötigen würden, nicht in Anspruch genommen werden. Dabei erwiesen sich in Wien die folgenden Gründe als bedeutungsvoll:

- Informationsmangel
- Scheu, fremden Menschen Einblick in die eigene Privatsphäre zu geben bzw. fremde Menschen in die Wohnung zu lassen
- die allzu bürokratische Organisation der sozialen Dienste
- Scham vor der Familie und vor Bekannten, wenn man auf soziale Unterstützung angewiesen ist

In den Bundesländern waren auch die hohen Kosten bei der Inanspruchnahme der sozialen Dienste ein häufig angeführter Grund. Zum guten Teil ist eine negative Einstellung jedoch dafür verantwortlich, daß soziale Dienste auch dort nicht in Anspruch genommen werden, wo ein Bedarf vorhanden wäre.

In der Umfrage von Antalovsky et al. (1988) wurde auch nach einer Einschätzung gefragt, wieweit die sozialen Dienste ausreichend sind bzw. wieweit sie ausgebaut oder eingeschränkt werden sollten. Ganz allgemein zeigte sich dabei, daß etwa die Hälfte der Bevölkerung der Ansicht ist, daß Dienste, die allgemeine Bedürfnisse berücksichtigen, wie die Heimhilfe, Hauskrankenpflege oder Hilfen bei der Kinderbetreuung weiter ausgebaut werden sollten. Bei Diensten hingegen, die nur einer kleineren Gruppe zugutekommen und bei denen wohl die meisten der Ansicht sind, daß sie diese Dienste selbst nicht in Anspruch nehmen werden, wie soziale Dienste für psychiatrische Patienten, für Drogenabhängige, aber auch für Arbeitslose, gehen die Meinungen weit auseinander. Jeweils ein Drittel empfindet, daß diese Dienste eher eingeschränkt werden sollten, ein anderes Drittel plädiert für einen Ausbau und das restliche Drittel ist der Ansicht, die vorhandenen Dienste seien ausreichend. Die teilweise negativen Einstellungen in der Bevölkerung erklären, wieso der an sich sinnvolle Ausbau mancher Dienste oft politisch schwer durchzusetzen ist.

Planung in den sozialen Diensten

Die Möglichkeit einer Planung sozialer Dienste wird von vielen recht skeptisch beurteilt. Der Bedarf an sozialen Diensten ist schwer zu ermitteln und Bedarfsangaben unterstellen vielfach einen Zusammenhang zwischen dem Angebot eines sozialen Dienstes und den bei fehlendem Angebot entstehenden sozialen Kosten, ohne diesen Zusammenhang nachweisen zu können. Da der Bedarf an sozialen Diensten schwer zu ermitteln ist, hat die Verwaltung eigene Mechanismen entwickelt, um die Mittelzuteilung für die sozialen Dienste zu regulieren.

- Vergleich mit dem Angebot an sozialen Diensten in anderen Regionen
- Aushandeln der Mittelverteilung durch Wettstreit der Ämter untereinander
- Vermeiden von Sprüngen bzw. überproportional raschem Anstieg von Mittelzuteilungen für die sozialen Dienste
- Trennung der Stellen, die für die Mittelzuteilung verantwortlich sind, von jenen Stellen, die unmittelbar in die alltägliche Arbeit involviert sind

Die sozialen Dienste müssen sich, um eine Ausweitung der Mittel für ihre Aufgaben zu erreichen, um eine Rekrutierung politischer Unterstützung bemühen. Dies erfordert, daß ihre Anliegen so umformuliert werden, daß sie als öffentlich wirksames politisches Anliegen verständlich werden, und erfordert weiters, daß sie sich darum bemühen, möglichst viele Gruppen zu mobilisieren, die für die Unterstützung dieser Anliegen in der Öffentlichkeit bzw. gegenüber den Politikern eintreten.

Schaffung von Nachfrage durch das Angebot sozialer Dienste: Als eine latente Gefahr sozialer Dienste wird immer wieder hervorgehoben, daß das Angebot sozialer Dienste sich tendenziell selbst eine entsprechende Nachfrage schafft. Hier sind mehrere Phänomene angesprochen.

- Zum einen ist damit die Gefahr gemeint, daß die Inanspruchnahme sozialer Dienste die Fähigkeit der Betroffenen, selbst für eine Abhilfe der Schwierigkeiten zu sorgen, weiter untergräbt. Es werden vielfach Abhängigkeiten geschaffen, statt die Unabhängigkeit und Selbständigkeit beim Lösen von Problemen zu fördern.
- Weiters haben soziale Dienst eine beträchtliche Distanz zur natürlichen Lebenswelt der Betroffenen. Fortschritte, die unter der Betreuung durch soziale Dienste erzielt werden, haben somit nur Bedeutung für eine Karriere innerhalb des Systems sozialer Dienste, sind hingegen von geringem Wert für ein selbständiges Zurechtkommen in der natürlichen sozialen Umgebung der Betroffenen.
- Soziale Dienste können den Betroffenen manches erleichtern, es wäre deshalb für die Betroffenen unsinnig, auf diese Dienste zu verzichten, wenn ein entsprechendes Angebot vorhanden ist.

- Soziale Dienste müssen - aus Gründen institutioneller Selbsterhaltung - darauf schauen, einen gewissen Bedarf wachzuhalten bzw. den Bedarf zu steigern. Dabei tendieren sie (im günstigen Fall) dazu, ihr Angebot an den Bedürfnissen der Betroffenen zu orientieren. Damit können die Dienste in gewissem Grad selbst den Bedarf regulieren.

Jaffe (1986) hat dieses Problem besonders deutlich artikuliert. Seiner Analyse zufolge, die sich auf Theorieansätze der Organisationssoziologie stützt, sind soziale Dienste in unserer Gesellschaft wenig abgesichert und stellen nur eine von vielen Möglichkeiten dar, soziale Notsituationen aufzufangen. Um eine Stabilität für die sozialen Dienste zu sichern, müssen diese daher besonders darauf achten, ihre eigenen Kompetenzen gegenüber den von Notlagen Betroffenen auszubauen und rechtlich abzusichern. Damit schaffen sie jedoch eine neue Form von Ungleichgewicht und Dynamik. Soziale Dienstleistungen sind keiner Selbstregulation unterworfen und schaffen deshalb inflatorische, sich ständig ausweitende Ansprüche. Gleichzeitig müssen sie die Selektionsmechanismen verstärken und dies führt letzlich dazu, daß Probleme nur unter den Gesichtspunkten betrachtet werden können, die der Selbstdefinition der sozialen Dienste entsprechen, bzw. daß sie unter Umständen umdefiniert werden müssen. Soziale Dienste schaffen auf diese Weise Fälle und stabilisieren Probleme.

Dieser Tendenz zur Bedarfssteigerung sind allerdings gewisse Grenzen gesetzt. Zum einen stößt die Logik der Weiterentwicklung sozialer Dienste auf Widerstand innerhalb der Verwaltung, zum anderen wird auch bei den Betroffenen das Angebot sozialer Dienste nicht nur positiv aufgenommen, sondern auch als eine Einschränkung der eigenen Freiheit und als Eingriff in die eigene Lebenswelt erfahren, was Widerstand und Gegenkräfte hervorruft. In den letzten Jahren sind diese Gegenkräfte in Form der Selbsthilfebewegung öffentlich sichtbar geworden.

Aufgabe der Psychologie wäre es, gemeinsam mit den übrigen Sozialwissenschaften Grundlagen für eine rationelle Planung in den sozialen Diensten zu schaffen.

Evaluation in den sozialen Diensten

An die Sozialarbeit ist die Erwartung gerichtet, daß sie zur Veränderung der sozialen Situation, insbesondere der am Rande der Gesellschaft stehenden Menschen, beiträgt. In den 50-er Jahren sind erstmals in den USA größer angelegte Evaluationsstudien zur Effektivität der Sozialarbeit in der Integration von Randgruppen durchgeführt worden. Diese Untersuchungen konzentrierten sich vor allem auf die Rolle der Sozialarbeit in der Arbeit mit delinquenten Jugendlichen (Fischer 1976, Sheldon 1986). Kennzeichen dieser Arbeit war der Versuch, durch das Angebot einer positiven Beziehung seitens der Sozialarbeiter ein Abdriften in eine abweichende Karriere zu verhindern und zu einer

Reifung der Persönlichkeit der Jugendlichen beizutragen. Die Ergebnisse waren ernüchternd, ein positiver Einfluß der Betreuung durch Sozialarbeiter auf die Straffälligkeit und den weiteren Lebensweg der Jugendlichen konnte nicht nachgewiesen werden. Bei dem breiten Ansatz der Intervention war allerdings nicht zu entnehmen, was zu dem Mißerfolg geführt hat.

Aus den 70-er Jahren stammt eine weitere, immer noch recht kleine Gruppe von Evaluationsstudien, in der sozialarbeiterische Interventionen mit Klienten, die verschiedene Probleme aufwiesen (z.B. alte Menschen, die zuhause nicht mehr zurechtkamen und in ein Pflegeheim eingewiesen werden sollten), in ihrer Effektivität überprüft wurden. Hier handelt es sich vielfach um begrenztere Interventionen mit einem konkreteren Ziel. Die Ergebnisse zeigten einen positiven Einfluß der Hilfestellungen der Sozialarbeiter an (Sheldon 1986).

Zurecht wird festgestellt, daß die Auswirkungen sozialarbeiterischer Interventionen und die Effektivität dieser Intervention zu wenig Beachtung finden. Zuviele Interventionsformen werden über Jahre beibehalten, ohne zu prüfen, wieweit sie tatsächlich zu den gewünschten Effekten führen.

Die Evaluation sozialer Dienste müßte ein essentieller Bestandteil werden, um eine laufende Überprüfung der Wirkungsweise der sozialen Dienste zu ermöglichen. Goldberg und Connelly (1982) schlagen verschiedene Vorgehensweisen vor, um diese Evaluation zu ermöglichen. Ein Beitrag zur Evaluation kann bereits durch eine genaue Beschreibung der Arbeitsweise sozialer Dienste geleistet werden. Dadurch wird sichtbar, wieweit die sozialen Dienste tatsächlich jene Leistungen anbieten, zu deren Erbringung sie eingerichtet wurden. In einer Evaluationsstudie einer schulischen Fördermaßnahme an den Wiener Volksschulen wurde etwa durch die Analyse des Leistungsstands der Kinder und den Vergleich mit dem Leistungsstand der Klassen deutlich, daß zusätzliche Fördermaßnahmen von Klassen mit einem hohen Leistungsstand in gleichem Ausmaß in Anspruch genommen wurden, wie von Klassen mit einem geringen Leistungsstand (Klicpera et al. 1993). Dadurch kam es dazu, daß nur ein geringer Teil der Kinder, die eine Förderung benötigten, an Fördermaßnahmen teilnahmen, während auf der anderen Seite viele Kinder mit durchschnittlichen, ja sogar recht guten Schulleistungen eine zusätzliche Förderung erhielten.

Ein weiteres Mittel zur Evalution wäre die laufende Dokumentation der Ziele, die die sozialen Dienste bei der Klientenbetreuung anstreben, sowie die regelmäßige Rechenschaft, wieweit diese Ziele erreicht werden. Dies ist allerdings nur realisierbar, wenn es gelingt, die Kooperation aller Mitarbeiter zu gewinnen.

Eine wichtige Ergänzung der internen Falldokumentation stellen regelmäßig durchzuführende Klientenbefragungen dar, in denen die Erfahrungen der Klienten, ihre Zufriedenheit mit den erhaltenen Diensten, aber auch ihre Erwartungen erfaßt werden. Damit kann die Perspektive der Mitarbeiter korrigiert und die Arbeitsweise der Dienste besser an die Bedürfnisse der Klienten angepaßt werden. Derartige Untersuchungen können sowohl auf bisher nur unzureichend berücksichtigte Bedürfnisse aufmerksam machen als auch auf eine Diskrepanz zwischen den Vorstellungen der Mitarbeiter über die Bedürfnisse von Klienten und den tatsächlich von ihnen empfundenen Anliegen hinweisen.

Reorganisation der sozialen Dienste

Eine Reorganisation der sozialen Dienste wird eine wesentliche Aufgabe für die kommenden Jahre sein. Umstrukturierungen der sozialen Dienste in anderen Ländern zeigen Tendenzen an, die bei einer Reorganisation der sozialen Dienste zu berücksichtigen sein werden.

Rücknahme der Trennung zwischen persönlichen Hilfestellungen und materiellen Beihilfen: Ein Anliegen betrifft die Aufteilung zwischen Verwaltungstätigkeit und persönlichen sozialen Dienstleistungen. In der BRD wurde etwa in dem bekannten Trierer Modell den Sozialarbeitern eine umfassende Zuständigkeit für die sozialen Hilfestellungen zugewiesen. Ihnen obliegt in Zusammenarbeit mit der Verwaltung auch die Entscheidung über materielle Hilfen. Bestehen unterschiedliche Auffassungen zwischen der Verwaltung und den Sozialarbeitern, dann gilt letztlich die Entscheidung des Sozialarbeiters, der für die Betreuung der Klienten verantwortlich ist. In anderen Modellen wird versucht, den Kontakt der Verwaltungskräfte mit den Klienten der sozialen Dienste zu erhöhen. So sieht beispielsweise die Reorganisation der sozialen Dienste in Dortmund vor, daß ein erster Hausbesuch bei Antragstellern um Sozialhilfe von den Verwaltungskräften und den Sozialarbeitern gemeinsam gemacht wird (8.Jugendbericht der BRD, 1990).

Spezialisierung im Rahmen eines allgemeinen Sozialdienstes: Ein weiteres Anliegen ist es, geeignete Organisationsmodelle zu finden, die spezialisiertes Fachwissen im Umgang mit besonderen Problemsituationen mit einer dezentralisierten und nicht auf bestimmte Zielgruppen beschränkten Arbeitsweise zu verbinden. Um dies zu erreichen, werden z.B. in Dortmund mehrere Sprengel zu Bereichen zusammengefaßt. Die Mitarbeiter sollen sich dabei auf verschiedene Fachbereiche spezialisieren und so die anderen beraten und unterstützen können. Neben einer allgemeinen sozialarbeiterischen Kompetenz sollen sich die Mitarbeiter also in einem Spezialgebiet vertiefen und diese Kompetenz wird in Bereitschaft gehalten, um für das Auftreten spezieller Probleme gerüstet zu sein.

Dezentralisierung sozialer Dienste: Bei den Überlegung über eine Reorganisation der sozialen Dienste nimmt gegenwärtig die Diskussion um die Dezentralisierung der sozialen Dienste einen hohen Stellenwert ein. Dahinter steht die Überlegung, daß eine Dezentralisierung die sozialen Dienste näher an das lokale Gemeinwesen heranführen kann und damit eine Verbindung formeller und informeller Hilfestellungen leichter möglich ist.

Dezentralisierung ist nicht nur bei der Reorganisation der sozialen Dienste im engeren Sinn ein zentrales Reformprinzip, auch im Schulwesen und im Gesundheitswesen wird in manchen Ländern auf eine Dezentralisierung der Planungs-, Entscheidungs- und Kontrollfunktionen gesetzt (Alaszewski und Manthorpe 1988).

Schaffung von angemessenen Versorgungseinheiten: In vielen Bereichen ist die Versorgung mit sozialen Diensten regional sehr unterschiedlich. Ein Bemühen geht daher dahin, Standards zu definieren, welche Dienste für ein Einzugsgebiet einer bestimmten Größe zur Verfügung stehen sollten. Bulmer (1987) geht in seinen Überlegungen, was Dezentralisierung für die sozialen Dienste bedeuten kann, davon aus, daß man verschiedene Ebenen bzw. Größeneinheiten unterscheiden muß. Dezentralisierung sollte die Dienste jeweils lokalen Einheiten von einer Größenordnung zuordnen, die etwa dem Einzugsbereich eines Dienstes entspricht.

- Auf der untersten Ebene geht es um kleine, überschaubare Einheiten von etwa 100 Einwohnern, in denen wohl informell Hilfe ausgetauscht wird, jedoch keine formellen Dienste angesiedelt sind.
- Auch auf der nächsthöheren Ebene, Einheiten mit etwa 5000 Einwohnern, sind nur wenige Dienste lokal vorhanden. Verfügbar sollten auf dieser Ebene Heimhilfen sein, die praktischen Beistand ermöglichen.
- Die Hauptorganisationseinheit wäre die Distriktsebene mit etwa 30.000 Bewohnern, in der ein Team von Sozialarbeitern sowie ambulante Krankenpflege verfügbar ist. Auf dieser Ebene könnte es auch Organisationen geben, die unter Mitarbeit von freiwilligen Helfern Nachbarschaftshilfe unterstützen.
- Auf noch höherer Ebene (Einheiten mit etwa 100.000 Bewohnern) wären dann spezialisierte soziale Dienste (etwa ein geriatrisches Zentrum) anzusiedeln.

Verbesserung der Zusammenarbeit unter den verschiedenen sozialen Diensten: Aus Ländern, in denen in Projektform eine Dezentralisierung sozialer Dienste versucht wurde, wie in Großbritannien, liegen unterschiedliche Erfahrungen mit der Dezentralisierung der sozialen Dienste vor. Die Erfahrung zeigt, daß die Dezentralisierung sozialer Dienste die Zusammenarbeit der verschiedenen Dienste nicht unbedingt erleichtern muß. Je komplexer die Organisationsstruktur und damit die Anforderungen an die Zusammenarbeit verschiedener spezialisierter Dienste, desto schwerer fällt es den Diensten die Kluft zur informellen Hilfeleistung in der Gemeinde zu überwinden.

Verstärkung der Zusammenarbeit zwischen professionellen Diensten und informellen sozialen Netzwerken: Bereits die Zusammenarbeit zwischen den professionellen Diensten der Sozialarbeit und der Heimhilfe ist vielfach ungenügend. Die Heimhilfe ist dabei jener Dienst, der den informellen Unterstützungsnetzwerken am nächsten steht. Über die Heimhilfe würde daher eine Verbindung zwischen formellem Dienstangebot und informellen Unterstützungsnetzwerken am leichtesten herzustellen sein. Heimhilfen erfahren auch sehr viel über lokale Bedürfnisse, vor allem wenn sie von ihrer Herkunft her den Betreuten sozial näherstehen. Die Weitergabe dieser Informationen stößt jedoch auf Schwierigkeiten, sowohl von Seiten der Heimhilfen her, die diese Informationen durch den engen persönlichen Kontakt erhalten, also in einer Art und Weise, wo die Informationen nicht unbedingt zur Weitergabe bestimmt sind, als auch von Seiten der übrigen Mitarbeiter der sozialen Dienste, die diesen Informationen nicht ohne weiteres nachgehen können.

Dezentralisierung der Entscheidungen: Mit der Dezentralisierung der Entscheidungen ist einerseits die Hoffnung verbunden, daß dadurch die Interessen der Klienten angemessener berücksichtigt werden, andererseits soll damit die Verwaltung zugunsten der direkten Dienstleistungen zurückgedrängt und Kosten eingespart werden. Dies soll dadurch erreicht werden, daß die Entscheidung auf lokaler Ebene in die Hand eines verantwortlichen Managers gelegt wird und viel häufiger Entscheidungen direkt vor Ort getroffen werden. Die Anforderungen an die Mitarbeiter der sozialen Dienste steigen damit deutlich, für sie ist der Übergang zu stärkerer Autonomie in den Entscheidungen vor allem in der Übergangsperiode mit zusätzlichen Belastungen verbunden (Alaszewski und Manthorpe 1988). Sozialarbeiter fühlen sich vor allem mit den erhöhten Anforderungen der Kostenrechnung überfordert und denken, daß sie dafür nicht entsprechend ausgebildet sind.

Ansätze zu einer Neudefinition der Aufgaben der Sozialarbeiter - Case Manager: Mit der zunehmenden Komplexität der verfügbaren sozialen Dienstleistungen erwachsen neue Anforderungen an die Rolle des Sozialarbeiters. Seine Aufgabe wird nun stärker als die eines Managers und Planers gesehen. Er soll zusammen mit dem einzelnen Klienten die für ihn optimale Kombination der verschiedenen verfügbaren Hilfen zusammenstellen. Dabei schwebt vielen auch eine Veränderung der Rolle gegenüber den Klienten vor, durch die der Klient stärker selbst die Entscheidung darüber übernimmt, was für ihn die günstigste Lösung darstellt (Bulmer 1987).

Erweiterung der Klientenrechte - Akteneinsicht: Als weitreichender Teil dieser veränderten Rollendefinition der Sozialarbeiter wird gefordert, daß Klienten - ähnlich wie in anderen Bereichen - das Recht bekommen sollten, ihre Akten, die vom Sozialarbeiter geführt werden, selbst einsehen zu dürfen. In Großbritannien ist dies inzwischen in vielen Sozialdiensten bereits verwirklicht worden (Doel und Lawson 1986). Wenn zu der Praxis "offener Akten" übergegangen wird, muß sich jedoch auch die Art, in der die Situation der Klienten analysiert und dargestellt sowie Pläne für den Patienten erstellt werden, ändern. Wenn allein das Recht auf Akteneinsicht formuliert wird, kann dies in der Praxis sabotiert werden.

Organisationsentwicklung in den sozialen Diensten: Die Zusammenarbeit verschiedener Berufsgruppen und verschiedener Träger von Sozialdiensten bringt in der Praxis viele Spannungen mit sich. Allzu oft wird auf diese Probleme mit einer Umstrukturierung der Organisation reagiert, die Art und Weise der Zusammenarbeit jedoch nicht direkt angegangen. Es ist erstaunlich, wie wenige Beispiele es für das Bemühen um systematische Organisationsentwicklung in den sozialen Diensten gibt (Iles und Auluck 1990).

Literatur

Abrahamsson,K. & Alm,L.: Employment policies, institutional support and work environment for adults with functional impairments. Some observations from Sweden. In: K:Leichsenring & C.Strümple (Eds.) Mandatory employment or equal opportunities? Employment policies in the UN-European region. Eurosocial Report Nr. 55. Wien: European Centre for Social Welfare Policy and Research, 1995.

Accreditation Council for Services for People with Developmental Disabilities: Standards and interpretation guidelines for services for people with developmental disabilities. 1990 Edition. Landover, MD: The Accreditation Council on Services for People with Developmental Disabilities, 1990.

Accreditation Council for Services for People with Developmental Disabilities: Outcome based performance measures. Field Review Edition 1992. Landover, MD: The Accreditation Council on Services for People with Developmental Disabilities, 1992.

Achatz,T., Bauböck,R., Fischer,G., Kreisky,E., Leitner,H., Matuschek,H., Neyer,G., Pilgram,A., Rosenmayr,S. & Wimmer,H.: Ausländische Arbeitskräfte in Österreich - Sozialwissenschaftlicher Teil. In: Bundesministerium für Soziale Verwaltung (Hrsg.) Ausländische Arbeitskräfte in Österreich. Forschungsberichte aus Sozial- und Arbeitsmarktpolitik Nr.9. Wien, 1985.

Akabas,S.H. & Kurzman,P.A. (Eds.): Work, workers and work organization: A view from social work. Englewood Cliffs, N.J.: Prentice-Hall, 1982.

Alaszewski,A. & Manthorpe,J.: Decentralizing welfare services. British Journal of Social Work, 18, 63-74, 1988.

Albrecht,G.L. & Levy,J.A.: Constructing disabilities as social problems. In: G.L.Albrecht (Ed.) Cross national rehabilitation policies: A sociological perspective. London und Beverly Hills: Sage, 1981.

Allan,G.: A sociology of friendship and kinship. London: Allen & Unwin, 1979.

Althaler,K.S., Lechner,F. & Volst,A.: Auswirkungen krisenbedingter Veränderungen des kommunalen Dienstleistungsangebots. Endbericht. Wien: Institut für höhere Studien, 1986.

Althaler,K.S. & Stadler,S. (Hrsg.): Risse im Netz. Verwaltete Armut in Österreich. Wien: Verlag für Gesellschaftskritik, 1988.

Althaler,K.S. & Stadler,S. (Hrsg.): Leben und Geld. Diskussion um soziale Mindeststandards. Wien: Verlag für Gesellschaftskritik, 1990.

Amann,A.: Lebenslage und Sozialarbeit: Elemente zu einer Soziologie von Hilfe und Kontrolle. Berlin: Duncker & Humblot, 1983.

Anders,D.: Die Werkstatt für Behinderte (WfB): Anspruch und Wirklichkeit. Geistige Behinderung, 25, 234-242, 1986.

Anders,D.: Befinden sich die Werkstätten für Behinderte in einer Krise? Geistige Behinderung, 27, 200-205, 1988.

Anders,D. & Krützfeld,G.: Übergänge für behinderte Mitarbeiter auf den allgemeinen Arbeitsmarkt: Verpflichtung der WfB zur beruflichen Rehabilitation. Geistige Behinderung, 28, 102-110, 1989.

Anders,D.: Die Werkstatt für Behinderte in der Kritik körperbehinderter Menschen - zu Recht?: Eine kritische Selbstbetrachtung. In: Tagungsbericht des Alternativen Werkstättentags 1988 in Köln. Düsseldorf: Bundesverband für spastisch Gelähmte und andere Körperbehinderte, 1989.

Antalovsky,E., Bauböck,R. & Tálos,E.: Sozialstaat und private Wohlfahrt in Österreich. Zum Verhältnis von staatlicher Politik und intermediärem Sektor in den sozialen Diensten. Wien: Abschlußbericht eines Forschungsprojekts des Jubiläumsfonds der Österreichischen Nationalbank, 1988.

Antalovsky,E., Knoth,E., Leitner,F. & Wotzel,W.: Kommunale Altenhilfe - Eine Herausforderung. Wien: Verein Kommunalwissenschaftliches Dokumentationszentrum, 1990.

Anthony,W.A. & Nemec,P.B.: Psychiatric rehabilitation. In: A.S.Bellack (Ed.) Schizophrenia: Treatment, management and rehabilitation. Orlando,Fl.: Grune & Stratton, 1984.

Arbeitsgruppe Repräsentativerhebung: Familienalltag. Ein Report des Deutschen Jugendinstituts. Reinbek: Rowohlt, 1989.

Arbeitskreis der Gesellschaft für Sozialen Fortschritt: Ehrenamtliche soziale Dienstleistungen. In: Bundesminister für Jugend, Familie, Frauen und Gesundheit (Hrsg.) Ehrenamtliche soziale Dienstleistungen. Schriftenreihe des Bundesministers für Jugend, Familie, Frauen und Gesundheit Bd.231. Stuttgart: Kohlhammer, 1989.

Arbeitsstelle Frühförderung München: Die Leistungen einer Frühförderstelle. Frühförderung interdisziplinär, 10, 145-150, 1991.

Articus,S. & Karolus,S. (Hrsg.): Altenhilfe im Umbruch. Frankfurt a.M., 1986.

Backes,G.: Frauen und soziales Ehrenamt. Zur Vergesellschaftung weiblicher Selbsthilfe. Augsburg: Maro Verlag, 1987.

Badelt,C.: Politische Ökonomie der Freiwilligenarbeit. Theoretische Grundlegung und Anwendungen in der Sozialpolitik. Frankfurt und New York: Campus Verlag, 1985.

Badelt,C.: Die ökonomische Situation der Familien in Österreich. In: R.Gisser, L.Reiter, H.Schattovits & L.Wilk (Hrsg.) Lebenswelt Familie. Wien: Institut für Ehe und Familie, 1990.

Badelt,C. & Österle,A.: Zur Lebenssituation behinderter Menschen in Österreich. Forschungsberichte aus Sozial- und Arbeitsmarktpolitik Nr.49. Wien: Bundesministerium für Arbeit und Soziales, 1993.

Badura,B. (Hrsg.): Soziale Unterstützung und chronische Krankheit. Frankfurt: Suhrkamp, 1981.

Badura,B. & Ferber,C.v. (Hrsg.): Selbsthilfe und Selbstorganisation im Gesundheitswesen. München: Oldenbourg, 1981.

Badura,B. & Gross,P.: Sozialpolitische Perspektiven. Eine Einführung in Grundlagen und Probleme sozialer Dienstleistungen. München, 1976.

Baglioni,A.J.: Residential relocation und health of the elderly. In: K.S.Markides & C.L.Cooper (Eds.) Aging, stress and health. Chichester: J.Wiley, 1989.

Bailey,D.B., Blasco,P.M. & Simeonsson,R.J.: Needs expressed by mothers and fathers of young children with disabilities. American Journal on Mental Retardation, 97, 1-10, 1992.

Baldock,J. & Evers,A.: Innovationen in der häuslichen Altenpflege als Beiträge zu einer neuen Dienstleistungskultur: Beispiele aus den Niederlanden, Schweden und Eng-

land. In: J.Kytir & R.Münz (Hrsg.) Pflege und Hilfsbedürftigkeit im Alter. Wien (im Druck).
Baldock,J. & Evers,A.: Bürgerrechte und pflegebedürftige alte Menschen - Gefahren und Chancen sozialpolitischer Neuerungen im internationalen Vergleich. Journal für Sozialforschung, 31, 25-49, 1991.
Baldwin,S., Godfrey,C. & Staden,F.: Childhood disablement and familiy income. Journal of Epidemiology and Community Health, 37, 187-195, 1983.
Balint,M.: Der Arzt, sein Patient und die Krankheit. Stuttgart: Klett, 1974.
Baltes,M.M., Barton,E.M., Orzech,M.J. & Lago,D.: Die Mikroökologie von Bewohnern und Personal: Eine Behavior-Mapping-Studie im Altenheim. Zeitschrift für Gerontologie, 16, 18-26, 1983.
Bamford,T.: Managing social work. London: Tavistock, 1988.
Barbisch,J., Haberl,S., Kytir,J. & Münz,R.: Einrichtungen und Dienste für hilfs- und pflegebedürftige ältere Menschen. Wien: Institut für Demographie, 1990.
Barclay Report: Social workers, their role and tasks. London: Bedford Square Press, 1982.
Barry,J.T., Soothill,K.L. Francis,B.J.: Nursing the statistics: A demonstration study of nurse turnover and retention. Journal of Advanced Nursing, 14, 528-535, 1989.
Bauer,R. & Diessenbacher,H. (Hrsg.): Organisierte Nächstenliebe: Wohlfahrtsverbände und Selbsthilfe in der Krise des Sozialstaats. Opladen: Westdeutscher Verlag, 1986.
Bauer,R. & Thränhardt,A.M. (Hrsg.): Verbandliche Wohlfahrtspflege im internationalen Vergleich. Opladen: Westdeutscher Verlag, 1987.
Bebbington,A. & Charnley,H.: Community care for the elderly: Rhetoric and reality. British Journal of Social Work, 20, 409-432, 1988.
Beck,U.: Risikogesellschaft. Auf dem Weg in eine andere Moderne. Frankfurt, 1986.
Bednarz-Braun,I.: Mädchen in Männerberufen: Strukturelle Berufsbarrieren und ihre Überwindung durch Frauenförderung im Betrieb. Vortragsmanuskript. München: Deutsches Jugendinstitut, 1990.
Berger,J. & Offe,C.: Entwicklungsdynamik des Dienstleistungssektors. Leviathan, 1, 41 ff, 1980.
Bernath,K.: Die berufliche Eingliederung behinderter Menschen. Theoretische Grundlagen, Schweizerische Verhältnisse. Luzern: Verlag der Schweizerischen Zentralstelle für Heilpädagogik, 1985.
Bernhart,P.: Pädagogische Förderung in der Werkstatt für Behinderte. München und Basel: Reinhardt Verlag, 1977.
Beutel,M., Muthny,F.A. & Broda,M.: Chronische Nierenerkrankungen. In: U.Koch, G.Lucius-Hoene & R.Stegie (Hrsg.) Handbuch der Rehabilitationspsychologie. Berlin: Springer-Verlag, 1988.
Biegel,D.E.: Help seeking and receiving in urban ethnic neighborhoods: Strategies to empowerment. In: J.Rappaport, C.Swift & R.Hess (Eds.) Studies in empowerment: Steps toward understanding and action. New York: Haworth Press, 1984.
Biegel,D.E., Shore,B.K. & Gordon,E.: Building support networks for the elderly. Theory and applications. Beverly Hills: Sage, 1984.
Biffl,G., Butschek,F., Geldner,N., Pollan,W. & Walterskirchen,E.: Ausländische Arbeitskräfte in Österreich - Wirtschaftswissenschaftlicher Teil. In: Bundesministe-

rium für Soziale Verwaltung (Hrsg.) Ausländische Arbeitskräfte in Österreich. Forschungsberichte aus Sozial- und Arbeitsmarktpolitik Nr.9. Wien, 1985.

Bintig,A.: Sozialpolitik für Behinderte und ihre Planungsgrundlagen: Probleme bei der Erfassung der Zahl Rehabilitationsbedürftiger in der Bundesrepublik Deutschland. In: R.G.Heinze & P.Runde (Hrsg.) Lebensbedingungen Behinderter im Sozialstaat. Opladen: Westdeutscher Verlag, 1982.

Black,J., Bowl,R., Burns,D., Critcher,C., Grant,G. & Stockford,D.: Social work in context: A comparative study of three social service teams. London: Tavistock, 1983.

Blandow,J.: Rollendiskrepanz in Pflegefamilien. München, 1972.

Blumenthal,V.: Behinderte in italienischen Erwachsenenbildungseinrichtungen. In: V.von Blumenthal, A.Buttlar, B.Nieser, H.Stübig & B.Willmann (Hrsg.) Soziale Integration Behinderter durch Weiterbildung: Zur Situation in England, Frankreich, Italien, Schweden, USA. Bad Heilbrunn: Klinkhardt, 1987.

Boaden,N., Goldsmith,M., Hampton,W. & Stringer,P.: Public participation in local services. London: Longman, 1982.

Bovairs,T. & Mallinson,I.: Setting objectives and measuring achievement in social care. British Journal of Social Work, 18, 309-324, 1988.

Brandt,H., Dennebaum,E.M. & Rückert,W. (Hrsg.): Stationäre Altenhilfe. Freiburg i.B., 1987.

Braun,J. & Röhrig,P.: Umfang und Unterstützung ehrenamtlicher Mitarbeit und Selbsthilfe im kommunalen Sozial- und Gesundheitsbereich. In: Bundesminister für Bildung und Wissenschaft (Hrsg.) Freiwilliges soziales Engagement und Weiterbildung. Honnef: K.H.Bock Verlag, 1986.

Brennpunkte Sozialer Arbeit: Soziale Einzelhilfe. Frankfurt: Diesterweg, 1988.

Brennpunkte Sozialer Arbeit: Neue Arbeit - Beschäftigungsinitiativen. Frankfurt: Diesterweg, 1989.

Brennpunkte Sozialer Arbeit: Soziale Gruppenarbeit. Neuwied: Luchterhand, 1990.

Brodzinsky,D.M.: Adjustment to adoption: A psychosocial perspective. Clinical Psychology Review, 7, 25-47, 1987.

Brosch,R. & Juhnke,G.: Sucht in Österreich. Ein Leitfaden für Betroffene, Angehörige und Betreuer. Wien: Verlag Orac, 1993.

Brown,L., Udvari-Solner,A., Frattura-Kampschroer,E., Davis,L., Ahlgren,C., Van Deventer,P. & Jorgensen,J.: Integrated work - a rejection of segregated enclaves and mobile work crews. In: L.H.Meyer, C.A.Peck & L.Brown (Eds.) Critical issues in the lives of people with severe disabilities. Baltimore: P.H.Brookes, 1991.

Buchholz,W., Gmür,W., Höfer,R. & Straus,F.: Lebenswelt und Familienwirklichkeit. Studien zur Praxis der Familienberatung. Frankfurt und New York: Campus Verlag, 1984.

Bührunger,G., Gastpar,M., Heinz,W., Kovar,K.A., Ladewig,D., Naber,D., Täschner,K. L., Uchtenhagen,A. & Wanke,K.: Methadon-Standards - Standards für die Methadon-Substitution im Rahmen der Behandlung von Drogenabhängigen. Stuttgart: Enke, 1995.

Bujard,O. & Lange,U.: Theorie und Praxis der Sozialhilfe. Zur Situation einkommensschwacher alter Menschen. Stuttgart, 1978.

Bulmer,M.: Neighbours. Cambridge: Cambridge University Press, 1986.

Bulmer,M.: The social basis of community care. London: Allen & Unwin, 1987.

Bundesminister für Jugend, Familie, Frauen und Gesundheit (Hrsg): Bericht über Bestrebungen und Leistungen der Jugendhilfe. Achter Jugendbericht. Drucksache 11/6576. Bonn, 1990.

Bungard,W., Reihl,D. & Schubert,A. (Hrsg.): Psychisch Kranke in der Arbeitswelt. Neue Ansätze zur beruflichen Rehabilitation und Integration. München & Weinheim: Psychologie Verlags Union, 1987.

Burgstaller,B., Friedl,H. & Stijntjes,L.: Die Wohlfahrt der Arbeitnehmer und Arbeitnehmerinnen in der freien Wohlfahrt am Beispiel der Stadt Salzburg. Salzburg: Kammer für Arbeiter und Angestellte für Salzburg, 1988.

Burnside,I.M.: Nursing and the aged. New York: McGraw Hill, 1981.

Burchard,D., von Rötel,M., Stolarz,H. & Winter,H.P.: Ein neues Pflegeheimkonzept - Darstellung anhand eines Projekts. Zeitschrift für Gerontologie, 16, 7-17, 1983.

Buj,V., Specht,F. & Zuschlag,B.: Erziehungs- und Familienberatung in der Bundesrepublik Deutschland. Zeitschrift für klinische Psychologie, 18, 147-166, 1981.

Caldwell,B.M. & Guze,S.B.: A study of the adjustment of parents and siblings of institutionalized retarded children. American Journal of Mental Deficiency, 64, 845-861, 1960.

Carr,J.: The development of intelligence. In: D.Lane & B.Stratford (Eds.) Current approaches to Down's syndrome. London: Holt, Rinehart and Winston, 1985.

Catterall,C.D.: Die Entwicklung der Schulpsychologie und ihre Zukunftsperspektiven aus internationaler Sicht. In: H.P.Trolldenier & B.Meißner (Hrsg.) Texte zur Schulpsychologie und Bildungsberatung. Bd.4. Braunschweig: Westermann, 1983.

Challis,D. & Ferlie,E.: Changing patterns of fieldwork organization: I. The headquarters view. British Journal of Social Work, 16, 181-202, 1986.

Challis,D. & Ferlie,E.: Changing patterns of fieldwork organization: II. The teams leaders' view. British Journal of Social Work, 17, 147-167, 1987.

Chadsey-Rusch,J., Gonzales,P., Tines,J. & Johnson,J.R.: Social ecology of the workplace: Contextual variables affecting social interactions of employees with and without mental retardation. American Journal on Mental Retardation, 94, 141-151 1989.

Chappell,N.L. & Guse,L.W.: Linkages between informal and formal support. In: K.S.Markides & C.L.Cooper (Eds.) Aging, stress and health. Chichester: J.Wiley, 1989.

Cherniss,C.: Professional burnout in human service organisations. New York: Praeger, 1980.

Cicirelli,V.G.: Helping elderly parents: The role of adult children. Boston: Auburn House, 1981.

Cigno,K.: Consumers views of a familiy centers drop-in. British Journal of Social Work, 18, 361-375, 1988.

Clare,M.: Supervision, role strain and social services departments. British Journal of Social Work, 18, 489-507, 1988.

Cole,D.A. & Meyer,L.H.: Impact of needs and resources on familiy plans to seek out-of-home placement. American Journal on Mental Retardation, 93, 380-387, 1989.

Colton,M.: Foster and residential care practices compared. British Journal of Social Work, 18, 25-42, 1988.

Connecticut Department of Mental Retardation, Division of Quality Assurance: Program quality review of homes and residences. Hartford,CT: Author, 1989.

Coogler,O.J.: Structured mediation in divorce settlement. Lexington: Heath, 1978.

Cooke,K., Bradshaw,J. & Lawton,D.: Take-up of benefits by families with disabled children. Child: Care, Health and Development, 9, 145-156, 1983.

Cooper,B. & Vinzelberg-Sommer,M.: Psychische Erkrankungen im Alter: Epidemiologie und Versorgungsbedarf. In: H.Häfner, B.Heimann & B.Pflug (Hrsg.) Gerontopsychiatrie. Stuttgart: G.Fischer Verlag, 1981.

Cornes,P.: The future of work for people with disabilities: A view from Great Britain. New York: World Rehabilitation Fund, 1984.

Cornes,P.: Employment rehabilitation in Britain. In: M.Floyd & K.North (Eds.) Disability and employment. London: Anglo-German Foundation for the Study of Industrial Society, 1985.

Cramer,M.: Gespräche mit Sozialarbeitern, Sozialpädagogen und Psychologen. Ein Lesebuch. Tübingen: Deutsche Gesellschaft für Verhaltenstherapie, 1981.

Cramer,M.: Psychosoziale Arbeit. Stuttgart: Verlag W.Kohlhammer, 1982.

Cunningham,C.C. & Glenn,S.M.: Parent involvement and early intervention. In: D.Lane & B.Stratford (Hrsg.) Current approaches to Down's syndrome. London: Holt, Rinehart and Winston, 1985.

Dagnan,D. & Drewett,R.: Community based care for people with a mental handicap: A family placement scheme in County Durham. British Journal of Social Work, 18, 543-575, 1988.

Dahlem,O.: Zu Problemen bei sozialen Diensten für alte Menschen in der Bundesrepublik Deutschland. Archiv für Wissenschaft und Praxis der sozialen Arbeit, 13, 79-115, 1982.

Damkowski,W.: Sozialstationen: Aufgabenfelder und Arbeitsbedingungen. Archiv für Wissenschaft und Praxis der sozialen Arbeit, 19, 103-125, 1988.

Damm,D.: Brauchen wir noch Jugendarbeit? In: Janig,H., Hexel,P.C., Luger,K. & Rathmayer,B. (Hrsg.): Schöner Vogel Jugend. Analysen zur Lebenssituation Jugendlicher. Linz: Universitätsverlag R.Trauner, 1988.

Darvill,G. & Munday,B. (Eds.): Volunteers in the personal social services. London: Tavistock, 1984.

Deichsel,W.: Die offene Tür: Jugendberatungsstellen in der Bundesrepublik Deutschland, in Holland und in den Vereinigten Staaten. München: Profil Verlag, 1987.

Department of Health and Social Security: Care in action: A handbook of policies and priorities for health and social services in England. London: HMSO, 1981.

Department of Health and Social Security: Care in the community: A consultative document on moving resources for care - England. London: HMSO, 1981.

Deutsch,K.H.: Lernwege der beruflichen Rehabilitation in Werkstätten für Behinderte: Ein anforderungsorientiertes Lernzielsystem für den Arbeitstrainingsbereich in WfB. Detmold: Lebenshilfe für geistig Behinderte e.V. Detmold, 1984.

Deutsch,K.H. & Frieling,E.: Arbeitsanalyse in Werkstätten für Behinderte. Wuppertal: Deutscher Paritätischer Wohlfahrtsverband - Landesverband Nordrhein-Westfalen, 1980.

Dewe,B. & Ferchhoff,W.: Abschied von den Professionen oder die Entzauberung der Experten: Zur Situation der helfenden Berufen in den 80-er Jahren. Archiv für Wissenschaft und Praxis der sozialen Arbeit, 18, 147-182, 1987.

Dieck,M.: Alte Menschen in Pflegeverhältnissen. München: Deutsches Jugendinstitut, 1987.

Dietrich,G.: Erziehungsvorstellungen von Eltern. Ein Beitrag zur Aufklärung der subjektiven Theorie der Erziehung. Göttingen: Hogrefe Verlag, 1985.

Diller,A.: Wer bestimmt wo's lang geht? Zusammenarbeit zwischen deutschen und türkischen Fachkräften. Theorie und Praxis der Sozialen Arbeit, 40, 256-262, 1989.

Dilling,H., Weyerer,S. & Castell,R.: Psychische Erkrankungen in der Bevölkerung. Stuttgart: Enke, 1984.

Dimmel,N.: Armutspotential zwischen Nichtinanspruchnahme und Repression. Sozialhilfepraxis im Magistrat Salzburg aus rechtsstaatlicher Sicht. In: Kammer für Arbeiter und Angestellte für Wien (Hrsg.): Sozialhilfe - Strukturen, Mängel, Vorschläge. Wien: Verlag des Österreichischen Gewerkschaftsbundes, 1989.

DiNicola,D.D. & DiMatteo,M.R.: Communication, interpersonal influence, and resistance to medical treatment. In: T.A.Wills (Eds.) Basic processes in helping relationships. New York: Academic Press, 1982.

Doel,M. & Lawson,B.: Open records: The client's right to partnership. British Journal of Social Work, 16, 407-430, 1986.

Dünkel,F.: Neuere Entwicklungen im Bereich der Bewährungshilfe und -aufsicht im internationalen Vergleich. Bewährungshilfe, Bd.2, 134, 1984.

Dupré,E.: Behinderte Jugendliche vor der Berufswahl. Handbuch für Lehrer und Berufsberater. Herausgegeben von der Bundesanstalt für Arbeit. Wiesbaden: Universum Verlagsanstalt, 1986.

Dybwad,G.: Realitäten und Tendenzen der Betreuung geistig behinderter Menschen aus internationaler Sicht. In: E.Wacker & J.Neumann (Hrsg.) Geistige Behinderung und soziales Leben. Frankfurt und New York: Campus Verlag, 1985.

Ebbe,K. & Friese,P.: Milieuarbeit. Grundlagen präventiver Sozialarbeit im lokalen Gemeinwesen. Stuttgart: Enke, 1989.

Ebner,R., Pazourek,J. & Fulop,G.: Ambulanter (extramuraler) Hilfsdienst. Neuregelung der Ausbildung für Pflege und Hilfsberufe im extramuralen Bereich. Expertise des Österreichischen Bundesinstituts für Gesundheitswesen. Wien, 1989.

Eder,M. & Gall,F.: Einkommensverteilung, niedrige Einkommen und die Forderung nach höherem Mindesteinkommen. In: K.S.Althaler & S.Stadler (Hrsg.): Leben und Geld. Diskussion um soziale Mindeststandards. Wien: Verlag für Gesellschaftskritik, 1990.

Eisenbach-Stangl,I. & Stangl,W. (Hrsg.): Grenzen der Behandlung. Opladen, 1984.

Elger,W., Hofmann,H.J., Jordan,E. & Trauernicht,G.: Nichts wie weg...!? Familienkonflikte und Ausbruchsversucher Jugendlicher. Münster: Institut für soziale Arbeit, 1984.

Elliger,T.J. & Trott,G.E.: Neuropsychiatrie der HIV-Infektion im Kindes- und Jugendalter. In: S.Höfling & W.Butollo (Hrsg.) Psychologie für Menschenwürde und Lebensqualität. Bericht über den 15.Kongreß für angewandte Psychologie. Band 1. Bonn: Deutscher Psychologen Verlag, 1990.

Emerson,E.: Designing individualised community-based placements as an alternative to institutions for people with severe problem behaviour. In: W.I.Fraser (Hrsg.) Key issues in mental retardation research. London und New York: Routledge, 1990.

Engelke,W.: Die Funktion der unabhängigen Tagesklinik in der psychiatrischen Behandlung. Psychiatrische Praxis, 16, 218-221, 1989.

Engfer,A. & Kintzer,I.: Kindesmißhandlung. Ursachen, Auswirkungen, Hilfen. Stuttgart: Enke, 1986.

Eppinger,D.: Sterben gehört zum Leben - Die Hospizbewegung. Theorie und Praxis der Sozialen Arbeit, 40, 297-306, 1989.

Erickson,M.: An analysis of early intervention expenditures in Massachusetts. American Journal on Mental Retardation, 96, 617-629, 1992.

Ernst,A., Federspiel,K. & Langbein,K.: Sozialstaat Österreich - Bei Bedarf geschlossen. Wien: Orac, 1987.

Evers,A.: Volunteering oder: Chancen mehren und Zwänge abbauen. Einige internationale Erfahrungen und Beispiele. In: Fink,U. (Hrsg.): Der neue Generationenvertrag. Die Zukunft der sozialen Dienste. München und Zürich: Piper, 1988.

Evers,A.: Im intermediären Bereich - Soziale Träger und Projekte zwischen Haushalt, Staat und Markt. Journal für Sozialforschung, 30, 189-210, 1990.

Evers,A., Leichsenring,K. & Marin,B. (Hrsg.): Die Zukunft des Alters - Sozialpolitik für das Dritte Lebensalter. Schriftenreihe Soziales Europa Bd.4. Wien: Bundesministerium für Arbeit und Soziales, 1994.

Evers,A., Leichsenring,K. & Pruckner,B.: Pflegegeld in Europa. Schriftenreihe „Soziales Europa“ Nr.1. Wien: Bundesministerium für Arbeit und Soziales, 1993.

Evers,A. & Wintersberger,H. (Eds.): Shifts in the welfare mix. Their impact on work, social services and welfare policies. Wien: Europäisches Zentrum für Ausbildung und Forschung auf dem Gebiet der sozialen Wohlfahrt, 1988.

Fakler,K.: Berichte vom Arbeitsmarkt. In: K.S.Althaler & S.Stadler (Hrsg.): Leben und Geld. Diskussion um soziale Mindeststandards. Wien: Verlag für Gesellschaftskritik, 1990.

Faltis,M., Trojan,A., Deneke,C. & Hildebrandt,H.: Gesundheitsförderung im informellen Bereich. In: W.Stark (Hrsg.) Lebensweltbezogene Prävention und Gesundheitsförderung: Konzepte und Strategien für die psychosoziale Praxis. Freiburg: Lambertus, 1989.

Farrington,D.P.: Epidemiology. In: H.C.Quay (Ed.) Handbook of juvenile delinquency. New York: J.Wiley, 1987.

Fauser,R.: Zur Isolationsproblematik von Familien. Sozialisationstheoretische Überlegungen und empirische Befunde. München: Deutsches Jugendinstitut, 1982.

Felce,D.: Behavioral and social climate in community group residences. In: M.P.Janicki, M.W.Krauss & M.M.Seltzer (Eds.) Community residences for persons with developmental disabilities - Here to stay. Baltimore: P.H.Brookes, 1988.

Fells,J.R. & DeGruchy,S.: Exploring the 'need' for family centers: The perceptions of social workers and their importance for planning. British Journal of Social Work, 21, 173-184, 1991.

Felner,R.D., Primavera,J., Farber,S,S. & Bishop,T.A.: Attorneys as caregivers during divorce. American Journal of Orthopsychiatry, 52, 323-336, 1982.

Ferber,C.v. & Badura,B. (Hrsg.): Laienpotential, Patientenaktivierung und Gesundheitsselbsthilfe. München: Oldenbourg, 1983.

Filtzinger,O.: Italiens Wohlfahrtspflege im Wandel. In: Bauer,R. & Thränhardt,A.M. (Hrsg.): Verbandliche Wohlfahrtspflege im internationalen Vergleich. Opladen: Westdeutscher Verlag, 1987 (Seite 69-103).

Finch,J. & Groves,D.: A labour of love. London: Routledge & Kegan Paul, 1983.

Finder,R.: Alter als Arbeitsmarktproblem - Ab 45 reif fürs Ausgedinge? In: A.Evers, K.Leichsenring & B.Marin (Hrsg.) Die Zukunft des Alters - Sozialpolitik für das Dritte Lebensalter. Schriftenreihe Soziales Europa Bd.4. Wien: Bundesministerium für Arbeit und Soziales, 1994.

Findl,P., Laburda,A. & Münz,R.: Frauenalltag und familiäre Arbeitsteilung. In: R.Münz (Hrsg.) Leben mit Kindern - Wunsch und Wirklichkeit. Wien: F.Deuticke, 1985.

Fink,U. (Hrsg.): Der neue Generationenvertrag. Die Zukunft der sozialen Dienste. München und Zürich: Piper, 1988.

Fischer,C.S.: To dwell among friends: Personal networks in town and city. Chicago: Chicago University Press, 1982.

Fischer,G.: Arbeitsmarkt und Arbeitslosigkeit - Entwicklung und Struktur. In: E.Tálos & M.Wiederschwinger (Hrsg.) Arbeitslosigkeit: Österreichs Vollbeschäftigung am Ende? Wien: Verlag für Gesellschaftskritk, 1987.

Fischer,J.: The effectiveness of social casework. Springfield,Il.: C.C.Thomas, 1976.

Fischer-Kowalski,M., Fitzka-Puchberger,R., Mende,J. & Schmölz,I.: Kindergruppenkinder. Selbstorganisierte Alternativen zum Kindergarten. Wien: Verlag für Gesellschaftskritik, 1991.

Flynn,M.C. & Saleem,J.K.: Adults who are mentally handicapped and living with their parents: Satisfaction and perceptions regarding their lives and circumstances. Journal of Mental Deficiency Research, 30, 379-387, 1986.

Forster,R. (Hrsg.): Normalisierung oder Ausschließung: Über die Berufsfindung und das Lebensschicksal von Sonderschulabgängern. Ergebnisbericht 1-3. Wien: Institut für Höhere Studien, 1979/80.

Forster,R.: Interessensvertretung für geistig behinderte Menschen. Notwendigkeit, Grundprinzipien, Möglichkeiten und Grenzen am Beispiel des Sachwalterrechts in Österreich. In: E.Wacker & J.Neumann (Hrsg.) Geistige Behinderung und soziales Leben. Frankfurt und New York: Campus Verlag, 1985.

Forster,R.: Patienten-Anwälte in der Psychiatrie. Die Institution und das Modellprojekt Patientensachwalterschaft. In: Forster,R., Froschauer,U. & Pelikan,J.M. (Hrsg.): Gesunde Projekte. Initiativen und Modelle im österreichischen System der Gesundheitssicherung und Krankheitsbewältigung. Wien, 1989.

Forster,R. & Pelikan,J. (Hrsg.): Psychiatriereform und Sozialwissenschaft. Wien, 1990.

Friedman,S.R., Sufian,M., Curtis,R., Neaigus,A. & Des Jarlais,D.C.: Organizing drug users against AIDS. In: J.Huber & B.E.Schneider (Eds.) The social context of AIDS. Newbury Park,CA: Sage.

Froland,C., Pancoast,D.L., Chapman,N.J. & Kimboko,P.J.: Helping networks and human services. Beverly Hills: Sage, 1981.

Fuchs,H.E. & Wollmann,H. (Hrsg.): Hilfen für ausländische Kinder und Jugendliche. Wege aus dem gesellschaftlichen Abseits. Basel: Birkhäuser Verlag, 1987.

Fülöp,G., Schäfer,E. & Frisch,R.: Hauskrankenpflege in Österreich. Wien: Österreichisches Bundesinstitut für Gesundheitswesen, 1988.

Gahleitner,S.: Sozialhilfe in der Verwaltungspraxis und Rechtssprechung. In: Kammer für Arbeiter und Angestellte für Wien (Hrsg.): Sozialhilfe - Strukturen, Mängel, Vorschläge. Wien: Verlag des Österreichischen Gewerkschaftsbundes, 1989.

Gallagher,E.B.: Rehabilitation, resource mobilization and home dialysis. In: G.L.Albrecht (Ed.) Cross national rehabilitation policies: A sociological perspective. London und Beverly Hills: Sage, 1981.

Gallagher,J.J.: The family as a focus for intervention. In: S.J.Meisels & J.P.Shonkoff (Eds.): Handbook of early childhood intervention. New York: Cambridge University Press, 1990.

Gaugler,E. & Weber,W.: Integration ausländischer Arbeitnehmer in deutschen Industriebetrieben. In: H.Reimann & H.Reimann (Hrsg.): Gastarbeiter. Analyse und Perspektiven eines sozialen Problems. 2.Aufl. Opladen, Westdeutscher Verlag, 1987.

Gawlik,M.: Frühförderstellen in Nordrhein-Westfalen. Erste Ergebnisse einer Einrichtungsbefragung. Frühförderung interdisziplinär, 10, 122-131, 1991.

Gerhardt,U.: Patientenkarrieren. Eine medizinsoziologische Studie. Frankfurt a.M.: Suhrkamp, 1986.

Germain,C.B. & Gitterman,A.: The life model of social work practice. New York: Columbia University Press, 1980 (dt. bei Enke-Verlag, Stuttgart, 1983).

Gilbert,N. & Specht,H. (Eds.): Handbook of the social services. Englewood Cliffs,N.J.: Prentice-Hall, 1981.

Gifford,J.L., Rusch,F.R., Martin,J.E. & White,D.M.: Autonomy and adaptability in work behavior of retarded clients. In: N.R.Ellis & N.W.Bray (Eds.) International review of research in mental retardation. Vol.12. New York: Academic Press, 1984.

Gisser,R., Wilk,L., Beham,M. & Bacher,M.: Familiale Wirklichkeit aus demographischer und soziologischer Sicht. In: R.Gisser, L.Reiter, H.Schattovits & L.Wilk (Hrsg.) Lebenswelt Familie. Wien: Institut für Ehe und Familie, 1990.

Glatzer,W. & Berger-Schmidt,R. (Hrsg.): Haushaltsproduktion und Netzwerkhilfe. Die alltäglichen Leistungen der Familie und Haushalte. Frankfurt & New York: Campus Verlag, 1986.

Glendinning,C.: Unshared care: Parents and their disabled children. London: Routledge & Kegan Paul, 1983.

Glendinning,C.: A single door: Social work with families of disabled children. London: Allen & Unwin, 1986.

Glendinning,C.: Dependency and interdependency: The incomes of informal carers and the impact of social security. Journal of Social Policy, 19, 469-497, 1990.

Glendinning,C.: The costs of informal care: Looking inside the hausehold. London: HMSO, 1992.

Glidden,L.M.: Parents for children, children for parents: The adoption alternative. Washigton,DC: American Association on Mental Retardation, 1989.

Gmür,M.: Schizophrenieverlauf und Entinstitutionalisierung. Stuttgart: Enke Verlag, 1986.

Goffman,E.: Asylums: Essays on the social situations of mental patients and other immates. Chicago: Aldine, 1961, dt. 1970.

Goldberg,E.M.: Social worker and client perspectives: The delivery of area-based social work services in an English town. In: Grunow,D.F. & Hegner,F. (Eds.): Welfare or bureaucracy. Problems of matching social services to clients' needs. Cambridge,Mass. und Königstein,Ts.: Oelgeschlager, Gunn & Hain, 1980.

Goldberg,E.M. & Connelly,N.: The effectiveness of social care for the elderly. London: Heinemann, 1982.

Goldstein,M.J.: Family intervention programs. In: A.S.Bellack (Ed.) Schizophrenia: Treatment, management, and rehabilitation. Orlando: Grune & Stratton, 1984.

Greenberg,E. & Steinberg,L.: When teenagers work: The psychological and social costs of adolescent employment. New York: Basic Books, 1986.

Grond,J.: Früherziehung. In: R.Tobler & J.Grond (Hrsg.) Früherkennung und Früherziehung. Bern, 1985.

Gross,I.: Disparitäten der Lebensbedingungen von Frauen und Männern in Österreich. Wien: Bundesministerium für Arbeit und Soziales, 1989.

Gross,P.: Die Verheissungen der Dienstleistungsgesellschaft. Soziale Befreiung oder Sozialherrschaft? Opladen: Westdeutscher Verlag, 1983.

Grover,R. & Gladstone,F.: Disabled people: A right to work. London: Bedford Square Press, 1981.

Grunewald,K.: Die Geistigbehinderten in Schweden - Normalisierungsbestrebungen in neuer Gesetzgebung. Aktuelle Informationen aus Schweden Nr.345. Stockholm: Schwedisches Institut, 1986.

Grunow,D.F. & Hegner,F.: Die Gewährung persönlicher und wirtschaftlicher Sozialhilfe: Untersuchungen zur Bürgernähe der kommunalen Sozialverwaltung. Bielefeld, 1978.

Grunow,D.F. & Hegner,F. (Eds.): Welfare or bureaucracy. Problems of matching social services to clients' needs. Cambridge,Mass. und Königstein,Ts.: Oelgeschlager, Gunn & Hain, 1980.

Grunow,D.F., Hegner,F. & Lempert,J.: Sozialstationen: Analysen und Materialien zur Neuorganisation ambulanter Sozial- und Gesundheitsdienste. Bielefeld, 1979.

Grunow,D., Breitkopf,H., Dahme,H.J., Engfer,R., Grunow-Lutter,V. & Paulus,W.: Gesundheitsselbsthilfe im Alltag. Stuttgart: Enke, 1983.

Grunow,D., Breitkopf,H. & Grunow-Lutter,V.: Gesundheitsselbsthilfe durch Laien. Bielefeld: Kleine-Verlag, 1985.

Grunow,D.: Bürgernahe Verwaltung: Theorie, Empirie, Praxismodelle. Frankfurt, 1988.

Gunn,P. & Berry,P.: Financial costs for home-reared children with Down-syndrome: An Australian perspective. In: W.I.Fraser (Ed.) Key issues in mental retardation research. London: Routledge & Kegan Paul, 1990.

Guralnick,M.J. & Bennett,F.C. (Eds.): The effectiveness of early intervention for at-risk and handicapped children. Orlando: Academic Press, 1987.

Haack,G.: Workshops for the handicapped in the Federal Republic of Germany. In: M.Floyd & K.North (Eds.) Disability and employment. London: Anglo-German Foundation for the Study of Industrial Society, 1985.

Hack,I. & Angermeyer,M.: Rehabilitation durch Arbeit. Weinheim: Beltz, 1979.

Hadley,R. & McGrath,M. (Eds.): Going local: Neighbourhood social services. London: Bedford Square Press, 1980.

Hadley,R. & McGrath,M. (Eds.): When services are local: The Normanton experience. London: Allen & Unwin, 1984.
Hadley,R., Cooper,M., Dale,P. & Stacy,G.: A community social worker's handbook. London: Tavistock, 1987.
Häfner,H.: Psychische Gesundheit im Alter. Stuttgart: G.Fischer Verlag, 1986.
Häfner,H. & an der Heiden,W.: Evaluation von Veränderungen in einem psychiatrischen Versorgungssystem. Eine Analyse am Beispiel der Behandlung schizophrener Patienten in Mannheim 1973-1980. In: U.Baumann (Hrsg.) Psychotherapie: Makro-/ Mikroperspektive. Göttingen: Hogrefe, 1984.
Haller,M. & Holm,K. (Hrsg.): Werthaltungen und Lebensformen in Österreich: Ergebnisse des Sozialen Survey 1986. München und Wien, 1987.
Harman,D. & Brim,O.G.Jr.: Learning to be parents. Beverly Hills,Calif.: Sage Publ., 1980.
Hartmann,H.: Armut trotz Sozialhilfe. Zur Nichtinanspruchnahme von Sozialhilfe in der Bundesrepublik. In: S.Leibfried & F.Tennstedt (Hrsg.) Politik der Armut und die Spaltung des Sozialstaates. Frankfurt: Suhrkamp, 1985.
Hatfield,A.B.: Families as caregivers: A historical perspective. In: A.B.Hatfield & H.P.Lefley (Eds.) Families of the mentally ill: Coping and adaptation. New York und London: Guilford, 1987a.
Hatfield,A.B.: Social support and family coping. In: A.B.Hatfield & H.P.Lefley (Eds.) Families of the mentally ill: Coping and adaptation. New York und London: Guilford, 1987b.
Havemann,R.H., Burkhauser,R. & Halberstadt,V.: Public policy toward disabled workers: a cross-national analysis of economic impacts. Ithaca: Cornell University Press, 1985.
Haynes,J.M., Bastine,R., Link,G. & Mecke,A.: Scheidung ohne Verlierer. München: Kösel, 1993.
Haynes,R.B., Taylor,D.W. & Sackett,D.L.: Compliance Handbuch. München: Verlag für angewandte Wissenschaften, 1986.
Hebenstreit-Müller,S., Kockskemper,C. & Murschall,M.: Kontaktstellen-Vernetzungsmodell von Familienselbsthilfe. Theorie und Praxis der Sozialen Arbeit, 40, 268-272, 1989.
Hegner,F.: Veränderungen der Arbeitsgesellschaft und ihre Auswirkungen auf das Potential ehrenamtlicher Helfer - ein Blick in die Zukunft. In: Bundesminister für Jugend, Familie, Frauen und Gesundheit (Hrsg.) Ehrenamtliche soziale Dienstleistungen. Schriftenreihe des Bundesministers für Jugend, Familie, Frauen und Gesundheit Bd.231. Stuttgart: Kohlhammer, 1989.
Heinemann-Knoch,M., de Rijke,J. & Schachtner,C.: Alltag im Alter. Über Hilfsbedürftigkeit und Sozialstationen. Frankfurt & New York: Campus Verlag, 1987.
Heinze,R.G. (Hrsg.): Neue Subsidiarität: Leitlinie für zukünftige Sozialpolitik? Opladen: Westdeutscher Verlag, 1986.
Heinze,R.G., Olk,T. & Hilbert,J.: Der neue Sozialstaat: Analyse und Reformperspektiven. Freiburg: Lambertus, 1988.
Heitkamp,H.: Heime und Pflegefamilien - konkurrierende Erziehungshilfen? Frankfurt: Verlag Moritz Diesterweg, 1989.

Henkel,H.A.: Das wohlfahrtsstaatliche Paradoxon: Armutsbekämpfung in den USA und in Österreich. Göttingen: Schwarz, 1981.

Herschbach,P.: Modell für die Entwicklung eines "Problembewältigungs-Trainings" bei Diabetes mellitus. In: F.Strian, R.Hölzl & M.Haslbeck (Hrsg.) Verhaltensmedizin und Diabetes mellitus. Berlin: Springer-Verlag, 1988.

Hesse,J. & Schrader,H.C.: Auf einmal nicht mehr weiterwissen. Telephonseelsorge - Spiegel unserer Probleme. Frankfurt a.M.: Fischer Taschenbuch Verlag, 1988.

Heumann,L.F.: The grassroots response to government housing interventions. In: E.Seidman (Ed.) Handbook of social intervention. Beverly Hills: Sage, 1983.

Höhne,R.: Frühförderung - überschätzte Therapie, Überforderte Therapeuten. Frühförderung interdisziplinär, 3, 1-6, 1984.

Hörl,J.: Lebensführung im Alter. Selbsthelfende, familiale und organisierte Formen der Bewältigung von Hilfebedürftigkeit alter Menschen. Habilitationschrift: Universität Wien, 1989.

Holburn,C.S.: Rhetoric and realities in today's CF/MR: Control out of control. Mental Retardation, 30, 133-141, 1992.

Hoppensack,H.C. & Wenzel,G.: Hilfe zur Arbeit und Arbeitszwang - Sozialhilfe und administrative "Normalisierung" von Lohnarbeit. In: S.Leibfried & F.Tennstedt (Hrsg.) Politik der Armut und die Spaltung des Sozialstaates. Frankfurt: Suhrkamp, 1985.

Horky,W.: Evaluationsstudien zur Bewährungshilfe. Universität Wien: Diplomarbeit am Institut für Psychologie, 1988.

Horner,R.H. & Bellamy,G.T.: Structured employment: Productivity and productive capacity. In: G.T.Bellamy, G.O'Connor & O.C.Karan (Eds.) Vocational rehabilitation of severely handicapped persons. Baltimore: University Park Press, 1979.

Horowitz,A., Dono,J.E. & Brill,R.: Continuity of changes in informal support? The impact of an expanded home care program. Paper presented at the annual meeting of the Gerontological Society of America, San Francisco, 1983.

Huber,J.: Die neuen Helfer. Das "Berliner Modell" und die Zukunft der Selbsthilfebewegung. München, 1987.

Hummel,K.: Auf dem Weg zum Altenhilfenetzwerk: Freiheit statt Fürsorge. Archiv für Wissenschaft und Praxis der sozialen Arbeit, 21, 19-51, 1990.

Hurrelmann,K., Kaufmann,F.X. & Lösel,F. (Eds.): Social intervention: Potential and constraints. Berlin: De Gruyter, 1987.

Hutter,A.: Erziehungs- und Lebensberatungsstellen in einem psychosozialen Versorgungsverbund. Archiv für Wissenschaft und Praxis der sozialen Arbeit, 20, 119-130, 1989.

Iles,P. & Auluck,R.: Team building, inter-agency team development and social work practice. British Journal of Social Work, 20, 151-164, 1990.

Illich,I. et al.: Entmündigung durch die Experten. Zur Kritik der Dienstleistungsberufe. Reinbek: Rowohlt, 1979.

Ineichen,B.: A job for life? The service needs of mentally handicapped people living in the community, and their families. British Journal of Social Work, 16, 311-323, 1986.

Innerhofer,P. & Klicpera,C: Integration und Schulreform. Eine Untersuchung zur Integration Behinderter an den Pflichtschulen Südtirols. Heidelberg: Schindele Verlag, 1991.

Innerhofer,P. & Warnke,A.: Eltern als Co-Therapeuten. Heidelberg: Springer, 1978.

Institut für empirische Sozialforschung (IFES): Soziale und ökonomische Deprivation in Wien. Wien, 1986.

Institut für Entwicklungsplanung und Strukturforschung (Hrsg.): Früherkennung und Frühförderung behinderter Kinder: Regionale Versorgungsmodelle in der Diskussion. Stuttgart: Enke, 1986.

Jaeckel,M. & Tüllmann,G. (Hrsg.): Mütter im Zentrum - Mütterzentrum. München: Juventa Verlag, 1988.

Jaffe,K.P.: Wie psychosoziale Dienste organisiert werden. Widersprüche und Auswege. Frankfurt & New York: Campus Verlag, 1986.

Jandl-Jager,E., Stumm,G., Wirth,B., Stocker,G., Weber,G. & Ahlers,C.: Psychotherapeutische Versorgung in Österreich. Schriftenreihe des Institutes für Tiefenpsychologie und Psychotherapie der Universität Wien, Nr.7. Wien 1987.

Jandl-Jager,E. & Stumm,G. (Hrsg.): Psychotherapie in Österreich. Eine empirische Analyse der Anwendung von Psychotherapie. Wien: F.Deuticke, 1988.

Janig,H., Hexel,P.C., Luger,K. & Rathmayer,B. (Hrsg.): Schöner Vogel Jugend. Analysen zur Lebenssituation Jugendlicher. Linz: Universitätsverlag R.Trauner, 1988.

Jantzen,W.: Zur Geschichte und politischen Ökonomie der Werkstatt für Behinderte. In; P.Runde & R.G.Heinze (Hrsg.) Chancengleichheit für Behinderte. Neuwied und Darmstadt: Westdeutscher Verlag, 1979.

Japp,K.P.: Wie psychosoziale Dienste organisiert werden: Widersprüche und Auswege. Frankfurt & New York: Campus Verlag, 1986.

Jens,R.: Das Hauskrankenpflegemodell SMUP. Österreichische Ärztezeitung, 44 (12) 56-63, 1989.

John,U.: Rehabilitation Alkoholabhängiger. Ansätze und Grenzen sozialwissenschaftlicher Untersuchungen. Freiburg i.Br.: Lambertus, 1985.

Jong-Meyer,R. de: Alkohol- und Drogenabhängigkeit. In: U.Koch, G.Lucius-Hoene & R.Stegie (Hrsg.) Handbuch der Rehabilitationspsychologie. Berlin: Springer-Verlag, 1988.

Jost,K.: Psychische Störungen im Rahmen der Aids-Enzephalopathie. In: S.Höfling & W.Butollo (Hrsg.) Psychologie für Menschenwürde und Lebensqualität. Bericht über den 15.Kongreß für angewandte Psychologie. Band 1. Bonn: Deutscher Psychologen Verlag, 1990.

Junkers,R., Leber,A., Leitner,U. & Bieback,L.: Pflegekinder in der Bundesrepublik Deutschland. Frankfurt a.M.: Verlag des Deutschen Vereins für öffentliche und private Fürsorge, 1978.

Kahl,W.: Strafvollzug in Österreich und Sozialarbeit. Sozialarbeit in Österreich, 21, Nr.70, 1986.

Kahn,A.J. & Kamerman,S.B.: Helping America's families. Philadelphia: Temple University Press, 1982.

Kahn,A.J.: Social policy and social services. 2.nd.Edit. New York: Random House, 1979.

Kamerman,S.B. & Kahn,A.J.: Social services in the United States. Philadelphia: Temple University Press, 1976.

Kammer für Arbeiter und Angestellte für Wien (Hrsg.): Sozialhilfe - Strukturen, Mängel, Vorschläge. Wien: Verlag des Österreichischen Gewerkschaftsbundes, 1989.

Kammerer,G. & Deutsch,K.H.: Bestimmungs des Umfangs ehrenamtlicher Tätigkeiten in sozialen Bereichen und der Weiterbildungsangebote für ehrenamtlich Tätige in der Bundesrepublik Deutschland. In: Bundesminister für Bildung und Wissenschaft (Hrsg.) Freiwilliges soziales Engagement und Weiterbildung. Honnef: K.H.Bock Verlag, 1986.

Kardorff,E.v. & Stark,W.: Zur Verknüpfung professioneller und alltäglicher Hilfenetze. In: H.Keupp & B.Röhrle (Hrsg.) Soziale Netzwerke. Frankfurt Und New York: Campus, 1987.

Karl,F.: Formen zugehender Altenarbeit: Möglichkeiten und Grenzen basisnaher Ansätze. Archiv für Wissenschaft und Praxis der sozialen Arbeit, 19, 32-45, 1988.

Karlsson,I. (Hrsg.): Ein gebrochenes Tabu: Frauenhäuser in Österreich. Wien: Franz Deuticke, 1988.

Kaufmann,F.X. (Hrsg.): Bürgernahe Sozialpolitik: Planung, Organisation und Vermittlung sozialer Leistungen auf lokaler Ebene. Frankfurt und New York: Campus, 1979.

Kaufmann,F.X. (Hrsg.): Bürgernahe Gestaltung der sozialen Umwelt. Meisenheim, 1977.

Keim,K.D. & Vascovics,L.A. (Hrsg.): Wege zur Sozialplanung. Erfahrungen und Chancen in der Bundesrepublik Deutschland. Opladen: Westdeutscher Verlag, 1985.

Kelly,J.A. & Lawrence,J.S.St.: Aids prevention and treatment: Psychology's role in the health crisis. Clinical Psychology Review, 8, 255-284, 1988.

Kerber,U.: Informelle Netzwerkhilfe und sozialstaatliche Unterstützung bei hilfebedürftigen Haushalten. In: W.Glatzer & R.Berger-Schmidt (Hrsg.) Haushaltsproduktion und Netzwerkhilfe. Die alltäglichen Leistungen der Familie und Haushalte. Frankfurt & New York: Campus Verlag, 1986.

Kettle,M.: The question of quota. In: M.Floyd & K.North (Eds.) Disability and employment. London: Anglo-German Foundation for the Study of Industrial Society, 1985.

Keupp,H.: Riskante Chancen: Das Subjekt zwischen Psychokultur und Selbstorganisation. Heidelberg: Roland Asanger Verlag, 1988.

Keupp,H. & Rerrich,D. (Hrsg.): Psychosoziale Praxis. Ein Handbuch in Schlüsselbegriffen. München, Wien und Baltimore: Urban und Schwarzenberg, 1982.

Keupp,H. & Röhrle,B. (Hrsg.): Soziale Netzwerke. Frankfurt & New York: Campus Verlag, 1987.

Kiernan,W.E. & Schalock,R.L. (Eds.): Economics, industry and the disabled: A look ahead. Baltimore: Brookes, 1989.

Kiernan,W.E. & Stark,J.A. (Eds.): Pathways to employment for adults with developmental disabilities. Baltimore: Brookes, 1986.

King,R.D., Raynes,N.V. & Tizard,J.: Patterns of residential care: Sociological studies in institutions for handicapped children. London: Routledge & Kegan Paul, 1971.

Kleiber,D.: Immer mehr psychisch Kranke? Überlegungen zur Epidemiologie und zur Versorgungssituation. In: D.Kleiber & B.Rommelspacher (Hrsg.) Die Zukunft des Helfens. Neue Wege und Aufgaben psychosozialer Praxis. Weinheim und München: Psychologie Verlags Union, 1986.

Kleiber,D. & Rommelspacher,B. (Hrsg.): Die Zukunft des Helfens. Neue Wege und Aufgaben psychosozialer Praxis. Weinheim und München: Psychologie Verlags Union, 1986.

Klein,R. & O'Higgins,M.(Eds.): The future of welfare. Oxford: Blackwell, 1985.

Klicpera,C.: Schulverweigerung und Schulphobie. In: F.Strian (Hrsg.) Angst - Klinik und Pathophysiologie. Heidelberg: Springer Verlag, 1983.

Klicpera,C.: Das Zusammenwirken von Familie und professionellen Diensten in der Betreuung älterer behinderter Menschen. In: H.C.Berghaus & U.Sievert (Hrsg.) Behinderung im Alter - Muß Hilfe professionell sein? Köln: Kuratorium Deutsche Altershilfe, 1994.

Klicpera,C. & Gasteiger-Klicpera,B.: Lesen und Schreiben - Entwicklung und Schwierigkeiten: Die Wiener Längsschnittuntersuchungen über die Entwicklung, den Verlauf und die Ursachen von Lese- und Schreibschwierigkeiten in der Pflichtschulzeit. Bern: Huber Verlag, 1993.

Klicpera,C., Gasteiger-Klicpera,B. & Innerhofer,P.: Lebenswelten Erwachsener mit geistiger Behinderung. Eine empirische Bestandsaufnahme in Südtirol. Heidelberg: Asanger Verlag, 1995.

Klicpera,C. & Innerhofer,P.: Integration behinderter Menschen in die Arbeitswelt. Neue Formen der Arbeitsintegration und traditionelle Beschäftigungseinrichtungen. Heidelberg: Roland Asanger Verlag, 1992.

Knapp,I. & Verzetnitsch,F.: Lehrling 81. Die berufliche und soziale Situation der Lehrlinge in Österreich. Wien: Verlag des Österreichischen Gewerkschaftsbundes, 1981.

König,A.: Freizeitpädagogik mit geistig behinderten Erwachsenen in den USA - Ein Literaturüberblick. Sonderpädagogik, 19, 33-46, 1989.

Köppl,F. & Steiner,H.: Sozialhilfe - ein geeignetes Instrument zur Bekämpfung sozialer Not? In: Kammer für Arbeiter und Angestellte für Wien (Hrsg.): Sozialhilfe - Strukturen, Mängel, Vorschläge. Wien: Verlag des Österreichischen Gewerkschaftsbundes, 1989.

Kolvin,I., Garside,R.F., Nicol,A.R., Macmillan,A., Wolstenholme,F. & Leitch,I.M.: Help starts here. The maladjusted child in the ordinary school. London und New York: Tavistock, 1981.

Kondratowitz,H.J.: Allen zur Last, niemandem zur Freude. Die institutionelle Prägung des Alterserlebens als historischer Prozeß. In: G.Göckenjahn & H.J. von Kondratowitz (Hrsg.) Alltag und Alter. Frankfurt a.M.: Suhrkamp, 1988.

Kräling,K.: Freizeit geistig Behinderter. Ein Handbuch. 2.erw.Auflage. Marburg: Bundesvereinigung Lebenshilfe für geistig Behinderte, 1990.

Krug,R.M.: Trends and issues in the Netherlands. In: K:Leichsenring & C.Strümple (Eds.) Mandatory employment or equal opportunities? Employment policies in the UN-European region. Eurosocial Report Nr. 55. Wien: European Centre for Social Welfare Policy and Research, 1995.

Kühl,J.: Zur Bedeutung der Ausländerbeschäftigung für die Bundesrepublik Deutschland. In: H.Reimann & H.Reimann (Hrsg.): Gastarbeiter. Analyse und Perspektiven eines sozialen Problems. 2.Aufl. Opladen, Westdeutscher Verlag, 1987.

Kuhnt,S. & Kunow,J.: Die berufliche Situation psychiatrischer Patienten. Ergebnisse einer Querschnittsanalyse. In: W.Bungard, D.Reihl & A.Schubert (Hrsg.) Psychisch Kranke in der Arbeitswelt. Neue Ansätze zur beruflichen Rehabilitation und Integration. München & Weinheim: Psychologie Verlags Union, 1987.

Kumer,A., Friedlmayer,S. & Braun,E.: Zwischen Abbruch und Neubeginn. Eine Studie zur Demographie, Familiendynamik und Eingewöhnung von Pflegekindern. Wien: Franz Deuticke, 1988.

Kunze,H.: Psychiatrische Übergangseinrichtungen und Heime: Psychisch Kranke und Behinderte im Abseits der Psychiatrie-Reform. Stuttgart: Enke, 1981.

Kytir,J. & Münz,R.: Hilfs- und Pflegebedürftigkeit im Alter. Lebensverhältnisse und Lebensbedingungen funktional behinderter älterer Menschen. Wien: Institut für Demographie, Forschungsbericht Nr.6, 1989.

L'Abate,L.: Prevention of marital and family problems. In: B.A.Edelstein & L.Michelson (Eds.) Handbook of prevention. New York und London: Plenum Press, 1986.

Laburda,E. & Strotzka,H.: Ambulante psychiatrische Versorgung in Österreich durch niedergelassene Fachärzte. 2.Beiheft zu den Berichten über die psychiatrische Versorgung in Österreich. Wien: L.Bolzmann-Institut für Medizinsoziologie, 1985.

Laga,G.: Methodologische und methodische Probleme bei der Befragung geistig Behinderter. In: R.G.Heinze & P.Runde (Hrsg.) Lebensbedingungen Behinderter im Sozialstaat. Opladen: Westdeutscher Verlag, 1982.

Lambert,M.J., Shapiro,D.A. & Bergin,A.E.: The effectiveness of psychotherapy. In: S.L.Garfield & A.E.Bergin (Eds.) Handbook of psychotherapy and behavior change. New York: J.Wiley, 1986.

Landesman-Dwyer,S.: Preventing "institutionalization" in the commmunity. In: M.P.Janicki, M.W.Krauss & M.M.Seltzer (Eds.) Community residences for persons with developmental disabilities - Here to stay. Baltimore: P.H.Brookes, 1988.

Lane,D.: After school: Work and employment for adults with Down's syndrome? In: D.Lane & B.Stratford (Eds.) Current approaches to Down's syndrome. London und New York: Holt, Rinehart und Winston, 1985.

Lawton,M.P.: Environment and aging. Monterey,CA: Brooks/ Cole, 1980.

Le Grand,J. & Robinson,R. (Eds.): Privatisation and the welfare state. London: Allen & Unwin, 1984.

Lehr,U. (Hrsg.): Interventionsgerontologie. Darmstadt, 1979.

Leibfried,S. & Tennstedt,F. (Hrsg.): Politik der Armut und die Spaltung des Sozialstaates. Frankfurt: Suhrkamp, 1985.

Leirer,I.: Die Schwächsten fallen durch den Rost - zur Funktion der Sozialhilfe. In: M.Fischer-Kowalski & J.Bucek (Hrsg.) Lebensverhältnisse in Österreich. Klassen und Schichten im Sozialstaat. 2.Aufl. Frankfurt und New York: Campus, 1982.

Leitner,H.: Gastarbeiter in der städtischen Gesellschaft. Frankfurt und New York: Campus, 1983.

Levine,M.P. & Siegel,K.: Unprotected sex: Understanding gay men's participation. In: J.Huber & B.E.Schneider (Eds.) The social context of AIDS. Newbury Park,CA: Sage.

Leymann,H.: Aktivierung am Arbeitsplatz über pädagogische Prozesse. In: Bundeszentrale für gesundheitliche Aufklärung (Hrsg.) Gesundheitsförderung in der Arbeitswelt. Berlin, Heidelberg, New York: Springer-Verlag, 1989.

Lichtenstein,R. & Ireton,H.: Preschool screening: Identifying young children with developmental and educational problems. New York: Grune & Stratton, 1984.

Liebel,H. & Uslar,W.: Forensische Psychologie. Stuttgart: Kohlhammer, 1975.

Lieberman,.A. & Tobin,S.S.: The experience of old age: Stress, coping and survival. New York: Basic Books, 1983.

Liegle,L.: Freie Assoziationen von Eltern: Geschichte und Zukunft einer "postmodernen" familialen Lebensform. In: Lüscher,K., Schultheis,F. & Wehrspaun,M. (Hrsg.): Die "postmoderne" Familie. Familiale Strategien und Familienpolitik in einer Übergangszeit. Konstanz: Universitätsverlag Konstanz, 1988.

Lösel,F. & Köferl,P.: Psychologische Rehabilitation bei Straffälligen. In: U.Koch, G.Lucius-Hoene & R.Stegie (Hrsg.) Handbuch der Rehabilitationspsychologie. Berlin: Springer-Verlag, 1988.

Lösel,F., Köferl,P. & Weber,F.: Meta-Evaluation der Sozialtherapie. Qualitative und quantitative Analysen zur Behandlungsforschung in sozialtherapeutischen Anstalten des Justizvollzugs. Stuttgart: Enke, 1987.

Lonsdale,S. & Walker,A.: A right to work: Disability and employment. London: Disability Alliance and Low Pay Unit, 1984.

Lorenzen,D.: Praxis der psychiatrischen Rehabilitation. Stuttgart: Enke, 1989.

Lotze,R. & Schoch,H. (Hrsg.): Rehabilitation 2000: Chancen und Erwartungen körperbehinderter Menschen. Freiburg i.Br.: Lambertus, 1987.

Loudon,S.: Entwicklungslinien weiblicher Erwerbstätigkeit. In: K.S.Althaler & S.Stadler (Hrsg.): Leben und Geld. Diskussion um soziale Mindeststandards. Wien: Verlag für Gesellschaftskritik, 1990.

Luber,R.F.: Partial hospitalization. In: A.S.Bellack (Ed.) Schizophrenia: Treatment, management and rehabilitation. Orlando,Fl.: Grune & Stratton, 1984.

Ludlow,J.R. & Allen,L.M.: The effect of early intervention and pre-school stimulus on the development of the Down's syndrome child. Journal of Mental Deficiency Research, 23, 29-44, 1979.

Lüscher,K., Schultheis,F. & Wehrspaun,M. (Hrsg.): Die "postmoderne" Familie. Familiale Strategien und Familienpolitik in einer Übergangszeit. Konstanz: Universitätsverlag Konstanz, 1988.

Lutter,E.: Zur Situation der Tagesmütter und ihrer Organisationen in Österreich. In: E.Lutter (Hrsg.) Tagesmütter. Wien: Bundesverband österreichischer Pflege- und Adoptivelternvereinigungen, 1989.

Madörin,E.jun.: Wohnformen im Alter. Bern und Stuttgart: Paul Haupt, 1985.

Marshall,V.W. (Ed.): Later life: The social psychology of aging. Beverly Hills: Sage, 1986.

Martinius,J.: Ambulante und teilstationäre Versorgung psychisch kranker Kinder und Jugendlicher in der Bundesrepublik Deutschland. Zeitschrift für Kinder- und Jugendpsychiatrie, 11, 3-12, 1983.

Maschewsky-Schneider,U., Sonntag,U. & Endruschat-Nowak,M.: Gemeindenahe Prävention: "Gesundheitshandeln und Lebensweisen von Frauen" und "Die Deutsche Herz-Kreislauf-Präventionsstudie". In: W.Stark (Hrsg.) Lebensweltbezogene Prävention und Gesundheitsförderung: Konzepte und Strategien für die psychosoziale Praxis. Freiburg: Lambertus, 1989.

Maslach,C.: Burnout - The cost of caring. Englewood Cliffs, N.J.: Prentice Hall, 1982.

Maslach,C. & Jackson,S.E.: Burnout in health professions: A social psychological analysis. In: G.S.Sanders & J.Suls (Eds.) Social psychology of health and illness. Hillsdale,N.J.: L.Erlbaum, 1982.

Massow,M.: Neu anfangen. Ratgeber für ein aktives Leben nach dem Beruf. Reinbek: Rowohlt, 1989.

McCord,J. & Tremblay,R.E. (Eds.): Preventing antisocial behavior. New York: Guilford, 1992.

McElroy,E.M.: The beat of a different drummer. In: A.B.Hatfield & H.P.Lefley (Eds.) Families of the mentally ill: Coping and adaptation. New York und London: Guilford, 1987.

McLoughlin,C.S., Garner,J.B. & Callahan,M.J.: Getting employed, staying employed: Job development and training for persons with severe handicaps. Baltimore: P.H.Brookes, 1987.

Meier,R. & Seemann,H.J.: Die grauen Panther. Rebellion der Alten. Weinheim und Basel: Beltz Verlag, 1982.

Meise,U., Hafner,F. & Hinterhuber,H. (Hrsg.): Die Versorgung psychisch Kranker in Österreich. Eine Standortbestimmung. Wien und New York: Springer-Verlag, 1991.

Meisels,S.J. & Shonkoff,J.P. (Eds.): Handbook of early childhood intervention. New York: Cambridge University Press, 1990.

Milgram,G.G. & Nathan,P.E.: Efforts to prevent alcohol abuse. In: B.A.Edelstein & L.Michelson (Eds.) Handbook of prevention. New York und London: Plenum Press, 1986.

Mlczoch,B.: Was machen geistig Behinderte, die nicht institutionell betreut werden? Heilpädagogik, 22 (4) 103-113, 1979.

Montgomery,R.J.V.: Investigating care giver burden. In: K.S.Markides & C.L.Cooper (Eds.) Aging, stress and health. Chichester: J.Wiley, 1989.

Müller,R.: Soziale Unterstützung durch Betriebsärzte. In: Bundeszentrale für gesundheitliche Aufklärung (Hrsg.) Gesundheitsförderung in der Arbeitswelt. Berlin, Heidelberg, New York: Springer-Verlag, 1989.

Müller,C.W.: Wie Helfen zum Beruf wurde. Eine Methodengeschichte der Sozialarbeit. Weinheim und Basel: Beltz, 1982.

Münz,R. (Hrsg.): Leben mit Kindern - Wunsch und Wirklichkeit. Wien: F.Deuticke, 1985.

Mulick,J.A. & Meinhold,P.M.: Analyzing the impact of regulations on residential ecology. Mental Retardation, 30, 152-161, 1992.

Mundt,J.W. (Hrsg.): Grundlagen lokaler Sozialpolitik. Sozialökologische Beiträge zur Entwicklung von Alternativen. Weinheim und Basel: Beltz Verlag, 1983.

Murray,M.: Role conflict and intention to leave nursing. Journal of Advanced Nursing, 8, 29-31, 1983.

Nagi,S.Z.: Disability concepts and implications for programs. In: G.L.Albrecht (Ed.) Cross national rehabilitation policies: A sociological perspective. London und Beverly Hills: Sage, 1981.
Natter,E. & Reinprecht: Achtung Sozialstaat. Wien: Europaverlag, 1992.
Nave-Herz,R. (Hrsg.): Wandel und Kontinuität der Familie in der Bundesrepublik Deutschland. Stuttgart: Enke, 1988.
Neuendorff,S.L. & Schiel,J.: AL-ANON - Selbsthilfe für Angehörige von Alkoholkranken. Frankfurt a.M.: Fischer Taschenbuch Verlag, 1985.
Neumann,J. (Hrsg.): Arbeit im Behindertenheim: Situationsanalyse und Strategien zu ihrer Humanisierung. Frankfurt am Main und New York: Campus, 1988.
Neville,W.G.: Vermittlung. In: M.R.Textor (Hrsg.) Hilfen für Familien. Ein Handbuch für psychosoziale Berufe. Frankfurt a.M.: Fischer Taschenbuch Verlag, 1990.
Nielsen,H., Nielsen,K. & Müller,C.W.: Sozialpädagogische Familienhilfe. Probleme, Prozesse und Langzeitwirkungen. Weinheim und Basel, 1986.
Notz,G.: Frauen im sozialen Ehrenamt. Ausgewählte Handlungsfelder: Rahmenbedingungen und Optionen. Freiburg: Lambertus, 1989.
Österreichisches Kommitee für Sozialarbeit (ÖKSA) (Hrsg.): Tagungsbericht der Österreichischen Konferenz für Sozialarbeit vom 16. bis 18.Oktober 1987 in Salzburg, Thema: Obdachlosigkeit, Wien: Wiener Geschützte Werkstätte, 1987.
Österreichisches Statistisches Zentralamt (ÖSTAT): Personen- und Haushaltseinkommen von unselbständig Beschäftigten. Mikrozensus 1987. Heft 924, Wien, 1987.
Österreichisches Statistisches Zentralamt (ÖSTAT): Die Kindergärten (Kindertagesheime). Berichtsjahr 1990/91. Beiträge zur österreichischen Statistik 1018. Wien, 1991.
Offe,H.: Arbeitslosenzentren - Zentren der Arbeitslosenbewegung? Bericht über eine Befragung bei Arbeitslosenzentren in Nordrhein-Westfalen. Archiv für Wissenschaft und Praxis der sozialen Arbeit, 19, 46-55, 1988.
Ohrenberg-Antony,G. & Neuhäuser,G.: Methodische Probleme der Früherkennungsuntersuchungen: Notwendige Verbesserung der Kindervorsorge. Frühförderung interdisziplinär, 8, 1-11, 1989.
Olk,T. & Otto,H.U. (Hrsg.): Gesellschaftliche Perspektiven der Sozialarbeit 4: Lokale Sozialpolitik und Selbsthilfe. Neuwied: Luchterhand, 1985.
Opielka,M. & Vobruba,G. (Hrsg.): Das garantierte Grundeinkommen: Entwicklung und Perspektiven einer Forderung. Frankfurt: Fischer Taschenbuch (Nr.4109), 1986.
Opp,G.: Frühförderung in den USA: Gesetzliche Grundlagen, Probblemstellungen, Forschungsergebnisse und Perspektiven. Frühförderung interdisziplinär, 10, 97-115, 1991.
Ostner,I. & Beck-Gernsheim,E.: Mitmenschlichkeit als Beruf. Eine Analyse des Alltags in der Krankenpflege. Frankfurt: Campus, 1979.
Parsloe,P.: Social services area teams. London: George Allen & Unwin, 1981.
Pauli,W.: Berufstätigkeit in der Heimhilfe. Diplomarbeit, Universität Wien, 1988.
Payne,M.: Working in teams. London: Macmillan, 1982.
Pelikan,J.M., Stumm.G. & Forster,R.: Stand und Entwicklung der Neuropsychiatrie des Kindes- und Jugendalters in Österreich. Endbericht. Wien: L.Boltzmann-Institut für Medizin- und Gesundheitssoziologie, 1991.

Pelletier,K.: Ein Parcours für Gesundheitsförderungsprogramme in der Arbeitswelt. In: Bundeszentrale für gesundheitliche Aufklärung (Hrsg.) Gesundheitsförderung in der Arbeitswelt. Berlin, Heidelberg, New York: Springer-Verlag, 1989.

Petersson,K.: Nebenwährung als Sozialvertrag. Kanadische Erfahrungen mit dem "Local Employment and Trading System" (LETS). In: R.G.Heinze & C.Offe (Hrsg.) Formen der Eigenarbeit. Opladen: Westdeutscher Verlag, 1990.

Pettinger,R.: Tagesbetreuung und Kindergartenbesuch in der Bundesrepublik Deutschland. München: Deutsches Jugendinstitut, 1990.

Phillips,C.: Staff turnover in nursing homes for the aged: A review and research proposal. International Journal of Nursing Studies, 24, 45-57, 1987.

Phillips,D.A., Howes,C. & Whitebook,M.: The social policy context of child care: Effects on quality. American Journal of Community Psychology, 20, 25-51, 1992.

Pieper,R.: Selbstorganisation in der Nachbarschaft. Ein Modellprojekt zur Institutionalisierung von Eigenarbeit. In: R.G.Heinze & C.Offe (Hrsg.) Formen der Eigenarbeit. Opladen: Westdeutscher Verlag, 1990.

Pirhofer,G. & Pöckinger,K.: Die Wege des Alters. Städtische Lebensweisen in den späten Jahren. Wien: Verlag für Gesellschaftskritik, 1989.

Planck.U. & Ziche,J.: Land- und Agrarsoziologie. Stuttgart: Ulmer, 1979.

Podeszfa,H., Melms,B. & Neumann,K.H.: Die berufliche Rehabilitation behinderter Erwachsener: Erfahrungsberichte, Problemanalysen, Lösungsvorschläge. Berichte zur beruflichen Bildung Heft 73. Berlin: Bundesinstitut für berufliche Bildung, 1985.

Pollin,E.: Betriebliche Sekundärprophylaxe. Kreuzlingen: Schweiz.Verband von Fachleuten für Alkoholgefährdeten- und Suchtkrankenhilfe, 1988.

Pross,H.: Die Wirklichkeit der Hausfrau. Reinbek: Rowohlt, 1975.

Pross,H. (Hrsg.): Familie wohin? Leistungen, Leistungsdefizite und Leistungswandlungen der Familie in hochindustrialisierten Gesellschaften. Reinbek: Rowohlt, 1979.

Pühl,H. (Hrsg.): Handbuch der Supervision. Berlin: Marhold, 1990.

Qureshi,H.: Exchange theory and helpers on the Kent Community Care Scheme. Research, Policy and Planning, 3, 1-9, 1985.

Racino,J.A. & O'Connor,S.: „A home of our own" - Homes, neighborhoods, and personal connections. In: M.F.Hayden & B.H.Albery (Eds.) Challenges for a service system in transition. Baltimore,MD: P.H.Brookes.

Radebold,H.: Dienstleistungszentrum in Ulm. Möglichkeiten und Grenzen von Altenselbsthilfe in einem Partizipationsmodell. In: S.Articus & S.Karolus (Hrsg.): Altenhilfe im Umbruch. Frankfurt a.M., 1986.

Rauschenbach,T., Bendele,U. & Trede,W.: Mitarbeiter in der Jugendhilfe: Struktur und Wandel des Personals in sozialen Diensten. Archiv für Wissenschaft und Praxis der sozialen Arbeit, 19, 163-197, 1988.

Raynes,N.V., Sumpton,R.C. & Flynn,M.C.: Homes for mentally handicapped people. London: Tavistock, 1987.

Reimann,H.: Die Wohnsituation der Gastarbeiter. In: H.Reimann & H.Reimann (Hrsg.): Gastarbeiter. Analyse und Perspektiven eines sozialen Problems. 2.Aufl. Opladen, Westdeutscher Verlag, 1987.

Reis,C.: Altenselbsthilfegruppen - Strukturmerkmale eines sozialen Phänomens. In: S.Articus & S.Karolus (Hrsg.): Altenhilfe im Umbruch. Frankfurt a.M., 1986.

Remschmidt,H. & Walter,R.: Evaluation kinder- und jugendpsychiatrischer Versorgung. Analysen und Erhebungen in drei hessischen Landkreisen. Stuttgart: Enke, 1989.

Renshaw,J.: Care in the community: Individual care planning and case management. British Journal of Social Work, 18, 79-105, 1988.

Review of assistance for disabled persons: A report to the Manpower Services Commission. London: MSC, 1982.

Richardson,S.A., Koller,H. & Katz,M.: Job histories in open employment of a population of young adults with mental retardation: I. American Journal on Mental Retardation, 92, 483-491, 1988.

Richardson,S.A., Koller,H. & Katz,M.: Job histories in open employment of a population of young adults with mental retardation. In: W.I.Fraser (Ed.) Key issues in mental retardation research. London und New York: Routledge, 1990.

Riger,S.: Vehicles for empowerment: The case of feminist movement organizations. In: J.Rappaport, C.Swift & R.Hess (Eds.) Studies in empowerment: Steps toward understanding and action. New York: Haworth Press, 1984.

Rodin,J. & Janis,I.L.: The social influence of physicians and other health care practioners as agents of change. In: H.S.Friedman & M.R:DiMatteo (Eds.) Interpersonal issues in health care. New York: Academic Press, 1982.

Roesch,R. & Corrado,R.: Criminal justice system interventions. In: E.Seidman (Ed.) Handbook of social intervention. Beverly Hills: Sage, 1983.

Rösner,E.: Abschied von der Hauptschule. Folgen einer verfehlten Schulpolitik. Frankfurt a.M.: Fischer Taschenbuch Verlag, 1989.

Rössler,W., Häfner,H., an der Heiden, W., Kreuzer,S., Martini,H. & Sundström,G.A.: Außerstationäre psychiatrische Versorgung. Landesprogramm Baden-Württemberg 1985. Weinheim und Basel: Beltz Verlag, 1985.

Rössler,W. & Riecher-Rössler,A.: Psychiatriereform in der Bundesrepublik Deutschland. In: U.Meise, F.Hafner, & H.Hinterhuber (Hrsg.): Die Versorgung psychisch Kranker in Österreich. Eine Standortbestimmung. Wien und New York: Springer-Verlag, 1991.

Rolf,J.: Strategies for prevention research. In: M.H.Schmidt & H.Remschmidt (Eds.) Needs and prospects of child and adolescent psychiatry. Toronto: Hogrefe & Huber Publ., 1989.

Roosa,M.W., Fitzgerald,H.E. & Crawford,M.: Teenage parenting, delayed parenting, and childlessness. In: L.L'Abate (Ed.) Handbook of familiy psychology and therapy. Vol.1. Chicago: Dorsey Press, 1985.

Rosenmayr,L.: Über Familie in den Strukturumbrüchen heute: Forschungen und Erwägungen in disziplinübergreifender Absicht. Archiv für Wissenschaft und Praxis der sozialen Arbeit, 17, 48-81, 1986.

Rosenmayr,L. & Rosenmayr,H.: Der alte Mensch in der Gesellschaft. Reinbeck: Rowohlt, 1978.

Rotegard,L.L., Bruininks,R.H., Holman,J.G. & Lakin,K.C.: Environmental aspects of deinstitutionalization. In: R.H.Bruininks & K.C.Lakin (Eds.) Living and learning in the least restrictive environment. Baltimore: P.H.Brookes, 1985.

Rotering-Steinberg,S.: Ein Modell kollegialer Supervision. In: H.Pühl (Hrsg.) Handbuch der Supervision. Berlin: Marhold, 1990.

Rowhani,I.: Mythen in der sozialen Sicherheit. In: K.S.Althaler & S.Stadler (Hrsg.): Leben und Geld. Diskussion um soziale Mindeststandards. Wien: Verlag für Gesellschaftskritik, 1990.

Rudas,S.: Reelle Veränderungen - veränderte Realitäten. Die Psychiatriereform in Wien. In: Forster,R., Froschauer,U. & Pelikan,J.M. (Hrsg.): Gesunde Projekte. Initiativen und Modelle im österreichischen System der Gesundheitssicherung und Krankheitsbewältigung. Wien, 1989.

Rückert,W.: Die Situation der Altenpflege im internationalen Vergleich. In: Bundesminister für Jugend, Familie, Frauen und Gesundheit (Hrsg.) Ehrenamtliche soziale Dienstleistungen. Schriftenreihe des Bundesministers für Jugend, Familie, Frauen und Gesundheit Bd.231. Stuttgart: Kohlhammer, 1989.

Rusch,F.R. (Ed.): Competitive employment: Issues and strategies. Baltimore: P.H.Brookes, 1986.

Rusch,F.R. (Ed.): Supported employment: Models, methods, and issues. Dekalb,IL: Sycamore Publ., 1990.

Rusch,F.R., Chadsey-Rusch,J., White,D.M. & Gifford,J.L.: Programs for severely mentally retarded adults: Perspectives and methodologies. In: D.Bricker & J.Filler (Eds.) Severe mental retardation: From theory to practice. Reston, VA: Council for Exceptional Children, 1985.

Rushton,A.: Community-based versus hospital-based care for acutely mentally ill people. British Journal of Social Work, 20, 373-383, 1990.

Sahle,R.: Gabe, Almosen, Hilfe. Fallstudien zu Struktur und Deutung der Sozialarbeiter-Klient-Beziehung. Opladen: Westdeutscher Verlag, 1987.

Sauer,W.J. & Coward,R.T. (Eds.): Social support networks and the care of the elderly. New York: Springer, 1985.

Saup,W.: Übersiedlung ins Altenheim. Weinheim und Basel, 1984.

Saup,W.: Zur Verbesserung der Wohnqualität in Altenheimen. Ein psychologischer Beitrag. Archiv für Wissenschaft und Praxis der sozialen Arbeit, 16, 264-277, 1985.

Scarr,S.: Wenn Mütter arbeiten. Wie Kinder und Beruf sich verbinden lassen. München: Verlag C.H.Beck, 1987.

Schabmann,A. & Klicpera,C.: Arbeitsintegration lern- und geistigbehinderter Menschen. Endbericht. Wien: Abteilung für angewandte und klinische Psychologie und Verein Psychologie im Dienste behinderter Menschen, 1995.

Schaffner,P.: Einstellung und Befinden von Inhaftierten unter besonderer Berücksichtigung der Suicidalität. Frankfurt a.M.: Verlag P.Lang, 1986.

Schalock,R.L., McGaughey,M.J. & Kiernan,W.E.: Placement into nonsheltered employment: Findings from national employment surveys. American Journal on Mental Retardation, 94, 80-87, 1989.

Schatz,G.: The problem of preparing mentally retarded people adequately for the future. International Journal of Rehabilitation Medicine, 6, 197-199, 1983.

Scheib,H.: Hilfen für ausländische Familien. In: M.R.Textor (Hrsg.) Hilfen für Familien. Ein Handbuch für psychosoziale Berufe. Frankfurt a.M.: Fischer Taschenbuch Verlag, 1990.

Schick,I.: Alte Menschen in Heimen. Köln, 1978.

Schindler,R. & Brawley,E.A.: Social care at the front line: A worldwide study of paraprofessionals. London: Tavistock, 1987.

Schlesinger,H. & Whelan,E.: Industry and effort: A study of work centers in England, Wales and Northern Ireland for severely disabled adults. London: Caslake Limited, The Spastics Society, 1979.

Schmidt,R. & Zeman,P.: Die Alterskultur der Altenhilfe: Rückzugsnische, Aktivprogramm, neues Alter? In: G.Göckenjahn & H.J. von Kondratowitz (Hrsg.) Alltag und Alter. Frankfurt a.M.: Suhrkamp, 1988.

Schmitz,G., Deutsch,K.H., Scharlau,R. & Schulz,M.: Arbeitspsychologische Grundlagen der Rehabilitation in Werkstätten für Behinderte. Frankfurt: Deutscher Paritätischer Wohlfahrtsverband, 1981.

Schneidewind,P., Fischer-Kowalski,M. & Zeiser,W.: Mindestlebensstandard in Österreich. Forschungsberichte aus Sozial- und Arbeitsmarktpolitik Bd.11. Wien: Bundesministerium für Arbeit und Soziales, 1985.

Schöpf-Schilling,H.B.: Und den Frauen wieder das Ehrenamt? Der Ausbau freiwilliger sozialer Dienste und Emanzipationsinteressen von Frauen. In: Fink,U. (Hrsg.): Der neue Generationenvertrag. Die Zukunft der sozialen Dienste. München und Zürich: Piper, 1988.

Scholta,M.: Integration des alten Menschen in das familiale Beziehungs- und Stützsystem. In: R.Gisser, L.Reiter, H.Schattovits & L.Wilk (Hrsg.) Lebenswelt Familie. Wien: Institut für Ehe und Familie, 1990.

Schorr,D. & Rodin,J.: The role of perceived control in practioner-patient relationships. In: T.A.Wills (Ed.) Basic processes in helping relationships. New York: Academic Press, 1982.

Schreckling-Kirchhof,J.: Integrierte Schulberatung - Möglichkeiten und Probleme. In: H.P.Trolldenier & B.Meißner (Hrsg.) Texte zur Schulpsychologie und Bildungsberatung. Bd.4. Braunschweig: Westermann, 1983.

Schröder,B.: Ehrenamtlicher Dienst im Krankenhaus. In: H.Viefhues, H.G.Nülens & U.Kersken-Nülens (Hrsg.): Soziale Dienste im Krankenhaus. Stuttgart: Kohlhammer, 1986.

Schumann,J., Niemeck,U. & Fahrner,E.M.: AIDS-Prävention: Neue Aufgaben bei der Drogenarbeit. In: S.Höfling & W.Butollo (Hrsg.) Psychologie für Menschenwürde und Lebensqualität. Bericht über den 15.Kongreß für angewandte Psychologie. Band 1. Bonn: Deutscher Psychologen Verlag, 1990.

Schwedt,H.: Auf dem Lande leben. In: H.G.Wehling (Hrsg.) Dorfpolitik. Opladen: Westdeutscher Verlag, 1978.

Seidel,E.: Bildung im Alter und Vorbereitung auf das Alter. Bestandsaufnahme, Einschätzungen und Ausblick. In: S.Articus & S.Karolus (Hrsg.): Altenhilfe im Umbruch. Frankfurt a.M., 1986.

Seidl,E.: Pflege im Wandel. Wien: Maudrich, 1990.

Seltzer,M.M. & Krauss,M.W.: Aging parents with coresident adult children: The impact of lifelong caregiving. In: M.M.Seltzer, M.W.Krauss & M.P.Janicki (Eds.) Life course perspectives on adulthood and old age. Washington, D.C.: American Association on Mental Retardation, 1994.

Semlinger,K. & Schmid,G.: Arbeitsmarktpolitik für Behinderte: Betriebliche Barrieren und Ansätze zu ihrer Überwindung. Basel: Birkhäuser Verlag, 1985.

Sheldon,B.: Social work effectiveness experiments: Review and implications. British Journal of Social Work, 16, 223-242, 1986.

Shinn,M.: Homelessness: What is a psychologist to do? American Journal of Community Psychology, 20, 1-24, 1992.

Simon,T. & Wieland,P.: Entwicklung und Wandel von Jugendzentren am Beispiel einer Region. Stuttgart: edition cordeliers/ edition cadre, 1987.

Slesina,W.: Gesundheitszirkel in einem Stahlwerk: Ein erfolgreicher Ansatz. In: Bundeszentrale für gesundheitliche Aufklärung (Hrsg.) Gesundheitsförderung in der Arbeitswelt. Berlin, Heidelberg, New York: Springer-Verlag, 1989.

Smid,H. & Armbruster,E.: Institutionelle Erziehungsberatung. Eine Bestandaufnahme in Hessen. Weinheim und Basel: Beltz Verlag, 1980.

Smith,R.T. & Gebert,A.J.: Social policies in invalidity programs: cross-national perspectives. In: G.L.Albrecht (Ed.) Cross national rehabilitation policies: A sociological perspective. London und Beverly Hills: Sage, 1981.

Smith,T.: Community work, the inner city and jobs. British Journal of Social Work, 20, 253-262, 1990.

Sosnowitz,B.G. & Kovacs,D.R.: From burying to caring: Family AIDS support groups. In: J.Huber & B.E.Schneider (Eds.) The social context of AIDS. Newbury Park,CA: Sage.

Spanier,G. & Anderson,E.: The impact of the legal system on adjustment to marital separation. Journal of Marriage and the Family, 41, 605-613, 1979.

Spaniol,L., Jung,H., Zipple,A.M. & Fitzgerald,S.: Families as a resource in the rehabilitation of the severely psychiatrically disturbed. In: A.B.Hatfield & H.P.Lefley (Eds.) Families of the mentally ill: Coping and adaptation. New York und London: Guilford, 1987.

Specht,F.: Dissozialität, Delinquenz, Verwahrlosung. In: H.Remschmidt & M.H.Schmidt (Hrsg.) Kinder- und Jugendpsychiatrie in Klinik und Praxis, Band 3. Stuttgart: Thieme, 1985.

Specht,H. & Vickery,A.: Methodenintegration in der Sozialarbeit. Freiburg: Lambertus, 1980.

Speck,O.: System Heilpädagogik: Eine ökologisch reflexive Grundlegung. München und Basel: Reinhardt Verlag, 1987.

Springer,D. & Brubaker,T.H.: Family care givers and dependent elderly. Beverly Hills: Sage, 1984.

Stangl,W.: Wege in eine gefängnislose Gesellschaft. Wien: Verlag der Österreichischen Staatsdruckerei, 1988.

Stark,M.J.: Dropping out of substance abuse treatment: A clinically oriented review. Clinical Psychology Review, 12, 93-116, 1992.

Steffan,W. & Krauß,G.: Streetwork in der Sozialarbeit. Theorie und Praxis der Sozialen Arbeit, 42, 22-29, 1991.

Stein,S., Linn,M.W. & Stein,E.M.: Patients' anticipation of stress in nursing home care. Gerontologist, 25, 88-94, 1985.

Stevenson,O. & Parsloe,P. (Eds.): Social services teams: The practioner's view. London: HMSO, 1978.

Stewart,J.K., Yee,M.D. & Brown,R.J.: Changing social work roles in familiy centers: A social psychological analysis. British Journal of Social Work, 20, 45-64, 1990.

Stich,J.: „Spätere Heirat nicht ausgeschlossen...“ - Vom Leben ohne Trauschein. In: Deutsches Jugendinstitut (Hrsg.) Wie geht's der Familie? Ein Handbuch zur Situation der Familien heute. München: Kösel.

Stockinger,H.G.: Familien- und eherechtliche Grundlagen. In: M.R.Textor (Hrsg.) Hilfen für Familien. Ein Handbuch für psychosoziale Berufe. Frankfurt a.M.: Fischer Taschenbuch Verlag, 1990.

Stone,D.A.: The definition and determination of disability in public programs. In: G.L.Albrecht (Eds.) Cross national rehabilitation policies: A sociological perspective. London und Beverly Hills: Sage, 1981.

Stoner,M. R.: Inventing a non-homeless future. New York & Frankfurt a.M.: Peter Lang, 1989.

Stübig,H.: Bildungsangebote für behinderte Erwachsene in England. In: V.von Blumenthal, A.Buttlar, B.Nieser, H.Stübig & B.Willmann (Hrsg.) Soziale Integration Behinderter durch Weiterbildung. Bad Heilbrunn: Klinkhardt, 1987.

Stumm,G.: Persönliche Mitteilung, 1996.

Stumm,G., Brandl-Nebehay,A. & Fehlinger,F.: Handbuch der Psychotherapie und psychosozialen Einrichtungen. Wien: Falter Verlag, 1996.

Stumm,G., Deimann,P., Jandl-Jager,E. & Weber,G. (Hrsg.): Psychotherapie, Beratung, Supervision, Klinische Psychologie - Ausbildung in Österreich. Wien: Falter Verlag, 1995.

Swoboda,C.: Die berufliche Situation der Pflegepersonen in Wien. Österreichische Krankenpflegezeitschrift,4, 114-121, 1985.

Tálos,E.: Staatliche Sozialpolitik in Österreich. Rekonstruktion und Analyse. Wien: Verlag für Gesellschaftskritk, 1981.

Tálos,E. & Wiederschwinger,M. (Hrsg.): Arbeitslosigkeit: Österreichs Vollbeschäftigung am Ende? Wien: Verlag für Gesellschaftskritk, 1987.

Tartler,R.: Das Alter in der modernen Gesellschaft. Stuttgart, 1961.

Teare,R.J.: Social work practice in a public welfare setting: An empirical analysis. New York: Praeger, 1981.

Test,M.A.: Community support programs. In: A.S.Bellack (Eds.) Schizophrenia: Treatment, management and rehabilitation. Orlando,Fl.: Grune & Stratton, 1984.

Tews,H.P. & Wöhrl,H.G.: Behinderte in der beruflichen Rehabilitation: Strukturen, Prozesse, Ergebnisse. Weinheim und Basel: Beltz Verlag, 1981.

Textor,M.R.: Die Familie in der Bundesrepublik Deutschland: Ausgewählte Forschungsergebnisse. In: M.R.Textor (Hrsg.) Hilfen für Familien. Ein Handbuch für psychosoziale Berufe. Frankfurt a.M.: Fischer Taschenbuch Verlag, 1990.

Thomas,T.: The police and social workers. Aldershot: Gower, 1986.

Thorpe,D.: Career patterns in child care - implications for service. British Journal of Social Work, 18, 137-153, 1988.

Timms,N.: The social worker and his senior. In: Grunow,D.F. & Hegner,F. (Eds.) Welfare or bureaucracy. Problems of matching social services to clients' needs. Cambridge,Mass. und Königstein,Ts.: Oelgeschlager, Gunn & Hain, 1980.

Tinker,A.: Staying at home: Helping elderly people. London, 1984.

Tizard,J., Schofield, W.N. & Hewison,J.: Collaboration between teachers and parents in assisting children's reading. British Journal of Educational Psychology, 52, 1-15, 1982.

Tobin,S.S.: The effect of institutionalization. In: K.S.Markides & C.L.Cooper (Eds.) Aging, stress and health. Chichester: J.Wiley, 1989.

Tobler,R. & Grond,J.: Früherkennung und Früherziehung. Bern: Huber, 1985.

Townsend,P.: Poverty in the United Kingdom. Hammondsworth: Penguin, 1979.

Trojan,A., Hildebrand,H., Faltis,M. & Deneke,C.: Selbsthilfe, Netzwerkforschung und Gesundheitsförderung. Grundlagen "gemeindebezogener Netzwerkförderung" als Präventionsstrategie. In: H.Keupp & B.Röhrle (Hrsg.) Soziale Netzwerke. Frankfurt & New York: Campus Verlag, 1987.

Upshur,C.C.: An evaluation of home-based respite care. Mental Retardation, 20, 58-62, 1982.

Vaitl,R., Bender,W., Hubmann,W., Hummel,C., Kröner,A. & Kröner,M.: Vollstationäre versus halbstationäre psychiatrische Anschlußbehandlung - Eine vergleichende retrospektive Studie. Psychiatrische Praxis, 16, 214-217, 1989

Vaskovics,L. & Weins,W.: Stand der Forschung über Obdachlose und Hilfen für Obdachlose. Schriftenreihe des Bundesministeriums für Jugend, Familie und Gesundheit Bd. 62. Stuttgart: Kohlhammer, 1979.

Vaskovics,L. & Weins,W.: Randgruppenbildung im ländlichen Raum - Armut und Obdachlosigkeit. Schriftenreihe des Bundesministeriums für Jugend, Familie und Gesundheit Bd. 146. Stuttgart: Kohlhammer, 1983.

Veroff,J., Douvan,E. & Kulka,R.: The inner American. New York: Basic Books, 1981.

Veroff,J., Douvan,E. & Kulka,R.: Mental health in America, 1957 to 1976. New York: Basic Books, 1981.

Viefhues,H., Nülens,H.G. & Kersken-Nülens,U. (Hrsg.): Soziale Dienste im Krankenhaus. Stuttgart: Kohlhammer, 1986.

Vladeck,B.C.: Unloving care: The nursing home tragedy. New York: Basic Books.

Wagner,H.: Schuldnerberatung. In: M.R.Textor (Hrsg.) Hilfen für Familien. Ein Handbuch für psychosoziale Berufe. Frankfurt a.M.: Fischer Taschenbuch Verlag, 1990.

Walker,A.: Unqualified and underemployed: Handicapped young people and the labour market. London: Macmillan Press, 1982.

Walker,A. & Townsend,P.: Disability in Britain: A manifesto of rights. Oxford: Martin Robertson, 1981.

Walker, A. (Ed.): Community care. Oxford: Blackwell, 1982.

Walker, A.: Social planning. Oxford: Blackwell, 1984.

Walker, A.: Synopsis. In: National Board of Social Welfare in Finland (Eds.) Clients or co-producers? The changing role of citizens in social services. Helsinki: Government Printing Center, 1989.

Walter,J.: Krankenpflege als Beruf. Wien: Maudrich, 1991.

Webb,A. & Wistow,G.: Social work, social care and social planning: The personal social services since Seebohm. London: Longman, 1987.

Wehman,P.: Competitive employment: New Horizons for severely disabled individuals. Baltimore: P.H.Brookes, 1981.

Wehman,P. , Moon,M.S., Everson,J.M., Wood,W. & Barcus,J.M.: Transition from school to work: New challenges for youth with severe disabilities. Baltimore: P.H.Brookes, 1988.

Weil,M. & Karls,J.M.: Case management in human service practice. San Francisco: Jossey-Bass, 1985.

Weinstein,M.S.: Erfolgserfahrungen. In: Bundeszentrale für gesundheitliche Aufklärung (Hrsg.) Gesundheitsförderung in der Arbeitswelt. Berlin, Heidelberg, New York: Springer-Verlag, 1989.

Weissberg,R.P. & Allen,J.P.: Promoting children's social skills and adaptive interpersonal behavior. In: B.A.Edelstein & L.Michelson (Hrsg.) Handbook of prevention. New York und London: Plenum Press, 1986.

Welter,R.: Ökologische Aspekte zur Frage der Rehabilitationsmöglichkeiten in Pflegeheimen. Zeitschrift für Gerontologie, 16, 2-6, 1983.

Welz,R.: Drogen, Alkohol und Suizid. Strukturelle und individuelle Aspekte abweichenden Verhaltens. Stuttgart: Enke, 1983.

Wendt,W.R. (Hrsg.): Studium und Praxis der Sozialarbeit. Stuttgart:Enke, 1985.

Wendt,W.R.: Geschichte der sozialen Arbeit. 3.Aufl. Stuttgart:Enke, 1990.

Werder,L.v.: Alltägliche Erwachsenenbildung. Aspekte einer bürgernahen Pädagogik. Weinheim und Basel: Beltz, 1980.

Whelan,E. & Speake,B.: Adult Training Centers in England and Wales. Manchester: Revell and George Limited, 1977.

Whelan,E. & Speake,B.: Getting to work. London: Souvenir Press, 1981.

Whitehead,C.W.: Sheltered workshops in the decade ahead: Work and wages, or welfare. In: G.T.Bellamy, G.O'Connor & O.C.Karan (Hrsg.) Vocational rehabilitation of severely handicapped persons. Baltimore: University Park Press, 1979.

Whittaker,J.K. & Garbarino,J. (Eds.): Social support networks: Informal helping in the human services. New York: Aldine, 1983.

Wiederschwinger,M.: Zur Bestimmung von Arbeitslosigkeit - Definition und Messung. Versteckte Arbeitslosigkeit in Österreich. In: E.Tálos & M.Wiederschwinger (Hrsg.) Arbeitslosigkeit: Österreichs Vollbeschäftigung am Ende? Wien: Verlag für Gesellschaftskritk, 1987.

Wilk,L. & Beham,M.: Familie als kindliche Lebenswelt. In: R.Gisser, L.Reiter, H.Schattovits & L.Wilk (Hrsg.) Lebenswelt Familie. Wien: Institut für Ehe und Familie, 1990.

Willmann,B.: Erwachsenenbildung und Behinderte in Schweden. In: V.von Blumenthal, A.Buttlar, B.Nieser, H.Stübig & B.Willmann (Hrsg.) Soziale Integration Behinderter durch Weiterbildung: Zur Situation in England, Frankreich, Italien, Schweden, USA. Bad Heilbrunn: Klinkhardt, 1987.

Willmott,P.: Social networks, informal care and public policy. London: Policy Studies Institute Research Report Nr.655, 1986.

Wing,J.K. & Brown,G.W.: Schizophrenia and institutionalism. London: Cambridge University Press, 1970.

Wirth,W.: Inanspruchnahme sozialer Dienste: Bedingungen und Barrieren. Frankfurt und New York: Campus Verlag, 1982.

Wißgott,L.: Empfehlungen für die künftige psychiatrische Versorgung der Bevölkerung Österreichs. Mitteilungen der österreichischen Sanitätsverwaltung, 93, 265-289, 1992.

Wöhrl,H.G.: Berufsgruppen in der Rehabilitation: Funktionen und Kooperationsmodelle. In: U.Koch, G.Lucius-Hoene & R.Stegie (Hrsg.) Handbuch der Rehabilitationspsychologie. Berlin: Springer-Verlag, 1988.

Wohlert,F.: Jugendhilfe und Organisation. Problemgesichtspunkte zu einer Theorie organisierter öffentlicher Jugendhilfe. Frankfurt: Haag + Herchen, 1980.

Wolff,S.: Die Produktion von Fürsorglichkeit. Bielefeld: AJZ-Druck+Verlag, 1983.

Wolski-Prenger,F.: Arbeitslosenprojekte zwischen sozialer Arbeit und sozialer Bewegung. Eine explorative Untersuchung zu einem neuen sozialen Phänomen. Frankfurt a.M. und Bern: P.Lang, 1989.

Zenz,G.: Kindesmißhandlung und Kindesrechte. Erfahrungswissen, Normstruktur und Entscheidungsrationalität. Frankfurt a.M.: Suhrkamp, 1979.

Zetlin,A.G. & Turner,J.L.: Transition from adolescence to adulthood: Perspectives of mentally retarded individuals and their families. American Journal of Mental Deficiency, 89, 570-579, 1985.

Zettel,O. (Hrsg.): Gesundheitsberufe. Studien zu ihrer Entstehung und Veränderung. Frankfurt: Campus Verlag, 1983.

Zielniok,W.J. & Schmidt-Thimme,D.: Gestaltete Freizeit für Menschen mit geistiger Behinderung. 4.erw.Auflage. Heidelberg: Edition Schindele, 1990.

Zipple,A.M. & Spaniol,L.: Current educational and supportive models of familiy intervention. In: A.B.Hatfield & H.P.Lefley (Eds.) Families of the mentally ill: Coping and adaptation. New York und London: Guilford, 1987.

Zygowski,H. (Hrsg.): Erziehungsberatung in der Krise. Analysen und Erfahrungen. Tübingen: DGVT, 1984.

Marco Jirasko, Judith Glück und
Brigitta Rollett (Hg.)

Perspektiven psychologischer Forschung in Österreich

In über 60 Beiträgen stellen ebenso viele Psychologen aus ganz Österreich neueste Forschungsergebnisse vor. Die Bandbreite der Themen reicht von Sozialbeziehungen im Kindergarten bis zum Gesundheitsverhalten älterer Menschen, von der Bedeutung rechtsextremer Computerspiele im Alltag Jugendlicher bis zum Verhalten von Touristen in der Stadt, von Grundlagenforschung bis zu stark anwendungsorientierten Beiträgen. Insgesamt bietet dieser Band einen umfassenden Überblick über die Vielfalt der aktuellen Forschungstätigkeit österreichischer Psychologen.

Dr. Marco Jirasko und Mag. Judith Glück sind Universitätsassistenten an der Abteilung für Entwicklungspsychologie und Pädagogische Psychologie des Instituts für Psychologie der Universität Wien, Dr. Brigitta Rollett ist Universitätsprofessorin für Entwicklungspsychologie und Pädagogische Psychologie an der Universität Wien

1996. 310 S., broschiert,
S 298,– / DM 41,– / sFr 38,–
ISBN 3-85114-305-1

WUV-Universitätsverlag

Akademie für Sozialarbeit der Stadt Wien,
Heinz Wilfing (Hg.)

Konturen der Sozialarbeit

Ein Beitrag zu Identität und Professionalisierung der Sozialarbeit

Die Beiträge des Bandes bauen auf den Ergebnissen einer international besetzten Tagung zum 75jährigen Bestehen der Akademie für Sozialarbeit der Stadt Wien auf. Aktuelle Aspekte der Theorie, Ausbildung und Praxis von Sozialarbeit werden dargestellt im Kontext einer sich als interdisziplinär verstehenden und systemisch mit anderen Ansätzen vernetzten Sozialwissenschaft. Darüber hinaus stellt der Band Handlungskonzepte vor, die die Funktion von Sozialarbeit zur Bewältigung aktueller Probleme und gesellschaftlicher Konfliktsituationen deutlich machen.

Dr. Heinz Wilfing, Diplomsozialarbeiter, Psychologe, Psychotherapeut, ist Direktor der Akademie für Sozialarbeit der Stadt Wien und Lehrbeauftragter an der Universität Wien.

1995. 169 S., brosch.,
öS 248,–/DM 34,–/sFr 32,-
ISBN 3-85114-172-5

WUV-Universitätsverlag